Die Sicherung der Abfindung beim Ausscheiden aus der GmbH

Schriftenreihe zum deutschen und europäischen Gesellschafts- und Wirtschaftsrecht

Herausgegeben von Christoph Teichmann

Begründet von Günter Christian Schwarz †

Band 9

PL ACADEMIC RESEARCH

Wolf-Amelung Böhm

# Die Sicherung der Abfindung beim Ausscheiden aus der GmbH

## Haftung der Mitgesellschafter beim Eingreifen der Kapitalerhaltungsschranke

PL ACADEMIC RESEARCH

**Bibliografische Information der Deutschen Nationalbibliothek**
Die Deutsche Nationalbibliothek verzeichnet diese Publikation in der Deutschen Nationalbibliografie; detaillierte bibliografische Daten sind im Internet über http://dnb.d-nb.de abrufbar.

Zugl.: Erlangen-Nürnberg, Univ., Diss., 2015

D 29 (n 2)
ISSN 1614-239X
ISBN 978-3-631-67337-9 (Print)
E-ISBN 978-3-653-06585-5 (E-Book)
DOI 10.3726/978-3-653-06585-5


PL Academic Research ist ein Imprint der Peter Lang GmbH.

Peter Lang – Frankfurt am Main · Bern · Bruxelles · New York · Oxford · Warszawa · Wien



Diese Publikation wurde begutachtet.

www.peterlang.com

# Vorwort

Die Arbeit lag im Sommersemester 2015 dem Fachbereich Rechtswissenschaften der Friedrich-Alexander Universität Erlangen-Nürnberg als Dissertation vor. Literatur und Rechtsprechung wurden bis Juni 2015 berücksichtigt und im November 2015 soweit wie möglich auf den neusten Stand gebracht.

Bei meinem Doktorvater Herrn Prof. Dr. Klaus Ulrich Schmolke, LL.M. möchte ich mich für die Überlassung des Themas und die vorbildliche Betreuung meiner Arbeit bedanken. Herrn Prof. Dr. Robert Freitag, Maître en droit danke ich für die rasche Erstellung des Zweitgutachtens. Mein Dank gilt ferner Herrn Prof. Dr. Christoph Teichmann für die freundliche Aufnahme der Arbeit in diese Schriftenreihe.

Besonders zu Dank verpflichtet bin ich schließlich meiner Lebensgefährtin Frau Julia Schneider und meinem Bruder Herrn Dr. Wolf-Tassilo Böhm, weil sie mich bei meinem Vorhaben jederzeit unterstützt haben.

Nürnberg, im Dezember 2015 Wolf-Amelung Böhm

# Inhaltsverzeichnis

# Literaturverzeichnis

**Adams,** Michael: Eigentum, Kontrolle und beschränkte Haftung, Baden-Baden 1991.

**Alvermann,** Jörg: Formularbuch Recht und Steuern, 8. Auflage, München 2014, zit.: Alvermann/*Bearbeiter,* Formularbuch Recht und Steuern, Form...§...

**Bacher,** Philipp/**Spieth,** Bernd: Fehlerhafte Abfindungsklauseln in GmbH-Satzungen, GmbHR 2003, S. 517–523.

**Bacher,** Philipp/**von Blumenthal,** Wolfram: Die Verwertung von GmbH-Geschäftsanteilen bei Ausscheiden eines Gesellschafters, NZG 2008, S. 406–410.

**Bachmann,** Georg/ **Eidenmüller,** Horst/**Engert,** Andreas/**Fleischer,** Holger/ **Schön,** Wolfgang: Rechtsregeln für die geschlossene Kapitalgesellschaft, ZGR Sonderheft 18, Berlin 2012.

**Balz,** Gerhard: Rechte und Pflichten des Gesellschafters nach Austritt aus der GmbH, DB 1984, S. 1865–1870. Die Beendigung der Mitgliedschaft in der GmbH, Berlin 1984.

**Bamberger,** Georg/**Roth,** Herbert: Kommentar zum Bürgerlichen Gesetzbuch

- Band 1, §§ 1–610, 3. Auflage, München 2012, zit.: Bamberger/Roth/*Bearbeiter,* BGB, §...Rn...
- Band 2, §§ 611–1296, 3. Auflage, München 2012, zit.: Bamberger/Roth/*Bearbeiter,* BGB, §...Rn...

**Bartholomäus,** Anja: Der GmbH-Gesellschafter in der Insolvenz, Baden-Baden 2009.

**Battke,** Jörg-Dieter: Der Ausschluss von Gesellschaftern aus der GmbH, GmbHR 2008, S. 850–857.

**Baumann,** Peter: Die Ausschließung von GmbH-Gesellschaftern – Möglichkeiten der Satzungsgestaltung, MittRhNotK 1991, S. 271–283.

**Baumbach,** Adolf/**Hopt,** Klaus: Kommentar zum Handelsgesetzbuch, 36. Auflage, München 2014, zit.: Baumbach/Hopt/*Bearbeiter,* HGB, §...Rn...

**Baumbach,** Adolf/**Hueck,** Alfred: Kommentar zum Gesetz betreffend die Gesellschaften mit beschränkter Haftung, 16. Auflage, München 1996, zit.: Baumbach/Hueck/*Bearbeiter,* GmbHG, §...Rn... Kommentar zum Gesetz betreffend die Gesellschaften mit beschränkter Haftung, 20. Auflage, München 2013, zit.: Baumbach/Hueck/*Bearbeiter,* GmbHG, §...Rn...

**Bayer,** Walter: Die Gesamtverantwortung der Gesellschafter für das Stammkapital und die Existenz der GmbH, Festschrift für Volker Röhricht, Köln 2005, S. 25–46.

**Bayer,** Walter/**Hoffmann,** Thomas/**Schmidt,** Jessica: Satzungskomplexität und Mustersatzung – Eine Untersuchung vor dem Hintergrund des Regierungsentwurfs zum MoMiG, GmbHR 2007, S. 953–958.

**Bayer,** Walter/**Lieder,** Jan: Vorbelastungshaftung und Vorbelastungsbilanz, insbesondere bei späterer Auffüllung des Haftungsfonds, ZGR 2006, S. 875–900.

**Becker,** Michael: Der Austritt aus der GmbH, Kehl am Rhein 1985.

**Benecke,** Martina: Der Erstattungsanspruch nach § 31 Abs. 1 GmbHG bei anderweitig aufgefülltem Stammkapital, ZIP 2000, S. 1969–1974.

**Binz,** Karlheinz: Haftungsverhältnisse im Gründungsstadium der GmbH & Co. KG, Köln 1976.

**Bitter,** Georg: Gesellschafterhaftung für materielle Unterkapitalisierung – Betrachtungen aus ökonomischer und juristischer Perspektive –, Steuerungsfunktionen des Haftungsrechts im Gesellschafts- und Kapitalmarktrecht, Baden-Baden 2007, S. 57–89. Konzernrechtliche Durchgriffshaftung bei Personengesellschaften, Köln 2000.

**Blath,** Simon: Der Vollzug des Ausscheidens aus der GmbH – dogmatische und praktische Fragen, GmbHR 2012, S. 657–664. Einziehung und Nennbetragsanpassung – Konvergenzgebot und Konvergenzherstellung vor dem Hintergrund des MoMiG –, GmbHR 2011, S. 1177–1186.

**Bork,** Reinhard/**Schäfer,** Carsten: Kommentar zum GmbH-Gesetz, 2. Auflage, Köln 2012, zit.: Bork/Schäfer/*Bearbeiter,* GmbHG, §...Rn...

**Boujong,** Karlheinz: Das Trennungsprinzip des § 13 Abs. 2 GmbHG und seine Grenzen in der neueren Judikatur des Bundesgerichtshofs, Festschrift für Walter Odersky, Berlin 1996, S. 739–752. Das GmbH-Recht in den Jahren 2000 bis 2002, NZG 2003, S. 497–509.

**Bösert,** Bernd: Gesetzliches Sonderaustrittsrecht des GmbH-Gesellschafters – Neuregelung im Fünften Vermögensbildungsgesetz, GmbHR 1994, S. 293–299.

**Brandner,** Hans: Wegfall oder Beständigkeit des Erstattungsanspruchs aus § 31 GmbHG bei anderweitiger Wiederherstellung des Stammkapitals?, Festschrift für Hans-Joachim Fleck, Berlin 1988, S. 23–34.

**Braun,** Bernd: Nochmals: Einziehung von GmbH-Geschäftsanteilen und Konvergenz nach § 5 III 2 GmbHG, NJW 2700–2701.

**Canaris,** Claus-Wilhelm: Anmerkung zum Urteil des BGH vom 7. 1. 1971 – VII ZR 9/70, JZ 1971, S. 560–563. Die Feststellung von Lücken im Gesetz, 2. Auflage, Berlin 1983.

**Casper,** Mathias: Anmerkung zum Urteil des BGH vom 19. 6. 2000 – II ZR 73/99, EWiR 2000, S. 943–944.

**Casper,** Matthias/**Altgen,** Christian: Gesellschaftsvertragliche Abfindungsklauseln – Auswirkungen der Erbschaftsteuerreform, DStR 2008, S. 2319–2326.

**Clevinghaus,** Tobias: Voraussetzungen und Folgen der Einziehung von GmbH-Geschäftsanteilen, RNotZ 2011, S. 449–469.

**Cöster,** Thilo: Der Ausschluß lästiger Gesellschafter, Göttingen 1994.

**Damrau-Schröter,** Heike: Der Ausschluß eines (mißliebigen) GmbH-Gesellschafters, NJW 1991, S. 1927–1936.

**Dembski,** Jan: Gesellschaftsrechtliche Treubindungen von Nichtmitgliedern, insbesondere nachmitgliedschaftliche Treupflichten, Berlin 2009.

**Deutsch,** Erwin: Allgemeines Haftungsrecht, 2. Auflage, München 1996.

**Dreier,** Horst: Kommentar zum Grundgesetz, Band 1, Art. 1–19, 3. Auflage, Tübingen 2013, zit.: Dreier/*Bearbeiter*, GG, Art...Rn...

**Drygala,** Tim: Stammkapital heute – Zum veränderten Verständnis vom System des festen Kapitals und seinen Konsequenzen, ZGR 2006, S. 587–637.

**Drygala,** Tim/**Staake,** Marco/**Szalai,** Stephan: Kapitalgesellschaftsrecht, Berlin 2012.

**Easterbrook,** Frank/**Fischel,** Daniel: Limited Liability and the Corporation, 52 U. Chi. L. Rev., S. 89–117. Close Corporations and Agency Costs, 38 Stan. L. Rev. S. 271–301.

**Ebenroth,** Thomas/**Boujong,** Karlheinz/**Joost,** Detlev/**Strohn,** Lutz: Kommentar zum Handelsgesetzbuch, Band 1, §§ 1–342e, 3. Auflage, München 2014, zit.: Ebenroth/Boujong/Joost/Strohn/*Bearbeiter*, HGB, §... Rn...

**Ehricke,** Ulrich: Zur Begründbarkeit der Durchgriffshaftung in der GmbH, insbesondere aus methodischer Sicht, AcP 199 (1999), S. 257–304.

**Engisch,** Karl: Der Begriff der Rechtslücke – Eine analytische Studie zu Wilhelm Sauers Methodenlehre, Festschrift für Wilhelm Sauer, Berlin 1949, S. 85–102.

**Epping,** Volker/**Hillgruber,** Christian: Beck´scher Online-Kommentar zum Grundgesetz, Stand 1. 9. 2015, Edition 26, zit.: Epping/Hillgruber/*Bearbeiter*, BeckOK-GG, Art...Rn...

**Erman,** Walter: Kommentar zum Bürgerlichen Gesetzbuch
- Band 1, §§ 1–758, 14. Auflage, Köln 2014, zit.: Erman/Bearbeiter, BGB, §... Rn...
- Band 2, §§ 759–2385, 14. Auflage, Köln 2014, zit.: Erman/Bearbeiter, BGB, §... Rn...

**Esch,** Günter: Die mitgliedschafts- und steuerrechtlichen Wirkungen der Ausschließung oder des Austritts aus einer GmbH aus wichtigem Grund, GmbHR 1981, S. 25–30.

**Fichtner,** Dieter: Kaduzierung, Einziehung und Ausschließung bei der GmbH, BB 1966, S. 146–149.

**Fietz,** Eike/**Fingerhuth,** Jörn: Zahlung der Abfindung als Voraussetzung der Zwangseinziehung von GmbH-Geschäftsanteilen, DB 2007, S. 1179–1184.

**Fingerhut,** Michael/ **Schröder,** Mathias: Die Einziehung eines GmbH-Geschäftsanteils und Probleme in der Praxis, BB 1997, S. 1805–1807.

**Fischer,** Robert: Die personalistische GmbH als rechtspolitisches Problem, Festschrift für Walter Schmidt, Berlin 1959, S. 117–137. Die zwangsweise Ausschließung eines GmbH-Gesellschafters aus wichtigem Grund, München 1969.

**Fleck,** Hans-Joachim: Der Grundsatz der Kapitalerhaltung – seine Ausweitung und seine Grenzen, Festschrift 100 Jahre GmbH-Gesetz, Köln 1992, S. 391–419.

**Fleischer,** Holger: Die Lückenausfüllung des GmbH-Rechts durch das Recht der Personengesellschaften, GmbHR 2008, S. 1121–1130. Grundfragen der ökonomischen Theorie im Gesellschafts- und Kapitalmarktrecht, ZGR 2001, S. 1–32.

**Fleischer,** Holger/**Goette,** Wulf: Münchener Kommentar zum Gesetz betreffend die Gesellschaften mit beschränkter Haftung

- Band 1, §§ 1–34, 1. Auflage, München 2010, zit.: MünchKommGmbHG/Bearbeiter, §...Rn...
- Band 1, §§ 1–34, 2. Auflage, München 2015, zit.: MünchKommGmbHG/*Bearbeiter*, §...Rn...
- Band 2, §§ 35–52, 2. Auflage, München 2016, zit.: MünchKommGmbHG/*Bearbeiter*, §...Rn...
- Band 3, §§ 53–85, 2. Auflage, München 2016, zit.: MünchKommGmbHG/*Bearbeiter*, §...Rn...

**Flume,** Werner: Allgemeiner Teil des Bürgerlichen Rechts

- Band 1, Erster Teil – Die Personengesellschaft, Berlin 1977.
- Band 1, Zweiter Teil – Die juristische Person, Berlin 1983.
- Der Gesellschafter und das Vermögen der Kapitalgesellschaft und die Problematik der verdeckten Gewinnausschüttung, ZHR 144 (1980), S. 18–33.

**Gaiser,** Anja: Die Freistellung geringfügig beteiligter Gesellschafter von der Ausfallhaftung nach § 24 GmbHG im Rahmen einer Kapitalerhöhung, GmbHR 1999, S. 210–217.

**Ganßmüller,** Helmut: Gesellschafter-Ausschließung und Wiederaufnahmeverfahren, GmbHR 1956, S.145–150.

**Gareis,** Karl/**Fuchsberger,** Otto: Commentar zum Allgemeinen Deutschen Handelsgesetzbuch, Berlin 1891.

**Gehrlein,** Markus: Die Einziehung von GmbH-Geschäftsanteilen als Mittel zum Ausschluß eines Gesellschafters, ZIP 1996, S. 1157–1160. Zum Gewinnbezugsrecht eines GmbH-Gesellschafters nach der Einziehung seines Geschäftsanteils, DB 1998, S. 2355–2356.

**Gehrlein,** Markus/**Ekkenga,** Jens/**Simon,** Stefan: Kommentar zum Gesetz betreffend die Gesellschaften mit beschränkter Haftung, 2. Auflage, Köln 2015, zit.: Gehrlein/Ekkenga/Simon/*Bearbeiter*, GmbHG, §...Rn...

**Geißler,** Markus: Verdeckte Gewinnausschüttungen und Rückforderungsansprüche der GmbH, GmbHR 2003, S. 394–404.

**GmbH-Praxis,** Centrale Gutachtendienst: Einziehung von GmbH-Geschäftsanteilen, GmbHR 1992, S. 161–162.

**Goette,** Wulf: Anmerkung zum Beschluss des BGH vom 7. 10. 1996 – II ZR 238/95, DStR 1997, S. 337–338. Anmerkung zum Beschluss des BGH vom 7. 7. 1997 – II ZR 221/96, DStR 1997, S. 1257–1259. Anmerkung zum Urteil des BGH vom 24. 2. 2003 – II ZR 243/02, DStR 2003, S. 746–747. Anmerkung zum Beschluss des BGH vom 17. 7. 2006 – II ZR 313/05, DStR 2006, S. 1901. Der Stand der höchstrichterlichen Rechtsprechung zur Kapitalerhaltung und zum Rückgewährverbot im GmbH-Recht, DStR 1997, S. 1495–1500. Ausschließung und Austritt aus der GmbH in der Rechtsprechung des Bundesgerichtshofs, DStR 2001, S. 533–542. Zum Zeitpunkt des Wirksamwerdens des Zwangseinziehungsbeschlusses, Festschrift für Marcus Lutter, Köln 2000, S. 399–411.

**Goette,** Wulf/**Habersack,** Mathias: Münchener Kommentar zum Aktiengesetz

- Band 1, §§ 1–75, 3. Auflage, München 2008, zit.: MünchKommAktG/*Bearbeiter*, §... Rn...
- Band 2, §§ 76–117, 4. Auflage, München 2014, zit.: MünchKommAktG/*Bearbeiter*, §... Rn...
- Band 4, §§ 179–277, 4. Auflage, München 2016, zit.: MünchKommAktG/*Bearbeiter*, §... Rn...

**Goetzke,** Heinrich: Subjektiver Wertbegriff im Bereicherungsrecht?, AcP 173 (1973), S. 289–322.

**Gonnella,** Robert: Die zukünftige Regelung des Gesellschafterausschlusses in der GmbH, GmbHR 1967, S. 89–94.

**Görner,** Andre/**Kling,** Michael: Die Ausfallhaftung des GmbH-Gesellschafters (I) – Ausgewählte Fragen zum Anwendungsbereich im Rahmen der Kapitalaufbringung und -erhaltung, GmbHR 2004, S. 714–723.

**Grunewald,** Barbara: Der Ausschluß aus Gesellschaft und Verein, Bonn 1987. Die Verantwortlichkeit des gering beteiligten GmbH-Gesellschafters für Kapitalaufbringung und -erhaltung, Festschrift für Marcus Lutter, Köln 2000, S. 413–423. Die Zwangseinziehung von GmbH-Geschäftsanteilen – Welche Neuerungen bringt die Entscheidung des BGH vom 24. 1. 2012? –, GmbHR 2012, S. 769–772. Probleme bei der Aufbringung der Abfindung für ausgetretene Gesellschafter, GmbHR 1991, S. 185–188.

**Gubitz,** Daniel/**Nikoleyczik,** Tobias: Keine Haftung dissentierender GmbH-Gesellschafter bei Einziehung, NZG 2013, S. 727–733.

**Haas,** Ulrich: Die Gesellschafterhaftung wegen „Existenzvernichtung", WM 2003, S. 1929–1941.

**Habersack,** Mathias: Das Andienungs- und Erwerbsrecht bei Erwerb und Veräußerung eigener Anteile, ZIP 2004, S. 1121–1127. Münchener Kommentar zum

Bürgerlichen Gesetzbuch, Band 5, §§ 705–853, 6. Auflage, München 2013, zit.: MünchKommBGB/*Bearbeiter,* §... Rn...

**Hachenburg,** Max/ **Ulmer,** Peter: Kommentar zum Gesetz betreffend die Gesellschaften mit beschränkter Haftung, Band 1, §§ 1–34, 8. Auflage, Berlin 1992, zit.: Hachenburg/*Bearbeiter,* GmbHG, §...Rn...

**Haegele,** Karl: Rechtsbeziehungen und Wechselwirkung zwischen der GmbH-Satzung und Gesellschafter-Testament, GmbHR 1972, S. 219–224.

**Harst,** Jürgen: Zur Zwangseinziehung von Geschäftsanteilen, GmbHR 1987, S. 183–186.

**Hartmann,** Bernhard: Der Ausschluß eines GmbH-Gesellschafters, GmbHR 1962, S. 5–10.

**Heckelmann,** Dieter: Abfindungsklauseln in Gesellschaftsverträgen, München 1973.

**Heckschen,** Heribert: Aktuelle Beratungshinweise bei Kündigung, Einziehung und Ausschluss von GmbH-Geschäftsanteilen, GmbHR 2006, S. 1254–1258. Einziehungsbeschluss entfaltet bereits mit Zustellung an den betroffenen Gesellschafter Wirksamkeit, NotBZ 2012, S. 216–217. Einziehung, Zwangsabtretung und Ausschluss in der Insolvenz eines GmbH-Gesellschafters, NZG 2010, S. 521–526.

**Heidel,** Thomas: Aktienrecht und Kapitalmarktrecht, 4. Auflage, Baden-Baden 2014, zit.: Heidel/*Bearbeiter,* Aktienrecht, §...Rn...

**Heidel,** Thomas/ **Schall,** Alexander: Kommentar zum Handelsgesetzbuch, 2. Auflage, Baden-Baden 2015, zit.: Heidel/Schall/*Bearbeiter,* HGB, §...Rn...

**Heidinger,** Andreas/ **Blath,** Simon: Das Ausscheiden eines Gesellschafters aus der GmbH, GmbHR 2007, S. 1184–1189.

**Hennrichs,** Joachim: Treuepflichten im Aktienrecht, AcP 195 (1995), S. 221–273.

**Henssler,** Martin/**Strohn,** Lutz: Kommentar zum Gesellschaftsrecht, 2. Auflage, München 2014, zit.: Henssler/Strohn/*Bearbeiter,* GesR, §...Rn...

**Henze,** Hartwig: Treuepflichten der Gesellschafter im Kapitalgesellschaftsrecht, ZHR 162 (1998), S. 186–196.

**Hoffmann-Becking,** Michael: Münchener Handbuch des Gesellschaftsrechts, Band 4, 4. Auflage, München 2015, zit.: MünchHdbGesRIV/*Bearbeiter,* §...Rn...

**Hoffmann-Becking,** Michael/**Rawert,** Peter: Beck´sches Formularbuch Bürgerliches, Handels- und Wirtschaftsrecht, 11. Auflage, München 2013, zit.: Hoffmann-Becking/Rawert/*Bearbeiter,* Beck´sches Formularbuch Bürgerliches, Handels- und Wirtschaftsrecht, Form...§...

**Hollaender,** A.: Zur Reform der Gesellschaft mit beschränkter Haftung, ZHR 76 (1915), S. 65–111.

**Hommelhoff,** Peter: Zum Wegfall des Erstattungsanspruchs aus **§** 31 GmbHG, Festschrift für Alfred Kellermann, Berlin 1991, S. 165–179.

**Hommelhoff,** Peter/**Freytag,** Lars: Wechselseitige Einflüsse von GmbH- und Aktienrecht (Teil I), DStR 1996, S. 1367–1372.

**Hopt,** Klaus: Vertrags- und Formularbuch zum Handels-, Gesellschafts- und Bankrecht, 4. Auflage, München 2013, zit.: Hopt/*Bearbeiter*, Vertrags- und Formularbuch zum Handels-, Gesellschafts- und Bankrecht, Form...§...

**Hopt,** Klaus/**Wiedemann,** Herbert: Großkommentar zum Aktiengesetz, Band 7/1, §§ 221–240, 4. Auflage, Berlin 2012, zit.: GroßkommAktG/*Bearbeiter*, §...Rn...

**Hölters,** Wolfgang: Kommentar zum Aktiengesetz, 2. Auflage, München 2014, zit.: Hölters/*Bearbeiter*, AktG, §...Rn...

**Hueck,** Alfred: Ausschluß eines Gesellschafters aus einer GmbH, DB 1953, S. 776–778. Der Treuegedanke im modernen Privatrecht, München 1947. Das Recht der offenen Handelsgesellschaft, 4. Auflage, Berlin 1971. Inwieweit besteht eine gesellschaftliche Pflicht des Gesellschafters einer Handelsgesellschaft zur Zustimmung zu Gesellschafterbeschlüssen?, ZGR 1972, S. 237–253.

**Hueck,** Goetz: Drei Fragen zur Gesamthandsgesellschaft, Festschrift für Wolfgang Zöllner, Köln 1998, S. 275–294.

**Hüffer,** Uwe: Beschlußmängel im Aktienrecht und im Recht der GmbH – eine Bestandsaufnahme unter Berücksichtigung der Beschlüsse von Leitungs – und Überwachungsorganen, ZGR 2001, S. 833–874. Kommentar zum Aktiengesetz, 11. Auflage, München 2014, zit.: Hüffer/*Bearbeiter*, AktG, §...Rn... Zur gesellschaftsrechtlichen Treuepflicht als richterrechtlicher Generalklausel, Festschrift für Ernst Steindorff, Berlin 1990, S. 59–78.

**Hülsmann,** Christoph: Abfindungsklauseln: Kontrollkriterien der Rechtsprechung, NJW 2002, S. 1673–1680. Rechtspraktische Probleme beim Austritt von Gesellschaftern aus der GmbH, GmbHR 2003, S. 198–207.

**Hüttemann,** Rainer: Börsenkurs und Unternehmensbewertung, ZGR 2001, S. 454–478.

**Immenga,** Ulrich: Die personalistische Kapitalgesellschaft, Bad Homburg 1970.

**Ivens,** Michael: Das Fördergebot des GmbH-Gesellschafters, GmbHR 1988, S. 249–256.

**Jarass,** Hans/**Pieroth,** Bodo: Kommentar zum Grundgesetz für die Bundesrepublik Deutschland, 13. Auflage, München 2014, zit.: Jarass/Pieroth/*Bearbeiter*, GG, Art...Rn...

**Joost,** Detlev: Grundlagen und Rechtsfolgen der Kapitalerhaltungsregeln in der GmbH, ZHR 148 (1984), S. 27–55.

**Käppler,** Renate: Die Steuerung der Gesellschaftererbfolge in der Satzung einer GmbH, ZGR 1978, S. 542–577.

**Keil,** Tilo: Anmerkung zum Urteil des BGH vom 24. 1. 2012 – II ZR 109/11, DZWIR 2012, S. 348–349.

**Kesselmeier,** Barbara: Ausschließungs- und Nachfolgeregelung in der GmbH-Satzung, Marburg 1989.

**Klöckner,** Stefan: Aktuelle Praxisfragen zum Ausscheiden eines GmbH-Gesellschafters, GmbHR 2012, S. 1325–1331.

**Klöhn,** Lars: Das System der aktien- und umwandlungsrechtlichen Abfindungsansprüche, Tübingen 2009.

**Kolb,** Andreas: Wirksamkeit der Einziehung nur unter aufschiebender Bedingung der Abfindungszahlung? – Pro und Contra zur so genannten Bedingungslösung, NZG 2007, S. 815–817. Der Ausschluss eines Gesellschafters aus der GmbH, Baden-Baden 2008.

**Koller,** Ingo/**Kindler,** Peter/**Roth,** Wulf-Henning/**Morck,** Winfried: Kommentar zum Handelsgesetzbuch, 8. Auflage, München 2015, zit.: Koller/Kindler/Roth/Morck/*Bearbeiter,* HGB, §...Rn...

**Kornblum,** Udo/**Hampf,** Thorsten/**Naß,** Nicole: Neue württembergische Rechtstatsachen zum Unternehmens- und Gesellschaftsrecht, GmbHR 2000, S. 1240–1251.

**Kort,** Michael: Das Verhältnis von Auszahlungsverbot (§ 30 Abs. 1 GmbHG) und Erstattungspflicht (§ 31 GmbHG), ZGR 2001, S. 615–643.

**Kreklau,** Jan/**Schmalholz,** Julia: Die Zwangseinziehung von Aktien bei angespannter Liquidität – der Vorstand im Interessenkonflikt, BB 2011, S. 778–781.

**Krey,** Volker: Zur Problematik richterlicher Rechtsfortbildung contra legem (I), JZ 1978, S. 361–368.

**Kübler,** Friedrich: Anmerkung zum Urteil des BGH vom 29. 3. 1993 – II ZR 265/91, NJW 1993, S. 1204–1205.

**Küperkoch,** Edgar: Das zwangsweise Ausscheiden eines GmbH-Gesellschafters mittels Einziehung, Köln 2004.

**Larenz,** Karl: Methodenlehre der Rechtswissenschaft, 6. Auflage, München 1991.

**Larenz,** Karl/**Canaris,** Claus-Wilhelm: Lehrbuch des Schuldrechts, Band I, 14. Auflage, München 1987. Lehrbuch des Schuldrechts, Band II/2, 13. Auflage, München 1994.

**Lehmann,** Michael: Das Privileg der beschränkten Haftung und der Durchgriff im Gesellschafts- und Konzernrecht, ZGR 1986, S. 345–370.

**Leuering,** Dieter/**Rubner,** Daniel: Ausschluss eines GmbH-Gesellschafters mittels Zwangsabtretung, NJW-Spezial 2014, S. 335–336.

**Limbach,** Jutta: Theorie und Wirklichkeit in der GmbH, Berlin 1966.

**Lindemann,** Harald/ **Imschweiler,** Christoph: Verlust der Gesellschafterrechte bei Ausschluss und Einziehung von GmbH-Geschäftsanteilen, GmbHR 2009, S. 423–426.

**Lorenz,** Stephan: Zivilprozessuale Probleme der Zwangseinziehung von GmbH-Anteilen, DStR 1996, S. 1774–1779.

**Löwe,** Henning/**Thoß,** Stefan: Austritt und Ausschluss eines Gesellschafters aus der GmbH sowie Einziehung seines Geschäftsanteils – Wirksamkeit und Wirkungen, NZG 2003, S. 1005–1008.

**Lutter,** Marcus: Kapital, Sicherung der Kapitalaufbringung und Kapitalerhaltung in den Aktien- und GmbH-Rechten der EWG, Karlsruhe 1964. Anmerkung zum Urteil des BGH vom 24. 1. 2012 – II ZR 109/11, EWiR 2012, S. 177–178. Treuepflichten und ihre Anwendungsprobleme, ZHR 162 (1998), S. 164–185. Fehler Schaffen neue Fehler – Gegen die Divergenztheorie bei § 5 Abs. 3 und § 34 GmbHG –, GmbHR 2010, S. 1177–1180. Theorie der Mitgliedschaft, AcP 180 (1980), S. 84–159. Die GmbH-Novelle und ihre Bedeutung für die GmbH, die GmbH & Co. KG und die Aktiengesellschaft, DB 1980, S. 1317–1326.

**Lutter,** Marcus/ **Hommelhoff,** Peter: Kommentar zum GmbH-Gesetz, 15. Auflage, Köln 2000, zit.: Lutter/Hommelhoff/*Bearbeiter,* GmbHG, §...Rn... Kommentar zum GmbH-Gesetz, 16. Auflage, Köln 2004, zit.: Lutter/Hommelhoff/*Bearbeiter,* GmbHG, §...Rn... Kommentar zum GmbH-Gesetz, 17. Auflage, Köln 2009, zit.: Lutter/Hommelhoff/*Bearbeiter,* GmbHG, §...Rn... Kommentar zum GmbH-Gesetz, 18. Auflage, Köln 2012, zit.: Lutter/Hommelhoff/*Bearbeiter,* GmbHG, §...Rn...

**Lutz,** Reinhard: Rechtswirkung des Gesellschafterbeschlusses bei Zwangseinziehung des GmbH-Geschäftsanteils, DStR 1999, S. 1858–1863.

**Lüke,** Wolfgang: Zivilprozessrecht, 10. Auflage, München 2011.

**Markowsky,** Heinrich: Die Einziehung von GmbH-Geschäftsanteilen, Jena 2013.

**Mangold,** Ernst/**Mangold,** Wolfgang: Ausschließung eines Gesellschafters aus der GmbH, BB 1953, S. 398–399.

**Maunz,** Theodor/**Dürig,** Günter: Loseblatt-Kommentar zum Grundgesetz, 74. Ergänzungslieferung, München 2015, zit.: Maunz/Dürig/*Bearbeiter,* GG, Art...Rn...

**Mayer,** Bernd/**Elfring,** Claus: Das zwangsweise Ausscheiden eines Gesellschafters – Machtkämpfe in der GmbH, GmbHR 2004, S. 869–880.

**Meister,** Burkhardt: Die Sicherheitsleistung der GmbH für Gesellschafterverbindlichkeiten, WM 1980, S. 390–401.

**Mezger,** Hans-Michael: Ausschließung eines Gesellschafters aus einer GmbH, GmbHR 1963, S. 64–65.

**Michalski,** Lutz: Die Zwangseinziehung eines GmbH-Anteils im Fall der Anteilspfändung, ZIP 1991, S. 147–152. Kommentar zum Gesetz betreffend die Gesellschaften mit beschränkter Haftung

- Band 1, §§ 1–34, 2. Auflage, München 2010, zit.: Michalski/*Bearbeiter,* GmbHG, §...Rn...
- Band 2, §§ 35–85, 2. Auflage, München 2010, zit.: Michalski/*Bearbeiter,* GmbHG, §...Rn...

**Michalski,** Lutz/ **Schulenberg,** Volker: Anmerkung zum Beschluss des OLG München vom 20. 7. 1998–23 W 1455/98, NZG 1999, S. 408–409

**Mugdan,** Benno: Die gesamten Materialien für das Bürgerliche Gesetzbuch für das Deutsche Reich, Band 2, Recht der Schuldverhältnisse, Berlin 1899.

**Musielak,** Hans-Joachim/**Voit,** Wolfgang: Kommentar zur Zivilprozessordnung, 12. Auflage, München 2015, zit.: Musielak/Voit/*Bearbeiter,* ZPO, §...Rn...

**Mülbert,** Peter: Abschied von der „TBB" – Haftungsregel für den qualifiziert faktischen GmbH-Konzern, DStR 2001, S. 1937–1947. Sicherheiten einer Kapitalgesellschaft für Verbindlichkeiten ihres Gesellschafters, ZGR 1995, S. 578–612.

**Müller,** Hans-Friedrich: Anmerkung zum Urteil des BGH vom 24. 1. 2012 – II ZR 109/11, WuB 2012, S. 405–407. Das Austrittsrecht des GmbH-Gesellschafters, Köln 1996.

**Münnich,** Lutz: Anmerkung zum Urteil des BGH vom 24. 1. 2012 – II ZR 109/11, GmbHR 2012, S. 390–391.

**Niemeier,** Günter: Rechtstatsachen und Rechtsfragen der Einziehung von GmbH-Anteilen, Hamburg 1982. Rechtsschutz und Bestandsschutz bei fehlerhafter Einziehung von GmbH-Anteilen, ZGR 1990, S. 314–356.

**Oetker,** Hartmut: Kommentar zum Handelsgesetzbuch, 4. Auflage, München 2015, zit.: Oetker/*Bearbeiter,* HGB, §...Rn....

**Oppenheim,** Robert: Abfindungsklauseln in Personengesellschaftsverträgen, Baden-Baden 2011.

**Palandt,** Otto: Kommentar zum Bürgerlichen Gesetzbuch, 74. Auflage, München 2015, zit.: Palandt/*Bearbeiter,* BGB, §...Rn...

**Paulick,** Alfred: Die Einziehungsklausel in der Satzung der GmbH, GmbHR 1978, S. 121–126.

**Peetz,** Carsten: Voraussetzungen und Folgen der Einziehung von GmbH-Geschäftsanteilen – Gesellschafts- und steuerrechtliche Gesichtspunkte, GmbHR 2000, S. 749–757.

**Peifer,** Markus: Die persönliche Haftung der Gesellschafter einer GmbH, JuS 2008, S. 490–494.

**Pentz,** Andreas: Abhängigkeit der Einziehung von Geschäftsanteilen von der Abfindungsleistung?, Festschrift für Peter Ulmer, Berlin 2003, S. 451–467.

**Perwein,** Sigmund: Die Rechte der GmbH nach dem Kapitalerhaltungsgrundsatz – Verjährungsfalle für den Auszahlungsanspruch des Gesellschafters?, GmbHR 2006, S. 1149–1151.

**Pieroth,** Bodo/**Schlink,** Bernhard/**Kingreen,** Thorsten/**Poscher,** Ralf: Grundrechte Staatsrecht II, 30. Auflage, Heidelberg 2014.

**Priester,** Hans-Joachim: Einziehungsbeschluss trotz Zahlungssperre aus § 30 GmbHG!, ZIP 2012, S. 658–660. Handelsrechtsreformgesetz – Schwerpunkte aus notarieller Sicht, DNotZ 1998, S. 691–711. Anteilsnennwert und Anteilsneubildung nach Einziehung von Geschäftsanteilen, Festschrift für Alfred Kellermann, Berlin 1991, S. 337–360.

**Priester,** Hans-Joachim/ **Mayer,** Dieter/**Wicke,** Hartmut: Münchener Handbuch des Gesellschaftsrechts, Band 3, 4. Auflage, München 2012, zit.: MünchHdbGesRIII/*Bearbeiter,* §...Rn...

**Puchelt,** Ernst: Kommentar zum Allgemeinen Deutschen Handelsgesetzbuch, Band 1, Artt. 1–270, 4. Auflage, 1893, zit.: Puchelt/*Bearbeiter,* ADHGB 1861, Art...S...

**Raiser,** Thomas: Die Haftungsbeschränkung ist kein Wesensmerkmal der juristischen Person, Festschrift für Marcus Lutter, Köln 2000, S. 637–650.100 Bände BGHZ: GmbH-Recht – Die Treuepflichten im GmbH-Recht als Beispiel der Rechtsfortbildung, ZHR 151 (1987), S. 422–443.

**Raiser,** Thomas/ **Veil,** Rüdiger: Recht der Kapitalgesellschaften, 5. Auflage, München 2010. Recht der Kapitalgesellschaften, 6. Auflage, München 2015.

**Reemann,** Jörg: Zur Ausfallhaftung des Gesellschafters für verbotene Auszahlungen der GmbH an andere Gesellschafter, ZIP 1990, S. 1309–1316.

**Reichert,** Jochem: Das Zustimmungserfordernis zur Abtretung von Geschäftsanteilen in der GmbH, Heidelberg 1984.

**Reinhardt,** Rudolf/**Schulz,** Dietrich: Gesellschaftsrecht, 2. Auflage, Tübingen 1981.

**Rieder,** Markus: Wirksamkeit der Einziehung eines Geschäftsanteils erfordert keine Zahlung der Abfindung, GWR 2012, S. 106.

**Rohleder,** Michael: Zur Anfechtungsklage gegen einen fehlerhaften Gesellschafterbeschluß in der GmbH, GmbHR 1989, S. 236–242.

**Roth,** Günter: Einziehung des Geschäftsanteils und Dauer der Gewinnbeteiligung, ZGR 1999, S. 715–723. Zur „economic analysis" der beschränkten Haftung, ZGR 1986, S. 371–382.

**Roth,** Günther/**Altmeppen,** Holger: Kommentar zum Gesetz betreffend die Gesellschaften mit beschränkter Haftung, 8. Auflage, München 2015, zit.: Roth/Altmeppen/*Bearbeiter,* GmbHG, §...Rn... Kommentar zum Gesetz betreffend die Gesellschaften mit beschränkter Haftung, 7. Auflage, München 2012, zit.: Roth/Altmeppen/*Bearbeiter,* GmbHG, §...Rn... Kommentar zum Gesetz betreffend die Gesellschaften mit beschränkter Haftung, 3. Auflage, München 1997, zit.: Roth/Altmeppen/*Bearbeiter,* GmbHG, §...Rn...

**Rottnauer,** Achim: Gesellschaftsrechtliche Treuepflichten bei Holdingbildung durch Anteilseinbringung, NZG 2001, S. 115–121.

**Rowedder,** Heinz/**Schmidt-Leithoff,** Christian: Kommentar zum Gesetz betreffend die Gesellschaften mit beschränkter Haftung, 5. Auflage, München 2013, zit.: Rowedder/Schmidt-Leithoff/*Bearbeiter,* GmbHG, §... Rn...

**Röhricht,** Volker: Zum Austritt des Gesellschafters aus der GmbH, Festschrift für Alfred Kellermann, Berlin 1991, S. 361–388. Die GmbH im Spannungsfeld zwischen wirtschaftlicher Dispositionsfreiheit ihrer Gesellschafter und Gläubigerschutz, Festschrift aus Anlass des fünfzigjährigen Bestehens von Bundesgerichtshof, Bundesanwaltschaft und Rechtsanwaltschaft beim Bundesgerichtshof, Köln 2000, S. 83–122.

**Röhricht,** Volker/**Graf von Westphalen,** Friedrich/**Haas,** Ulrich: Kommentar zum Handelsgesetzbuch, 4. Auflage, Köln 2014, zit.: Röhricht/Graf v. Westphalen/Haas/*Bearbeiter,* HGB, §...Rn...

**Römermann,** Volker: Ausschließung von GmbH-Gesellschaftern und Einziehung von Anteilen: Ein Minenfeld, NZG 2010, S. 96–99. Münchener Anwaltshandbuch GmbH-Recht, 3. Auflage, München 2014, zit.: Römermann/*Bearbeiter,* Münchener Anwaltshandbuch GmbH-Recht, §...Rn...

**Rudersdorf,** Martin: Wettbewerbsverbote in Gesellschafts- und Unternehmenskaufverträgen, RNotZ 2011, S. 509–530.

**Sachs,** Rudolf: Zur Einziehung von Geschäftsanteilen wegen Pfändung, GmbHR 1974, S. 84–90.

**Säcker,** Jürgen/**Rixecker,** Roland: Münchener Kommentar zum Bürgerlichen Gesetzbuch

- Band 1, §§ 1–240, 7. Auflage, München 2015, zit.: MünchKommBGB/*Bearbeiter,* §... Rn...
- Band 2, §§ 241–432, 7. Auflage, München 2015, zit.: MünchKommBGB/*Bearbeiter,* §... Rn...
- Band 4, §§ 611–704, 6. Auflage, München 2012, zit.: MünchKommBGB/*Bearbeiter,* §... Rn...

**Schäfer,** Carsten: Stimmrechtslose Anteile in der GmbH – Teil 2: Die Rechtstellung stimmrechtsloser Gesellschafter, GmbHR 1998, S. 168–174. Anmerkung zum Urteil des BGH vom 2. 7. 2001 – II ZR 304/00, JZ 2002, S. 249–252.

**Schmalz,** Dieter: Methodenlehre für das juristische Studium, 4. Auflage, Baden-Baden 1998.

**Schmidt,** Karsten: Reflexionen über das Beschlussmängelrecht, AG 2009, S. 248–259. Gesellschaftsrecht, 4. Auflage, München 2002. Münchener Kommentar zum Handelsgesetzbuch

- Band 2, §§ 105–160, 3. Auflage, München 2011, zit.: MünchKommHGB/*Bearbeiter,* §...Rn...
- Band 3, §§ 161–237, 3. Auflage, München 2012, zit.: MünchKommHGB/*Bearbeiter,* §...Rn...
- GmbH-Reform auf Kosten der Geschäftsführer? – Zum (Un)Gleichgewicht zwischen Gesellschafterrisiko und Geschäftsführerrisiko im Entwurf des MoMiG und in der BGH-Rechtsprechung, GmbHR 2008, S. 449–458. Summenmäßige Grenzen der Haftung von Mitgesellschaftern aus rückständigen Einlagen (§ 24 GmbHG) und verbotenen Ausschüttungen (§ 31 Abs. 3 GmbHG), BB 1985, S. 154–158.

**Schmidt,** Jessica: Einziehung von GmbH-Geschäftsanteilen – Offene Fragen nach dem Grundsatzurteil des BGH vom 24. 1. 2012, GmbHR 2013, S. 953–962.

**Schmidt-Aßmann,** Eberhard: Der Schutz des Aktieneigentums durch Art. 14 GG, Festschrift für Peter Badura, Tübingen 2004, S. 1009–1032.

**Schmolke,** Ulrich: Kapitalerhaltung in der GmbH nach dem MoMiG, München 2009.

**Schneider,** H.: Anmerkung zum Urteil des BGH vom 1. 4. 1953 – II ZR 235/52, GmbHR 1953, S. 74.

**Schneider,** Sven/**Hoger,** Andreas: Einziehung von Geschäftsanteilen und Gesellschafterhaftung, NJW 2013, S. 502–507.

**Schockenhoff,** Martin: Rechtsfragen der Zwangseinziehung von GmbH-Geschäftsanteilen, NZG 2012, S. 449–452.

**Scholz,** Franz: Kommentar zum GmbH-Gesetz

- Band 1, §§ 1–34, 11. Auflage, Köln 2012, zit.: Scholz/*Bearbeiter,* GmbHG, §...Rn...
- Band 3, §§ 53–85, 11. Auflage, Köln 2015, zit.: Scholz/*Bearbeiter,* GmbHG, §...Rn...
- Anmerkung zum Urteil des BGH vom 1. 4. 1953 – II ZR 235/52, GmbHR 1953, S. 75–76.

**Schön,** Wolfgang: Zur „Existenzvernichtungshaftung" der juristischen Person, ZHR 168 (2004), S. 268–297.

**Schuler:** Haftung der Gesellschafter bei Kapitalerhöhungen, GmbHR 1956, S. 65–67.

**Schult,** Ludger/**Wahl,** Axel: Anmerkung zum Urteil des BGH vom 5. 4. 2011 – II ZR 263/08, EWiR 2011, S. 537–538.

**Schulze,** Reiner: Kommentar zum Bürgerlichen Gesetzbuch, 8. Auflage, München 2014, zit.: Schulze/*Bearbeiter,* BGB, §...Rn...

**Schulze-Osterloh,** Joachim: Vermeidung der Konzernhaftung nach dem TBB – Urteil durch ordnungsgemäße Buchführung, ZIP 1983, S. 1838–1843.

**Schulze-Osterloh,** Lerke: Entschädigungspflichtige Inhalts- und Schrankenbestimmung des Eigentums und Enteignung – Tendenzen der neueren Rechtsprechung des Bundesverfassungsgerichts, NJW 1981, S. 2537–2545.

**Schwab,** Martin: Kündigung, Ausschluss und Einziehung in der GmbH, DStR 2012, S. 707–714.

**Schwetlik,** Harald: Anmerkung zum Urteil des BGH vom 24. 1. 2012 – II ZR 109/11, GmbH-StB 2012, S. 109–110.

**Semler,** Johannes/**Stengel,** Arndt: Kommentar zum Umwandlungsgesetz, 3. Auflage, München 2012, zit.: Semler/Stengel/*Bearbeiter,* §...Rn...

**Servatius,** Wolfgang: Über die Beständigkeit des Erstattungsanspruchs wegen Verletzung des Stammkapitals, GmbHR 2000, S. 1028–1034.

**Seydel,** Helmut: Ausschließung eines GmbH-Gesellschafters, GmbHR 1953, S. 149–151.

**Sieger,** Jürgen/**Mertens,** Bernd: Die Rechtsfolgen der Einziehung von Geschäftsanteilen einer GmbH, ZIP 1996, S. 1493–1500.

**Soergel,** Hans-Theodor: Kommentar zum Bürgerlichen Gesetzbuch
- Band 11/1, §§ 705–758, 13. Auflage, Stuttgart 2012, zit.: Soergel/*Bearbeiter,* BGB, §...Rn...
- Band 11/3, §§ 780–822, 13. Auflage, Stuttgart 2012, zit.: Soergel/*Bearbeiter,* BGB, §...Rn...

**Sonnenhol,** Jürgen/**Groß,** Wolfgang: Besicherung von Krediten Dritter an Konzernunternehmen, ZHR 159 (1995), S. 388–417.

**Sosnitza,** Olaf: Anmerkung zum Urteil des OLG Schleswig vom 27. 1. 2000–5 U 154/98, NZG 2000, S. 705–707.

**Soufleros,** Ilias: Ausschließung und Abfindung eines GmbH-Gesellschafters, Köln 1983.

**Spindler,** Gerald/**Stilz,** Eberhard: Kommentar zum Aktiengesetz
- Band 1, §§ 1–149, 3. Auflage, München 2015, zit.: Spindler/Stilz/*Bearbeiter,* AktG, §... Rn...
- Band 2, §§ 150–410, 3. Auflage, München 2015, zit.: Spindler/Stilz/*Bearbeiter,* AktG, §... Rn...

**Spitze,** Peter: Der Ausschluß eines GmbH-Gesellschafters aus wichtigem Grund bei Schweigen der Satzung, Berlin 1985.

**Staake,** Marco: Anmerkung zum Urteil des BGH vom 24. 1. 2012 – II ZR 109/11, LMK 2012, 330924.

**Steffek,** Felix: Der subjektive Tatbestand der Gesellschafterhaftung im Recht der GmbH – zugleich ein Beitrag zum Haftungsdurchgriff, JZ 2009, S. 77–84.

**Stein,** Friedrich/**Jonas,** Martin: Kommentar zur Zivilprozessordnung, Band 4, §§ 253–327, 22. Auflage, Tübingen 2008, zit.: Stein/Jonas/*Bearbeiter,* ZPO,...§...

**Stimpel,** Walter: Zum Auszahlungsverbot des § 30 Abs. 1 GmbHG – Die Befreiung vom handelsbilanziellem Denken und die Unzulässigkeit von Vermögenszuwendungen an Gesellschafter gegen hinausgeschobene schuldrechtliche Ausgleichsverpflichtungen, Festschrift 100 Jahre GmbH-Gesetz, Köln 1992, S. 335–361. „Durchgriffshaftung“ bei der GmbH: Tatbestände, Verlustausgleich, Ausfallhaftung, Festschrift für Reinhard Goerdeler, Düsseldorf 1987, S. 601–621.

**Stumpf,** Christoph: Grundrechtsschutz im Aktienrecht, NJW 2003, S. 9–15.

**Stumpf,** Wolf/**Müller,** Dennis: Sofortige Wirksamkeit der Einziehung eines Geschäftsanteils eines GmbH-Gesellschafters – Der Abschied des BGH von der Bedingungslösung, GWR 2012, S. 143–146.

**Stone,** Christopher: The Place of Enterprise Liability in the Control of Corporate Conduct, 90 Yale L. J., S. 1–77.

**Sudhoff,** Heinrich/**Sudhoff,** Martin: Der Gesellschaftsvertrag der GmbH, 8. Auflage, München 1992.

**Thümmel,** Roderich: Anmerkung zum Urteil des BGH vom 29. 5. 2000 – II ZR 118/98, BB 2000, S. 1485–1486.

**Treeck,** Joachim: Das Ausscheiden aus der Doppelgesellschaft, Berlin 1968.

**Tröger,** Tobias: Anteilseinziehung und Abfindungszahlung – Teleologie und Dogmatik der Folgen sofort wirksamer Einziehungsbeschlüsse, Gesellschaftsrecht in der Diskussion 2013, Band 19, Köln 2014, S. 23–77.

**Trölitzsch,** Thomas: Zum Ausschluss aus der GmbH nach der Aufgabe der „Bedingungslösung" bei der Einziehung durch den BGH, KSzW 2013, S. 55–64.

**Tschering,** Klaus: Der Ausschluß eines GmbH-Gesellschafters durch Gesellschafterbeschluß, GmbHR 1999, S. 691–698.

**Ulmer,** Peter: Zwangseinziehung von Geschäftsanteilen und Ausschließung von GmbH-Gesellschaftern aus wichtigem Grund – Wirksamkeit schon vor Abfindung des betroffenen Gesellschafters?, Festschrift für Fritz Rittner, München 1991, S. 735–755. Abschied vom Vorbelastungsverbot im Gründungsstadium der GmbH – Gelöste und ungelöste Fragen zum Recht der Vor-GmbH und der Vor-GmbH & Co. KG –, ZGR 1981, S. 593–621. Die Einziehung von GmbH-Anteilen – ein Opfer der MoMiG-Reform?, DB 2010, S. 321–323. Von „TBB" zu „Bremer Vulkan" – Revolution oder Evulotion?, ZIP 2001, S. 2021–2029. Gesellschafterhaftung gegenüber der GmbH bei Vorteilsgewährung unter Verstoß gegen § 30 Abs. 1 GmbHG, Festschrift 100 Jahre GmbH-Gesetz, Köln 1992, S. 363–389. Nochmals: Zum Wirksamkeitszeitpunkt der Zwangseinziehung von GmbH-Anteilen – Auf der Suche nach einem interessengerechten Lösungsmodell, Festschrift für Hans-Joachim Priester, Köln 2007, S. 775–798. Höchstrichterliche Rechtsfortbildung als Durchhauen des gordischen Knotens? – Bemerkungen zur BGH-Rechtsfortbildung bei Zwangseinziehung von GmbH-Anteilen –, Festschrift für Michael Hoffmann-Becking, München 2013, S. 1261–1276.

**Ulmer,** Peter/**Habersack,** Mathias/**Löbbe,** Marc: Großkommentar zum Gesetz betreffend die Gesellschaften mit beschränkter Haftung

– Band 1, §§ 1–28, 2. Auflage, Tübingen 2013, zit.: Ulmer/Habersack/Löbbe/*Bearbeiter,* GmbHG, §...Rn...

– Band 2, §§ 29–52, 2. Auflage, Tübingen 2014, zit.: Ulmer/Habersack/Löbbe/*Bearbeiter,* GmbHG, §...Rn...

**Ulmer,** Peter/**Habersack,** Mathias/**Winter,** Martin: Großkommentar zum Gesetz betreffend die Gesellschaften mit beschränkter Haftung, Band 3, §§ 53–87, Tübingen 2008, zit.: Ulmer/Habersack/Winter/*Bearbeiter,* GmbHG, §...Rn...

**Ulmer,** Peter/**Schäfer,** Carsten: Die rechtliche Beurteilung vertraglicher Abfindungsbeschränkungen bei nachträglich eintretendem groben Missverhältnis, ZGR 1995, S. 134–155

**Vogel,** Hermann: Anmerkung zum Urteil des BGH vom 1. 4. 1953 – II ZR 235/52, BB 1953, S. 460–461.

**Vogel,** Wolfgang: Zur Vererbung eines Geschäftsanteils, GmbHR 1971, S. 132–137.

**von Caemmerer,** Ernst: Leistungsrückgewähr bei gutgläubigem Erwerb, Festschrift für Gustav Boehmer, Bonn 1954, S. 145–163. Bereicherung und unerlaubte Handlung, Festschrift für Ernst Rabel, Band 1, Tübingen 1954, S. 333–401.

**von Hahn,** Friedrich: Commentar zum Allgemeinen Deutschen Handelsgesetzbuch, Band 1, Braunschweig 1863.

**von Staudingers,** Julius: Kommentar zum Bürgerlichen Gesetzbuch mit Einführungsgesetz und Nebengesetzen

- Buch 1, Allgemeiner Teil, §§ 139–163, Neubearbeitung 2015, Berlin 2015, zit.: Staudinger/*Bearbeiter,* BGB, §...Rn...
- Buch 2, Recht der Schuldverhältnisse, §§ 241–243, Neubearbeitung 2015, Berlin 2015, zit.: Staudinger/*Bearbeiter,* BGB, §...Rn...
- Buch 2, Recht der Schuldverhältnisse, §§ 255–304, Neubearbeitung 2014, Berlin 2014, zit.: Staudinger/*Bearbeiter,* BGB, §...Rn...
- Buch 2, Recht der Schuldverhältnisse, §§ 620–630, Neubearbeitung 2012, Berlin 2012, zit.: Staudinger/*Bearbeiter,* BGB, §...Rn...
- Buch 2, Recht der Schuldverhältnisse, §§ 705–740, Dreizehnte Bearbeitung 2003, Berlin 2003, zit.: Staudinger/*Bearbeiter,* BGB, §...Rn...
- Buch 2, Recht der Schuldverhältnisse, §§ 812–822, Neubearbeitung 2007, Berlin 2007, zit.: Staudinger/*Bearbeiter,* BGB, §...Rn...

**Vorwerk,** Volkert/**Wolf,** Christian: Beck´scher Online-Kommentar zur ZPO, Stand 1. 9. 2015, Edition 18, zit.: Vorwerk/Wolf/*Bearbeiter,* BeckOK-ZPO, §...Rn...

**Wagner,** Gerhard: Deliktshaftung und Insolvenzrecht, Festschrift für Walter Gerhardt, Köln 2004, S. 1043–1075.

**Wagner,** Klaus/**Sperneac-Wolfer,** Constantin: Die neue „Balsam/Procedo"-Rechtsprechung des BGH – gesellschaftsrechtliche und verfassungsrechtliche Aspekte, NZG 2001, S. 9–21.

**Walz,** Robert: Beck´sches Formularbuch Zivil-, Wirtschafts- und Unternehmensrecht, 3. Auflage, München 2014.

**Wellhöfer,** Werner: Ausscheiden eines GmbH-Gesellschafters in der Gesellschaftspraxis, GmbHR 1994, S. 212–223.

**Westermann,** Peter: Einziehung und Abfindung (§ 34 GmbHG), Festschrift 100 Jahre GmbH-Gesetz, Köln 1992, S. 447–472.

**Wicke,** Hartmut: Kommentar zum Gesetz betreffend die Gesellschaften mit beschränkter Haftung, 2. Auflage, München 2011, zit.: *Wicke,* GmbHG, §...Rn... Aktuelle Fragen der GmbH-Praxis, MittbayNot 2014, S. 13–23.

**Wiedemann,** Herbert: Gesellschaftsrecht, Band 1, München 1980. Die Übertragung und Vererbung von Mitgliedschaftsrechten bei Handelsgesellschaften, Berlin 1965. Zu den Treuepflichten im Gesellschaftsrecht, Festschrift für Theodor Heinsius, Berlin 1991, S. 949–966. Das Abfindungsrecht – ein gesellschaftsrechtlicher Interessenausgleich, ZGR 1978, S. 477–497. Kapitalerhöhung in der Publikums-KG – Besprechung der Entscheidung BGHZ 66, 82 –, ZGR 1977, S. 690–697.

**Wilburg,** Walter: Die Lehre von der ungerechtfertigten Bereicherung nach österreichischem und deutschem Recht, Graz 1934.

**Wilhelm,** Jan: Zurück zur Durchgriffshaftung – das „KBV" – Urteil des II. Zivilsenats des BGH vom 24. 6. 2002, NJW 2003, S. 175–180. Konzernrecht und allgemeines Haftungsrecht, DB 1986, S. 2113–2120.

**Winkler,** Sylko: Anmerkung zum Urteil des BGH vom 24. 1. 2012 – II ZR 109/11, BB 2012, S. 666–667.

**Winter,** Martin: Mitgliedschaftliche Treuebindungen im GmbH-Recht, München 1988.

**Wolany,** Josef: Rechte und Pflichten des Gesellschafters einer GmbH, Köln 1964.

**Wolff,** Christian: Das Schicksal eingezogener GmbH-Geschäftsanteile und alternative Satzungsregelungen, GmbHR 1999, S. 958–963.

**Wüst,** Günter: Das Problem des Wirtschaftens mit beschränkter Haftung, JZ 1992, S. 710–715.

**Ziemons,** Hildegard/**Jaeger,** Carsten: Beck´scher Online-Kommentar zum GmbH-Gesetz, Stand 15. 8. 2015, 24. Edition, zit.: Ziemons/Jaeger/*Bearbeiter,* BeckOK-GmbHG, § ... Rn...

**Zöllner,** Wolfgang: Die Schranken mitgliedschaftlicher Stimmrechtsmacht bei den privatrechtlichen Personenverbänden, München 1963. Kölner Kommentar zum Aktiengesetz, Band 5/1, §§ 179–240, 2. Auflage, Köln 1995, zit.: KölnKommAktG/*Bearbeiter,* §...Rn...

**Zwissler,** Thomas: Treuegebot – Treuepflicht – Treuebindung, Frankfurt am Main 2002.

# Abkürzungsverzeichnis

| | |
|---|---|
| a.A. | andere Ansicht |
| abl. | ablehnend |
| Abs. | Absatz |
| abw. | abweisend |
| AcP | Archiv für die civilistische Praxis |
| ADHGB | Allgemeines Deutsches Handelsgesetzbuch |
| a.F. | alte Fassung |
| AG | Aktiengesellschaft |
| AktG | Aktiengesetz |
| allg. | allgemein |
| Alt. | Alternative |
| Anh. | Anhang |
| Art. | Artikel |
| BayObLG | Bayerisches Oberlandesgericht |
| BB | Betriebs-Berater |
| BGB | Bürgerliches Gesetzbuch |
| BGH | Bundesgerichtshof |
| BGHZ | Entscheidungen des Bundesgerichtshofs in Zivilsachen |
| BR-Drs. | Drucksachen des Deutschen Bundesrates |
| BT-Drucks. | Drucksachen des Deutschen Bundestages |
| BVerfG | Bundesverfassungsgericht |
| ders. | derselbe |
| DNotZ | Deutsche Notar-Zeitschrift |
| DStR | Deutsches Steuerrecht |
| DZWIR | Deutsche Zeitschrift für Wirtschafts- und Insolvenzrecht |
| Einl. | Einleitung |
| EWG | Europäische Wirtschaftsgemeinschaft |
| f., ff. | folgende |
| Fn. | Fußnote |
| FS | Festschrift |
| GbR | Gesellschaft bürgerlichen Rechts |
| GG | Grundgesetz |
| gem. | Gemäß |
| GenG | Genossenschaftsgesetz |
| GewO | Gewerbeordnung |
| GesRZ | Zeitschrift für Gesellschafts- und Unternehmensrecht |
| GmbH | Gesellschaft mit beschränkter Haftung |
| GmbHG | GmbH-Gesetz |
| GmbHR | GmbH-Rundschau |
| GmbH-StB | GmbH-Steuerberater |

| | |
|---|---|
| grds. | Grundsätzlich |
| GWR | Gesellschafts- und Wirtschaftsrecht |
| Hervorh. d. d. Verf. | Hervorhebung durch den Verfasser |
| HGB | Handelsgesetzbuch |
| h.L. | herrschende Lehre |
| h.M. | herrschenden Meinung |
| HRefG | Handelsrechtsreformgesetz |
| Hs. | Halbsatz |
| i.d.F. | in der Fassung |
| i.H.v. | in Höhe von |
| i.S.d. | im Sinne des/der |
| i.V.m. | in Verbindung mit |
| jew. | Jeweils |
| JuS | Juristische Schulung |
| JW | Juristische Wochenschrift |
| JZ | Juristen-Zeitung |
| KG | Kommanditgesellschaft/Kammergericht |
| KonzernR | Konzernrecht |
| krit. | Kritisch |
| KSzW | Kölner Schrift zum Wirtschaftsrecht |
| LG | Landgericht |
| m. Anm. | mit Anmerkung |
| MittbayNot | Mitteilungen des Bayerischen Notarvereins, der Notarkasse und der Landesnotarkammer Bayern |
| MittRhNotK | Mitteilungen der Rheinischen Notarkammer |
| MoMiG | Gesetz zur Modernisierung des GmbH-Rechts und zur Bekämpfung von Missbräuchen |
| m.w.N. | mit weiteren Nachweisen |
| Nachw. | Nachweise |
| n.F. | neue Fassung |
| NJW | Neue Juristische Wochenschrift |
| NJW-RR | NJW-Rechtsprechungs-Report |
| Nr. | Nummer |
| NZG | Neue Zeitschrift für Gesellschaftsrecht |
| OHG | Offene Handelsgesellschaft |
| OLG | Oberlandesgericht |
| RegE | Regierungsentwurf |
| RG | Reichsgericht |
| RGZ | Entscheidungen des Reichsgerichts in Zivilsachen |
| Rn. | Randnummer |
| RNotZ | Rheinische Notar-Zeitschrift |
| Rspr. | Rechtsprechung |
| S. | Satz/Seite |

| | |
|---|---|
| s. | siehe |
| sog. | sogenannte |
| Stan.L.Rev. | Stanford Law Review |
| st. Rspr. | ständige Rechtsprechung |
| U.Chi.L.Rev. | The University of Chicago Law Review |
| UmwG | Umwandlungsgesetz |
| unstr. | unstreitig |
| v.a. | vor allem |
| vgl. | vergleiche |
| VGR | wissenschaftliche Vereinigung für Unternehmens- und Gesellschaftsrecht |
| WM | Wertpapiermitteilungen, Zeitschrift für Wirtschafts- und Bankrecht |
| WuB | Entscheidungsanmerkungen zum Wirtschafts- und Bankrecht |
| ZHR | Zeitschrift für das gesamte Handels- und Wirtschaftsrecht |
| ZIP | Zeitschrift für Wirtschaftsrecht |
| z.T. | zum Teil |
| zust. | zustimmend |
| ZGR | Zeitschrift für Unternehmens- und Gesellschaftsrecht |

# Einleitung

Ein Gesellschafter scheidet aus einer GmbH aus, wenn seine Mitgliedschaft in der Gesellschaft endet. Dazu kommt es, wenn der Verband selbst durch Auflösung beendet wird (§§ 60, 61 GmbHG).[1] Im Rahmen eines Liquidationsverfahrens wird dann das Gesellschaftsvermögen durch Liquidatoren in Geld umgesetzt und zur Befriedigung der Gesellschaftsgläubiger verwendet (§§ 70, 73 GmbHG). Abschließend wird der Liquidationsüberschuss an die Gesellschafter ausgeschüttet (§ 72 GmbHG).[2] Erst wenn kein verteilbares Vermögen mehr vorhanden ist, endet die Gesellschaft[3] und mit ihr die Mitgliedschaft aller Gesellschafter.

Deutlich größere Schwierigkeiten bereiten demgegenüber diejenigen Fälle, in denen ein Gesellschafter aus der GmbH ausscheidet und der Verband fortbestehen bleibt. Insbesondere die kapitalgesellschaftsrechtliche Struktur der GmbH macht bei diesem Vorgang erhebliche Probleme. Ein zentrales Problem liegt darin, dass den ausscheidenden Gesellschaftern in der Regel ein Abfindungsanspruch zusteht, der im Interesse der Gesellschaftsgläubiger jedoch nicht aus dem zur Deckung der Stammkapitalziffer erforderlichen Vermögen erfüllt werden darf. Damit stellt sich eine komplexe und von widerstreitenden Interessen geprägte Rechtsfrage, auf die das GmbH-Gesetz selbst keine ausdrückliche Antwort gibt:

*Wie lässt es sich unter Wahrung der Gebote von Rechtssicherheit und Praktikabilität sicherstellen, dass ein Gesellschafter aufgrund des Kapitalerhaltungsgebotes nicht abfindungslos ausscheidet?*

Diese Problematik ist so alt, wie das GmbH-Gesetz selbst (1892) und dementsprechend schon seit Jahrzehnten in der Rechtsprechung und Literatur höchst umstritten. Dennoch hat sich bis heute kein überzeugendes Lösungskonzept durchsetzen können. Symptomatisch für diesen Befund ist das kürzlich ergangene Grundsatzurteil des BGH vom 24. 1. 2012.[4] In dieser Entscheidung hat sich der II. Zivilsenat zum ersten Mal im Rahmen der Zwangseinziehung von Geschäftsanteilen mit dieser Rechtsfrage befasst. Er erteilt hierin der bis dato vorherrschenden Meinung eine deutliche Absage und spricht sich mit einer Mindermeinung im Schrifttum dafür aus, dass die verbleibenden Gesellschafter bei einer Unterbilanz persönlich für die Abfindung haften. Bemerkenswert ist dabei, dass der BGH seine Rechtsauffassung dogmatisch nicht näher begründet. Während das Urteil von einigen Rezipienten nun als höchstrichterliches „Durchschlagen des gordischen Knotens“[5] zelebriert

1 *Balz,* Die Beendigung der Mitgliedschaft in der GmbH, S. 25.

2 *Raiser/Veil,* Recht der Kapitalgesellschaften, § 51 Rn. 23f.

3 BGHZ 53, S. 264 (266); *Balz,* Die Beendigung der Mitgliedschaft in der GmbH, S. 25f.; *Raiser/Veil,* Recht der Kapitalgesellschaften, § 51 Rn. 25 m.w.N.

4 BGH, ZIP 2012, S. 422 (422ff.).

5 So etwa der Vergleich von *Priester,* ZIP 2012, S. 658 (658) und *J. Schmidt,* GmbHR 2013, S. 953 (953).

wird,[6] mehren sich auf der anderen Seite Stimmen im Schrifttum, die es als *contra legem* einstufen und dezidiert ablehnen. Damit hat sich in jüngster Vergangenheit wieder eindrucksvoll bestätigt, dass die Frage nach der Sicherung der Abfindung bei der Zwangseinziehung von Geschäftsanteilen keineswegs geklärt ist. Im Gegenteil, mittlerweile wird ein ganzer Strauß an Theorien zu ihr vertreten und es stellen sich mehr ungelöste Einzelfragen, als jemals zuvor. Gerade die Praxis wird durch den aktuellen Diskussionsstand in der Wissenschaft mit hoher Rechtsunsicherheit belastet.

An dieser Stelle setzt die vorliegende Untersuchung an. Sie beschränkt die Frage nach der Sicherung der Abfindung jedoch nicht auf die Zwangseinziehung von Geschäftsanteilen, sondern erörtert sie im Rahmen der gesetzlichen Gesamtsystematik des Ausscheidens aus der GmbH. Ihr Ziel ist die Entwicklung eines dogmatisch fundierten, interessengerechten und möglichst einheitlichen Lösungskonzepts.

Hierzu werden im ersten Teil der Bearbeitung die gesetzlichen Varianten des Ausscheidens systematisiert und in ihren Voraussetzungen und Rechtsfolgen untersucht. Nach einigen Grundzügen zum Abfindungsanspruch des ausscheidenden Gesellschafters und zum Kapitalerhaltungsgebot wird in einem nächsten Schritt die Problemstellung entfaltet. Dabei wird analysiert, worin genau das Problem besteht, wann es auftritt, warum aus rechtlicher Perspektive eine Lösung gefordert ist und welche Anforderungen an eine sachgerechte Lösung zu stellen sind.

Der zweite Teil der Bearbeitung konzentriert sich auf die Suche nach einem dogmatisch tragfähigen Konzept zur Sicherung der Abfindung. Anknüpfend an die aktuelle Diskussion wird dabei der Schwerpunkt auf die Zwangseinziehung von Geschäftsanteilen gelegt. Im Rahmen einer Darstellung und Erörterung der hierzu vertretenen Theorien wird insbesondere überprüft, ob sich die vom BGH postulierte Gesellschafterhaftung dogmatisch legitimieren lässt. Schließlich unterbreitet die Untersuchung einen Lösungsvorschlag, den sie im Anschluss in allen Einzelheiten präzisiert, damit er sich künftig möglichst nahtlos in das GmbH-Recht einfügt. Aufbauend auf diese Erkenntnisse wendet sie sich einer derzeit kaum erörterten Fragestellung zu und erforscht, wie die Abfindung bei anderen Varianten des Ausscheidens aus der GmbH zu sichern ist. Hierbei werden die zur Zwangseinziehung gewonnenen Erkenntnisse zu Nutze gemacht und auf ihre Übertragbarkeit hin überprüft.

Im dritten und letzten Teil der Bearbeitung wird schließlich der Frage nachgegangen, welche Gestaltungsspielräume die bestehende Rechtslage der Praxis eröffnet und welche Empfehlungen ihr dabei zu geben sind.

---

6 Bezeichnend etwa *Heckschen*, NotBZ 2012, S. 216 (216): „für die Praxis ein Segen".

# Teil 1: Grundlagen und Problemstellung

## A) Die gesetzlichen Varianten des Ausscheidens aus der GmbH

Im GmbH-Gesetz sind die verschiedenen Möglichkeiten des Ausscheidens zum Teil ausdrücklich geregelt (§§ 15, 21, 27, 28, 34 GmbHG), zum Teil basieren diese auch auf einer Rechtsfortbildung. Im Folgenden werden die einzelnen Tatbestände nun genauer betrachtet (II. – VII.). Davor soll jedoch ein kurzer Blick auf die Grundstruktur des Ausscheidens geworfen werden (I.).

### I. Grundsätzliches

Wenn ein Gesellschafter aus einer Personengesellschaft ausscheidet, erlischt seine Mitgliedschaft automatisch und seine gesamthänderische Mitberechtigung an der Gesellschaft wächst nach § 738 Abs. 1 S. 1 BGB den übrigen Gesellschaftern unmittelbar mit dinglicher Wirkung an.[7] In einer GmbH als Kapitalgesellschaft bilden demgegenüber nicht die vertraglich verbundenen Mitglieder, sondern die Geschäftsanteile die rechtskonstruktive Basis der Gesellschaft.[8] Die Mitgliedschaft in der GmbH wird also durch die Inhaberschaft am Geschäftsanteil als Objekt vermittelt.[9] Aufgrund dieser Verknüpfung von Geschäftsanteil und Mitgliedschaft greift das Anwachsungsprinzip aus § 738 Abs. 1 S. 1 BGB im GmbH-Recht nicht.[10] Damit ein Gesellschafter ausscheidet, bedarf es daher grundsätzlich einer Verfügung über seinen Geschäftsanteil, wobei dieser entweder dinglich vernichtet, oder auf einen anderen Rechtsträger übertragen werden kann.[11]

---

7 Palandt/*Sprau,* BGB, § 738 Rn. 1; Oetker/*Kamanabrou,* HGB, § 131 Rn. 40; *K.Schmidt,* Gesellschaftsrecht, § 35 IV 1; *Blath,* GmbHR 2012, S. 657 (657).

8 *K.Schmidt,* Gesellschaftsrecht, § 35 IV 1; *Heidinger/Blath,* GmbHR 2007, S. 1184 (1184); *Blath,* GmbHR 2012, S. 657 (657); MünchKommGmbHG/*Strohn,* GmbHG, § 34 Rn. 106.

9 BGH, BB 1972, S. 10 (11); *Blath,* GmbHR 2012, S. 657 (657); Baumbach/Hueck/*Fastrich,* GmbHG, § 14 Rn. 3; Scholz/*Winter/Seibt,* GmbHG, § 14 Rn. 2; Ziemons/Jaeger/*Wilhelmi,* BeckOK-GmbHG, § 14 Rn. 4; MünchKommGmbHG/*Reichert/Weller,* § 14 Rn. 7.

10 *K.Schmidt,* Gesellschaftsrecht, § 35 IV 1; *Blath,* GmbHR 2012, S. 657 (657); *Kesselmeier,* Ausschließungs- und Nachfolgeregelung in der GmbH-Satzung, S. 26f.; MünchKommGmbHG/*Strohn,* § 34 Rn. 2.

11 *Kesselmeier,* Ausschließungs- und Nachfolgeregelung in der GmbH-Satzung, S. 26; *Blath,* GmbHR 2012, S. 657 (657); *Baumann,* MittRhNotK 1991, S. 271 (271f.).

## II. Abtretung, § 15 GmbHG

Die Geschäftsanteile einer GmbH sind grundsätzlich frei veräußerlich (§ 15 Abs. 1 GmbHG). Jeder Gesellschafter kann seinen Anteil in notarieller Form abtreten (§ 15 Abs. 3, Abs. 4 GmbHG). Dadurch verliert er seine mitgliedschaftlichen Rechte und Pflichten, welche zusammen mit dem Geschäftsanteil auf den Rechtsnachfolger übergehen. Der Veräußerer kann sich bei diesem Vorgang mit dem Erwerber auf einen Kaufpreis einigen, den dieser für den Anteil zu entrichten hat.

## III. Kaduzierung, §§ 21, 28 GmbHG

Die §§ 21, 28 GmbHG ermöglichen den Ausschluss eines Gesellschafters in einer Sondersituation. Nach § 21 Abs. 1 S. 1 GmbHG kann an einen Gesellschafter, der mit der Einzahlung seiner Stammeinlage säumig ist, eine erneute Aufforderung zur Zahlung binnen einer angemessenen Nachfrist unter Androhung seines Ausschlusses erlassen werden. Nach fruchtlosem Ablauf dieser Frist ist der Geschäftsführer dazu berechtigt, den Ausschluss des säumigen Gesellschafters zu erklären (§ 21 Abs. 2 GmbHG). Als Rechtsfolge hiervon verliert der Gesellschafter seinen Geschäftsanteil zugunsten der Gesellschaft (Kaduzierung). Dem kaduzierten Gesellschafter steht für den Verlust seines Anteils kein Ersatzanspruch zu.[12] Die Kaduzierung erfolgt also entschädigungslos. Im Anschluss hieran ist die noch offene Stammeinlageforderung nach dem in §§ 22 bis 24 GmbHG geregelten Verfahren beizubringen. Auch der ausgeschlossene Gesellschafter bleibt ihr subsidiär verhaftet (§ 21 Abs. 3 GmbHG). Die Vorschriften der §§ 21 bis 23 GmbHG finden entsprechende Anwendung, wenn im Statut eine beschränkte Nachschusspflicht vereinbart wurde (§ 28 Abs. 1 S. 1 GmbHG).

## IV. Preisgaberecht (Abandon), § 27 GmbHG

Wurde im Statut eine unbeschränkte Nachschusspflicht vereinbart (§ 26 GmbHG), hat jeder Gesellschafter nach § 27 Abs. 1 S. 1 GmbHG das Recht, bei der Einforderung eines weiteren Nachschusses der Gesellschaft seinen Geschäftsanteil innerhalb eines Monats nach der Zahlungsaufforderung zur Befriedigung aus demselben zur Verfügung zu stellen (Abandon). Dadurch beschränkt sich seine Haftung für den Nachschuss auf den abandonierten Geschäftsanteil.[13] Im Anschluss muss die Gesellschaft den Anteil im Wege der öffentlichen Versteigerung verkaufen lassen (§ 27 Abs. 2 S. 1 GmbHG). Der erzielte Veräußerungserlös ge-

---

12 OLG Hamm, GmbHR 2010, S. 707 (709); Ziemons/Jaeger/*Jaeger*, BeckOK-GmbHG, § 21 Rn. 42; Baumbach/Hueck/*Fastrich*, GmbHG, § 21 Rn. 11; *Kolb*, Der Ausschluss eines Gesellschafters aus der GmbH, S. 26.

13 Scholz/*Emmerich*, GmbHG, § 27 Rn. 20; Ulmer/Habersack/Löbbe/*Müller*, GmbHG, § 27 Rn. 46 m.w.N.

bührt der Gesellschaft zur Befriedigung ihrer Nachschussforderung[14] und soweit er den eingeforderten Nachschuss übersteigt, dem abandonierenden Gesellschafter (§ 27 Abs. 2 S. 3 GmbHG).

## V. Einziehung, § 34 GmbHG

§ 34 GmbHG regelt die Einziehung von Geschäftsanteilen. Nach § 34 Abs. 1 GmbHG darf die Einziehung nur dann erfolgen, wenn sie im Gesellschaftsvertrag zugelassen ist. Weiterhin ergibt sich aus § 34 Abs. 2 GmbHG, dass das Gesetz zwischen einer Einziehung mit (freiwillige Einziehung) und ohne Zustimmung des betroffenen Anteilsinhabers (Zwangseinziehung) differenziert.

### *1. Freiwillige Einziehung*

Die freiwillige Einziehung setzt eine Zustimmung des betroffenen Anteilseigners voraus. Diese ist formlos der Gesellschaft gegenüber zu erteilen und unterliegt den Regelungen der §§ 182 ff. BGB.[15] In der Praxis spielt die freiwillige Einziehung kaum eine Rolle.[16]

### *2. Zwangseinziehung*

Der Zwangseinziehung kommt hingegen eine sehr große praktische Bedeutung zu. Sie ist das am häufigsten eingesetzte Mittel, um einen Gesellschafter aus der GmbH auszuschließen.[17] Gem. § 34 Abs. 2 GmbHG ist sie aber nur dann zulässig, wenn die einzelnen Einziehungsgründe vor dem Erwerb des Geschäftsanteils im Gesellschaftsvertrag hinreichend bestimmt festgelegt waren. Dabei kann im Statut prinzipiell jeder beliebige Grund vereinbart werden, sofern ihm das Gewicht eines sachlichen Grundes zukommt. Um einen wichtigen Grund muss es sich nicht unbedingt handeln.[18] Die Einziehungsgründe müssen aber so präzise formuliert sein, dass sich jeder Gesellschafter darauf einstellen kann, wann der zwangsweise Entzug seines Mitgliedschaftsrechts möglich ist.[19] Entsprechend der in der Praxis vorherrschenden personalistischen Realstruktur der GmbH wird die Zwangseinziehung vorwiegend zu personalistischen Zwecken eingesetzt[20]: Mit ihr sollen ungeeignete oder missliebige Gesellschafter aus dem Gesellschafterkreis entfernt oder dieser

---

14 Michalski/*Zeidler*, GmbHG, § 27 Rn. 50.
15 Baumbach/Hueck/*Fastrich,* GmbHG, § 34 Rn. 6; Michalski/*Sosnitza,* GmbHG, § 34 Rn. 13; Lutter/Hommelhoff/*Lutter*, GmbHG, § 34 Rn. 23.
16 Vgl. Lutter/Hommelhoff/*Lutter*, GmbHG, § 34 Rn. 1.
17 Vgl. Lutter/Hommelhoff/*Lutter*, GmbHG, § 34 Rn. 1.
18 Baumbach/Hueck/*Fastrich,* GmbHG, § 34 Rn. 9a; *Schwab,* DStR 2012, S. 707 (712).
19 BGH, NJW 1977, S. 2316 (2316); OLG Hamm, NZG 2000, S. 433 (433); *Paulick*, GmbHR 1978, S. 121 (125); Michalski/*Sosnitza,* GmbHG, § 34 Rn. 35.
20 *Niemeier*, Rechtstatsachen und Rechtsfragen der Einziehung von GmbH-Anteilen, S. 15.

gegen das Eindringen unerwünschter Dritter abgeschlossen werden.[21] Auf diese Weise dient sie dazu, die innere Funktionsfähigkeit der Gesellschaft aufrecht zu erhalten und Bestandsrisiken für das Unternehmen abzuwenden, die aus der Sphäre einzelner Gesellschafter herrühren.[22] Diesem Ziel entsprechend wird im Gesellschaftsvertrag häufig etwa die Pfändung eines Geschäftsanteils,[23] die Insolvenz eines Gesellschafters,[24] die Vererbung des Anteils an familienfremde Personen,[25] oder der Verlust einer bestimmten Eigenschaft, wie die Berufszulassung oder das Erreichen einer bestimmten Altersgrenze[26] als Einziehungsgrund vereinbart. Zulässig und weit verbreitet sind schließlich auch Generalklauseln, die an das „Vorliegen eines wichtigen Grundes in der Person eines Gesellschafters"[27] oder „schwerwiegende Pflichtverletzungen"[28] anknüpfen. Grundsätzlich unzulässig ist hingegen eine Vereinbarung, welche das Zwangseinziehungsrecht in das freie Ermessen der Mehrheit stellt (sog. „Hinauskündigungsklauseln").[29]

### 3. *Durchführung*

Die Einziehung ist nach §§ 46 Nr. 4, 47 Abs. 1 GmbHG von der Gesellschafterversammlung mit einer einfachen Mehrheit zu beschließen. Der betroffene Gesellschafter ist dazu berechtigt, an ihr teilzunehmen und muss angehört werden.[30] Aufgrund des § 47 Abs. 4 GmbHG ist er aber nicht stimmberechtigt.[31] Nimmt er an

---

21 *Niemeier,* Rechtstatsachen und Rechtsfragen der Einziehung von GmbH-Anteilen, S. 14ff.; Lutter/Hommelhoff/*Lutter,* GmbHG, § 34 Rn. 1; Michalski/*Sosnitza,* GmbHG, § 34 Rn. 1; Ziemons/Jaeger/*Schindler,* BeckOK-GmbHG, § 34 Rn. 1; Baumbach/Hueck/*Fastrich,* GmbHG, § 34 Rn. 2; Ulmer/Habersack/Löbbe/*Ulmer/Habersack,* GmbHG, § 34 Rn. 5.

22 *Niemeier,* Rechtstatsachen und Rechtsfragen der Einziehung von GmbH-Anteilen, S. 16; Michalski/*Sosnitza,* GmbHG, § 34 Rn. 1; Ziemons/Jaeger/*Schindler,* BeckOK-GmbHG, § 34 Rn. 1.

23 BGH, NJW 1975, S. 1835 (1836); *Michalski,* ZIP 1991, S. 147 (147ff.).

24 OLG Frankfurt, NZG 1998, S. 595 (595); *Heckschen,* NZG 2010, S. 521 (521ff.).

25 BGH, GmbHR 1977, S. 81 (81); Michalski/*Sosnitza,* GmbHG, § 34 Rn. 36.

26 Lutter/Hommelhoff/*Lutter,* GmbHG, § 34 Rn. 31; Baumbach/Hueck/*Fastrich,* GmbHG, § 34 Rn. 10.

27 BGH, NJW 1977, S. 2316 (2316); OLG Stuttgart, GmbHR 1989, S. 466 (467); Michalski/*Sosnitza,* GmbHG, § 34 Rn. 37.

28 OLG Dresden, NZG 1999, S. 1220 (1220); Michalski/*Sosnitza,* GmbHG, § 34 Rn. 37.

29 BGH, NJW 1990, S. 2622 (2622); BGH, NJW 1977, S. 1292 (1292); Ulmer/Habersack/Löbbe/*Ulmer/Habersack,* GmbHG, § 34 Rn. 41a mit Beispielen für Sachgründe, bei deren Vorliegen solche Klauseln ausnahmsweise zulässig sind.

30 BGH, DStR 1997, S. 1257 (1257); *Goette,* DStR 1997, S. 1257 (1259); *Schwab,* DStR 2012, S. 707 (712).

31 Zumindest bei der freiwilligen Einziehung aufgrund des § 47 Abs. 4 S. 2 GmbHG und bei der Zwangseinziehung aus wichtigem Grund nach § 47 Abs. 4 S. 1 GmbHG, vgl. BGH, NJW 1953, S. 780 (784); BGH, GmbHR 1977, S. 81 (82); OLG Celle, NZG

der Gesellschafterversammlung nicht teil, ist ihm die Entscheidung vom Geschäftsführer (formlos) mitzuteilen.[32]

## *4. Rechtsfolgen*

Die Einziehung richtet sich nicht gegen den betroffenen Gesellschafter persönlich, sondern gegen seinen Geschäftsanteil. Dieser geht mit dem Wirksamwerden der Einziehung unter, wodurch sämtliche mitgliedschaftlichen Rechte und Pflichten aus ihm erlöschen.[33] Über die Beseitigung des Geschäftsanteils als Objekt scheidet der betroffene Anteilsinhaber mittelbar aus der GmbH aus.[34] Infolgedessen erhöht sich die Beteiligungsquote der verbleibenden Gesellschafter am Stammkapital automatisch im Verhältnis ihrer bisherigen Beteiligung zueinander.[35] Das bedeutet, dass ihre mitgliedschaftlichen Rechte und Pflichten, wie etwa ihr Gewinnanteil, ihre Stimmrechtskraft und ihre Haftungsquote aus §§ 24, 31 Abs. 3 GmbHG kraft Gesetzes anteilig zunehmen.[36] In ihren Rechtswirkungen ähnelt die Einziehung damit dem Anwachsungsprinzip aus § 738 Abs. 1 S. 1 BGB.

Die Höhe des Stammkapitals bleibt von der Einziehung unberührt.[37] Daher entspricht die Summe der Nominalwerte der verbleibenden Geschäftsanteile nach einer Einziehung nicht mehr der Höhe der Stammkapitalziffer. Während diese Divergenz vor dem Inkrafttreten des MoMiG noch für unbeachtlich gehalten wurde („Schönheitsfehler"),[38] ordnet der im Zuge des MoMiG neu gefasste § 5 Abs. 3 S. 2 GmbHG nun jedoch an, dass die Summe der Nennbeträge aller Geschäftsanteile stets mit der Höhe des Stammkapitals übereinstimmen muss (sog. Konvergenzgebot).[39] Aus diesem Grund wird der Einziehungsbeschluss teilweise für nichtig gehalten

---

1998, S. 29 (29); Ulmer/Habersack/Löbbe/*Ulmer/Habersack*, GmbHG, § 34 Rn. 51f.; bei anderen Einziehungsgründen dürfte von einem im Statut konkludent vereinbarten Stimmverbot auszugehen sein, vgl. hierzu Michalski/*Sosnitza*, GmbHG, § 34 Rn. 104 m.w.N.

32 Baumbach/Hueck/*Fastrich*, GmbHG, § 34 Rn. 16; *Wellhöfer*, GmbHR 1994, S. 212 (214).

33 BGH, NJW 1953, S. 780 (782); MünchKommGmbHG/*Strohn*, GmbHG, § 34 Rn. 59; *Damrau-Schröter*, NJW 1991, S. 1927 (1932).

34 *Heidinger/Blath*, GmbHR 2007, S. 1184 (1185f.).

35 *Niemeier*, Rechtstatsachen und Rechtsfragen der Einziehung von GmbH-Anteilen, S. 95f.; *Priester*, FS Kellermann, S. 337 (342f.); MünchKommGmbHG/*Strohn*, § 34 Rn. 64.

36 *Wolff*, GmbHR 1999, S. 958 (960); *Niemeier*, Rechtstatsachen und Rechtsfragen der Einziehung von GmbH-Anteilen, S. 95f.; Michalski/*Sosnitza*, GmbHG, § 34 Rn. 127; Baumbach/Hueck/*Fastrich*, GmbHG, § 34 Rn. 21; Scholz/*Westermann*, GmbHG, § 34 Rn. 66.

37 BGH, NJW 1953, S. 780 (782); BayObLG, NJW-RR 1992, S. 736 (737); Michalski/*Sosnitza*, GmbHG, § 34 Rn. 119; Baumbach/Hueck/*Fastrich*, GmbHG, § 34 Rn. 20.

38 Vgl. BayObLG, NJW-RR 1992, S. 736 (737); *Wolff*, GmbHR 1999, S. 958 (961); Roth/Altmeppen/*Altmeppen*, GmbHG, § 34 Rn. 78.

39 Vgl. auch RegE MoMiG, BT-Drucks. 16/6140, S. 31.

(§ 134 BGB), wenn die Gesellschafter mit der Einziehung nicht zugleich eine Kapitalherabsetzung (§ 58 GmbHG), eine nominelle Aufstockung der verbleibenden Geschäftsanteile oder die Neubildung eines Geschäftsanteils in nominell entsprechender Höhe beschließen.[40] Die Vertreter der gegenläufigen Auffassung sehen in § 5 Abs. 3 S. 2 n. F. GmbHG hingegen keine Wirksamkeitsvoraussetzung für die Einziehung. Sie wollen die Divergenz zwischen den Nominalbeträgen der verbleibenden Geschäftsanteile und der Höhe des Stammkapitals teils rechtsfolgenlos hinnehmen.[41] Teils wird auch für eine Pflicht zur Anpassung der Nennbeträge plädiert, welche bei ihrer Verletzung jedoch nichts an der Wirksamkeit der Einziehung ändern soll.[42] Am überzeugendsten erscheint demgegenüber eine automatische anteilige Aufstockung der Nennbeträge der verbleibenden Geschäftsanteile.[43] Denn nach der Vernichtung eines Mitgliedschaftsrechts erhöht sich die Beteiligungsquote der verbleibenden Gesellschafter am Stammkapital ipso iure. Diese Rechtsfolge muss automatisch eintreten, da andernfalls ein Rechte- und Pflichtenvakuum entstünde. Da der Nennwert eines Geschäftsanteils seine Beteiligungsquote am Stammkapital lediglich nach außen hin wiedergibt,[44] ist die automatische Aufstockung ihrer Nominalbeträge die notwendige Konsequenz der Einziehung.

## VI. Ausschluss aus wichtigem Grund

Ein allgemeines Ausschlussrecht aus wichtigem Grund sieht das GmbH-Gesetz nicht ausdrücklich vor. Seit der Leitentscheidung des BGH vom 1. 4. 1953[45] ist jedoch allgemein anerkannt,[46] dass ein Gesellschafter auch ohne satzungsrechtliche Grundlage

---

40 LG Essen, NZG 2010, S. 867 (868f.); LG Neubrandenburg, ZIP 2011, S. 1214 (1214); *Heckschen,* NZG 2010, S. 521 (524); *Römermann,* NZG 2010, S. 96 (99); Rowedder/Schmidt-Leithoff/*Görner,* GmbHG, § 34 Rn. 26; für Anfechtbarkeit *Clevinghaus,* RNotZ 2011, S. 449 (461); Michalski/*Sosnitza,* GmbHG, § 34 Rn. 122.

41 BGH, WM 2015, S. 579 (579f.); OLG Saarbrücken, NZG 2012, S. 180 (181); LG Dortmund, ZIP 2012, S. 1247 (1247); Bork/Schäfer/*Thiessen,* GmbHG, § 34 Rn. 55; Baumbach/Hueck/*Fastrich,* GmbHG, § 34 Rn. 17a; *Ulmer,* DB 2010, S. 321 (321ff.); *Blath,* GmbHR 2011, S. 1177 (1178f.); *Braun,* NJW 2010, S. 2700 (2701); *Schwab,* DStR 2012, S. 707 (713).

42 MünchKommGmbHG/*Strohn,* § 34 Rn. 65; MünchHdbGesRIII/*Kort,* § 28 Rn. 43; Ziemons/Jaeger/*Schindler,* BeckOK-GmbHG, § 34 Rn. 65f.

43 So auch *Lutter,* GmbHR 2010, S. 1177 (1179); Lutter/Hommelhoff/*Lutter,* GmbHG, § 34 Rn. 3; *Priester,* FS Kellermann, S. 337 (346ff.); Roth/Altmeppen/*Altmeppen,* GmbHG, § 34 Rn. 83ff.; *Grunewald,* GmbHR 2012, S. 769 (772).

44 Vgl. MünchKommGmbHG/*Reichert/Weller,* § 14 Rn. 14.

45 BGH, NJW 1953, S. 780 (780ff.).

46 Vgl. nur BGH, NJW 1955, S. 667 (667); BGH, NJW 1981, S. 2302 (2302); BGH, NJW 1999, S. 3779 (3779); BGH, ZIP 2012, S. 422 (424); aus dem Schrifttum etwa *Grunewald,* Der Ausschluß aus Gesellschaft und Verein, S. 46ff.; *Soufleros,* Ausschließung und Abfindung eines GmbH-Gesellschafters, S. 12ff.; *Kolb,* Der Ausschluss eines Gesellschafters aus der GmbH, S. 40ff.; *Balz,* Die Beendigung der Mitgliedschaft in

ausgeschlossen werden kann, wenn ein wichtiger Grund hierfür vorliegt. Der II. Zivilsenat rechtfertigte dieses ungeschriebene Ausschließungsrecht damit, dass den übrigen Gesellschaftern andernfalls häufig nur die Auflösung der Gesellschaft bliebe. Diese weitreichende Konsequenz sei nicht hinnehmbar, wenn der wichtige Grund ausschließlich in der Person eines Gesellschafters liegt.[47] Dogmatisch beruht das Ausschließungsrecht auf dem das gesamte bürgerliche Recht beherrschenden Grundsatz, wonach Dauerrechtsverhältnisse, die stark in die Lebensgestaltung der Beteiligten eingreifen, aus wichtigem Grund vorzeitig lösbar sind.[48]

Voraussetzung der Ausschließung ist ein wichtiger Grund in der Person oder dem Verhalten eines Gesellschafters, der unter Berücksichtigung sämtlicher Umstände des Einzelfalles den Fortbestand der Gesellschaft unmöglich macht oder ihn zumindest ernstlich gefährdet.[49] Ein Verschulden des Betroffenen ist dabei nicht unbedingt erforderlich.[50] Wegen ihrer einschneidenden Wirkung ist die Ausschließung aber nur dann zulässig, wenn sich der Anlass für den wichtigen Grund nicht auf eine mildere Weise als die Ausschließung des störenden Gesellschafters beseitigen lässt.[51] Die Rechtsprechung hat einen wichtigen Grund für den Ausschluss eines Gesellschafters etwa in einer Vielzahl kleinerer, oder einer besonders schweren Pflichtverletzung,[52] der verschuldeten Herbeiführung eines unheilbaren Zerwürfnisses unter den Gesellschaftern[53] sowie kriminellen Handlungen gegenüber der Gesellschaft und/oder Mitgesellschaftern[54] erblickt.

Der Ausschluss erfolgt durch ein gerichtliches Gestaltungsurteil aufgrund einer Ausschließungsklage der Gesellschaft.[55] Über die Erhebung der Klage entscheidet

---

der GmbH, S. 28ff.; MünchKommGmbHG/*Strohn,* § 34 Rn. 103; Baumbach/Hueck/*Fastrich,* GmbHG, Anh. § 34 Rn. 2; Scholz/*Seibt,* GmbHG, Anh. § 34 Rn. 25; Lutter/Hommelhoff/*Lutter,* GmbHG, § 34 Rn. 52; Michalski/*Sosnitza,* Anh. § 34 Rn. 6; *K.Schmidt,* Gesellschaftsrecht, § 35 IV 2b jew. m.w.N.

47 BGH, NJW 1953, S. 780 (780).

48 BGH, NJW 1953, S. 780 (781).

49 BGH, NJW 1953, S. 780 (781); BGH, NJW 1955, S. 667 (667); BGH, NJW 1960, S. 866 (868); BGH, NJW 1981, S. 2302 (2303); *Goette,* DStR 2001, S. 533 (535f.); Michalski/*Sosnitza,* GmbHG, Anh. § 34 Rn. 8; Baumbach/Hueck/*Fastrich,* GmbHG, Anh. § 34 Rn. 3; *Soufleros,* Ausschließung und Abfindung eines GmbH-Gesellschafters, S. 28ff.

50 BGH, NJW 1953, S. 780 (781); BGH, NJW 1981, S. 2302 (2303); *Damrau-Schröter,* NJW 1991, S. 1927 (1933); MünchKommGmbHG/*Strohn,* § 34 Rn. 123.

51 Vgl. BGH, NJW 1955, S. 667 (667); BGH, NJW 1961, S. 1769 (1771); Lutter/Hommelhoff/*Lutter,* GmbHG, § 34 Rn. 57; Michalski/*Sosnitza,* GmbHG, Anh. § 34 Rn. 18 m.w.N.

52 BGH, NJW 1981, S. 2302 (2303); BGH, GmbHR 1987, S. 302 (303); OLG Brandenburg, NZG 1998, S. 263 (264).

53 BGH, NJW 1981, S. 2302 (2303); BGH, GmbHR 1991, S. 362 (363).

54 BGH, GmbHR 1987, S. 302 (303); OLG Düsseldorf, GmbHR 1999, S. 543 (546).

55 BGH, NJW 1953, S. 780 (781); BGH, NJW 1955, S. 667 (667); BGH, NJW 1981, S. 2302 (2302f.); BGH, GmbHR 1987, S. 302 (303); BGH, GmbHR 1999, S. 1194 (1195); Baumbach/Hueck/*Fastrich,* GmbHG, Anh. § 34 Rn. 8; Lutter/Hommelhoff/*Lutter,* GmbHG,

die Gesellschafterversammlung durch Beschluss, der entsprechend § 60 Abs. 1 Nr. 2 Hs. 2 GmbHG mit einer Dreiviertelmehrheit der abgegebenen Stimmen zu fassen ist.[56] Der auszuschließende Gesellschafter hat dabei kein Stimmrecht (§ 47 Abs. 4 S. 2 GmbHG).[57] In der Satzung kann auf dieses Klageerfordernis aber auch verzichtet und die Befugnis zur Ausschließung auf die Gesellschafterversammlung als Gestaltungsrecht übertragen werden.[58] Die Erhebung einer Ausschlussklage ist dann unzulässig.[59] An ihre Stelle tritt der rechtsgestaltende Gesellschafterbeschluss.

Im Gegensatz zur Einziehung richtet sich der Ausschluss gegen den betroffenen Gesellschafter persönlich. Das bedeutet, dass sein Geschäftsanteil nach dem Wirksamwerden der Ausschließung nicht automatisch untergeht, sondern bestehen bleibt. Die Gesellschaft ist dann dazu befugt, ihn zu verwerten.[60] Enthält die Satzung keine Bestimmung darüber, wie genau der Anteil zu verwerten ist, steht der Gesellschafterversammlung nach § 46 Nr. 4 GmbHG analog ein Wahlrecht zu, ihn der Gesellschaft zuzuordnen, ihn an einen Mitgesellschafter oder einen Dritten abzutreten, oder ihn durch eine Einziehung zu vernichten (auch ohne Satzungsregelung).[61]

---

§ 34 Rn. 63; Michalski/*Sosnitza*, GmbHG, Anh. § 34 Rn. 21; *Spitze*, Der Ausschluß eines GmbH-Gesellschafters aus wichtigem Grund bei Schweigen der Satzung, S. 82f.; *Soufleros*, Ausschließung und Abfindung eines GmbH-Gesellschafters, S. 49ff. m.w.N.

56 BGH, NJW 1953, S. 780 (784); BGH, NZG 2003, S. 284 (284); Lutter/Hommelhoff/*Lutter*, GmbHG, § 34 Rn. 60; MünchKommGmbHG/*Strohn*, § 34 Rn. 150; *Battke*, GmbHR 2008, S. 850 (853); *Goette*, DStR 2001, S. 533 (534); für eine einfache Mehrheit dagegen MünchHdbGesRIII/*Kort*, § 29 Rn. 43; Scholz/*Seibt*, GmbHG, Anh. § 34 Rn. 39 m.w.N.

57 BGH, NJW 1953, S. 780 (784); BGH, NJW 2003, S. 2314 (2314); MünchHdbGesRIII/*Kort*, § 29 Rn. 43.

58 BGH, NJW 2011, S. 2294 (2294f.); BGHZ 9, S. 157 (160); BGH, NJW 1960, S. 866 (866); BGH, DStR 1991, S. 1055 (1055f.); OLG Düsseldorf, DB 2007, S. 848 (849); OLG Düsseldorf, GmbHR 1999, S. 543 (545); Ulmer/Habersack/Löbbe/*Ulmer/Habersack*, GmbHG, Anh. § 34 Rn. 21, 40; Roth/Altmeppen/*Altmeppen*, GmbHG, § 60 Rn. 72; Lutter/Hommelhoff/*Lutter*, GmbHG, § 34 Rn. 65; Bork/Schäfer/*Thiessen*, GmbHG, § 34 Rn. 66; Scholz/*Seibt*, GmbHG, Anh. § 34 Rn. 37, 58; MünchHdbGesRIII/*Kort*, § 29 Rn. 51; Baumbach/Hueck/*Fastrich*, GmbHG, Anh. § 34 Rn. 8, 16; *Balz*, Die Beendigung der Mitgliedschaft in der GmbH, S. 132; *Schwab*, DStR 2012, S. 707 (711); z.T. wird der Ausschluss durch rechtsgestaltenden Gesellschafterbeschluss etwas missverständlich auch als „statutarische Kaduzierung" bezeichnet, vgl. *Baumann*, MittRhNotK 1991, S. 271 (276); *Kesselmeier*, Ausschließungs- und Nachfolgeregelung in der GmbH-Satzung, S. 51ff.

59 OLG Stuttgart, GmbHR 1989, S. 466 (467); Michalski/*Sosnitza*, Anh. § 34 Rn. 42.

60 BGHZ 9, S. 157 (164); *Tschering*, GmbHR 1999, S. 691 (692); *Battke*, GmbHR 2008, S. 850 (851); MünchKommGmbHG/*Strohn*, § 34 Rn. 117.

61 OLG Jena, NZG 2006, S. 36 (38); Michalski/*Sosnitza*, GmbHG, Anh. § 34 Rn. 40; *Battke*, GmbHR 2008, S. 850 (855); MünchHdbGesRIII/*Kort*, § 29 Rn. 50; Ulmer/Habersack/Löbbe/*Ulmer/Habersack*, GmbHG, Anh. § 34 Rn. 39.

## VII. Austritt aus wichtigem Grund

Auch ein allgemeines Recht zum Austritt aus wichtigem Grund sieht das GmbH-Gesetz nicht ausdrücklich vor. Dennoch ist ein solches heute ganz allgemein anerkannt.[62] Genau wie das ungeschriebene Ausschließungsrecht beruht es dogmatisch auf dem allgemeinen Rechtsgrundsatz, der besagt, dass jedes personale Dauerrechtsverhältnis beim Vorliegen eines wichtigen Grundes vorzeitig lösbar sein muss.[63]

Voraussetzung eines Austritts ist das Vorliegen eines wichtigen Grundes, der es dem austrittswilligen Gesellschafter aufgrund einer Abwägung sämtlicher Einzelfallumstände unzumutbar macht, an seiner mitgliedschaftlichen Bindung weiterhin festzuhalten.[64] Dabei kann der wichtige Grund zum einen aus der Sphäre des Verbands herrühren. Das ist der Fall, wenn die Gesellschaft tiefgreifende Strukturveränderungen gegen den Willen eines Gesellschafters durchführt, durch die sich ihre rechtlichen und wirtschaftlichen Verhältnisse in einer für das dissentierende Mitglied nicht mehr zumutbaren Weise ändern.[65] Zu denken ist etwa an eine Änderung des Unternehmensgegenstandes,[66] eine erhebliche und risikobehaftete Ausweitung der Geschäftstätigkeit des Unternehmens,[67] oder eine wesentliche Änderung der Mehrheitsverhältnisse, wenn dadurch eine Majorisierung des austrittswilligen

---

62 Vgl. aus der Rechtsprechung BGHZ 9, S. 157 (162f.) – obiter dictum; BGH, NJW 1992, S. 892 (895); BGH, ZIP 2006, S. 851 (852); OLG Hamm, GmbHR 1993, S. 656 (657); OLG Karlsruhe, BB 1984, S. 2015 (2016); OLG Köln, GmbHR 1996, S. 609 (610); OLG Köln, NZG 1999, S. 1222 (1223); s. aus dem Schrifttum nur *Müller,* Das Austrittsrecht des GmbH-Gesellschafters, S. 22ff.; *Balz,* Die Beendigung der Mitgliedschaft in der GmbH, S. 82ff.; *Röhricht,* FS Kellermann, S. 361 (361ff.); *Schwab,* DStR 2012, S. 707 (707); *Hülsmann,* GmbHR 2003, S. 198 (198ff.); Michalski/*Sosnitza,* GmbHG, Anh. § 34 Rn. 45; Baumbach/Hueck/*Fastrich,* GmbHG, Anh. § 34 Rn. 18; MünchKommGmbHG/*Strohn,* § 34 Rn. 102; Ulmer/Habersack/Löbbe/*Ulmer/Habersack,* GmbHG, Anh. § 34 Rn. 46 jew. m.w.N.

63 Vgl. BGHZ 9, S. 157 (162f.); *Balz,* Die Beendigung der Mitgliedschaft in der GmbH, S. 106; *Röhricht,* FS Kellermann, S. 361 (371); Michalski/*Sosnitza,* GmbHG, Anh. § 34 Rn. 45; Ziemons/Jaeger/*Schindler,* BeckOK-GmbHG, § 34 Rn. 162; Baumbach/Hueck/*Fastrich,* GmbHG, Anh. § 34 Rn. 1.

64 BGH, NJW 1992, S. 892 (895); *Schwab,* DStR 2012, S. 707 (707); *Wellhöfer,* GmbHR 1994, S. 212 (216); *Müller,* Das Austrittsrecht des GmbH-Gesellschafters, S. 52; Baumbach/Hueck/*Fastrich,* GmbHG, Anh. § 34 Rn. 19; Michalski/*Sosnitza,* GmbHG, Anh. § 34 Rn. 50.

65 Ziemons/Jaeger/*Schindler,* BeckOK-GmbHG, § 34 Rn. 173; Michalski/*Sosnitza,* GmbHG, Anh. § 34 Rn. 53; *Müller,* Das Austrittsrecht des GmbH-Gesellschafters, S. 53ff.

66 Ulmer/Habersack/Löbbe/*Ulmer/Habersack,* GmbHG, Anh. § 34 Rn. 53; MünchHdbGesRIII/*Kort,* § 29 Rn. 9.

67 *Müller,* Das Austrittsrecht des GmbH-Gesellschafters, S. 54; Ulmer/Habersack/Löbbe/*Ulmer/Habersack,* GmbHG, Anh. § 34 Rn. 53.

Gesellschafters droht.[68] Zum anderen kann ein mehrfach wiederholter Missbrauch der Mehrheitsherrschaft ein wichtiger Grund zum Austritt sein.[69] Beispielhaft ist hierfür, dass der Mehrheitsgesellschafter die Minderheit durch rechtswidrige Thesaurierungsbeschlüsse auf Dauer „aushungert".[70] Im Extremfall können schließlich auch Gründe in der Person des austrittswilligen Gesellschafters ein Recht zum Austritt begründen.[71]

Wie für die Ausschließung gilt auch für den Austritt, dass er stets nur dann zulässig ist, wenn für den Austrittswilligen nicht auf andere Weise zumutbare Umstände geschaffen werden können.[72] Daher muss jeder Gesellschafter zunächst versuchen, seinen Geschäftsanteil zu veräußern[73] und gegen rechtswidrige Beschlüsse mit einer Anfechtungs- oder Nichtigkeitsklage vorzugehen.[74] Ein ordentliches gesetzliches Kündigungsrecht, also ein Recht zum Austritt ohne wichtigen Grund, besteht ohne entsprechende Satzungsregelung hingegen nicht.[75]

Der Austritt erfolgt durch eine einseitige empfangsbedürftige Willenserklärung gegenüber der Gesellschaft.[76] Nach dem Zugang der Austrittserklärung bleibt der austrittswillige Gesellschafter zunächst Inhaber seines Geschäftsanteils und erwirbt gegen die Gesellschaft einen Anspruch auf Abnahme seines Anteils. Zur Erfüllung dieses Anspruchs kann die Gesellschaft den Geschäftsanteil wahlweise selbst erwerben, ihn durch eine Einziehung vernichten (auch ohne Satzungsregelung), oder dem Austrittswilligen einen Mitgesellschafter oder einen Dritten benennen, der zum Erwerb seines Anteils bereit ist.[77]

---

68 *Wiedemann,* ZGR 1978, S. 477 (495); *Becker,* Der Austritt aus der GmbH, S. 131ff.; Lutter/Hommelhoff/*Lutter,* GmbHG, § 34 Rn. 73.

69 *Müller,* Das Austrittsrecht des GmbH-Gesellschafters, S. 63; Ulmer/Habersack/Löbbe/*Ulmer/Habersack,* GmbHG, Anh. § 34 Rn. 54.

70 BGH, DStR 1997, S. 1336 (1336); OLG Köln, NZG 1999, S. 1222 (1223); Michalski/*Sosnitza,* GmbHG, Anh. § 34 Rn. 52; *Röhricht,* FS Kellermann, S. 361 (382f.).

71 Vgl. RGZ 128, S. 1 (16f.); Baumbach/Hueck/*Fastrich,* GmbHG, Anh. § 34 Rn. 20; Ziemons/Jaeger/*Schindler,* BeckOK-GmbHG, § 34 Rn. 175; Michalski/*Sosnitza,* GmbHG, Anh. § 34 Rn. 51.

72 OLG München, GmbHR 1990, S. 221 (222); OLG Hamm, GmbHR 1993, S. 656 (657); *Balz,* Die Beendigung der Mitgliedschaft in der GmbH, S. 112ff.; *Wellhöfer,* GmbHR 1994, S. 212 (217); Scholz/*Seibt,* GmbHG, Anh. § 34 Rn. 14.

73 Es sei denn der Austrittsgrund rührt aus der Sphäre des Verbands her, vgl. Baumbach/Hueck/*Fastrich,* GmbHG, Anh. § 34 Rn. 22; Scholz/*Seibt,* GmbHG, Anh. § 34 Rn. 14 m.w.N.

74 OLG München, GmbHR 1990, S. 221 (222); MünchHdbGesRIII/*Kort,* § 29 Rn. 15; Rowedder/Schmidt-Leithoff/*Görner,* GmbHG, § 34 Rn. 101.

75 *K.Schmidt,* Gesellschaftsrecht, § 35 IV 3a m.w.N.

76 OLG Köln, NZG 1999, S. 1222 (1223); *Schwab,* DStR 2012, S. 707 (708); *Wellhöfer,* GmbHR 1994, S. 212 (217); Scholz/*Seibt,* GmbHG, Anh. § 34 Rn. 16.

77 BGH, NZG 2010, S. 270 (271); BGHZ 88, S. 320 (322); BayObLG 1975, S. 249 (250); OLG Köln, NZG 1998, S. 268 (268); OLG Köln, NZG 1998, S. 779 (781); OLG Celle, GmbHR 2002, S. 1063 (1064); *Hülsmann,* GmbHR 2003, S. 198 (199f.); *Müller,* Das Austrittsrecht

## B) Die Abfindung des ausscheidenden Gesellschafters

Bei der Einziehung, bei der Ausschließung und beim Austritt steht dem ausscheidenden Gesellschafter ein Abfindungsanspruch zu,[78] der sich gegen die Gesellschaft richtet.[79] Dieser Anspruch besteht auch dann, wenn der Gesellschaftsvertrag keine Abfindungsregelung enthält. Da das GmbHG für ihn jedoch keine Anspruchsgrundlage bereithält, ist seine dogmatische Fundierung umstritten. Während er zum Teil auf Gewohnheitsrecht[80] oder eine Auslegung des Gesellschaftsvertrages[81] gestützt wird, ist es am überzeugendsten mit der h.M.[82] auf einen Analogieschluss zu § 738 Abs. 1 S. 2 BGB abzustellen. Diese Norm enthält für das Personengesellschaftsrecht den Rechtsgedanken, dass der Verlust einer vermögenswerten Gesellschaftsbeteiligung zu einer vollen wirtschaftlichen Entschädigung führen muss. Im GmbH-Recht lässt sich dieser Gedanke ebenfalls fruchtbar machen.

Der Abfindungsanspruch entsteht kraft Gesetzes mit dem Wirksamwerden der Einziehung bzw. der Ausschließung und beim Austritt mit dem Zugang der Austrittserklärung bei der Gesellschaft. Nach § 271 Abs. 1 BGB ist er zu diesem Zeitpunkt auch sofort fällig, sofern die Satzung keinen späteren Fälligkeitstermin bestimmt.[83] Seine Höhe bemisst sich nach dem vollen wirtschaftlichen Wert des Geschäftsanteils (Verkehrswert).[84] Da es zur Bestimmung des Verkehrswerts in der Regel an einem eigenständigen Markt für GmbH-Anteile fehlt, wird in der Praxis

---

des GmbH-Gesellschafters, S. 99ff.; Baumbach/Hueck/*Fastrich,* GmbHG, Anh. § 34 Rn. 24, 26; Michalski/*Sosnitza,* GmbHG, Anh. § 34 Rn. 59.

78 Vgl. zur ganz h.M. nur BGHZ 9, S. 157 (168); BGH, NJW 1955, S. 667 (667); BGH, NJW 1960, S. 866 (867); BGH, NJW 1992, S. 892 (893f.); BGH, NZG 2002, S. 176 (176); BGH, NZG 2005, S. 722 (726); OLG Köln, NZG 1999, S. 1222 (1223); MünchKommGmbHG/*Strohn,* § 34 Rn. 205; *K.Schmidt,* Gesellschaftsrecht, § 35 III 2b, IV 2d; Michalski/*Sosnitza,* GmbHG, § 34 Rn. 45; Baumbach/Hueck/*Fastrich,* GmbHG, § 34 Rn. 22; *Niemeier,* Rechtstatsachen und Rechtsfragen der Einziehung von GmbH-Anteilen, S. 97ff.; *Soufleros,* Ausschließung und Abfindung eines GmbH-Gesellschafters, S. 194ff.

79 S. nur Michalski/*Sosnitza,* § 34 Rn. 53; MünchKommGmbHG/*Strohn,* § 34 Rn. 206; Ziemons/Jaeger/*Schindler,* BeckOK-GmbHG, § 34 Rn. 75.

80 *Kesselmeier,* Ausschließungs- und Nachfolgeregelung in der GmbH-Satzung, S. 116ff.

81 Scholz/*Westermann,* GmbHG, § 34 Rn. 25.

82 *Niemeier,* Rechtstatsachen und Rechtsfragen der Einziehung von GmbH-Anteilen, S. 98f.; Ulmer/Habersack/Löbbe/*Ulmer/Habersack,* GmbHG, § 34 Rn. 72, Anh. § 34 Rn. 41; MünchKommGmbHG/*Strohn,* § 34 Rn. 205; Baumbach/Hueck/*Fastrich,* GmbHG, § 34 Rn. 22; *Wiedemann,* ZGR 1978, S. 477 (495); *Casper/Altgen,* DStR 2008, S. 2319 (2319).

83 Vgl. Baumbach/Hueck/*Fastrich,* GmbHG, § 34 Rn. 24; Michalski/*Sosnitza,* § 34 Rn. 51, Anh. § 34 Rn. 35, 61; a.A.: Ulmer/Habersack/Löbbe/*Ulmer/Habersack,* GmbHG, § 34 Rn. 80, die annehmen, dass die Fälligkeit erst nach Verstreichen einer angemessenen Zeitspanne eintritt, die zur Ermittlung der Abfindungshöhe und zur Beschaffung liquider Mittel erforderlich ist.

84 Lutter/Hommelhoff/*Lutter,* GmbHG, § 34 Rn. 78; MünchHdbGesRIII/*Kort,* § 28 Rn. 17.

auf den Betrag abgestellt, der bei einer Veräußerung des gesamten Unternehmens im Rahmen einer Liquidation der Gesellschaft zu erzielen wäre und auf den Geschäftsanteil des ausscheidenden Gesellschafters als Liquidationsquote (§ 72 GmbHG) entfallen würde[85,86]. Auf diese Weise setzt sich der Vermögenswert des Geschäftsanteils, den der ausscheidende Gesellschafter verliert, im Abfindungsanspruch fort. Die Abfindung hat damit die Funktion, diesen Vermögensverlust zu kompensieren.

## C) Das Kapitalerhaltungsgebot

Da die Gesellschafter für die Verbindlichkeiten der GmbH grundsätzlich nicht persönlich haften (§ 13 Abs. 2 GmbHG), sind die Gesellschaftsgläubiger zu ihrer Befriedigung auf das Gesellschaftsvermögen angewiesen. Die Kapitalaufbringungsvorschriften stellen daher zu ihrem Schutz sicher, dass die GmbH von den Gesellschaftern mit dem satzungsmäßig festgesetzten Stammkapital ausgestattet wird. Der Kapitalerhaltungsgrundsatz ergänzt diesen Gläubigerschutz, indem er verhindert, dass diese Haftungsmasse nach ihrer Aufbringung an die Gesellschafter wieder zurückfließt.[87] Insofern bestimmt § 30 Abs. 1 GmbHG, dass das zur Erhaltung des Stammkapitals erforderliche Gesellschaftsvermögen an die Gesellschafter nicht ausgezahlt werden darf. Das bedeutet, dass die Geschäftsführer den Gesellschaftern kein Aktivvermögen der Gesellschaft zuwenden dürfen, wenn hierdurch eine Unterbilanz entstehen oder vertieft würde.[88] Eine Unterbilanz liegt vor, wenn das Nettoaktivvermögen der Gesellschaft die Stammkapitalziffer nicht deckt.[89] Das Nettoaktivvermögen errechnet sich aus der Summe aller Aktiva abzüglich der echten Passiva (Verbindlichkeiten einschließlich Rückstellungen).[90] Maßgeblich ist hierfür eine den Anforderungen des § 42 GmbHG entsprechende Bilanz, wobei die Buchwerte des

---

85 BGHZ 116, S. 359 (370f.); Baumbach/Hueck/*Fastrich*, GmbHG, § 34 Rn. 22 m.w.N.

86 Zur Bewertung des Unternehmens ist in der Praxis die sog. Ertragswertmethode vorherrschend. Dabei wird auf der Grundlage der in der jüngeren Vergangenheit erzielten Erträge und der sich hieraus ergebenden gegenwärtigen Ertragslage auf die zukünftig erzielbaren Erträge des Unternehmens geschlossen und diese dann auf den Bewertungsstichtag abgezinst. Ausführlich hierzu MünchKommGmbHG/*Strohn*, § 34 Rn. 209f.

87 S. nur *Schmolke*, Kapitalerhaltung in der GmbH nach dem MoMiG, § 30 Rn. 1f.; Michalski/*Heidinger*, GmbHG, § 30 Rn. 1; Ulmer/Habersack/Löbbe/*Habersack*, GmbHG, § 30 Rn. 2f.; Scholz/*Verse*, GmbHG, § 30 Rn. 1f.

88 *Schmolke*, Kapitalerhaltung in der GmbH nach dem MoMiG, § 30 Rn. 43, 46; Lutter/Hommelhoff/*Hommelhoff*, GmbHG, § 30 Rn. 2.

89 *Schmolke*, Kapitalerhaltung in der GmbH nach dem MoMiG, § 30 Rn. 78; Baumbach/Hueck/*Fastrich*, GmbHG, § 30 Rn. 19.

90 Ziemons/Jaeger/*Heidinger*, BeckOK-GmbHG, § 30 Rn. 21; *Schmolke*, Kapitalerhaltung in der GmbH nach dem MoMiG, § 30 Rn. 52.

letzten Jahresabschlusses auf den Zeitpunkt der effektiven Auszahlung fortzuschreiben sind.[91] Stille Reserven bleiben bei der Berechnung außer Betracht.[92]

Flankiert wird das Auszahlungsverbot des § 30 Abs. 1 GmbHG durch § 33 Abs. 2 S. 1 GmbHG. Diese Norm setzt dem Erwerb eigener Anteile durch die GmbH Grenzen. Nach dieser Vorschrift darf die Gesellschaft ihre eigenen Anteile nur dann erwerben, wenn sie im Zeitpunkt des Erwerbs eine Rücklage in Höhe der Aufwendungen für den Erwerb bilden könnte, ohne ihr Stammkapital oder eine nach dem Gesellschaftsvertrag zu bildende Rücklage zu mindern, die nicht zur Zahlung an die Gesellschafter verwendet werden darf.[93] Finanziert die Gesellschaft den Erwerb eines eigenen Anteils dennoch aus gebundenen Mitteln, so ist der Anteilserwerb zwar dinglich wirksam, jedoch das ihm zugrunde liegende Verpflichtungsgeschäft nichtig (§ 33 Abs. 2 S. 3 GmbHG).

Haben die Geschäftsführer einem Gesellschafter Vermögenswerte unter Verstoß gegen §§ 30 Abs. 1 S. 1, 33 Abs. 2 S. 1 GmbHG zugewendet, steht der Gesellschaft nach § 31 Abs. 1 GmbHG ein Rückerstattungsanspruch gegen den Leistungsempfänger zu.

## D) Die Problemstellung

### I. Das Kapitalerhaltungsgebot als Schranke für die Abfindungsleistung...

Für die Einziehung ordnet das Gesetz in § 34 Abs. 3 GmbHG ausdrücklich an, dass die Vorschrift des § 30 Abs. 1 GmbHG unberührt bleibt. Das bedeutet, dass die Geschäftsführer das Abfindungsentgelt an den ausgeschiedenen Gesellschafter nicht auszahlen dürfen, wenn das Reinvermögen der Gesellschaft die Stammkapitalziffer nicht deckt oder es hierunter absinken würde.[94] Soweit die Abfindung unter Verstoß gegen dieses Verbot geleistet wurde, ist der Ausgeschiedene der GmbH nach § 31 Abs. 1 GmbHG zur Rückerstattung verpflichtet.[95] Nach allgemeiner Auffassung ist

91 *Schmolke*, Kapitalerhaltung in der GmbH nach dem MoMiG, § 30 Rn. 54, 57; Ulmer/Habersack/Löbbe/*Habersack*, GmbHG, § 30 Rn. 33; Lutter/Hommelhoff/*Hommelhoff*, GmbHG, § 30 Rn. 11ff.

92 S. nur BGH, NZG 2000, S. 1224 (1225); *Schmolke*, Kapitalerhaltung in der GmbH nach dem MoMiG, § 30 Rn. 58 m.w.N.

93 Maßgeblich für die Frage, ob ausreichend ungebundene Mittel vorhanden sind, ist auch hier der Zeitpunkt der tatsächlichen Erfüllung der Zahlungsverpflichtung, vgl. BGH, NJW 1998, S. 3121 (3122); Michalski/*Sosnitza*, GmbHG, § 33 Rn. 27.

94 Vgl. nur BGHZ 9, S. 157 (169) unter Bezug auf RGZ 133, S. 393 (395); Michalski/*Sosnitza*, GmbHG, § 34 Rn. 17; Ulmer/Habersack/Löbbe/*Ulmer/Habersack*, GmbHG, § 34 Rn. 20.

95 BGHZ 9, S. 157 (169).

das Auszahlungsverbot des § 30 Abs. 1 GmbHG auch beim Ausschluss und beim Austritt eines Gesellschafters zu beachten.[96]

## II. ...und die hieraus resultierende Vermögensgefährdung für ausscheidende Gesellschafter

Ein ausgeschiedener Gesellschafter kann das Gesellschaftsvermögen mit seiner Abfindungsforderung folglich nur soweit in Anspruch nehmen, als es die Stammkapitalziffer übersteigt. Da nach § 13 Abs. 2 GmbHG grundsätzlich auch die Mitgesellschafter für die Verbindlichkeiten der GmbH nicht persönlich haften, besteht nun die Gefahr, dass er infolge seines Ausscheidens einerseits seinen Geschäftsanteil verliert und andererseits sein Abfindungsentgelt, das diesen Vermögensverlust kompensieren soll, nicht oder nur zum Teil realisieren kann. Im Ergebnis hätte er damit eine vermögenswerte Rechtsposition eingebüßt.

Dieser Befürchtung ließe sich auf den ersten Blick entgegnen, dass den verbleibenden Gesellschaftern kaum daran gelegen sein wird, die Vermögensverhältnisse der Gesellschaft nach seinem Ausscheiden zu verschlechtern[97] und selbst wenn das Auszahlungsverbot dann eingreifen sollte, dieses nur solange zu beachten ist, bis die Unterbilanz wieder behoben wurde. Der ausgeschiedene Gesellschafter müsse also nur so lange zuwarten, bis die Gesellschaft wieder über ausreichend freie Reserven verfügt, dann könne er seinen Abfindungsanspruch wieder vollumfänglich geltend machen.

Diese Sichtweise verkennt jedoch das schwerwiegende finanzielle Risiko, dem ein ausscheidender Gesellschafter durch das Kapitalerhaltungsgebot ausgesetzt ist. Denn es wäre nicht nur völlig ungewiss, ob die finanzielle Lage der Gesellschaft die Auszahlung des Abfindungsentgelts jemals zulassen wird. Der ausgeschiedene Gesellschafter hätte auf die Bilanzentwicklung des Unternehmens nach dem Verlust seiner Mitgliedschaft selbst auch keinen Einfluss mehr. Er müsste also darauf hoffen, dass sich die Finanzlage der Gesellschaft positiv entwickelt, weil die verbleibenden Gesellschafter in wirtschaftlich sinnvolle Projekte investieren. Auch könnte er es nicht verhindern, wenn die verbleibenden Gesellschafter seinen Abfindungsanspruch gefährden, indem sie Aktivvermögen der Gesellschaft seinem Zugriff entziehen. So bestünde etwa die Gefahr, dass sie die freien Reserven des Unternehmens vor Fälligkeit der Abfindung auf ihr Privatvermögen verlagern oder durch eine nominelle Kapitalerhöhung aus Gesellschaftsmitteln (§§ 57c ff. GmbHG) in Stammkapital umwandeln.[98] Möglich wäre schließlich auch, dass sie geschickt

96 Statt aller BGHZ 9, S. 157 (159); Michalski/*Sosnitza,* GmbHG, Anh. § 34 Rn. 20, 57; Baumbach/Hueck/*Fastrich,* GmbHG, Anh. § 34 Rn. 7, 11, 25; Rowedder/Schmidt-Leithoff/*Görner,* GmbHG, § 34 Rn. 88, 106.

97 In diesem Sinne etwa *Lutz,* DStR 1999, S. 1858 (1861); *Schneider/Hoger,* NJW 2013, S. 502 (503f.).

98 Vgl. *Niemeier,* Rechtstatsachen und Rechtsfragen der Einziehung von GmbH-Anteilen, S. 319.

bilanzpolitische Gestaltungsspielräume ausnutzen und durch die Ausübung von Bewertungswahlrechten stille Reserven legen, auf die der ausgeschiedene Gesellschafter keinen Zugriff hat.

So kann es dazu kommen, dass eine Unterbilanz über Jahre hinweg besteht und der ausgeschiedene Gesellschafter seine Abfindung nicht erhält. Während die verbleibenden Gesellschafter ihrer GmbH, etwa über den Bezug von Geschäftsführer- oder Angestelltengehältern, selbst im Stadium einer Unterdeckung noch Kapital entnehmen könnten[99,100] stünde der ausgeschiedene Gesellschafter mit leeren Händen da. Wird das Unternehmen schließlich insolvent, bevor die Unterbilanz beseitigt ist, könnte er aufgrund des insolvenzrechtlichen Nachrangs seiner Forderung in der Regel nur mehr einen sehr geringen Teil seiner Abfindung realisieren.

Praktisch tritt dieses Problem vor allem dann auf, wenn die Gesellschaft mit einer sehr hohen Abfindungsforderung belastet wird. Dazu kommt es insbesondere dann, wenn ein Gesellschafter aus der GmbH ausscheidet, der maßgeblich oder gar mehrheitlich am Stammkapital legitimiert ist[101] oder mehrere Gesellschafter zeitgleich ausscheiden. Enthält die Satzung keine Klausel, welche die Höhe der Abfindung beschränkt, ist es in diesen Fällen unwahrscheinlich, dass die Gesellschaft die gesamte Abfindung aus ungebundenem Vermögen leisten kann.

## III. Das rechtliche Bedürfnis nach einer Sicherung der Abfindung

Eine ausdrückliche Regelung, wie mit dieser Problematik umzugehen ist, enthält das GmbHG nicht. Speziell bei der freiwilligen Einziehung löst sich das Problem schließlich auch von selbst. Denn hier ist der betroffene Gesellschafter durch sein Zustimmungserfordernis ausreichend geschützt. So kann er mit der Gesellschaft im Einzelfall vereinbaren, dass er seine Zustimmung zur Einziehung erst dann erteilt, wenn sie die Abfindung aus ungebundenem Vermögen vorgeleistet hat, oder wenn ihm ausreichend Sicherheiten für den Fall gestellt wurden, dass das Auszahlungsverbot aus § 30 Abs. 1 GmbHG nach seinem Ausscheiden eingreift. Kommt eine solche Einigung nicht zustande, steht es dem Gesellschafter schließlich frei, sein Einverständnis zur Einziehung zu verweigern und seinen Geschäftsanteil zu behalten.

Diese Möglichkeiten hat der betroffene Gesellschafter bei der Zwangseinziehung, beim Ausschluss und beim Austritt aus wichtigem Grund nicht. Daher ist er hier auf weitergehenden Schutz durch die Rechtsordnung angewiesen. Auch in der

---

99 Gerade bei den in der Praxis vorherrschend personalistisch strukturierten GmbH ist es weithin üblich, dass ein Teil der Gesellschafter als Geschäftsführer oder Angestellte im Unternehmen mitarbeitet, s. nur MünchKommGmbHG/*Fleischer*, Einl. Rn. 37.

100 Unstr. bei angemessener Vergütungshöhe, vgl. BGH, NJW 1992, S. 2894 (2896); *Schmolke*, Kapitalerhaltung in der GmbH nach dem MoMiG, § 30 Rn. 155.

101 Vgl. *Grunewald*, GmbHR 1991, S. 185 (185); *Kesselmeier*, Ausschließungs- und Nachfolgeregelung in der GmbH-Satzung, S. 191.

Rechtsprechung und im Schrifttum entspricht es (nahezu) einhelliger Auffassung, dass es eine Schutzvorkehrung geben muss,[102] die verhindert, dass der ausscheidende Gesellschafter seinen Geschäftsanteil aufgrund der Kapitalbindung entschädigungslos verliert. Wer die mannigfaltige Literatur und Judikatur zu dieser Thematik auswertet, wird jedoch überrascht sein, dass bisweilen kaum eine Auseinandersetzung mit der Frage erfolgt ist, warum es aus rechtlicher Perspektive eigentlich erforderlich ist, den Eintritt dieser Rechtsfolge zu verhindern.[103] So spricht der II. Zivilsenat in seiner Leitentscheidung vom 1. 4. 1953 zur Ausschließung durch gerichtliches Urteil von „[...] einer Entrechtung, die vermieden werden muss".[104] Andernorts liest man, dass es „[...] auf eine Art entschädigungslose Enteignung hinaus[liefe], müsste sich der ausgeschiedene Gesellschafter mit der Hoffnung auf bessere Zeiten begnügen."[105]

Da sich dogmatisch überzeugende Lösungsansätze nur dann entwickeln lassen, wenn man sich über diese Grundfrage Klarheit verschafft hat, soll im Folgenden ausgeleuchtet werden, warum es unter rechtlichen Aspekten notwendig ist, die Abfindung gegen das Eingreifen der Kapitalerhaltungsschranke abzusichern. Aufschlussreich ist dabei ein Blick auf die Vorschriften der §§ 21 Abs. 2 und 33 Abs. 2 GmbHG (1. und 2.), den Charakter der Abfindung als unentziehbares Mitgliedschaftsrecht (3.), die Rechtslage im Personen- und Aktiengesellschaftsrecht (4.) sowie die Eigentumsgarantie aus Art. 14 Abs. 1 GG (5.).

### 1. *Umkehrschluss zur Kaduzierung*

Für die Kaduzierung bestimmt § 21 Abs. 2 S. 1 GmbHG, dass der mit der Einzahlung seiner Stammeinlage säumige Gesellschafter nach fruchtlosem Ablauf einer Nachfrist seines Geschäftsanteils und der hierauf geleisteten Teilzahlungen zugunsten der Gesellschaft verlustig zu erklären ist. Das bedeutet, dass der kaduzierte Gesellschafter seinen Geschäftsanteil verliert, ohne dass ihm hierfür ein Ersatzanspruch zusteht. Das gilt selbst dann, wenn er bereits eine hohe Teilzahlung auf seine Stammeinlage erbracht hat.[106] § 21 Abs. 2 GmbHG hat somit echten Strafcharakter.[107]

---

102 S. im Einzelnen die Nachw. im folgenden Kapitel.

103 S. im Wesentlichen nur die (insbesondere rechtsvergleichenden) Überlegungen bei *Ulmer,* FS Priester, S. 775 (783ff.).

104 BGHZ 9, S. 157 (170); ferner *Ulmer,* FS Priester, S. 775 (783): „faktische Entrechtung".

105 *Kesselmeier,* Ausschließungs- und Nachfolgeregelung in der GmbH-Satzung, S. 193; so auch *Wolany,* Rechte und Pflichten des Gesellschafters einer GmbH, S. 90; *Niemeier,* Rechtstatsachen und Rechtsfragen der Einziehung von GmbH-Anteilen, S. 318.

106 Baumbach/Hueck/*Fastrich,* GmbHG, § 21 Rn. 11; Roth/Altmeppen/*Altmeppen,* § 21 Rn. 17; Michalski/*Ebbing,* GmbHG, § 21 Rn. 1, 104; MünchKommGmbHG/*Schütz,* § 21 Rn. 3, 91.

107 BGHZ 9, S. 157 (167); *Kolb,* Der Ausschluss eines Gesellschafters aus der GmbH, S. 24.

Auf andere Varianten des Ausscheidens lässt sich der Sanktionsgedanke der Kaduzierung nicht übertragen. Im Gegenteil, der Ausnahmecharakter des § 21 Abs. 2 GmbHG belegt im Umkehrschluss, dass ein ausscheidender Gesellschafter in den anderen Fällen sein Mitgliedschaftsrecht nicht entschädigungslos verlieren darf. Die harsche Sanktion der Kaduzierung rechtfertigt sich nämlich ausschließlich durch ihre gläubigerschützende ratio legis. Mit ihr soll die Aufbringung des Stammkapitals sichergestellt[108] und damit den Gesellschaftsgläubigern die notwendige Haftungssubstanz verschafft werden.[109] Die harten Rechtsfolgen der Kaduzierung entfalten dabei eine generalpräventive Wirkung, indem sie zahlungsunwillige Gesellschafter dazu bewegen, ihre Stammeinlage zu erbringen.[110]

Die Zwangseinziehung, die Ausschließung und der Austritt dienen demgegenüber nicht unmittelbar dem Gläubigerschutz. Mit der Einziehung und der Ausschließung sollen ungeeignete Gesellschafter aus dem Gesellschafterkreis entfernt werden, das Austrittsrecht schützt wiederum die Minderheitsgesellschafter vor der Mehrheitsherrschaft. Im Unterschied zur Kaduzierung betreffen diese Rechtsinstitute also ausschließlich die internen Verhältnisse in der Gesellschaft. Damit das Ausscheiden in diesen Fällen im Verein mit dem Kapitalerhaltungsgebot nicht systemwidrig zu einer finanziellen Schädigung der betroffenen Gesellschafter führt, ist es erforderlich, ihre Abfindung besonders zu sichern.

## *2. Die Wertung des § 33 Abs. 2 S. 3 GmbHG*

Verkauft ein Gesellschafter seinen Geschäftsanteil an die GmbH, ist die Übertragung des Anteils auf die Gesellschaft gem. § 33 Abs. 2 S. 3 GmbHG zwar dinglich wirksam, der Kaufvertrag jedoch nichtig, wenn die Gesellschaft den vereinbarten Kaufpreis nicht aus freiem, die Stammkapitalziffer übersteigendem Vermögen leisten kann. Hat der veräußernde Gesellschafter den Kaufpreis für seinen Anteil bereits empfangen, muss er ihn nach § 31 Abs. 1 GmbHG zurückerstatten. Aufgrund der Nichtigkeit des Kaufvertrages kann er nach § 812 Abs. 1 S. 1 Alt. 1 BGB jedoch seinerseits von der Gesellschaft Zug um Zug (§ 273 Abs. 1 BGB) gegen Rückerstattung des Erwerbspreises die Rückabtretung seines Geschäftsanteils verlangen.[111] Auf diese Weise ist

---

108 *Balz,* Die Beendigung der Mitgliedschaft in der GmbH, S. 17; *Kolb,* Der Ausschluss eines Gesellschafters aus der GmbH, S. 24; Lutter/Hommelhoff/*Bayer,* GmbHG, § 21 Rn. 1, 14; Baumbach/Hueck/*Fastrich,* GmbHG, § 21 Rn. 1.

109 *Kolb,* Der Ausschluss eines Gesellschafters aus der GmbH, S. 24; *Balz,* Die Beendigung der Mitgliedschaft in der GmbH, S. 17 m.w.N.

110 Lutter/Hommelhoff/*Bayer,* GmbHG, § 21 Rn. 1; Ulmer/Habersack/Löbbe/*Müller,* GmbHG, vor. § 21 Rn. 6, 8; Michalski/*Ebbing,* GmbHG, § 21 Rn. 8; *Kolb,* Der Ausschluss eines Gesellschafters aus der GmbH, S. 24; *Balz,* Die Beendigung der Mitgliedschaft in der GmbH, S. 17.

111 *Lutter,* DB 1980, S. 1317 (1322); Michalski/*Sosnitza,* GmbHG, § 33 Rn. 31f; Lutter/Hommelhoff/*Lutter,* GmbHG, § 33 Rn. 21; Ulmer/Habersack/Löbbe/*Paura,* GmbHG, § 33 Rn. 60.

ein Gesellschafter beim Verkauf seines Anteils an die GmbH kraft Gesetzes davor geschützt, seinen Geschäftsanteil aufgrund der Kapitalbindung entschädigungslos zu verlieren. Ein überzeugender Anhaltspunkt dafür, dass der ausscheidende Gesellschafter gerade in diesem Fall besonders schützenswert ist, lässt sich dem GmbHG nicht entnehmen. Vielmehr bringt § 33 Abs. 2 S. 3 GmbHG für das GmbH-Recht eine übergreifende Wertung zum Ausdruck: Ein ausscheidender Gesellschafter darf sein Mitgliedschaftsrecht aufgrund der Kapitalerhaltungsvorschriften nicht kompensationslos verlieren.[112]

### *3. Das Recht auf angemessene Abfindung als unentziehbares Mitgliedschaftsrecht*

Die Mitgliedschaftsrechte, die den Gesellschaftern nach dem Gesetz zustehen, können durch den Gesellschaftsvertrag grundsätzlich eingeschränkt oder ausgeschlossen werden (§ 45 GmbHG).[113] Eine Ausnahme von diesem Grundsatz gilt für die sog. absolut unentziehbaren Mitgliedschaftsrechte. Diese Rechte gewähren den Gesellschaftern ein Mindestmaß an Teilnahme am Gesellschaftsleben und lassen sich daher weder in der Ursprungssatzung, noch im Wege einer späteren Satzungsänderung beschränken.[114] Neben diesen unverzichtbaren Mitgliedschaftsbefugnissen gibt es schließlich auch Mitgliedschaftsrechte, die gesellschaftsvertraglich zwar eingeschränkt oder entzogen werden können, zum Schutz der Minderheit vor der Mehrheitsherrschaft jedoch nur mit Zustimmung des betroffenen Gesellschafters (sog. relativ unentziehbare Mitgliedschaftsrechte).[115] Zu dieser Kategorie von Mitgliedschaftsrechten zählt auch das Recht auf Erhalt einer vollwertigen Abfindung beim Ausscheiden aus der GmbH.[116] Die Höhe des Abfindungsguthabens lässt sich demzufolge nicht durch eine mehrheitlich beschlossene Satzungsänderung (§ 53 Abs. 2 GmbHG) reduzieren, sondern stets nur mit dem Einverständnis des jeweils nachteilig betroffenen Anteilseigners.

Aber nicht nur der Mehrheitsherrschaft sind Grenzen gesetzt, wenn es um die Bestimmung der Abfindungshöhe geht. Es ist auch allgemein anerkannt, dass die

---

112 Vgl. auch *Kesselmeier,* Ausschließungs- und Nachfolgeregelung in der GmbH-Satzung, S. 208.

113 Vgl. Ulmer/Habersack/Löbbe/*Raiser,* GmbHG, § 14 Rn. 37; MünchKommGmbHG/*Reichert/Weller,* § 14 Rn. 76, 81; Michalski/*Ebbing,* GmbHG, § 14 Rn. 59.

114 *K.Schmidt,* Gesellschaftsrecht, § 16 III 3a; Rowedder/Schmidt-Leithoff/*Pentz,* GmbHG, § 14 Rn. 17f.; MünchKommGmbHG/*Reichert/Weller,* § 14 Rn. 83ff.

115 Rowedder/Schmidt-Leithoff/*Pentz,* GmbHG, § 14 Rn. 21, 24; MünchKommGmbHG/*Reichert/Weller,* § 14 Rn. 89ff.; Michalski/*Ebbing,* § 14 Rn. 63ff.; Ulmer/Habersack/Winter/*Ulmer,* GmbHG, § 53 Rn. 69.

116 BGHZ 9, S. 157 (170); BGH, NJW 1992, S. 892 (893); BGH, NZG 2011, S. 1420 (1420); BGH, NZG 2014, S. 820 (821); *Bacher/Spieth,* GmbHR 2003, S. 517 (517); Ziemons/Jaeger/*Schindler,* BeckOK-GmbHG, § 34 Rn. 74; Ulmer/Habersack/Winter/*Ulmer,* GmbHG, § 53 Rn. 69.

Abfindung trotz der Satzungsautonomie im Statut nicht beliebig verkürzt werden kann. So sind Abfindungsklauseln nach § 138 Abs. 1 BGB nichtig, wenn sie zu einer sittenwidrigen Knebelung führen. Davon ist auszugehen, wenn im Zeitpunkt ihrer Vereinbarung ein grobes Missverhältnis zwischen dem vollen wirtschaftlichen Wert des Geschäftsanteils und der statutarisch geschuldeten Abfindung besteht.[117] Feste Grenzwerte, ab welchem Differenzbetrag zwischen dem realen Anteilswert und der gesellschaftsvertraglich gewährten Abfindung ein solches Missverhältnis vorliegt, lehnt die Rechtsprechung ab.[118] Ein großer Teil des Schrifttums befürwortet hingegen einen Richtwert von weniger als 50 % des anteiligen Ertragswertes.[119] Jedenfalls der vollständige Abfindungsausschluss wird nach einhelliger Auffassung für sittenwidrig gehalten, sofern er nicht ausnahmsweise durch besondere sachliche Gründe gerechtfertigt ist.[120] Speziell beim Austritt aus wichtigem Grund ergibt sich die Unwirksamkeit einer erheblichen Abfindungsbeschränkung schließlich auch aus der Überlegung, dass dieses unverzichtbare Mitgliedschaftsrecht nicht mittelbar dadurch entwertet werden darf, dass ein austrittswilliger Gesellschafter wegen seiner wirtschaftlich nachteiligen Folgen hiervon keinen Gebrauch macht[121,122]. An die Stelle einer nach diesen Grundsätzen unwirksamen Abfindungsklausel tritt die Regelung des § 738 Abs. 1 S. 2 BGB analog, wonach die Gesellschaft eine Abfindung zum Verkehrswert des Geschäftsanteils schuldet.[123]

---

117 BGH, NJW 1992, S. 892 (894) zur GmbH; BGH, NJW 2005, S. 3644 (3646) zur GmbH; OLG Hamm, NZG 2003, S. 440 (440) zur GmbH; MünchKommGmbHG/*Strohn,* § 34 Rn. 227; MünchHdbGesRIII/*Kort,* § 28 Rn. 24; Lutter/Hommelhoff/*Lutter*, GmbHG, § 34 Rn. 84; Baumbach/Hueck/*Fastrich,* GmbHG, § 34 Rn. 27; Michalski/*Sosnitza,* GmbHG, § 34 Rn. 59; *Bacher/Spieth,* GmbHR 2003, S. 517 (520); zum Personengesellschaftsrecht *Oppenheim,* Abfindungsklauseln in Personengesellschaftsverträgen, S. 53.

118 S. nur BGH, NJW 1992, S. 892 (896); zust. MünchKommGmbHG/*Strohn,* § 34 Rn. 227; Baumbach/Hueck/*Fastrich,* GmbHG, § 34 Rn. 27.

119 Vgl. etwa *Ulmer/Schäfer,* ZGR 1995, S. 134 (153); *Soufleros,* Ausschließung und Abfindung eines GmbH-Gesellschafters, S. 273; *Oppenheim,* Abfindungsklauseln in Personengesellschaftsverträgen, S. 54; Soergel/*Hadding/Kießling,* BGB, § 738 Rn. 47.

120 Zur ganz h.M. nur BGH, NZG 2014, S. 820 (821f.); BGH, NJW 1997, S. 2592 (2592f.); BGH, NJW 1992, S. 892 (896); Rowedder/Schmidt-Leithoff/*Görner,* GmbHG, § 34 Rn. 55; MünchKommGmbHG/*Strohn,* § 34 Rn. 227f.; Ziemons/Jaeger/*Schindler,* BeckOK-GmbHG, § 34 Rn. 100; *Oppenheim,* Abfindungsklauseln in Personengesellschaftsverträgen, S. 68.

121 BGH, NJW 1992, S. 892 (895); *Bacher/Spieth,* GmbHR 2003, S. 517 (521); Ulmer/Habersack/Löbbe/*Ulmer/Habersack,* GmbHG, § 34 Rn. 96.

122 S. zur hier nicht weiter relevanten Unwirksamkeit von Abfindungsklauseln wegen eines Verstoßes gegen den Gleichbehandlungsgrundsatz und wegen sittenwidriger Gläubigerdiskriminierung nur Ziemons/Jaeger/*Schindler,* BeckOK-GmbHG, § 34 Rn. 89f.

123 BGH, NJW 1992, S. 892 (896); Lutter/Hommelhoff/*Lutter,* GmbHG, § 34 Rn. 86.

Für die hier zu untersuchende Frage, warum verhindert werden muss, dass der ausgeschiedene Gesellschafter sein Abfindungsentgelt aufgrund des § 30 Abs. 1 GmbHG nicht oder nur zum Teil realisieren kann, lässt sich daraus folgender Schluss ziehen: Wenn der ausscheidende Gesellschafter davor geschützt ist, dass die Mehrheit sein Abfindungsguthaben ohne sein Einverständnis reduziert und wenn sich selbst mit seiner ausdrücklichen Zustimmung die Höhe der Abfindung im Statut nicht beliebig verkürzen lässt, dann wäre es dem Charakter der Abfindung als unentziehbares Mitgliedschaftsrecht zufolge widersprüchlich, wenn es nicht auch eine Schutzvorkehrung geben würde, die verhindert, dass er aufgrund der Auszahlungssperre des § 30 Abs. 1 GmbHG seine Abfindung nicht erhält.[124]

### 4. *Vergleich mit der Rechtslage im Personen- und Aktiengesellschaftsrecht*

Schließlich bestätigt ein Seitenblick auf die Rechtslage im Personen- und Aktiengesellschaftsrecht das Sicherungsbedürfnis des ausscheidenden GmbH-Gesellschafters. Denn auch in diesen Gesellschaftsformen sind die Abfindungsrechte der ausscheidenden Gesellschafter hinreichend geschützt.

#### *a) Personengesellschaftsrecht*

Scheidet ein Gesellschafter aus einer Personengesellschaft aus, steht ihm nach § 738 Abs. 1 S. 2 BGB (i.V.m. §§ 105 Abs. 3, 161 Abs. 2 HGB für die OHG und KG) ein Abfindungsanspruch gegen die Gesellschaft zu. Dabei kann der Abfindungsgläubiger das gesamte Gesellschaftsvermögen zu seiner Befriedigung in Anspruch nehmen. Denn anders als im GmbH-Recht gibt es im Personengesellschaftsrecht keine Kapitalsicherungsvorschriften, die einer Auszahlung seines Abfindungsguthabens entgegenstehen könnten. Das gilt auch in einer KG für ausscheidende Kommanditisten. Denn im Gegensatz zu § 30 Abs. 1 GmbHG verbietet § 172 Abs. 4 S. 1 HGB die Rückgewähr der Einlagen an die Kommanditisten nicht.[125] Die Auszahlung ihres Abfindungsguthabens führt lediglich dazu, dass ihre persönliche Haftung (§ 171 Abs. 1 Hs. 1 HGB) für die Altverbindlichkeiten der Gesellschaft (§§ 161 Abs. 2, 160 HGB) in Höhe der eingetragenen Haftsumme wieder auflebt. Von dieser Haftung können sie dann nach § 738 Abs. 1 S. 2 BGB im Innenverhältnis von der Gesellschaft Freistellung verlangen.[126]

Reicht das Gesellschaftsvermögen zur Befriedigung des Abfindungsgläubigers nicht aus, ist dieser im Personengesellschaftsrecht schließlich noch zusätzlich

---

124 Ähnlich *Ulmer,* FS Priester, S. 775 (785f.).

125 Vgl. MünchKommHGB/*K.Schmidt,* § 172 Rn. 62; Oetker/*Oetker,* HGB, § 172 Rn. 16; Ebenroth/Boujong/Joost/Strohn/*Strohn,* HGB, § 172 Rn. 19.

126 BGH, NJW 1963, S. 1873 (1876); *K.Schmidt,* Gesellschaftsrecht, § 54 IV 1; Ebenroth/Boujong/Joost/Strohn/*Strohn,* HGB, § 172 Rn. 38; MünchKommHGB/*K.Schmidt,* § 172 Rn. 73; Oetker/*Oetker,* HGB, § 172 Rn. 27.

gesichert, indem ihm nach § 128 HGB (analog) auch seine ehemaligen Mitgesellschafter (bis auf die Kommanditisten)[127] gesamtschuldnerisch (§§ 421 ff. BGB) und unbeschränkt für die Abfindung haften.[128] Das bedeutet, dass er nach seiner Wahl jeden Mitgesellschafter bis zur Höhe des vollen Abfindungsbetrages in Anspruch nehmen und wenn nötig in sein gesamtes Privatvermögen vollstrecken kann.

### *b) Aktiengesellschaftsrecht*

Im Aktienrecht ist das Kapitalerhaltungsgebot noch umfassender als im GmbH-Recht, da § 57 AktG nicht nur das Grundkapital, sondern das gesamte Vermögen der AG bindet.[129] Sofern keine gesetzliche Ausnahme eingreift, darf an die Aktionäre nur der jährliche Bilanzgewinn ausgeschüttet werden (§ 57 Abs. 1 S. 1, Abs. 3 AktG). Dennoch findet sich im AktG kein Rechtsinstitut, das einem Aktionär zumuten würde, aufgrund der Ausschüttungssperre des § 57 Abs. 1 S. 1 AktG abfindungslos auszuscheiden:

#### aa) Zwangseinziehung von Aktien

Nach § 237 Abs. 1 AktG kann ein Aktionär mittels Zwangseinziehung seiner Aktien aus der AG ausgeschlossen werden. Als Entschädigung steht ihm gegen die Gesellschaft ein Abfindungsanspruch zum Verkehrswert der eingezogenen Aktien zu.[130] Im Unterschied zur GmbH-rechtlichen Einziehung ist die Einziehung von Aktien eine Form der Kapitalherabsetzung.[131] Gem. § 237 Abs. 3 Nr. 2 AktG kann diese im vereinfachten Einziehungsverfahren durchgeführt werden, wenn die Gesellschaft in der Lage ist, das Einziehungsentgelt aus dem Bilanzgewinn oder anderen Gewinnrücklagen zu finanzieren. Verfügt sie nicht über ausreichend freie Reserven, müssen die Vorschriften über die ordentliche Kapitalherabsetzung beachtet werden (§ 237 Abs. 2 S. 1 i.V.m. §§ 222 ff. AktG). In Höhe des Nominalbetrages der eingezogenen Aktien entsteht dann ein Buchgewinn, der als gesetzliche Ausnahme zu § 57 Abs. 1 S. 1, Abs. 3 AktG nicht der Ausschüttungssperre unterliegt und zur Zahlung des Einziehungsentgelts verwendet werden kann (§ 237 Abs. 2 i.V.m. 225 Abs. 2

---

127 BGH, WM 1971, S. 1451 (1451f.); MünchKommHGB/*K.Schmidt*, § 131 Rn. 128; Ebenroth/Boujong/Joost/Strohn/*Lorz*, HGB, § 131 Rn. 65; *Flume*, Die Personengesellschaft, S. 174.

128 BGH, NZG 2001, S. 936 (937); BGH, WM 1971, S. 1451 (1452); *Hueck*, OHG, § 29 II 5a; Baumbach/Hopt/*Roth*, HGB, § 131 Rn. 48; MünchKommHGB/*K.Schmidt*, § 131 Rn. 128; Koller/Kindler/Roth/Morck/*Kindler*, HGB, § 131 Rn. 10; Ebenroth/Boujong/Joost/Strohn/*Lorz*, HGB, § 131 Rn. 65; MünchKommBGB/*Schäfer*, § 738 Rn. 17; Henssler/Strohn/*Kilian*, GesR, § 738 BGB Rn. 12.

129 S. nur Hüffer/*Koch*, AktG, § 57 Rn. 2; Hölters/*Laubert*, AktG, § 57 Rn. 3.

130 Hölters/*Haberstock/Greitemann*, AktG, § 237 Rn. 50; GroßkommAktG/*Sethe*, § 237 Rn. 68.

131 S. nur *Raiser/Veil*, Recht der Kapitalgesellschaften, § 21 Rn. 4.

AktG).[132] Die Zahlung eines darüber hinausgehenden Abfindungsbetrages ist ohne Verstoß gegen § 57 Abs. 1 AktG nicht möglich.[133] Das bedeutet, dass einem ausgeschlossenen Aktionär im Rahmen des ordentlichen Einziehungsverfahrens höchstens der Buchwert seiner Aktien ausgezahlt werden darf.[134] Steht ihm ein höheres Abfindungsentgelt zu, können seine Aktien nur dann eingezogen werden, wenn die Gesellschaft über ausreichend freie Mittel verfügt, um das vereinfachte Einziehungsverfahren durchzuführen, § 237 Abs. 3 Nr. 2 AktG.[135] Begründet die Einziehung eine Abfindungspflicht, die nach diesen Grundsätzen nicht erfüllt werden kann, ist sie gem. § 241 Nr. 3 AktG nichtig.[136] Damit besteht bei der Zwangseinziehung von Aktien keine Gefahr, dass der ausgeschlossene Aktionär sein Mitgliedschaftsrecht entschädigungslos verliert.

#### bb) Squeeze-out

§ 327a Abs. 1 S. 1 AktG bestimmt, dass die Hauptversammlung einer Aktiengesellschaft oder Kommanditgesellschaft auf Aktien auf Verlangen eines Aktionärs, dem mindestens 95 % des Grundkapitals gehören, die Übertragung der Aktien der Minderheitsaktionäre auf den Hauptaktionär beschließen kann (Squeeze-out). Mit der Handelsregistereintragung des Übertragungsbeschlusses gehen die Aktien kraft Gesetzes auf den Hauptaktionär über (§ 327e Abs. 3 AktG). Als Entschädigung für diesen Rechtsverlust steht den Minderheitsaktionären eine Barabfindung zum Verkehrswert ihrer Aktien zu.[137] Anders als im GmbH-Recht richtet sich dieser Abfindungsanspruch jedoch nicht gegen die Gesellschaft, sondern gegen den Hauptaktionär (§ 327b Abs. 3 S. 1 AktG). Daher kann ihm die Ausschüttungssperre des § 57 Abs. 1, Abs. 3 AktG nicht entgegenstehen. Zusätzlich sind die Abfindungsrechte der Minderheitsaktionäre beim Squeeze-out gesichert, indem der Hauptaktionär dem Vorstand vor Einberufung der Hauptversammlung die Erklärung eines Kreditinstitutes übermitteln muss, wonach dieses die Gewährleistung für die Erfüllung der Abfindungsverpflichtung übernimmt (§ 327b Abs. 3 AktG). Der Abfindungsgläubiger kann folglich neben dem Hauptaktionär auch ein Kreditinstitut unmittelbar auf Zahlung seiner Abfindung in Anspruch nehmen.[138]

---

132 *Kreklau/Schmalholz,* BB 2011, S. 778 (779); MünchHdbGesRIV/*Scholz,* § 63 Rn. 23.

133 *Kreklau/Schmalholz,* BB 2011, S. 778 (779); MünchHdbGesRIV/*Scholz,* § 63 Rn. 23.

134 *Kreklau/Schmalholz,* BB 2011, S. 778 (779).

135 *Kreklau/Schmalholz,* BB 2011, S. 778 (779); GroßkommAktG/*Sethe,* § 237 Rn. 76; MünchKommAktG/*Oechsler,* § 237 Rn. 70.

136 MünchHdbGesRIV/*Scholz,* § 63 Rn. 23; KölnKommAktG/*Lutter,* § 237 Rn. 73; GroßkommAktG/*Sethe,* § 237 Rn. 76; *Kreklau/Schmalholz,* BB 2011, S. 778 (779).

137 *Raiser/Veil,* Recht der Kapitalgesellschaften, § 66 Rn. 13; Heidel/*Heidel/Lochner,* Aktienrecht, § 327b Rn. 7 jew. m.w.N.

138 S. hierzu nur Hölters/*Müller-Michaels,* AktG, § 327b Rn. 19; Spindler/Stilz/*Singhof,* AktG, § 327b Rn. 11.

### cc) Gewinnabführungs- und Beherrschungsvertrag

Eine Aktiengesellschaft oder Kommanditgesellschaft auf Aktien kann durch einen Beherrschungsvertrag die Leitung ihrer Gesellschaft einem anderen Unternehmen unterstellen oder/und sich durch einen Gewinnabführungsvertrag dazu verpflichten, ihren gesamten Gewinn an ein anderes Unternehmen abzuführen (§ 291 Abs. 1 S. 1 AktG). Aufgrund der damit einhergehenden Beeinträchtigung der Mitgliedschaftsrechte der außenstehenden Aktionäre müssen diese Verträge nach § 305 Abs. 1 AktG für das herrschende Unternehmen die Verpflichtung enthalten, auf Verlangen der außenstehenden Aktionäre deren Aktien gegen eine angemessene Abfindung zu erwerben. Schuldner dieser Abfindung, die je nach Fallgestaltung in Aktien oder in Geld zu leisten ist (§ 305 Abs. 2 AktG), ist ähnlich wie beim Squeeze-out nicht die abhängige Gesellschaft, sondern das herrschende Unternehmen.[139] Aus diesem Grund besteht auch hier keine Gefahr, dass sich die Abfindung aufgrund des § 57 Abs. 1, Abs. 3 AktG als undurchsetzbar erweisen könnte.

### dd) Mehrheitseingliederung

Nicht anders ist die Rechtslage bei der sog. Mehrheitseingliederung. Nach § 320 Abs. 1 AktG kann die Hauptversammlung die Aktiengesellschaft durch einen Mehrheitsbeschluss in eine andere Aktiengesellschaft eingliedern, wenn die zukünftige Hauptgesellschaft mit 95 % an der einzugliedernden Gesellschaft beteiligt ist. Mit der Handelsregistereintragung des Eingliederungsbeschlusses gehen die Aktien der Minderheitsaktionäre kraft Gesetzes auf die Hauptgesellschaft über (§ 320a AktG). Nach § 320b Abs. 1 S. 1, 2 AktG sind die ausgeschiedenen Aktionäre für ihren Rechtsverlust in Aktien der Hauptgesellschaft abzufinden. Da wiederum nicht die eingegliederte Gesellschaft, sondern die Hauptgesellschaft zur Leistung der Abfindung verpflichtet ist,[140] müssen auch hier die Aktionäre nicht darum fürchten, ihr Mitgliedschaftsrecht aufgrund des Kapitalerhaltungsgebotes entschädigungslos zu verlieren.

## *5. Art. 14 GG*

Die Grundrechte vermitteln den Gesellschaftern keine subjektiven Rechte gegenüber der Gesellschaft und ihren Mitgesellschaftern, da private Rechtssubjekte nicht unmittelbar an sie gebunden sind.[141] Andererseits sind sie aber auch nicht nur Abwehrrechte gegenüber staatlichem Handeln, sondern verkörpern objektiv-rechtliche

---

139 S. nur Spindler/Stilz/*Veil,* AktG, § 305 Rn. 16; Hüffer/*Koch,* AktG, § 305 Rn. 8.

140 Vgl. OLG Düsseldorf, AG 2004, S. 212 (213); LG Dortmund NZG 2004, S. 723 (724); Hüffer/*Koch,* AktG, § 320b, Rn. 2.

141 Allg. Epping/Hillgruber/*Hillgruber,* BeckOK-GG, Art. 1 Rn. 72; Jarass/Pieroth/*Jarass,* GG, Art. 1 Rn. 50; *Pieroth/Schlink/Kingreen/Poscher,* Grundrechte, § 5 II 3 Rn. 191; zum GmbH-Recht *Müller,* Das Austrittsrecht des GmbH-Gesellschafters, S. 26.

Werte, die als verfassungsrechtliche Grundentscheidung für alle Bereiche des Rechts gelten. Die bürgerlichrechtlichen Vorschriften – und somit auch die Regelungen des GmbH-Gesetzes – dürfen zu ihrem Wertsystem nicht im Widerspruch stehen (sog. Ausstrahl- oder mittelbare Drittwirkung der Grundrechte).[142]

Art. 14 Abs. 1 GG gewährleistet das Eigentum. Dazu gehört auch das im Geschäftsanteil verkörperte Anteilseigentum, das im Rahmen seiner gesellschaftsrechtlichen Ausgestaltung durch Privatnützigkeit und Verfügungsbefugnis gekennzeichnet ist.[143] Der Schutz des Art. 14 Abs. 1 GG erstreckt sich auch auf die mitgliedschaftliche Stellung in einer GmbH, die das Anteilseigentum vermittelt. Aus seiner mitgliedschaftlichen Stellung erwachsen dem Gesellschafter im Rahmen der gesetzlichen Vorschriften und der Gesellschaftssatzung sowohl Leitungsbefugnisse, als auch vermögensrechtliche Ansprüche (sog. gesellschaftsrechtlich vermitteltes Eigentum).[144]

Mit GmbH-Geschäftsanteilen hat sich das Bundesverfassungsgericht in seiner Judikatur zur Eigentumsgarantie des Art. 14 Abs. 1 GG bislang nicht näher befasst. Zum sog. Aktieneigentum hat es hingegen schon mehrere Urteile gefällt. Dabei hält das Gericht seit seiner *Feldmühle*-Entscheidung aus dem Jahr 1962[145] die Regelungen des AktG und des UmwG, die es dem Mehrheitsaktionär gestatten, die Minderheitsaktionäre aus der Gesellschaft auszuschließen (etwa durch einen Squeeze-out nach § 327a AktG, eine Mehrheitseingliederung nach § 320 f. AktG oder eine Mehrheitsumwandlung nach § 15 UmwG i.d.F. von 1956) in ständiger Rechtsprechung für mit der Eigentumsgarantie aus Art. 14 Abs. 1 GG vereinbar. Gleiches gilt für mehrheitlich durchführbare Strukturänderungen, welche mit einer so schwerwiegenden Beeinträchtigung der Rechtsposition der Minderheitsaktionäre

---

142 Allg. BVerfGE 7, S. 198 (204ff.); BVerfGE 73, S. 261 (269); BVerfGE 89, S. 214 (229f.); BVerfGE 112, S 332 (358); Maunz/Dürig/*Herdegen*, GG, Art. 1 Abs. 3 Rn. 57; Jarass/Pieroth/*Jarass*, GG, Art. 1 Rn. 54f.; zum GmbH-Recht *Müller*, Das Austrittsrecht des GmbH-Gesellschafters, S. 26.

143 BVerfG, NJW 1979, S. 699 (703) – *Mitbestimmung*; Maunz/Dürig/*Papier*, GG, Art. 14 Rn. 195; MünchKommGmbHG/*Reichert/Weller*, § 14 Rn. 53; Ulmer/Habersack/Löbbe/*Raiser*, GmbHG, § 14 Rn. 22; Michalski/*Ebbing*, GmbHG, § 14 Rn. 46; Scholz/*Seibt*, GmbHG, § 14 Rn. 9a; zur Aktie BVerfG, NJW 1962, S. 1667 (1667) – *Feldmühle*; BVerfG, NJW 1999, S. 1699 (1700) – *SEN*; BVerfG, NJW 1999, S. 3769 (3770) – *D.A.T./Atlanta*; BVerfG, NJW 2001, S. 279 (279) – *Moto Meter*; BVerfG, NJW 2007, S. 3268 (3269) – *Edscha*; BVerfG, NJW 2007, S. 3266 (3267) – *Wüstenroth/Württembergische AG*; BVerfG, NJW 2012, S. 3081 (3082).

144 BVerfG, NJW 1979, S. 699 (703) – *Mitbestimmung*; Maunz/Dürig/*Papier*, GG, Art. 14 Rn. 195; so zum Aktieneigentum BVerfG, NJW 1962, S. 1667 (1667) – *Feldmühle*; BVerfG, NJW 1999, S. 3769 (3770) – *D.A.T./Atlanta*; BVerfG, NJW 2001, S. 279 (279) – *Moto Meter*; BVerfG, NJW 2007, S. 3268 (3269) – *Edscha*; BVerfG, NJW 2007, S. 3266 (3267) – *Wüstenroth/Württembergische AG*; BVerfG, NJW 2012, S. 3081 (3082); *Stumpf*, NJW 2003, S. 9 (10).

145 BVerfG, NJW 1962, S. 1667 (1667ff.) zur Mehrheitsumwandlung nach § 15 UmwG a.F.

einhergehen, dass diese einem Verlust des grundrechtlich geschützten Anteilseigentums wirtschaftlich gleichsteht (v.a. der Abschluss eines Gewinnabführungs- und Beherrschungsvertrages nach §§ 291 ff. AktG).[146] Als Voraussetzung für die Verfassungskonformität dieser Regelungen betont das Bundesverfassungsgericht in seiner Judikatur jedoch stets, dass die Minderheitsaktionäre für den Verlust ihres Mitgliedschaftsrechts wirtschaftlich voll entschädigt werden müssen. Die zum Ausscheiden aus der Gesellschaft gezwungenen Aktionäre müssen erhalten, was ihre Beteiligung am arbeitenden Unternehmen wert ist (Gebot der vollen Entschädigung).[147]

Zu diesem Schluss kommt das Gericht, indem es die entsprechenden Vorschriften zwar nicht als Enteignungsregelungen i.S.d. Art. 14 Abs. 3 GG einordnet, sie aufgrund ihrer hohen Eingriffsintensität in das Eigentumsrecht der Minderheitsaktionäre jedoch als entschädigungspflichtige Inhalts- und Schrankenbestimmungen i.S.d. Art. 14 Abs. 1 S. 2 GG qualifiziert.[148] Förmliche Enteignungen i.S.d. Art. 14 Abs. 3 GG sind es deswegen nicht, weil eine Enteignung stets vom Staat oder von einem mit staatlichen Zwangsrechten Beliehenen ausgehen muss.[149] Demgegenüber ermächtigen die Regelungen, die es der Mehrheit gestatten die Minderheitsaktionäre auszuschließen, bzw. entsprechend schwerwiegende Strukturmaßnahmen durchzuführen, lediglich zu einer Umgestaltung der privatrechtlichen Beziehung zwischen

146 BVerfG, NJW 1999, S. 1699 (1700) – *SEN* zum Gewinnabführungs- und Beherrschungsvertrag nach §§ 291ff. AktG; BVerfG, NJW 1999, S. 3769 (3770) – *D.A.T./Atlanta* zum Gewinnabführungs- und Beherrschungsvertrag nach §§ 291ff. AktG und der Mehrheiteingliederung nach § 320f. AktG; BVerfG, NJW 2001, S. 279 (279f.) – *Moto Meter* zur sog. übertragenden Auflösung nach § 179a AktG; BVerfG, NJW 2007, S. 828 (828) – *Siemens/Nixdorf* zur Mehrheitseingliederung nach § 320f. AktG; BVerfG, NJW 2007, S. 3268 (3269) – *Edscha* zum Squeeze-out nach § 327a AktG.

147 BVerfG, NJW 1962, S. 1667 (1667ff.) – *Feldmühle*; BVerfG, NJW 1999, S. 1699 (1700) – *SEN* ; BVerfG, NJW 1999, S. 3769 (3770f.) – *D.A.T./Atlanta*; BVerfG, NJW 2001, S. 279 (279f.) – *Moto Meter*; BVerfG, NJW 2007, S. 828 (828) – *Siemens/Nixdorf*; BVerfG, NJW 2007, S. 3266 (3267) – *Wüstenroth/Württembergische AG*; BVerfG, NJW 2007, S. 3268 (3269) – *Edscha*; dazu auch *Stumpf*, NJW 2003, S. 9 (12); Ziemons/Jaeger/*Schindler*, BeckOK-GmbHG, § 34 Rn. 74.

148 BVerfG, NJW 1962, S. 1667 (1667) – *Feldmühle*; BVerfG, NJW 1999, S. 1699 (1700) – *SEN*; BVerfG, NJW 1999, S. 3769 (3770) – *D.A.T./Atlanta*; BVerfG, NJW 2001, S. 279 (280) – *Moto Meter*; BVerfG, NJW 2007, S. 3266 (3268) – *Wüstenroth/Württembergische AG*; BVerfG, NJW 2007, S. 3268 (3269) – *Edscha*; BVerfG, NJW 2007, S. 3265 (3265); dazu auch *Klöhn*, Das System der aktien- und umwandlungsrechtlichen Abfindungsansprüche, S. 95f.; allg. hierzu Dreier/*Wieland*, GG, Art. 14 Rn. 151f.; grundlegend zur ausgleichspflichtigen Inhalts- und Schrankenbestimmung etwa *Schulze-Osterloh*, NJW 1981, S. 2537 (2541ff.).

149 BVerfG, NJW 1962, S. 1667 (1667) – *Feldmühle*; dazu auch *Schmidt-Aßmann*, FS Badura, S. 1009 (1022f.); allg. hierzu Epping/Hillgruber/*Axer*, BeckOK-GG, Art. 14 Rn. 73ff.

den Aktionären.[150] Anders, als bei einer Enteignung zum Wohl der Allgemeinheit, bei der Art. 14 Abs. 3 S. 3 GG durch den Hinweis auf die Abwägung zwischen den Interessen der Allgemeinheit und den Beteiligten eine geringere als eine volle Entschädigung zulässt,[151] kommt nach den Ausführungen des Bundesverfassungsgerichts bei einem Ausgleich zwischen den Interessen gleichstehender Privater stets nur eine volle Entschädigung für den Eigentumsverlust in Betracht.[152]

Für das GmbH-Recht lässt sich aus den Vorgaben des Bundesverfassungsgerichts Folgendes ableiten: Die Vorschriften des GmbH-Gesetzes, die es der Mehrheit gestatten in die Rechtsposition der Mitgesellschafter einzugreifen sind als Inhalts- und Schrankenbestimmungen des Eigentums i.S.d. Art. 14 Abs. 1 S. 2 GG einzuordnen. Daher muss ein Gesellschafter, der zum Ausscheiden aus der GmbH gezwungen wird, für den Verlust seines Geschäftsanteils wirtschaftlich voll entschädigt werden. Das Gebot der vollen Entschädigung ist nicht nur bei der Zwangseinziehung und der Ausschließung, sondern auch beim Austritt aus wichtigem Grund zu beachten. Denn einem zwangsweisen Verlust der Gesellschaftsbeteiligung steht es wirtschaftlich gleich, wenn die Mehrheit die Gesellschaftsstruktur so schwerwiegend verändert oder ihre Machtposition so gravierend missbraucht, dass es dem Minderheitsgesellschafter unzumutbar ist, an seinem Mitgliedschaftsrecht weiterhin festzuhalten. Die Regelung des § 738 Abs. 1 S. 2 BGB analog, wonach dem ausscheidenden GmbH-Gesellschafter ein Abfindungsanspruch zum Verkehrswert seines Geschäftsanteils zusteht, entspricht dem verfassungsrechtlichen Gebot der vollen Entschädigung. Mit der Wertentscheidung, die das Grundgesetz in Art. 14 Abs. 1 GG getroffen hat, wäre es hingegen nicht vereinbar, wenn der ausscheidende Gesellschafter bei einer Unterbilanz aufgrund des Kapitaldeckungsvorbehalts (§ 30 Abs. 1 GmbHG) eine geringere, als eine volle Abfindung für den Verlust seiner Rechtsposition erhalten würde. Zur Vermeidung einer privatnützigen Enteignung verlangt insofern auch die Werteordnung des Grundgesetzes die Abfindung des ausscheidenden GmbH-Gesellschafters gegen das Eingreifen der Kapitalerhaltungsschranke zu sichern.

## IV. Die Konsequenz: Ein zu lösender Interessenkonflikt

Wie gezeigt, hat ein ausscheidender Gesellschafter ein schützenswertes Interesse daran, seinen Geschäftsanteil aufgrund der Kapitalbindung nicht entschädigungslos zu verlieren. Auf der anderen Seite dienen die Zwangseinziehung und die Ausschließung dazu, unzumutbar gewordene Gesellschafter möglichst zügig aus dem Gesellschafterkreis zu entfernen. Beim Austritt ist wiederum der austrittswillige

150 BVerfG, NJW 1962, S. 1667 (1667) – *Feldmühle*; dazu auch *Schmidt-Aßmann,* FS Badura, S. 1009 (1023).

151 Vgl. BVerfG, NJW 1969, S. 309 (316); s. auch Dreier/*Wieland,* GG, Art. 14 Rn. 131ff.

152 BVerfG, NJW 1962, S. 1667 (1669) – *Feldmühle*; BVerfG, NJW 1999, S. 3769 (3770) – *D.A.T./Atlanta*; dazu auch *Schmidt-Aßmann,* FS Badura, S. 1009 (1026f.); *Klöhn,* Das System der aktien- und umwandlungsrechtlichen Abfindungsansprüche, S. 95f.; *Hüttemann,* ZGR 2001, S. 454 (456).

Gesellschafter daran interessiert, sich seines untragbaren Mitgliedschaftsrechts möglichst rasch zu entledigen. Damit beruhen diese Rechtsinstitute auf extremen Interessengegensätzen. Ihr Einsatz steht in der Regel am Ende eines gesellschaftsinternen Konflikts, der nicht mehr einvernehmlich lösbar ist. Dem Interesse des ausscheidenden Gesellschafters an einer adäquaten Sicherung seiner Abfindung steht somit das Interesse der Gesellschaft, ihre geschäftliche Tätigkeit ungestört fortzusetzen, diametral gegenüber.[153] Es muss also eine Lösung gefunden werden, die nicht nur die Abfindung angemessen sichert, sondern zugleich das Gesellschaftsinteresse hinreichend berücksichtigt.

## E) Zusammenfassung

Tritt ein Gesellschafter seinen Geschäftsanteil ab (§ 15 GmbHG), kann er sich mit dem Erwerber des Anteils auf einen Kaufpreis einigen, den dieser dafür zu entrichten hat. Wird ein Gesellschafter kaduziert (§§ 21, 28 GmbHG), erhält er für den Verlust seines Geschäftsanteils keine Entschädigung. Abandoniert ein Gesellschafter seinen Geschäftsanteil (§ 27 Abs. 1 S. 1 GmbHG), ist der Veräußerungserlös, der aus der öffentlichen Versteigerung des Anteils erzielt wird, zur Befriedigung der Nachschussforderung der Gesellschaft zu verwenden und ein etwaiger Übererlös an den Gesellschafter auszukehren (§ 27 Abs. 2 S. 3 GmbHG). Das Gesellschaftsvermögen bleibt bei diesen Vorgängen also unangetastet.[154] Daher stellt sich in diesen Fällen auch die Frage nach einer Sicherung der Abfindungsrechte nicht.

Bei der Einziehung, beim Ausschluss und beim Austritt steht dem Gesellschafter dagegen ein Abfindungsanspruch zum vollen wirtschaftlichen Wert seines Anteils zu, der sich gegen die Gesellschaft richtet. Während der betroffene Gesellschafter bei der freiwilligen Einziehung durch sein Zustimmungserfordernis hinreichend geschützt ist, ist es bei der Zwangseinziehung, beim Ausschluss und beim Austritt aus wichtigem Grund erforderlich, seinen Abfindungsanspruch vor dem Eingreifen der Kapitalerhaltungsschranke des § 30 Abs. 1 GmbHG abzusichern. Das bestätigt ein Blick auf die Vorschriften der §§ 21 Abs. 2, 33 Abs. 2 S. 3 GmbHG, den Charakter der Abfindung als unentziehbares Mitgliedschaftsrecht, die Eigentumsgarantie aus Art. 14 Abs. 1 GG sowie ein Vergleich mit der Rechtslage im Personen- und Aktiengesellschaftsrecht. Bei der Entwicklung einer Problemlösung ist darauf Bedacht zu nehmen, dass das Interesse der Gesellschaft an einer möglichst ungestörten Fortsetzung ihrer geschäftlichen Tätigkeit angemessen berücksichtigt wird.

---

153 S. nur *Markowsky*, Die Einziehung von GmbH-Geschäftsanteilen, S. 150.

154 Es sei denn, der Gesellschafter verkauft seinen Anteil gerade an die GmbH, dann greift zu seinem Schutz die Vorschrift des § 33 Abs. 2 GmbHG ein.

# Teil 2: Die Sicherung der Abfindung

## A) Gang der weiteren Untersuchung

Trotz des Alters dieser Problematik und ihrer fundamentalen Bedeutung für den Vorgang des Ausscheidens aus der GmbH hat sich der BGH mit ihr bislang nur in zwei Entscheidungen näher befasst. So bezog er zur Ausschließung durch gerichtliches Urteil bereits in seiner Leitentscheidung vom 1. 4. 1953 Stellung und entwarf dort die Rechtsfigur eines aufschiebend bedingten Gestaltungsurteils.[155] Demgegenüber hat er lange Zeit keine Gelegenheit gehabt, sich zur Zwangseinziehung zu äußern. Das änderte sich erst durch sein kürzlich ergangenes Grundsatzurteil vom 24. 1. 2012.[156] Diese mit Spannung erwartete Entscheidung brachte zum Einziehungsrecht allerdings nicht die erhoffte Rechtsklarheit. Im Gegenteil, indem der BGH hierin von seinen zur Ausschließung aufgestellten Grundsätzen abweicht und sich gegen die vorherrschende instanzgerichtliche Spruchpraxis und h.L. wendet, entfachte die zur Zwangseinziehung schon über Jahrzehnte hinweg kontrovers geführte Diskussion in der Wissenschaft neu.

Aufgrund dieser jüngst in Gang gekommene Diskussion soll im Folgenden zunächst die Rechtslage bei der Zwangseinziehung überprüft werden (B)). Im Anschluss wird untersucht, ob sich die hierbei erzielten Ergebnisse auf die Ausschließung (C)) und den Austritt (D)) übertragen lassen.

## B) Zwangseinziehung

Um den von einer Zwangseinziehung betroffenen Gesellschafter vor dem entschädigungslosen Verlust seiner Mitgliedschaft zu bewahren, wurden in der Rechtsprechung und im Schrifttum die unterschiedlichsten Lösungsansätze entwickelt. So wird vorgeschlagen die Vernichtungswirkung der Einziehung an die Abfindungsleistung zu knüpfen (I.), die Rechtsposition des ausgeschiedenen Gesellschafters durch ein Anfechtungs- oder Auflösungsrecht abzusichern (III. und IV.) oder seinem Abfindungsinteresse durch eine mittelbare oder unmittelbare Haftung der verbleibenden Gesellschafter Rechnung zu tragen (V. und VI.). Im letztgenannten Sinne hat der BGH in seinem aktuellen Grundsatzurteil vom 24. 1. 2012 nun entschieden, dass die übrigen Gesellschafter für die Abfindung persönlich haften.[157]

Dabei werden diese Lösungsvorschläge vorwiegend für den Fall diskutiert, dass bei der Fassung des Einziehungsbeschlusses noch nicht feststeht, dass die Gesellschaft die Abfindung nicht aus freiem, die Stammkapitalziffer übersteigendem Vermögen leisten kann. Dazu kommt es vor allem dann, wenn die Einziehung und

155 BGHZ 9, S. 157 (157ff.).
156 BGH, ZIP 2012, S. 422 (422ff.).
157 Eine ausführliche Darstellung und Analyse des Urteils erfolgt unter S. 59ff.

die Abfindungszahlung zeitlich auseinanderfallen, etwa weil Streit über die Abfindungshöhe besteht oder die Fälligkeit der Abfindung statutarisch hinausgeschoben wurde. Steht das Unvermögen der Gesellschaft bei Beschlussfassung hingegen schon fest, hält die h.M. den Einziehungsbeschluss für nichtig. Wie noch zu zeigen sein wird, ist diese Differenzierung der h.M. weder dogmatisch, noch wertungsmäßig zu rechtfertigen (VII.).

## I. Bedingungslehre

### 1. *„Klassische" Bedingungslehre*

Die sog. „klassische" Bedingungslehre schiebt die Vernichtungswirkung der Einziehung bis zur Abfindungszahlung aus freiem Vermögen hinaus. Diese Theorie geht auf ein Urteil des Reichsgerichts vom 24. 1. 1933 zurück. In dem Fall, den es zu entscheiden hatte, klagte die Gesellschaft auf Feststellung, dass die Geschäftsanteile des beklagten Gesellschafters wirksam eingezogen wurden. Der betroffene Gesellschafter vertrat wiederum den Standpunkt, dass der Einziehungsbeschluss unwirksam sei, weil die Auszahlung des Einziehungsentgelts nur aus dem Stammkapital erfolgen könnte.[158] Das Berufungsgericht hielt den Einziehungsbeschluss noch für wirksam, weil die Gesellschafterversammlung bei der Beschlussfassung der Überzeugung gewesen ist, dass die Abfindung ohne Eingriff in das zur Erhaltung des Stammkapitals erforderliche Vermögen geschehen könne.[159] Dieser Rechtsauffassung erteilte das Reichsgericht letztinstanzlich jedoch eine deutliche Absage:

> „Damit ist der Sinn und Zweck der Vorschrift des § 30 Abs. 1 GmbHG verkannt, die nach § 34 Abs. 3 GmbHG auch für die entgeltliche Einziehung gilt. Denn danach darf eine nicht durch entsprechende Gegenleistung ausgeglichene Leistung der Gesellschaft dann nicht bewirkt werden, wenn sie auf Kosten des Stammkapitals gehen würde und wenn der Leistungsempfänger bei Begründung der Verpflichtung zu den Gesellschaftern gehörte. Das Leistungsversprechen ist dann nur unter dem Vorbehalt wirksam, daß im Zeitpunkt seiner Erfüllung das Stammkapital nicht verkürzt wird. *Danach muß aber angenommen werden, daß der Einziehungsbeschluß, eben weil es sich hier um eine entgeltliche Einziehung handelt, nur unter der gesetzlichen Bedingung rechtswirksam gefaßt werden konnte und gefaßt ist, daß die Auskehrung des Entgelts unter Beachtung des § 30 Abs. 1, § 34 Abs. 3 GmbHG zu erfolgen habe und nach den finanziellen Verhältnissen der Gesellschaft tatsächlich auch so geschehen könne.*"[160]

Zwanzig Jahre später nahm dann der BGH in seiner Leitentscheidung vom 1. 4. 1953 zum Ausschluss durch rechtsgestaltendes Urteil auf dieses Judikat Bezug und führte im Rahmen der Frage, wie das Ausschließungsurteil rechtstechnisch umzusetzen sei, in einem obiter dictum zur Einziehung Folgendes aus:

---

158 RGZ 142, S. 286 (287).
159 RGZ 142, S. 286 (288f.).
160 RGZ 142, S. 286 (290f.), Hervorh. d. d. Verf.

„Der Einziehungsbeschluß nach § 34 GmbHG steht unter der *gesetzlichen Bedingung*, daß das Stammkapital erhalten bleibt. Darum kann der Beschluß nicht ausgeführt werden, wenn das zur Deckung des Stammkapitals erforderliche Vermögen bei Beschlußfassung fehlt oder bis zum Zeitpunkt, in dem zu erfüllen ist, verloren geht."[161]

In einem Urteil vom 1. 6. 1987 äußerte der II. Zivilsenat schließlich noch in einer nicht tragenden Nebenbemerkung, dass der Gesellschafter seine Mitgliedschaftsrechte

„jedenfalls solange die Einziehung [...] infolge Nichtzahlung der Abfindung nicht vollzogen ist [...]."

wahrnehmen könne.[162]

Im Anschluss an diese Entscheidungen vertraten die meisten Instanzgerichte[163] und das ganz überwiegende Schrifttum[164] zur Sicherung der Abfindung eine Bedingungslösung, die noch immer zahlreiche Anhänger[165] hat. Nach ihr soll die Wirksamkeit des Einziehungsbeschlusses aufgrund des Kapitaldeckungsvorbehalts des

161 BGHZ 9, S. 157 (173), Hervorh. d. d. Verf.

162 BGH, NJW 1987, S. 2514 (2515).

163 OLG Frankfurt a.M., NJW-RR 1997, S. 612 (612f.) zur Zwangseinziehung infolge einer Eigenkündigung; OLG Zweibrücken, GmbHR 1997, S. 939 (942) zur Zwangseinziehung infolge einer Eigenkündigung; OLG Hamm, NZG 1999, S. 597 (598); OLG Köln, NZG 1999, S. 1222 (1222f.) zur Zwangseinziehung infolge einer Austrittserklärung; KG Berlin, GmbHR 1999, S. 1202 (1204); OLG Schleswig, NZG 2000, S. 703 (704ff.); OLG Dresden, GmbHR 2001, S. 1047 (1048); OLG Düsseldorf, GmbHR 2007, S. 538 (538f.); OLG München, NZG 2008, S. 199 (200) zur Zwangseinziehung infolge einer Eigenkündigung; OLG Koblenz, BeckRS 2006, 01858 Tz. II 1.; zuletzt OLG Dresden, BeckRS 2012, 04394 Tz. B. III.1.b.aa. (BeckOnline).

164 *Bacher/v. Blumenthal*, NZG 2008, S. 406 (407f.); *Gehrlein*, ZIP 1996, S. 1157 (1159); *ders.*, DB 1998, S. 2355 (2356); *Sieger/Mertens*, ZIP 1996, S. 1493 (1495f.); *Baumann*, MittRhNotK 1991, S. 271 (282); Baumbach/Hueck/*Hueck*, GmbHG, 16. Aufl., § 34 Rn. 24; Michalski/*Sosnitza*, GmbHG, § 34 Rn. 79; *Wicke*, GmbHG, § 34 Rn. 10; Lutter/Hommelhoff/*Lutter/Hommelhoff*, GmbHG, 15. Aufl., § 34 Rn. 10b; *Tschering*, GmbHR 1999, S. 691 (694); *Sosnitza*, NZG 2000, S. 705 (707); *Michalski/Schulenberg*, NZG 1999, S. 408 (408); GmbH-Praxis, Centrale Gutachtendienst, GmbHR 1992, S. 161 (161); *Sudhoff*, Der Gesellschaftsvertrag der GmbH, S. 491; *Peetz*, GmbHR 2000, S. 749 (753); *Harst*, GmbHR 1987, S. 183 (185f.); aus dem älteren Schrifttum etwa *Haegele*, GmbHR 1972, S. 219 (221); *Vogel*, GmbHR 1971, S. 132 (132); *Käppler*, ZGR 1978, S. 542 (571); *Fichtner*, BB 1966, S. 146 (148); *Becker*, GmbHR 1940, S. 259 (262); *Wolany*, Rechte und Pflichten des Gesellschafters einer GmbH, S. 90; *Treeck*, Das Ausscheiden aus der Doppelgesellschaft, S. 59f.

165 nach der Grundsatzentscheidung des BGH vom 24.1.2012 halten an der Bedingungslehre ausdrücklich fest: Ziemons/Jaeger/*Schindler*, BeckOK-GmbHG, § 34 Rn. 57; Rowedder/Schmidt-Leithoff/*Görner*, § 34 Rn. 64; Scholz/*Westermann*, GmbHG, § 34 Rn. 58ff.; Scholz/*Seibt*, Anh. § 34 Rn. 22; wohl auch MünchHdbGesRIII/*Kort*, § 28 Rn. 40.

§ 34 Abs. 3 i.V.m. § 30 Abs. 1 GmbHG unter der aufschiebenden Bedingung stehen, dass das Abfindungsentgelt an den betroffenen Gesellschafter vollständig aus ungebundenem Vermögen ausgezahlt wurde. Bei dieser Bedingung soll es sich nicht um eine rechtsgeschäftliche Bedingung i.S.d. § 158 BGB, sondern um eine echte Rechtsbedingung, d.h. eine gesetzliche Wirksamkeitsvoraussetzung handeln[166,167]. Bis zu ihrem Eintritt bleibe der betroffene Gesellschafter Inhaber seines Geschäftsanteils. Sobald hingegen feststeht, dass das Abfindungsentgelt innerhalb einer angemessenen Zeitspanne nicht ohne Verstoß gegen § 34 Abs. 3 i.V.m. § 30 Abs. 1 GmbHG ausgezahlt werden kann, falle die Bedingung aus und der Gesellschafter behalte seine Gesellschafterstellung.[168]

Diese Bedingungskonstruktion sei zum Schutz des ausgeschlossenen Gesellschafters notwendig, weil ihm nur die vorübergehende Aufrechterhaltung seiner Gesellschafterstellung die weitere Einflussnahme auf die Geschäftsführung und somit die wirtschaftliche Entwicklung des Unternehmens sichere.[169] Nur auf diese Weise könnte er selbst darauf hinwirken, dass sich die finanzielle Lage der Gesellschaft nicht verschlechtert und somit selbst verhindern, dass er aufgrund des § 34 Abs. 3 i.V.m. § 30 Abs. 1 GmbHG von der Gesellschaft keine Abfindung erhält.[170] Außerdem trage die Bedingung zu einer beschleunigten Abwicklung bei. Denn durch sie erhielten die verbleibenden Gesellschafter einen Anreiz, sich mit dem ausgeschlossenen Gesellschafter schnell über die Höhe seines Einziehungsentgelts zu einigen und es zum Vollzug der Einziehung zeitnah auszuzahlen.[171]

Aus diesem Grund wird von den meisten Vertretern der Bedingungslehre auch angenommen, dass dem ausgeschlossenen Gesellschafter bis zum Bedingungseintritt sämtliche Gesellschafterrechte erhalten bleiben. Ihm sollen also insbesondere sein Gewinnbezugsrecht, sein Informations- und Einsichtsrecht sowie sein Stimmrecht weiterhin zustehen.[172]

---

166 Scholz/*Westermann,* GmbHG, § 34 Rn. 56.

167 Zum Unterschied zwischen Rechtsbedingungen und rechtsgeschäftlich vereinbarten Bedingungen Staudinger/*Bork,* BGB, vor. §§ 158–163 Rn. 22ff.; MünchKommBGB/*Westermann,* § 158 Rn. 54ff.

168 Baumbach/Hueck/*Hueck,* GmbHG 16. Aufl., § 34 Rn. 24; *Wicke,* GmbHG, § 34 Rn. 8; OLG Düsseldorf, GmbHR 2007, S. 538 (538f).

169 OLG Dresden, BeckRS 2012, 04394 Tz. B. III.1.b.aa. (BeckOnline); OLG Schleswig, NZG 2000, S. 703 (704); OLG Frankfurt a.M., NJW-RR 1997, S. 612 (613) zur Zwangseinziehung infolge einer Eigenkündigung.

170 OLG Dresden, BeckRS 2012, 04394 Tz. B. III.1.b.aa. (BeckOnline); OLG Schleswig, NZG 2000, S. 703 (704); OLG Frankfurt a.M., NJW-RR 1997, S. 612 (613) zur Zwangseinziehung infolge einer Eigenkündigung.

171 OLG Frankfurt a.M., NJW-RR 1997, S. 612 (613) zur Zwangseinziehung infolge einer Eigenkündigung; OLG Schleswig, NZG 2000, S. 703 (704f.); *Gehrlein,* DB 1998, S. 2355 (2356).

172 OLG Frankfurt a.M., NJW-RR 1997, S. 612 (613) zur Zwangseinziehung infolge einer Eigenkündigung; OLG Schleswig, NZG 2000, S. 703 (704) außer bei missbräuchlicher Ausübung der Mitgliedschaftsrechte; OLG Düsseldorf, GmbHR 2007,

Um zu verhindern, dass während der Schwebelage, welche die aufschiebende Bedingung erzeugt, mögliche Interessenkonflikte zwischen dem ausgeschlossenen und den verbleibenden Gesellschaftern die Funktionsfähigkeit der Gesellschaft beeinträchtigen, wird teilweise aber auch für eine situative Einschränkung der Mitgliedschaftsrechte über die mitgliedschaftliche Treuepflicht plädiert.[173] Vor allem bei der Ausübung seines Stimmrechts sei der ausgeschlossene Gesellschafter zur Zurückhaltung verpflichtet und dürfe nur noch dann gegen Maßnahmen stimmen, die sein Abfindungsinteresse weder unmittelbar noch mittelbar beeinträchtigen, wenn er hierfür einen „triftigen Grund" hat.[174] Einige Literaturstimmen gehen sogar noch einen Schritt weiter und wollen die Mitgliedschaftsrechte während der Schwebephase entsprechend den Bestimmungen zu eigenen Anteilen der Gesellschaft vollständig[175] oder zumindest im Hinblick auf das Stimmrecht[176] ruhen lassen.

## 2. *Ulmers* modifizierte Bedingungslehre

Auch *Ulmer* ist um eine Lösung bemüht, die einem Störpotential des ausgeschlossenen Gesellschafters während der Schwebephase Vorschub leisten. Daher hat er die „klassische" Bedingungslehre modifiziert. Nach seiner Lösung soll die Wirksamkeit des Einziehungsbeschlusses nicht unter einer aufschiebenden, sondern einer auflösenden Rechtsbedingung stehen.[177] Die Einziehung sei also sofort mit der Mitteilung

---

S. 538 (539); OLG München, NZG 2008, S. 199 (200) zur Zwangseinziehung infolge einer Eigenkündigung; KG Berlin, GmbHR 1999, S. 1202 (1204); OLG Celle, GmbHR 1983, S. 273 (274); *Bacher/v. Blumenthal,* NZG 2008, S. 406 (408); Michalski/*Sosnitza,* GmbHG, § 34 Rn. 79; *ders.,* NZG 2000, S. 705 (707); Lutter/Hommelhoff/*Lutter/Hommelhoff,* GmbHG, 16. Aufl., § 34 Rn. 10b.

173 OLG Dresden, BeckRS 2012, 04394 Tz. B. III.1.b.aa. (BeckOnline); OLG Zweibrücken, GmbHR 1997, S. 939 (942); Baumbach/Hueck/*Hueck,* GmbHG, 16. Aufl., § 34 Rn. 24; *Wicke,* GmbHG, § 34 Rn. 10; Lutter/Hommelhoff/*Lutter/Hommelhoff,* GmbHG, 16. Aufl., § 34 Rn. 10b; *Michalski/Schulenberg,* NZG 1999, S. 408 (408); *Sieger/Mertens,* ZIP 1996, S. 1495 (1495f.); zur Ausübung der Gesellschafterrechte nach einer Eigenkündigung BGHZ 88, S. 320 (328), bestätigt durch BGH, NJW 2010, S. 1206 (1207).

174 OLG Dresden, BeckRS 2012, 04394 Tz. B. III.1.b.aa. (BeckOnline); zur Ausübung der Gesellschafterrechte nach einer Eigenkündigung BGHZ 88, S. 320 (328).

175 *Peetz,* GmbHR 2000, S. 749 (753); zur Ausübung der Mitgliedschaftsrechte nach einer Austrittserklärung auch *Esch,* GmbHR 1981, S. 25 (27f.); ähnlich Rowedder/Schmidt-Leithoff/*Görner,* GmbHG, § 34 Rn. 64.

176 *Tschering,* GmbHR 1999, S. 691 (693) außer bei Abstimmungen, die darauf abzielen, den Abfindungsanspruch zu vermindern; Scholz/*Westermann,* GmbHG, § 34 Rn. 56, 59; *Harst,* GmbHR 1987, S. 183 (185f.).

177 *Ulmer,* FS Rittner, S. 735 (748ff.); *ders.,* FS Priester, S. 775 (793ff.); an dieser Theorie hält *Ulmer* nach wie vor fest, vgl. Ulmer/Habersack/Löbbe/*Ulmer/Habersack,* GmbHG, § 34 Rn. 64; ihm folgten Lutter/Hommelhoff/*Lutter,* GmbHG, 17. Aufl., § 34 Rn. 48; *Fingerhut/Schröder,* BB 1997, S. 1805 (1806).

des Einziehungsbeschlusses an den betroffenen Gesellschafter wirksam, jedoch trete zur Sicherung der Abfindung die auflösende Bedingung ein, wenn im Fälligkeitszeitpunkt die Auszahlung des Abfindungsentgelts am Kapitaldeckungsvorbehalt scheitert. Dadurch lebe der Geschäftsanteil des betroffenen Gesellschafters automatisch wieder auf.[178] Diese Rechtsfolge soll nach Auffassung *Ulmers* im Einklang mit den Grundsätzen der Lehre von der fehlerhaften Gesellschaft ausnahmsweise nicht mit rückwirkender Kraft eingreifen – wie es bei auflösenden Bedingungen gewöhnlich der Fall ist - sondern nur mit *ex nunc*-Wirkung.[179] Der betroffene Gesellschafter habe dann aber, ähnlich wie nach einer erfolgreichen Anfechtungsklage gegen einen fehlerhaften aber bereits vollzogenen Einziehungsbeschluss, als Ausgleich für seinen zwischenzeitlichen Rechtsverlust einen Anspruch auf Wiederherstellung seiner früheren Rechtsposition.[180] So soll ihm bei Bedingungseintritt gegen seine Mitgesellschafter ein Ausgleichsanspruch für zwischenzeitlich ausgeschüttete Gewinne, ein Anspruch auf Rückgängigmachung von Satzungsänderungen sowie gegebenenfalls Schadensersatzansprüche zustehen, wenn unumkehrbare Veränderungen im Gesellschaftsverhältnis getroffen wurden.[181]

### 3. *Stellungnahme*

Die Bedingungslehre ist kein tragfähiges Modell zur Sicherung des Abfindungsanspruchs. Denn zum einen ist keine gesetzliche Grundlage für eine Bedingung ersichtlich (a)) und zum anderen führt die „klassische" Bedingungslehre zu keinem wertungsmäßig überzeugenden Ergebnis (b)). Aber auch die modifizierte Bedingungslehre ist dogmatisch nicht tragfähig und bringt die Interessen der Beteiligten nicht angemessen in Einklang (c)).

#### *a) Keine Rechtsgrundlage*

Die Bedingungslehre entbehrt bereits einer Rechtsgrundlage.[182] Der Einziehungsbeschluss ist inhaltlich darauf gerichtet, den betroffenen Geschäftsanteil zu vernichten.[183]

---

178 *Ulmer,* FS Rittner, S. 735 (749f.); *ders.,* FS Priester, S. 775 (793ff.); Ulmer/Habersack/Löbbe/*Ulmer/Habersack,* GmbHG, § 34 Rn. 64.

179 *Ulmer,* FS Rittner, S. 735 (749f.); *ders.,* FS Priester, S. 775 (793ff.); Ulmer/Habersack/Löbbe/*Ulmer/Habersack,* GmbHG, § 34 Rn. 64.

180 *Ulmer,* FS Rittner, S. 735 (749f.); *ders.,* FS Priester, S. 775 (793ff.); Ulmer/Habersack/Löbbe/*Ulmer/Habersack,* GmbHG, § 34 Rn. 64.

181 *Ulmer,* FS Rittner, S. 735 (749f.); *ders.,* FS Priester, S. 775 (793ff.); Ulmer/Habersack/Löbbe/*Ulmer/Habersack,* GmbHG, § 34 Rn. 64.

182 So auch *Pentz,* FS Ulmer, S. 451 (461f.); *Niemeier,* Rechtstatsachen und Rechtsfragen der Einziehung von GmbH-Anteilen, S. 325; *Lutz,* DStR 1999, S. 1858 (1861); *Kolb,* NZG 2007, S. 815 (816); *Markowsky,* Die Einziehung von GmbH-Geschäftsanteilen, S. 163; KG Berlin, NZG 2006, S. 437 (437f.).

183 Ulmer/Habersack/Löbbe/*Ulmer/Habersack,* GmbHG, § 34 Rn. 49f.; Michalski/*Sosnitza,* GmbHG, § 34 Rn. 99; Baumbach/Hueck/*Fastrich,* GmbHG, § 34 Rn. 14.

Als Rechtsfolge hiervon entsteht der Abfindungsanspruch nach § 738 Abs. 1 S. 2 BGB analog.[184] Warum die vollständige Auszahlung des Abfindungsentgelts aus freiem Vermögen eine gesetzliche Wirksamkeitsvoraussetzung für den Einziehungsbeschluss darstellen soll, wird von den Vertretern der Bedingungslehre durchweg nicht begründet. Soweit vereinzelt eine Begründung angeführt wird, wird auf den Kapitaldeckungsvorbehalt des § 34 Abs. 3 GmbHG verwiesen.[185] Er diene auch dem Schutz des von der Einziehung betroffenen Gesellschafters.[186] Außerdem habe der historische Gesetzgeber die Wirksamkeit des Einziehungsbeschlusses von der vollständigen Zahlung des Abfindungsentgelts aus ungebundenem Vermögen abhängig machen wollen, wie die Amtliche Begründung zu § 34 Abs. 3 GmbHG belege.[187]

### aa) Amtliche Begründung zu § 34 Abs. 3 GmbHG

Die entsprechende Passage aus der Amtlichen Begründung, auf die sich die Vertreter der Bedingungslehre berufen, stammt noch aus dem Ersten Entwurf zur Schaffung des GmbHG aus dem Jahr 1892 und lautet wie folgt:

„*Voraussetzung der Einziehung* ist in allen Fällen, dass das Stammkapital dadurch nicht beeinträchtigt wird. Es genügt in dieser Beziehung den Vorbehalt zu machen, dass die Bestimmung des § 30 über die Unzulässigkeit einer Auszahlung unberührt bleibt. Hieraus ergibt sich von selbst, dass, wenn verfügbare Mittel außer dem zur Deckung dieses Kapitals erforderlichen Vermögen nicht vorhanden sind, eine Einziehung nicht anders, als nach vorgängiger Herabsetzung des Stammkapitals (§ 59) stattfinden kann.“[188]

Dass der historische Gesetzgeber hiermit tatsächlich zum Ausdruck bringen wollte, dass die Wirksamkeit des Einziehungsbeschlusses mit der Auszahlung des Einziehungsentgelts aus ungebundenem Vermögen verknüpft ist, ist unwahrscheinlich.[189] Der Wortlaut des Ersten Entwurfs gibt hierfür jedenfalls nichts her.

---

184 Ulmer/Habersack/Löbbe/*Ulmer/Habersack*, GmbHG, § 34 Rn. 80; Michalski/*Sosnitza*, GmbHG, § 34 Rn. 51; MünchKommGmbHG/*Strohn*, § 34 Rn. 206; Ziemons/Jaeger/*Schindler*, BeckOK-GmbHG, § 34 Rn. 76; *Niemeier*, Rechtstatsachen und Rechtsfragen der Einziehung von GmbH-Anteilen, S. 328.

185 RGZ 142, S. 286 (290f.); *Ulmer*, FS Rittner, S. 735 (749 mit Fn. 49); Ulmer/Habersack/Löbbe/*Ulmer/Habersack*, GmbHG, § 34 Rn. 59 mit Fn. 169; OLG Celle, NZG 1998, S. 29 (29f.).

186 OLG Celle, NZG 1998, S. 29 (29f.); Ziemons/Jaeger/*Schindler*, BeckOK-GmbHG, § 34 Rn. 7.

187 *Ulmer*, FS Rittner, S. 735 (749 mit Fn. 49); Ulmer/Habersack/Löbbe/*Ulmer/Habersack*, GmbHG, § 34 Rn. 59 mit Fn. 169.

188 Entwurf eines Gesetzes betreffend die GmbH, Stenographische Berichte des Reichstages, 8. Legislaturperiode – I. Session 1890/1892, 5. Anlageband, Aktenstück Nr. 660, S. 3715 (3747), Hervorh. d. d. Verf.

189 Zweifel an der Aussagekraft dieser Formulierung im Hinblick auf eine aufschiebende Bedingung äußern auch *Pentz*, FS Ulmer, S. 451 (461); *Niemeier*, Rechtstat-

Da der Gesetzgeber den Abfindungsanspruch im GmbHG nicht ausdrücklich geregelt hat, vertraute er wohl darauf, dass die Gesellschafter die für die Einziehung notwendige Satzungsregelung (§ 34 Abs. 1 GmbHG) auch dazu nutzen, um hierin die Zahlung eines Einziehungsentgelts festzulegen.[190] Mit dieser Aussage stellte er im Interesse der Gesellschaftsgläubiger lediglich klar, dass für die Auszahlung dieses Entgelts keine Ausnahme vom Auszahlungsverbot des § 30 Abs. 1 GmbHG besteht, die Einziehung eines Geschäftsanteils ohne vorherige Kapitalherabsetzung also kein Kapital frei werden lässt.

Dass aber der Einziehungsbeschluss selbst, der inhaltlich alleine darauf gerichtet ist das Mitgliedschaftsrecht zu vernichten, zum Schutz des betroffenen Gesellschafters unwirksam sein soll, wenn das Einziehungsentgelt nicht aus freien Mitteln aufgebracht werden kann, lässt sich ihr nicht entnehmen. Denn die Vernichtung des Mitgliedschaftsrechts erfüllt für sich genommen die „Voraussetzung der Einziehung", weil sie das Stammkapital gerade unberührt lässt. Der historische Gesetzgeber wollte nur das Leistungsversprechen über die Auszahlung des Einziehungsentgelts unter den Vorbehalt des § 34 Abs. 3 GmbHG stellen. Hätte er die Auszahlung des Einziehungsentgelts als gesetzliche Wirksamkeitsvoraussetzung für den Einziehungsbeschluss erachtet, hätte er sich angesichts der elementaren Bedeutung für die Einziehung wohl präziser ausgedrückt.

Außerdem wollte er den Schutz des von der Einziehung betroffenen Gesellschafters ausweislich der Amtlichen Begründung ausschließlich auf eine andere Weise verwirklichen. So sollte die Einziehung eines Geschäftsanteils nach dem Ersten Entwurf zur Schaffung des GmbHG nur mit der Zustimmung des Gesellschafters möglich sein. Dieses Zustimmungserfordernis hielt der historische Gesetzgeber zum Schutz des betroffenen Gesellschafters für ausreichend und war der Auffassung, dass es eines weiteren Schutzes nicht bedarf.[191] Aus diesem Grund ist es unwahrscheinlich, dass er noch einen zusätzlichen Schutz durch eine Bedingungskonstruktion schaffen wollte.

---

sachen und Rechtsfragen der Einziehung von GmbH-Anteilen, S. 325 und *Markowsky*, Die Einziehung von GmbH-Geschäftsanteilen, S. 163.

190 So auch *Altmeppen*, ZIP 2012, S. 1685 (1686); Ulmer/Habersack/Löbbe/*Ulmer/Habersack*, GmbHG, § 34 Rn. 72

191 Entwurf eines Gesetzes betreffend die GmbH, Stenographische Berichte des Reichstages, 8. Legislaturperiode – I. Session 1890/1892, 5. Anlageband, Aktenstück Nr. 660, S. 3715 (3747): „Der Entwurf gestattet die Einziehung nur mit Zustimmung des Antheilsberechtigten [...]. Für den Antheilsberechtigten bedarf es deshalb eines weiteren Schutzes nicht." Die Zwangseinziehung wurde im weiteren Verlauf des Gesetzgebungsverfahrens kurzfristig von der Kommission eingeführt. Begründungen oder Stellungnahmen zu dieser wichtigen Änderung des geplanten § 34 GmbHG existieren nicht.

### bb) Wortlaut und Schutzzweck des § 34 Abs. 3 GmbHG

Aber selbst wenn der historische Gesetzgeber dies vorgehabt haben sollte, hätte sein ursprüngliches Vorhaben spätestens im Normtext des § 34 GmbHG keinen Niederschlag mehr gefunden und wäre demzufolge für die Auslegung des § 34 GmbHG nicht bindend[192,193]. Denn die Vorschrift des § 34 Abs. 3 GmbHG spricht ihrem Wortlaut nach nur davon, dass die Bestimmung des § 30 Abs. 1 GmbHG „unberührt" bleibt. Damit ordnet sie die Anwendung des § 30 Abs. 1 GmbHG ohne inhaltliche Modifikationen an. § 30 Abs. 1 S. 1 GmbHG verhindert seinem Wortlaut nach („Auszahlung") wiederum lediglich den Abfluss von Stammkapital. Ein zeitweiliger Aufschub der Vernichtung eines Mitgliedschaftsrechts ist vom Begriff der „Auszahlung" hingegen nicht umfasst.

Nichts anderes ergibt sich aus der gläubigerschützenden ratio legis des § 34 Abs. 3 GmbHG. Diese Norm will verhindern, dass durch die Einziehung eine Lücke im Kapitalschutzsystem entsteht.[194] Ein darüber hinausgehender Schutzzweck zugunsten des Mitgliedschaftsrechts des betroffenen Gesellschafters lässt sich ihr nicht entnehmen.[195]

### cc) Probleme bei der Konstruktion des Bedingungszusammenhangs

Nicht zuletzt wäre fraglich, an welches Ereignis die Bedingung eigentlich zu knüpfen wäre. Wollte man die Wirksamkeit des Einziehungsbeschlusses von der Erfüllung des Abfindungsanspruchs abhängig machen, wäre die Einziehung eines Geschäftsanteils schlichtweg unmöglich. Es läge nämlich ein Zirkelschluss vor, weil der Abfindungsanspruch erst mit der Wirksamkeit der Einziehung zur Entstehung gelangt. Seine Erfüllung kann daher keine Wirksamkeitsvoraussetzung für den Einziehungsbeschluss sein.[196] Würde man hingegen, wie es auch in der Entscheidung des Reichsgerichts vom 24. 11. 1933 noch angeklungen ist,[197] die Bedingung bereits

---

192 *Pentz,* FS Ulmer, S. 451 (461); allg. zur historischen Auslegungsmethode *Larenz,* Methodenlehre der Rechtswissenschaft, S. 329.

193 *Niemeier,* Rechtstatsachen und Rechtsfragen der Einziehung von GmbH-Anteilen, S. 325.

194 BGH, ZIP 2012, S. 422 (424); *Fietz/Fingerhut,* DB 2007, S. 1179 (1183).

195 BGH, ZIP 2012, S. 422 (424); *Schneider/Hoger,* NJW 2013, S. 502 (503); *Pentz,* FS Ulmer, S. 451 (461); *Niemeier,* Rechtstatsachen und Rechtsfragen der Einziehung von GmbH-Anteilen, S. 325; *Fietz/Fingerhut,* DB 2007, S. 1179 (1183).

196 Ähnlich auch die Kritik von *Altmeppen,* ZIP 2012, S. 1685 (1690), der moniert, dass die Erfüllung des Abfindungsanspruchs nicht zu seiner Entstehung führen könne.

197 RGZ 142, S. 286 (290f.): „Danach muß aber angenommen werden, daß der Einziehungsbeschluß, eben weil es sich um eine entgeltliche Einziehung handelt, nur unter der gesetzlichen Bedingung rechtswirksam gefaßt werden konnte und gefaßt ist, daß die Auskehrung des Entgelts unter Beachtung des § 30 Abs. 1, § 34 Abs. 3 GmbHG zu erfolgen habe und nach den finanziellen Verhältnissen der Gesellschaft auch tatsächlich so *geschehen könne* [...] Entgegen der Ansicht des Vorderrichters kam es daher entscheidend darauf an, ob in der Tat die Leistung

dann eintreten lassen, wenn die Zahlung des Einziehungsentgelts aus ungebundenem Vermögen zu irgendeinem Zeitpunkt nur *möglich* ist,[198] wäre der betroffene Gesellschafter wiederum nicht ausreichend geschützt. Denn dann wäre er dem Risiko ausgesetzt, dass er sein Mitgliedschaftsrecht verliert, weil die Gesellschaft vorübergehend über ausreichend freies Vermögen verfügt, die Realisation seines Abfindungsentgelts jedoch später am Eintritt einer erneuten Unterbilanz scheitert.[199]

#### dd) Fazit

Damit ist festzuhalten, dass im geltenden Recht keine gesetzliche Grundlage für einen Bedingungszusammenhang zwischen dem Einziehungsbeschluss und dem Abfindungsanspruch existiert. Das Reichsgericht und mit ihm die (früher) h.M. haben die Vorschrift des § 34 Abs. 3 GmbHG sowie die Amtliche Begründung hierzu schlichtweg falsch interpretiert.

### *b) Keine interessengerechte Lösung durch eine aufschiebende Bedingung*

Hinzu kommt, dass eine aufschiebende Bedingung das Abfindungsinteresse des ausgeschlossenen Gesellschafters und das Interesse der Gesellschaft an einer möglichst ungestörten Fortsetzung ihrer geschäftlichen Tätigkeit nicht angemessen in Einklang bringen würde.

#### aa) Nachteile einer Schwebelage

Die „klassische" Bedingungslehre führt nämlich dazu, dass bis zur vollständigen Auszahlung des Abfindungsentgelts aus freiem Vermögen eine Schwebephase entsteht, in der die Gesellschaft mit der weiteren Mitgliedschaft des ausgeschlossenen Gesellschafters belastet wird. Diese Schwebephase kann ohne weiteres mehrere Jahre andauern. Insbesondere wenn die Parteien über die Höhe der Abfindung oder über die Frage, ob die Abfindungszahlung tatsächlich zu einer Unterbilanz führt, gerichtlich durch alle Instanzen hinweg streiten, können bis zum endgültigen Zeitpunkt des

---

des Entgelts ohne Minderung des zur Erhaltung des Stammkapitals erforderlichen Vermögens der Gesellschaft *möglich war oder wenigstens möglich ist.*" (Hervorh. d. d. Verf.).

198 So etwa GmbH-Praxis, Centrale Gutachtendienst, GmbHR 1992, S. 161 (161), wonach der Einziehungsbeschluss seine Wirksamkeit zu dem Zeitpunkt entfalten soll, zu dem die Gesellschaft *in der Lage ist*, die Abfindung aus ungebundenem Vermögen zu leisten.

199 Vgl. *Niemeier*, Rechtstatsachen und Rechtsfragen der Einziehung von GmbH-Anteilen, S. 323f.

Ausscheidens etliche Jahre vergehen[200,201]. Zudem sind in der Praxis im Statut häufig Klauseln enthalten, die eine langjährige Ratenzahlung für die Abfindung vorsehen.[202] Solche Zahlungsstreckungen werden vereinbart, um den Fortbestand des Unternehmens zu sichern, da sie verhindern, dass das Ausscheiden eines Gesellschafters zu einem hohen sofortigen Liquiditätsabfluss bei der Gesellschaft führt.[203] Die Bedingungslehre stellt den Zweck dieser Klauseln jedoch geradezu auf den Kopf. Denn sie bürdet der Gesellschaft bis zum Erhalt der letzten Abfindungsrate gleichzeitig die weitere Mitgliedschaft des ausgeschlossenen Gesellschafters auf.[204] Da nach den Vertretern der Bedingungslehre eine Rechtsbedingung vorliegen soll,[205] die nicht zur Disposition der Parteien stehen kann,[206] könnte nämlich im Statut auch kein früherer Zeitpunkt für das Ausscheiden aus der Gesellschaft vereinbart werden.

Dieser langwierige Schwebezustand ist vor allem für die Gesellschaft mit ganz erheblichen Nachteilen verbunden. Wird die Zwangseinziehung aus „wichtigem Grund" beschlossen, wirkt sich die Bedingungslehre für sie existenzbedrohend aus.[207] Denn ein wichtiger Grund liegt tatbestandlich erst dann vor, wenn die Fortsetzung der Gesellschaft mit dem betroffenen Gesellschafter unzumutbar ist und ein

---

200 Vgl. MünchKommGmbHG/*Strohn,* § 34 Rn. 76; Lutter/Hommelhoff/*Lutter,* GmbHG, 17. Aufl., § 34 Rn. 47; *Lutz,* DStR 1999, S. 1858 (1860); *Heckschen,* GmbHR 2006, S. 1254 (1256); *Küperkoch,* Das zwangsweise Ausscheiden eines GmbH-Gesellschafters mittels Einziehung, S. 134; *Kesselmeier,* Ausschließungs- und Nachfolgeregelung in der GmbH-Satzung, S. 198.

201 Diese Problematik veranschaulicht eindrücklich die Entscheidung BGHZ 88, S. 320 (321). Der Fall den der BGH dort zu entscheiden hatte war zwar etwas anders gelagert, da der Geschäftsanteil nach einer Eigenkündigung durch Abtretung an einen Mitgesellschafter verwertet werden sollte. Er verdeutlicht jedoch den Kern des Problems: Über die Bewertung des Geschäftsanteils konnte keine Einigung erzielt werden, sodass die Gesellschafterin nach ihrer Kündigung noch mindestens neun (!) weitere Jahren in der Gesellschaft verblieb.

202 Ratenzahlungsvereinbarungen zwischen fünf und acht Jahren werden allgemein als zulässig erachtet und sind in der Praxis keine Seltenheit, vgl. BayObLG, GmbHR 1983, S. 270 (271); Michalski/*Sosnitza,* GmbHG, § 34 Rn. 74; Baumbach/Hueck/*Fastrich,* GmbHG, § 34 Rn. 38; Ulmer/Habersack/Löbbe/*Ulmer/Habersack,* GmbHG, § 34 Rn. 92.

203 Michalski/*Sosnitza,* GmbHG, § 34 Rn. 55; MünchKommGmbHG/*Strohn,* § 34 Rn. 221.

204 *Lutz,* DStR 1999, S. 1858 (1860); MünchKommGmbHG/*Strohn,* § 34 Rn. 76; *Küperkoch,* Das zwangsweise Ausscheiden eines GmbH-Gesellschafters mittels Einziehung, S. 134; *Niemeier,* Rechtstatsachen und Rechtsfragen der Einziehung von GmbH-Anteilen, S. 326; *Kesselmeier,* Ausschließungs- und Nachfolgeregelung in der GmbH-Satzung, S. 198.

205 RGZ 142, S. 286 (290f.); Scholz/*Westermann,* GmbHG, § 34 Rn. 56.

206 Allg. zur Indisponibilität von Rechtsbedingungen MünchKommBGB/*Westermann,* § 158 Rn. 54f.

207 KG Berlin, NZG 2006, S. 437 (438); *Goette,* FS Lutter, S. 399 (405); MünchKommGmbHG/*Strohn,* § 34 Rn. 76; *Lutz,* DStR 1999, S. 1858 (1860).

milderes Mittel als sein Ausschluss gerade nicht in Betracht kommt.[208] So wurden von der Rechtsprechung etwa Fälle entschieden, in denen sich ein Gesellschafter eines versuchten Betruges zu Lasten seiner Mitgesellschafter schuldig gemacht,[209] durch eine Untreuehandlung der Gesellschaft einen schweren wirtschaftlichen Schaden zugefügt,[210] oder ein so tiefgreifendes und unheilbares Zerwürfnis unter den Gesellschaftern herbeigeführt hat, dass die Fortsetzung des Gesellschaftsverhältnisses schlichtweg unmöglich wurde.[211] In solchen Fällen sind die Gesellschafter untereinander oft heillos zerstritten. Ohne den sofortigen Ausschluss des betroffenen Gesellschafters und die damit verbundene dringend notwendige Neuordnung und Befriedung der Gesellschaft wäre ihre Auflösung zumeist unumgänglich.[212]

Da die Zwangseinziehung auch wegen eines sachlichen Grundes beschlossen werden kann,[213] mag es Fälle geben, in denen die weitere Mitgliedschaft die Gesellschaft scheinbar weniger stark belasten würde. Zu denken ist etwa daran, dass das Überschreiten einer bestimmten Altersgrenze oder der Verlust einer bestimmten Eigenschaft eines Gesellschafters der Grund für die Einziehung war. Aber auch in diesen Fällen besteht die Gefahr, dass die weitere Mitgliedschaft die Handlungs- und Funktionsfähigkeit der Gesellschaft stark beeinträchtigt.[214] Denn gerade der Ausschluss eines Gesellschafters kann der Anlass dafür sein, dass ein Streit unter den Gesellschaftern entsteht, weil sich die Parteien etwa über die Höhe der Abfindung oder das Vorliegen des Einziehungsgrundes nicht einig sind. Die Konsequenz eines solchen Konflikts wäre eine lähmende Situation für die weitere Geschäftstätigkeit des Unternehmens.[215] Denn die fortbestehenden Mitverwaltungsrechte werden von den ausgeschlossenen Gesellschaftern häufig dazu missbraucht, um sich bei den übrigen Gesellschaftern für den Ausschluss zu revanchieren.[216] So hätten sie etwa die Möglichkeit, selbst Ausschließungsbeschlüsse auf die Tagesordnung setzen zu lassen oder mit ihrem Stimmrecht wichtige unternehmerische Entscheidungen zu blockieren.[217] Besonders belastend wird die Situation für die Gesellschaft schließlich dann, wenn der ausgeschlossene Gesellschafter sein Klagerecht missbraucht und

208 BGH, NJW 1952, S. 461 (462); BGH NZG 2003, S. 625 (626); BGH NJW 2005, S. 3061 (3061); MünchKommGmbHG/*Strohn*, § 34 Rn. 47; Scholz/*Westermann*, GmbHG, § 34 Rn. 16; Ulmer/Habersack/Löbbe/*Ulmer/Habersack*, GmbHG, Anh. § 34 Rn. 12.

209 BGH, GmbHR 1987, S. 302 (303).

210 OLG Düsseldorf, GmbHR 1999, S. 543 (546).

211 BGH, NJW 1981, S. 2302 (2302), in dem dort zu entscheidenden Fall wurde eine Auflösungsklage nach § 61 GmbHG sogar schon erhoben.

212 *Lutz*, DStR 1999, S. 1858 (1860f.).

213 S. hierzu oben S. 5f.

214 *Tschering*, GmbHR 1999, S. 692 (694).

215 KG Berlin, NZG 2006, S. 437 (438); *Lutz*, DStR 1999, S. 1858 (1860); *Tröger*, Gesellschaftsrecht in der Diskussion 2013, S. 23 (31f.).

216 KG Berlin, NZG 2006, S. 437 (438); *Lutz*, DStR 1999, S. 1858 (1860); *Tröger*, Gesellschaftsrecht in der Diskussion 2013, S. 23 (31f.).

217 *Lutz*, DStR 1999, S. 1858 (1860).

mutwillig Anfechtungsklagen gegen wichtige Beschlüsse erhebt, nur um den bereits bestehenden Konflikt auszuweiten.[218]

Dass solche Szenarien keinesfalls nur theoretischer Natur sind, veranschaulicht eindrücklich der vom KG Berlin am 6. 2. 2006 entschiedenen Fall. Dort wurde bereits im Jahr 1997 der Geschäftsanteil des Klägers wegen grober Pflichtverletzungen und schwerer Störungen des Vertrauensverhältnisses rechtmäßig eingezogen. Zu einer Zahlung der Abfindung kam es in den darauffolgenden Jahren nicht, weil über die Höhe der Abfindung noch immer gerichtlich gestritten wurde. Ein Konflikt mit dem ausgeschlossenen Gesellschafter führte dazu, dass neben der Beschlussfeststellungsklage, die der ausgeschlossenen Gesellschafter erhoben hatte und über die das KG im konkreten Fall entschied, alleine in den Jahren 2001 bis 2006 acht (!) weitere Prozesse zwischen den streitenden Parteien beim KG anhängig waren. Der Urteilsbegründung zufolge hat sich der Konflikt unter den Gesellschaftern durch diese Prozesse immer weiter ausgeweitet und das endgültige Ausscheiden des ausgeschlossenen Gesellschafters erheblich hinausgezögert.[219]

Das Fortbestehen der Mitgliedschaftsrechte während der Schwebelage hat aber auch noch weitere Nachteile: Sie bieten dem ausgeschlossenen Gesellschafter geradezu einen Anreiz, das Abfindungsverfahren bewusst in die Länge zu ziehen, nur um noch möglichst lange an den Gewinnausschüttungen zu partizipieren.[220] Da die Bedingung nach den Vertretern der Bedingungslehre ausfallen soll, sobald feststeht, dass die Abfindung nicht innerhalb einer angemessenen Zeitspanne aus ungebundenem Vermögen gezahlt werden kann, könnte der Gesellschafter durch geschicktes Taktieren sogar bewusst darauf hinwirken, dass zum Fälligkeitszeitpunkt der Abfindung keine ausreichend freien Mittel vorhanden sind. Damit ergäbe sich eine geradezu widersinnige Situation, da der ausgeschlossene Gesellschafter die Wirksamkeit seines eigenen Ausschlusses selbst in der Hand hätte. Insbesondere der Mehrheitsgesellschafter könnte nur schwer ausgeschlossen werden.

Schließlich bedroht die Bedingungslehre die Existenz der Gesellschaft auch dann, wenn die Zwangseinziehung dazu eingesetzt wird, den Gesellschafterkreis geschlossen zu halten. Denn wegen ihr verhindert die Einziehung das Eindringen unerwünschter außenstehender Dritter, wie Insolvenzverwalter, Pfändungsgläubiger oder Gesellschaftererben zunächst nicht.[221] Gerade in personalistisch strukturierten GmbH besteht die Gefahr, dass dadurch die persönliche Vertrauensgrundlage der Gesellschafter und ihr Zusammenwirken bei der Geschäftsführung empfindlich gestört werden.[222]

218 KG Berlin, NZG 2006, S. 437 (438).
219 KG Berlin, NZG 2006, S. 437 (437f.).
220 *Goette,* FS Lutter, S. 399 (406); *Markowsky,* Die Einziehung von GmbH-Geschäftsanteilen, S. 164.
221 Vgl. BGH, ZIP 2012, S. 422 (424); *Ulmer,* FS Rittner, S. 735 (745); *Markowsky,* Die Einziehung von GmbH-Geschäftsanteilen, S. 165.
222 Vgl. *Niemeier,* Rechtstatsachen und Rechtsfragen der Einziehung von GmbH-Anteilen, S. 18; *Küperkoch,* Das zwangsweise Ausscheiden eines GmbH-Gesellschafters mittels Einziehung, S. 1.

Nicht zuletzt würde eine unerträgliche Situation für die Gesellschaft eintreten, wenn sie die Abfindung unbewusst unter Verstoß gegen das Auszahlungsverbot des § 30 Abs. 1 GmbHG ausgezahlt hat und der ausgeschlossene Gesellschafter dem Rückerstattungsanspruch aus § 31 Abs. 1 GmbHG ausgesetzt ist. Denn nach der Bedingungslehre hätte der ausgeschlossene Gesellschafter dann zumindest bis zum Ablauf der zehnjährigen Verjährungsfrist aus § 31 Abs. 5 GmbHG seine Gesellschafterstellung weiterhin inne.[223] Ist dies den Beteiligten aber nicht bewusst und wird er aus diesem Grund fortan nicht mehr zur Gesellschafterversammlung geladen, wäre die interne Funktionsfähigkeit der Gesellschaft außer Kraft gesetzt. Denn alle dort gefassten Beschlüsse wären aufgrund eines Ladungsmangels nichtig (§ 241 Nr. 1 AktG analog i.V.m. § 51 GmbHG).[224]

#### bb) Keine interessengerechte Lösung durch eine Einschränkung der Mitgliedschaftsrechte

Diese Nachteile an der Schwebelage lassen sich auch nicht durch ein Ruhen der Mitgliedschaftsrechte vermeiden. So lässt sich ein automatisches Ruhen des Stimmrechts ohne entsprechende Satzungsregelung dogmatisch schon gar nicht begründen.[225] Denn das Stimmrecht zählt zu den unentziehbaren Mitgliedschaftsrechten und kann daher nur mit ausdrücklicher Zustimmung des Betroffenen eingeschränkt werden.[226] Hinzu kommt, dass der ausgeschlossene Gesellschafter während der Schwebephase im Interesse der Gesellschaftsgläubiger seinen Haftungspflichten aus §§ 24, 31 Abs. 3 GmbHG weiterhin nachkommen müsste.[227] Als Risikoäquivalent müsste man ihm dann auch sein Gewinnbezugsrecht und zur Kontrolle der Geschäftsführung sein Informationsrecht weiterhin zugestehen.[228] Auch der Hinweis auf eine Parallele zum Ruhen der Rechte bei eigenen Anteilen der GmbH[229]

---

223 *Goette,* FS Lutter, S. 399 (408).

224 Allg. zu diesem Nichtigkeitsgrund BGH, NJW 1962, S. 538 (538); OLG Düsseldorf, GmbHR 1996, S. 444 (446f.); Ulmer/Habersack/Löbbe/*Raiser,* GmbHG, Anh. § 47 Rn. 39; Baumbach/Hueck/*Zöllner,* GmbHG, Anh. § 47 Rn. 45 m.w.N.

225 Vgl. MünchKommGmbHG/*Strohn,* § 34 Rn. 76; *Lutz,* DStR 1999, S. 1858 (1860); *Löwe/Thoß,* NZG 2003, S. 1005 (1006); Ziemons/Jaeger/*Schindler,* BeckOK-GmbHG, § 34 Rn. 54; Michalski/*Sosnitza,* GmbHG, § 34 Rn. 79; *Küperkoch,* Das zwangsweise Ausscheiden eines GmbH-Gesellschafters mittels Einziehung, S. 134; *Ulmer,* FS Priester, S. 775 (779); *Sieger/Mertens,* ZIP 1996, S. 1493 (1496); *Markowsky,* Die Einziehung von GmbH-Geschäftsanteilen, S. 165f.; zur Eigenkündigung auch BGHZ 88, S. 320 (323).

226 Ulmer/Habersack/Löbbe/*Raiser,* GmbHG, § 14 Rn. 39; MünchKommGmbHG/*Reichert/Weller,* § 14 Rn. 91; Scholz/*Seibt,* GmbHG, § 14 Rn. 37.

227 Vgl. BGHZ 88, S. 320 (326f.).

228 Vgl. *Niemeier,* Rechtstatsachen und Rechtsfragen der Einziehung von GmbH-Anteilen, S. 327 mit Fn 56; *Lutz,* DStR 1999, S. 1858 (1860); *Markowsky,* Die Einziehung von GmbH-Geschäftsanteilen, S. 166; zur Eigenkündigung BGHZ 88, S. 320 (326f.).

229 Vgl. *Peetz,* GmbHR 2000, S. 749 (753).

hilft insofern nicht weiter. Denn das Stimmrecht ruht dort nur ausnahmsweise, damit die Geschäftsführer nicht die Möglichkeit erhalten, auf die Willensbildung der Gesellschafter Einfluss zu nehmen.[230] Die Vermögensrechte und -pflichten ruhen wiederum nur deshalb, weil die Gesellschaft nicht zugleich Gläubigerin und Schuldnerin ihrer Ansprüche sein kann.[231] Auf die Situation des ausgeschlossenen Gesellschafters lassen sich diese Rechtsgedanken jedenfalls nicht übertragen.

Schließlich löst auch der Vorschlag, das Stimmrecht situativ über die mitgliedschaftliche Treuepflicht einzuschränken, die Probleme der Schwebelage nicht.[232] Denn damit wäre zugleich eine stete Quelle neuen Streits über die Frage eröffnet, welche abgegebenen Stimmen im Einzelfall treuwidrig und somit ungültig sind. Ein bereits bestehender Konflikt unter den Gesellschaftern würde dadurch nur noch weiter angeheizt werden. Die interne Willensbildung der Gesellschaft wäre gelähmt, müsste die Wirksamkeit eines gefassten Beschlusses jedes Mal gerichtlich festgestellt werden.[233]

#### cc) Schlussfolgerung

Der Sinn und Zweck der Zwangseinziehung ist es, Bestandsrisiken für die Gesellschaft abzuwenden, die aus der Sphäre einzelner Gesellschafter herrühren.[234] Dieser Zweck wird durch die Schwebephase, welche die Bedingungslösung erzeugt, konterkariert. Die Bedingungslehre räumt damit dem Abfindungsinteresse des ausgeschlossenen Gesellschafters in unangemessener Weise Vorrang vor dem Interesse der Gesellschaft an einer ungestörten Fortsetzung ihrer Geschäftstätigkeit ein. Auch aus diesem Grund ist die „klassische“ Bedingungslösung unhaltbar.

### *c) Die Schwächen von Ulmers modifizierter Bedingungslehre*

*Ulmers* modifizierte Bedingungstheorie hat zwar den Vorteil, dass der störende Gesellschafter sofort ausscheidet und die Gesellschaft ihre geschäftliche Tätigkeit zunächst ungestört fortsetzen kann. Da nach seiner These die Mitgliedschaft des Ausgeschlossenen bei Bedingungseintritt jedoch automatisch wiederaufleben und dieser einen Anspruch auf Wiederherstellung seiner früheren Rechtsposition haben soll, treten neue Probleme auf, die ebenfalls zu erheblicher Rechtsunsicherheit

---

230 Vgl. Michalski/*Sosnitza,* GmbHG, § 33 Rn. 62; MünchKommGmbHG/*Löwisch,* § 33 Rn. 72; Ulmer/Habersack/Löbbe/*Paura,* GmbHG, § 33 Rn. 85.

231 Ausführlich hierzu Scholz/*Westermann,* GmbHG, § 33 Rn. 32ff.; MünchKommGmbH/*Löwisch,* § 33 Rn. 67ff. jew. m.w.N.

232 So auch MünchKommGmbHG/*Strohn,* § 34 Rn. 76; *Lutz,* DStR 1999, S. 1858 (1860); *Löwe/Thoß,* NZG 2003, S. 1005 (1006); *Küperkoch,* Das zwangsweise Ausscheiden eines GmbH-Gesellschafters mittels Einziehung, S. 135.

233 Vgl. *Lutz,* DStR 1999, S. 1858 (1860).

234 *Niemeier,* Rechtstatsachen und Rechtsfragen der Einziehung von GmbH-Anteilen, S. 16, 18; Rowedder/Schmidt-Leithoff/*Görner,* GmbHG, § 34 Rn. 2; Ziemons/Jaeger/*Schindler,* BeckOK-GmbHG, § 34 Rn. 1; Michalski/*Sosnitza,* GmbHG, § 34 Rn. 1.

führen und die Interessen der Beteiligten nicht angemessen in Einklang bringen. So wäre es praktisch kaum handhabbar, wenn gegebenenfalls nach mehreren Jahren der Gewinnverteilungsschlüssel (§ 29 Abs. 3 GmbHG) sowie die Nachschuss- (§ 26 Abs. 2 GmbHG) und Haftungsquote (§§ 24, 31 Abs. 3 GmbHG) nachträglich korrigiert werden müssten.[235] Wurde zwischenzeitlich die Satzung abgeändert, wäre zudem ein Streit über die Frage, welche Satzungsänderungen der ausgeschlossene Gesellschafter mit seiner Stimme hätte verhindern können und daher rückgängig zu machen sind, geradezu vorprogrammiert.

Außerdem wird diese Lösung dem Abfindungsinteresse des Ausgeschlossenen nicht gerecht. Denn diesem würde das Risiko aufgebürdet, dass die verbleibenden Gesellschafter das Unternehmen ohne sein Zutun bis zum Eintritt der Bedingung herunterwirtschaften und sein ihm zur Sicherheit wiederauflebender Geschäftsanteil entwertet ist.[236] Für den Fall, dass die verbleibenden Gesellschafter unumkehrbare Veränderungen in den Verhältnissen der Gesellschaft getroffen haben, will *Ulmer* dem ausgeschiedenen Gesellschafter zwar einen Schadensersatzanspruch zugestehen.[237] Allerdings ließe sich eine Schadensersatzhaftung, die an ein rechtswidriges und schuldhaftes Verhalten anknüpft rechtliche kaum begründen. Dies gilt jedenfalls in den Fällen, in denen die verbleibenden Gesellschafter den Einziehungsbeschluss an sich rechtmäßig gefasst und auch im Übrigen ordnungsgemäß gewirtschaftet haben.[238]

Schließlich wird *Ulmers* Theorie auch dem Interesse der verbleibenden Gesellschafter nicht gerecht. Denn eine Rückkehr des Betroffenen in die Gesellschaft stünde in offenem Widerspruch zum Zweck der Zwangseinziehung, diesen Gesellschafter endgültig aus dem Gesellschafterkreis zu entfernen.[239] Es wäre unangemessen, die verbleibenden Gesellschafter neben der weiteren Mitgliedschaft des Betroffenen dann noch zusätzlich mit einem bei Beschlussfassung nicht kalkulierbaren Haftungsrisiko belasten zu wollen. Zudem wäre die wirtschaftlich unerwünschte Auflösung der Gesellschaft nach Bedingungseintritt wohl unumgänglich, wenn die Einziehung aus einem wichtigen Grund beschlossen wurde.

Nicht zuletzt ist für *Ulmers* Theorie – hier gilt das Gleiche wie für die „klassische" Bedingungslehre – keine gesetzliche Grundlage ersichtlich.[240] Denn § 34 Abs. 3

---

235 Vgl. MünchKommGmbHG/*Strohn*, § 34 Rn. 76; BGH, ZIP 2012, S. 422 (424).

236 Vgl. OLG Frankfurt a.M., NJW-RR, S. 612 (613); *Kolb*, Der Ausschluss eines Gesellschafters aus der GmbH, S. 35.

237 Vgl. *Ulmer*, FS Priester, S. 775 (793ff.); Ulmer/Habersack/Löbbe/*Ulmer/Habersack*, GmbHG, § 34 Rn. 64; ferner *Fingerhut/Schröder*, BB 1997, S. 1805 (1806).

238 Zweifel an der dogmatischen Grundlage dieser Haftung äußern auch *Peetz*, GmbHR 2000, S. 749 (753); OLG Frankfurt a.M., NJW-RR 1997, S. 612 (613).

239 Vgl. *Goette*, FS Lutter, S. 399 (408f.); *Markowsky*, Die Einziehung von GmbH-Geschäftsanteilen, S. 167.

240 So auch *Markowsky*, Die Einziehung von GmbH-Geschäftsanteilen, S. 167.

i.V.m. § 30 Abs. 1 GmbHG stellt keine gesetzliche Wirksamkeitsvoraussetzung für den Einziehungsbeschluss dar.[241]

## II. Entrechtungslehre

Wegen der gravierenden Nachteile, welche die Bedingungslehre für die Gesellschaft mit sich bringt, sind zahlreiche Autoren im Schrifttum[242] und auch das Kammergericht Berlin in seinem Urteil vom 6. 2. 2006[243] dafür eingetreten, dass die Zwangseinziehung jedenfalls dann sofort und unbedingt wirksam wird, wenn ein Gesellschafter wegen grob gesellschaftsschädigenden Verhaltens ausgeschlossen werden soll. In diesen Fällen wiege das Interesse der Gesellschaft ihre geschäftliche Tätigkeit ungestört fortzusetzen höher als das Abfindungsinteresse des ausgeschlossenen Gesellschafters.[244] Die Vertreter dieser These nehmen es damit in Kauf, dass ein untragbarer Gesellschafter seinen Geschäftsanteil aufgrund des § 34 Abs. 3 i.V.m. § 30 Abs. 1 GmbHG (teilweise) entschädigungslos verliert. Das Kammergericht begründete diese Rechtsfolge dogmatisch mit einem allgemeinen Rechtsgrundsatz, nach dem „jeder die tatsächlichen und rechtlichen Nachteile, die sich aus eigenem schuldhaft rechtswidrigen Verhalten ergeben, vorrangig selbst zu tragen hat."[245]

Diese Rechtsauffassung wurde bereits eingangs inzident verworfen.[246] Der kompensationslose Verlust der Gesellschaftsbeteiligung wäre mit dem Charakter der Abfindung als unentziehbares Mitgliedschaftsrecht[247] und der Eigentumsgarantie aus Art. 14 Abs. 1 GG unvereinbar. Eine Ausnahme hiervon besteht selbst dann nicht, wenn ein Gesellschafter wegen grober Verletzungen wichtiger Gesellschaftsinteressen aus dem Gesellschafterkreis entfernt werden soll. Denn einen allgemeinen Rechtsgrundsatz mit dem Inhalt, dass jeder die tatsächlichen und rechtlichen Nachteile aus schuldhaft rechtswidrigem Verhalten selbst zu tragen hat und somit gleichsam als Sanktion finanzielle Einbußen hinnehmen muss, gibt es in unserer Zivilrechtsordnung nicht.[248]

---

241 S. hierzu oben ausführlich S. 36ff.

242 *Fietz/Fingerhuth,* DB 2007, S. 1179 (1183f.); *Lutz,* DStR 1999, S. 1858 (1861f.); *Löwe/Thoß,* NZG 2003, S. 1005 (1006f.); *Sachs,* GmbHR 1974, S. 84 (89); Bork/Schäfer/*Thiessen,* GmbHG, § 34 Rn. 32ff.; wohl auch *Roth,* ZGR 1999, S. 715 (719f.).

243 KG, NZG 2006, S. 437 (438); wohl auch OLG Hamm, GmbHR 1993, S. 743 (747); OLG Hamm, BeckRS 2008, 15535 Tz. B I 1.

244 KG, NZG 2006, S. 437 (438); *Lutz,* DStR 1999, S. 1858 (1861f.); ferner *Pentz,* FS Ulmer, S. 451 (467f.).

245 KG, NZG 2006, S. 437 (438).

246 S. zum Folgenden bereits oben S. 20ff., 25ff.

247 So auch *Ulmer,* FS Priester, S. 775 (785f., 792).

248 Ähnlich *Ulmer,* FS Priester, S. 775 (788).

## III. Sicherung des betroffenen Gesellschafters durch Rechtsschutz

### 1. *Die These*

Ein weiterer vom Schrifttum[249] entwickelter Lösungsvorschlag, der teils auch von den Instanzgerichten[250] befürwortet wird, geht ebenfalls davon aus, dass die Einziehung sofort mit der Mitteilung des Einziehungsbeschlusses wirksam wird. Der betroffene Gesellschafter soll jedoch die Möglichkeit haben, den Einziehungsbeschluss anzufechten, wenn die Erfüllung des Abfindungsanspruchs aufgrund der Kapitalerhaltungsvorschriften als gefährdet erscheint. Es dürfe insofern nichts anderes gelten als bei anderen Mängeln des Einziehungsbeschlusses, wie etwa dem Nichtvorliegen der Einziehungsgründe, die ebenfalls mit der Anfechtungsklage gerügt werden können.[251]

### 2. *Stellungnahme*

Fehlerhafte Einziehungsbeschlüsse sind nach § 243 Abs. 1 AktG analog mit der Anfechtungsklage angreifbar.[252] Diese Vorschrift setzt voraus, dass der angefochtene Beschluss gegen das Gesetz oder die Satzung verstößt. Bei der Einziehung ließe sich wohl noch argumentieren, dass der Einziehungsbeschluss inhaltlich gegen das Gesetz verstößt, wenn die Auszahlung des Abfindungsentgelts aufgrund des Kapitaldeckungsvorbehaltes gefährdet ist. Denn der Abfindungsanspruch entsteht in diesem Fall entgegen der Vorschrift des § 738 Abs. 1 S. 2 BGB analog nicht oder zumindest nicht vollständig.

Mit einem Anfechtungsrecht ließe sich jedoch kein ausreichender Schutz zugunsten des ausgeschlossenen Gesellschafters verwirklichen. Denn mit der

---

249 *Pentz,* FS Ulmer, S. 451 (472ff.); *Bartholomäus,* Der GmbH-Gesellschafter in der Insolvenz, S. 174ff.; Baumbach/Hueck/*Zöllner,* GmbHG, Anh. § 47 Rn. 84; *Clevinghaus,* RNotZ 2011, S. 449 (458) sowie *Kolb,* Der Ausschluss eines Gesellschafters aus der GmbH, S. 35; *ders.,* NZG 2007, S. 815 (817) und Roth/Altmeppen/*Altmeppen,* GmbHG, 7. Aufl., § 34 Rn. 24ff., die flankierend zur Rechtsschutzmöglichkeit nach Ablauf der Anfechtungsfrist eine pro rata Haftung der verbleibenden Gesellschafter befürworten. Hierzu noch ausführlich unten S. 58ff.

250 Zur Einziehung infolge einer Eigenkündigung LG Köln, ZIP 2005, S. 439 (440); ferner OLG Celle, NZG 1998, S. 29 (29).

251 Roth/Altmeppen/*Altmeppen,* GmbHG, 7. Aufl., § 34 Rn. 24; LG Köln, ZIP 2005, S. 439 (440); *Bartholomäus,* Der GmbH-Gesellschafter in der Insolvenz, S. 174, jeweils unter Verweis auf OLG München, GmbHR 1992, S. 808 (808); ferner *Kolb,* Der Ausschluss eines Gesellschafters aus der GmbH, S. 35.

252 Vgl. nur *Niemeier,* ZGR 1990, S. 314 (327ff.); Ziemons/Jaeger/*Schindler,* BeckOK-GmbHG, § 34 Rn. 69; MünchKommGmbHG/*Strohn,* § 34 Rn. 83; Michalski/*Sosnitza,* GmbHG, § 34 Rn. 81; ausführlich *Küperkoch,* Das zwangsweise Ausscheiden eines GmbH-Gesellschafters mittels Einziehung, S. 143ff.

Anfechtungsklage könnte dieser nur dann gegen den Einziehungsbeschluss vorgehen, wenn sich bereits im Rahmen der einmonatigen Anfechtungsfrist (§ 246 Abs. 1 AktG analog) herausstellt, dass die Abfindung nicht ohne Verstoß gegen § 34 Abs. 3 i.V.m. § 30 Abs. 1 GmbHG ausgezahlt werden kann.[253] Wurde die Fälligkeit der Abfindung satzungsmäßig hinausgeschoben oder herrscht zunächst Streit über die Höhe der Abfindung und stellt sich das Unvermögen der Gesellschaft erst nach Ablauf der Anfechtungsfrist heraus, wäre der betroffene Gesellschafter aufgrund der Bestandskraft des Einziehungsbeschlusses kompensationslos ausgeschieden.

Aus diesem Grund schlägt *Bartholomäus* vor, dass die einmonatige Klagefrist aus § 246 Abs. 1 AktG analog zum Schutz des ausgeschlossenen Gesellschafters erst dann zu laufen beginnen dürfe, sobald dieser Kenntnis von dem Beschlussmangel erlangt, d.h. sobald sich herausstellt, dass die Abfindung nicht ohne Verstoß gegen § 30 Abs. 1 GmbHG geleistet werden kann.[254] Diese Auffassung ist mit dem Gesetz nicht vereinbar. Nach allgemeiner Ansicht gilt die einmonatige Anfechtungsfrist aus § 246 AktG im GmbH-Recht zwar nicht starr, sondern soll nur eine „Leitbildfunktion" haben[255] und an ihre Stelle eine dem Einzelfall nach angemessene Frist treten.[256] Aus Gründen der Rechtssicherheit und Rechtsklarheit geht die h.M. jedoch zu Recht davon aus, dass diese Frist ab Kenntnis von der Beschluss*fassung* zu laufen beginnt.[257] Wollte man bei der Einziehung auf die Kenntnis von der Kollision des Abfindungsanspruchs mit dem Auszahlungsverbot aus § 30 Abs. 1 GmbHG abstellen, so würde das dazu führen, dass der ausgeschlossene Gesellschafter unter Umständen noch nach Ablauf mehrerer Jahre nach der Fassung des Einziehungsbeschlusses Anfechtungsklage erheben kann. Eine derart lange Ausdehnung der Anfechtungsfrist ist mit dem ihr zugrunde liegenden Rechtssicherheitsgedanken nicht vereinbar. Gerade der Bestand der Mitgliedschaft eines Gesellschafters darf nicht über längere Zeit in Frage stehen.[258]

---

253 Vgl. MünchKommGmbHG/*Strohn,* § 34 Rn. 76.

254 *Bartholomäus,* Der GmbH-Gesellschafter in der Insolvenz, S. 176f.

255 Vgl. BGH, GmbHR 2005, S. 925 (925); BGH, NJW 1987, S. 2514 (2414); BGH, NJW 1990, S. 2625 (2625); BGH, GmbHR 1989, S. 120 (122); BGH, GmbHR 1992, S. 801 (801); *Rohleder,* GmbHR 1989, S. 236 (241f.); *Hüffer,* ZGR 2001. S. 833 (865f.); *K.Schmidt,* AG 2009, S. 248 (254); Ulmer/Habersack/Löbbe/*Raiser,* GmbHG, Anh. § 47 Rn. 196ff.; Michalski/*Römermann,* GmbHG, Anh. § 47 Rn. 465ff.; Rowedder/Schmidt-Leithoff/*Koppensteiner/Gruber,* GmbHG, § 47 Rn. 139.

256 BGH, NJW 1987, S. 2514 (2514); BGH, NJW 1990, S. 2625 (2625); BGH, GmbHR 1989, S. 120 (122); BGH, GmbHR 1992, S. 801 (801); Roth/Altmeppen/*Roth,* GmbHG, § 47 Rn. 144; Baumbach/Hueck/*Zöllner,* GmbHG, Anh. § 47 Rn. 146 m.w.N.

257 BGH, GmbHR 1998, S. 891 (892); OLG Schleswig, NZG 2000, S. 895 (895); OLG Jena, GmbHR 2002, S. 115 (115); OLG Hamm, GmbHR 2003, S. 843 (843); OLG Düsseldorf, WM 2005, S. 1988 (1988f.); Lutter/Hommelhoff/*Bayer,* GmbHG, Anh. § 47 Rn. 62; Ulmer/Habersack/Löbbe/*Raiser,* GmbHG, Anh. § 47 Rn. 201.

258 Speziell bei Einziehungsbeschlüssen betonen das Bedürfnis nach Rechtssicherheit und damit einer knappen Anfechtungsfrist auch *Lorenz,* DStR 1996, S. 1774 (1777); *Niemeier,* ZGR 1990, S. 314 (334f.).

Schließlich bestätigt ein Blick auf die Rechtsfolgenseite einer erfolgreichen Anfechtungsklage, dass dieser Lösungsvorschlag auch zu keinem interessengerechten Ergebnis führen würde. Denn die rechtskräftige Nichtigerklärung eines Einziehungsbeschlusses hat ex nunc-Wirkung.[259] Wurde der fehlerhafte Einziehungsbeschluss bereits vollzogen, hätte der betroffene Gesellschafter also einen Wiederaufnahmeanspruch in die Gesellschaft sowie einen Anspruch auf vermögensmäßige Wiederherstellung seiner früheren Rechtsposition.[260] Vom Ergebnis her gleicht die Anfechtungslösung damit *Ulmers* nicht interessengerechter modifizierter Bedingungslehre: Die Rückkehr des betroffenen Gesellschafters in die Gesellschaft stünde in offenem Widerspruch zum Zweck der Einziehung und eine vermögensmäßige Rückabwicklung wäre praktisch kaum handhabbar.[261]

## IV. Auflösungsmodell

### 1. Die These von *Niemeier* und *Grunewald*

Zur Vermeidung der Nachteile, welche die Schwebelage der Bedingungslösung mit sich bringt, sind namentlich auch *Niemeier* und *Grunewald* dafür eingetreten, dass die Einziehung unabhängig von der Abfindungszahlung sofort mit der Mitteilung des Einziehungsbeschlusses wirksam wird. Zur Sicherung des Abfindungsanspruchs soll dem ausgeschlossenen Gesellschafter ungeachtet der Anforderungen des § 61 GmbHG das Recht zustehen die Gesellschaft aufzulösen, wenn die Abfindungszahlung am Kapitaldeckungsvorbehalt scheitert. Dann könne er sich aus dem Liquidationserlös befriedigen.[262] *Grunewald* stellt zur Begründung dieses Auflösungsrechts auf eine Analogie zu § 61 GmbHG ab.[263] Auch wenn das Auflösungsklagerecht aus § 61 GmbHG nach der gesetzlichen Konzeption nur Gesellschaftern, nicht aber außenstehenden Dritten zustehe, sei ein Analogieschluss zu dieser Bestimmung gerechtfertigt, da der Ausgeschlossene zumindest ein ehemaliger Gesellschafter ist und es um eine Problematik im Zusammenhang mit seiner vormaligen Mitgliedschaft

259 *Niemeier,* ZGR 1990, S. 314 (353ff.); Ulmer/Habersack/Löbbe/*Ulmer/Habersack,* GmbHG, § 34 Rn. 46; Michalski/*Sosnitza,* GmbHG, § 34 Rn. 82.

260 Ausführlich *Niemeier,* ZGR 1990, S. 314 (353ff.).

261 Zu den Nachteilen der modifizierten Bedingungslehre ausführlich oben S. 47f.

262 *Niemeier,* Rechtstatsachen und Rechtsfragen der Einziehung von GmbH-Anteilen, S. 329ff.; *ders.,* ZGR 1990, S. 314 (334) sowie jüngst *ders.,* Gesellschaftsrecht in der Diskussion 2013, S. 79 (79); *Grunewald,* Der Ausschluß aus Gesellschaft und Verein, S. 243; zur Einziehung nach einer Austrittserklärung *dies.,* GmbHR 1991, S. 185 (185f.).

263 *Grunewald,* GmbHR 1991, S. 185 (186); ferner *Drygala/Staake/Szalai,* Kapitalgesellschaftsrecht, § 12 Rn. 90; ähnlich zum Ausschluss aus wichtigem Grund durch Urteil *Soufleros,* Ausschließung und Abfindung eines GmbH-Gesellschafters, S. 97f.; *A.Hueck,* DB 1953, S. 776 (777f.); Baumbach/Hueck/*Hueck,* GmbHG, 16. Aufl., Anh. § 34 Rn. 12.

geht.[264] Flankierend hierzu gesteht *Grunewald* dem ausgeschiedenen Gesellschafter ein Wiedereintrittsrecht in die Gesellschaft zu,[265] das nach der Auffassung von *Goette* jedoch allenfalls zur Erhebung der Auflösungsklage dienen darf.[266]

*Niemeier* wiederum begründet das Auflösungsklagerecht mit einer Analogie zu § 135 HGB i.V.m. § 61 GmbHG.[267] Seiner Ansicht nach ähnele der Fall zum einen der Situation bei der Auflösungsklage nach § 61 GmbHG. Das investierte Kapital sei zwar nicht mehr als Geschäftsanteil, jedoch noch in Gestalt der zu zahlenden Abfindung im Gesellschaftsvermögen vorhanden. Der für eine Auflösungsklage erforderliche wichtige Grund liege wiederum in der Nichterfüllbarkeit des Abfindungsanspruchs durch die Gesellschaft.[268] Zum anderen gleiche die Interessenlage derjenigen aus § 135 HGB, worin dem Privatgläubiger eines OHG-Gesellschafters ein eigenes Kündigungsrecht der Gesellschaft eingeräumt ist.[269] In dieser Norm komme der Rechtsgedanke zum Ausdruck, dass ein Gläubiger, dem der Zugriff auf das in der werbenden Gesellschaft gebundene Kapital verwehrt ist, nicht solange zuwarten muss, bis die Gesellschaft aufgelöst wird, sondern selbst das Recht hat, die Auflösung zu betreiben.[270] Dieser Gedanke lasse sich auch auf den Abfindungsgläubiger übertragen, da auch ihm aufgrund des § 34 Abs. 3 i.V.m. § 30 Abs. 1 GmbHG der Zugriff auf das gebundene Kapital der Gesellschaft verwehrt ist.[271]

---

264 *Grunewald,* GmbHR 1991, S. 185 (186); ähnlich zum Ausschluss aus wichtigem Grund durch gerichtliches Urteil *Soufleros,* Ausschließung und Abfindung eines GmbH-Gesellschafters, S. 98f.

265 *Grunewald,* GmbHR 1991, S. 185 (186); *dies.*, Der Ausschluß aus Gesellschaft und Verein, S. 243; ferner *Niemeier,* ZGR 1990, S. 314 (353).

266 *Goette,* FS Lutter, S. 399 (409).

267 *Niemeier,* Rechtstatsachen und Rechtsfragen der Einziehung von GmbH-Anteilen, S. 330.

268 *Niemeier,* Rechtstatsachen und Rechtsfragen der Einziehung von GmbH-Anteilen, S. 330.

269 *Niemeier,* Rechtstatsachen und Rechtsfragen der Einziehung von GmbH-Anteilen, S. 330; in diesem Sinne zum Ausschluss aus wichtigem Grund durch gerichtliches Urteil auch *Soufleros,* Ausschließung und Abfindung eines GmbH-Gesellschafters, S. 99f.

270 *Niemeier,* Rechtstatsachen und Rechtsfragen der Einziehung von GmbH-Anteilen, S. 330; in etwas anderem Kontext, nämlich zur Begründung eines Auflösungsrechts zugunsten dissentierender Gesellschafter zur Vermeidung ihrer persönlichen Haftung nach einer Einziehung stellt neuerdings auch *Grunewald,* GmbHR 2012, S. 769 (771 mit Fn. 23) zur Begründung des Auflösungsrechts auf eine Parallele zu § 135 HGB ab; im Rahmen des Ausschlusses aus wichtigem Grund durch gerichtliches Urteil befürworten schließlich auch Ulmer/Habersack/Löbbe/*Ulmer/Habersack*, GmbHG, Anh. § 34 Rn. 44 und *Soufleros,* Ausschließung und Abfindung eines GmbH-Gesellschafters, S. 99 zur Begründung eines Auflösungsklagerechts eine Analogie zu § 135 HGB.

271 *Niemeier,* Rechtstatsachen und Rechtsfragen der Einziehung von GmbH-Anteilen, S. 330f.

### 2. *Unverhältnismäßigkeit eines Auflösungsrechts?*

Im Schrifttum wird dem Auflösungsmodell hauptsächlich vorgeworfen, dass es unverhältnismäßig sei. Das Abfindungsinteresse werde überbewertet, wenn man dem Abfindungsgläubiger ein eigenes Auflösungsrecht der Gesellschaft zugesteht, da hierbei das Bestandsinteresse der Gesellschaft völlig außer Acht gelassen werde.[272]

In der Tat sind Wertungsfriktionen mit dem Sinn und Zweck der Zwangseinziehung nicht zu leugnen. Denn durch den Ausschluss des „störenden" Gesellschafters soll eine Gefährdung für den Bestand des Unternehmens und damit die Vernichtung von volkswirtschaftlichen Werten sowie Arbeitsplätzen[273] gerade verhindert werden.[274] Hinzu kommt, dass bei satzungsmäßig vereinbarten Zahlungsstreckungen für die Abfindung über Jahre hinweg unklar wäre, ob die Gesellschaft auf Dauer fortgeführt werden kann.[275] Die drohende Auflösung würde wie ein „Damoklesschwert"[276] über der Gesellschaft hängen, das für die weitere Entwicklung des Unternehmens zu einer erheblichen Belastung werden kann. So dürfte es beispielsweise bei dringendem Kapitalbedarf kaum mehr möglich sein, investitionsbereite Dritte zu finden, solange der Fortbestand der Gesellschaft ungewiss ist. Auf der anderen Seite zählt aber das Recht auf Erhalt einer vollwertigen Abfindung zu den unentziehbaren Mitgliedschaftsrechten.[277] Jedenfalls aus diesem Grund darf das Auflösungsmodell trotz seiner Wertungsschwächen nicht vorschnell verworfen werden,[278] sofern es dogmatisch auf sicherem Fundament steht. Dies ist jedoch nicht der Fall, wie im Folgenden gezeigt wird.

---

272 *Pentz,* FS Ulmer, S. 451 (469); *Bartholomäus,* Der GmbH-Gesellschafter in der Insolvenz, S. 173; *Küperkoch,* Das zwangsweise Ausscheiden eines GmbH-Gesellschafters mittels Einziehung, S. 136; *Kesselmeier,* Ausschließungs- und Nachfolgeregelung in der GmbH-Satzung, S. 197; MünchKommGmbHG/*Strohn,* § 34 Rn. 76; Scholz/*Westermann,* GmbHG, § 34 Rn. 58; Michalski/*Sasnitza,* GmbHG, § 34 Rn. 79; KG Berlin, GmbHR 1999, S. 1202 (1204).

273 So plakativ zum Ausschluss aus wichtigem Grund durch Urteil BGHZ 9, S. 157 (158f.).

274 Vgl. *Niemeier,* Rechtstatsachen und Rechtsfragen der Einziehung von GmbH-Anteilen, S. 16, 18; Rowedder/Schmidt-Leithoff/*Görner,* GmbHG, § 34 Rn. 2; Ziemons/Jaeger/*Schindler,* BeckOK-GmbHG, § 34 Rn. 1; Michalski/*Sosnitza,* GmbHG, § 34 Rn. 1.

275 Vgl. MünchKommGmbHG/*Strohn,* § 34 Rn. 76.

276 So plakativ *Fischer,* FS Schmidt, S. 117 (129) zum Ausschluss aus wichtigem Grund durch Urteil; ihm folgend *Immenga,* Die personalistische Kapitalgesellschaft, S. 310f.; ferner *Ganßmüller,* GmbHR 1956, S. 145 (149).

277 S. hierzu S. 20ff.

278 In diesem Sinne auch *Ulmer,* FS Priester, S. 775 (791).

### 3. *Auflösungsrecht zugunsten eines bereits ausgeschiedenen Gesellschafters?*

Der Versuch, ein Auflösungsrecht zugunsten eines bereits ausgeschiedenen Gesellschafters zu konstruieren, ist aufgrund des Verlusts der Mitgliedschaft äußerst problematisch:

#### *a) Keine Analogie zu § 61 GmbHG*

Eine Analogie zu § 61 GmbHG, wie *Grunewald* sie vorschlägt, bietet sich schon deswegen nicht an, weil das Auflösungsklagerecht an die Mitgliedschaft anknüpft.[279] Es wäre widersinnig, einerseits dafür zu plädieren, dass die Einziehung sofort wirksam wird und somit sofort zur Vernichtung sämtlicher Mitgliedschaftsrechte führt, um andererseits das in der Mitgliedschaft wurzelnde Auflösungsklagerecht zu befürworten. Zum anderen setzt § 61 Abs. 2 S. 2 GmbHG für die Erhebung einer Auflösungsklage zwingend eine 10 % Mindestbeteiligung am Stammkapital voraus. Ausgeschlossene Gesellschafter, die das Mindestquorum nicht erreichen, stünden schutzlos da.[280] Dieses Mindestquorum müsste auch bei einem Analogieschluss berücksichtigt werden. Denn der Gesetzgeber hat es ausweislich der Amtlichen Begründung zum GmbHG bewusst eingeführt um eine übermäßige Instabilität der GmbH zu verhindern.[281] Das Mindestquorum ist gleichzeitig der Grund dafür, warum auch ein Wiedereintrittsrecht in die Gesellschaft zur Erhebung der Auflösungsklage nicht weiterhelfen würde.

#### *b) Keine Analogie zu § 135 HGB i.V.m. § 61 GmbHG*

Fraglich ist jedoch, ob das Auflösungsrecht nicht als Mitgliedschaftsrecht, sondern mit *Niemeier* als außerordentliches Gläubigerrecht durch eine Analogie zum Kündigungsrecht aus § 135 HGB begründet werden kann. Nach dieser Norm steht dem Privatgläubiger eines OHG-Gesellschafters, das heißt einem Außenstehenden, ein eigenes Recht zu die Gesellschaft zu kündigen, wenn er den Gesellschaftsanteil seines Schuldners gepfändet hat.

Der Zweck dieser Regelung besteht darin, dem Gläubiger eine Zugriffsmöglichkeit auf das gesamthänderisch gebundene Gesellschaftsvermögen zu verschaffen.[282]

---

279 Abl. aus diesem Grund BGH, ZIP 2012, S. 422 (424); Scholz/*Westermann*, GmbHG, § 34 Rn. 58; *Peetz*, GmbHR 2000, S. 749 (753); *Kesselmeier*, Ausschließungs- und Nachfolgeregelung in der GmbH-Satzung, S. 200f.; *Markowsky*, Die Einziehung von GmbH-Geschäftsanteilen, S. 167.

280 So auch *Goette*, FS Lutter, S. 399 (409); MünchKommGmbHG/*Strohn*, § 34 Rn. 76.

281 Entwurf eines Gesetzes betreffend die GmbH, Stenographische Berichte des Reichstages, 8. Legislaturperiode – I. Session 1890/1892, 5. Anlageband, Aktenstück Nr. 660, S. 3715 (3756).

282 Ebenroth/Boujong/Joost/Strohn/*Lorz*, HGB, § 135 Rn. 1f.; Baumbach/Hopt/*Roth*, HGB, § 135 Rn. 1.

Denn dieser kann zwar nach §§ 857, 859 Abs. 1 ZPO den Gesellschaftsanteil seines Schuldners pfänden, ihn zu seiner Befriedigung aufgrund des § 719 Abs. 1 BGB jedoch nicht (ohne Zustimmung der Mitgesellschafter) versteigern lassen.[283] Er ist darauf beschränkt, die aus dem gepfändeten Gesellschaftsanteil erwachsenden vermögensrechtlichen Ansprüche, also insbesondere das Abfindungs- bzw. Auseinandersetzungsguthaben, im eigenen Namen zu seiner Befriedigung geltend zu machen.[284] Da er aber selbst die Gesellschafterrechte seines Schuldners nicht ausüben kann (§§ 105 Abs. 2 HGB i.V.m. § 725 Abs. 2 BGB), hat er keinen Einfluss auf den Entstehungszeitpunkt dieser Ansprüche.[285] Das Kündigungsrecht aus § 135 HGB verschafft ihm eine vollstreckungsrechtliche Zugriffsmöglichkeit auf den Kapitalwert des gepfändeten Anteils.

Im Schrifttum wird dem Analogievorschlag zu § 135 HGB entgegengehalten, dass keine vergleichbare Interessenlage vorliege, weil diese Norm an den Privatgläubiger eines Gesellschafters adressiert ist, während es hier um den Abfindungsgläubiger gegenüber der Gesellschaft geht. Der Privatgläubiger eines GmbH-Gesellschafters benötige ein solches Kündigungsrecht aber gar nicht, da dieser den gepfändeten Geschäftsanteil seines Schuldners ohne weiteres zwangsversteigern lassen kann[286,287].

Diese Argumentation vermag nicht zu überzeugen. Genau genommen geht sie an der Sache vorbei. Denn trotz dieses zweifellos bestehenden Unterschiedes geht es doch im Kern um die Frage, ob sich der tragende Rechtsgedanke der Norm, wonach einem Außenstehenden ein eigenes Kündigungsrecht der Gesellschaft eingeräumt wird, damit er eine Zugriffsmöglichkeit auf das in der werbenden Gesellschaft gebundene Vermögen erhält, auf den Abfindungsgläubiger einer GmbH übertragen lässt.[288] Der Analogieschluss zu § 135 HGB ist vielmehr deswegen abzulehnen, weil sich gerade dieser Grundgedanke aus zwei Gründen beim Abfindungsgläubiger nicht fruchtbar machen lässt.

So setzt § 135 HGB zum einen tatbestandlich voraus, dass dem Gläubiger ein nicht nur vorläufig vollstreckbarer Schuldtitel gegenüber seinem Schuldner zusteht.

---

283 BGH, NJW 1986, S. 1991 (1992); Vorwerk/Wolf/*Riedel*, BeckOK-ZPO, § 859 Rn. 11; Musielak/Voit/*Becker*, ZPO, § 859 Rn. 5; *Kesselmeier*, Ausschließungs- und Nachfolgeregelung in der GmbH-Satzung, S. 200.

284 Henssler/Strohn/*Klöhn*, GesR, § 135 HGB Rn. 1; Oetker/*Kamanabrou*, HGB, § 135 Rn. 1; Ebenroth/Boujong/Joost/Strohn/*Lorz*, HGB, § 135 Rn. 1; *Kesselmeier*, Ausschließungs- und Nachfolgeregelung in der GmbH-Satzung, S. 200.

285 Ebenroth/Boujong/Joost/Strohn/*Lorz*, HGB, § 135 Rn. 1; Oetker/*Kamanabrou*, HGB, § 135 Rn. 1.

286 GmbH-Geschäftsanteile können nach §§ 844, 857 Abs. 5 ZPO im Wege der Zwangsversteigerung veräußert werden, vgl. nur Ulmer/Habersack/Löbbe/*Löbbe*, GmbHG, § 15 Rn. 320ff.

287 Vgl. *Ulmer*, FS Priester, S. 775 (790); *Kesselmeier*, Ausschließungs- und Nachfolgeregelung in der GmbH-Satzung, S. 200f.

288 S. ausführlich zu den Voraussetzungen, die für einen Analogieschluss erfüllt sein müssen *Larenz*, Methodenlehre der Rechtswissenschaft, S. 381ff.

Sein Kündigungsrecht ist damit Ausfluss seines Zwangsvollstreckungsrechts, d.h. seines Zugriffsrechts auf das Schuldnervermögen. Das spiegelt sich darin wieder, dass es automatisch entfällt, sobald der Gläubiger die Vollstreckung aus seinem Titel z.B. aufgrund der Erhebung einer Vollstreckungsabwehrklage nach § 767 ZPO nicht mehr betreiben kann.[289] Dem Abfindungsgläubiger einer GmbH steht hingegen während einer Unterbilanz aufgrund des § 34 Abs. 3 i.V.m. § 30 Abs. 1 GmbHG nicht einmal einen Anspruch gegen die Gesellschaft zu. Daher wäre sein Kündigungsrecht keinesfalls Ausfluss seines Zugriffsrechts auf das Schuldnervermögen.

Zum anderen bietet sich § 135 HGB spätestens seit der Handelsrechtsreform aus dem Jahr 1998 nicht mehr zur Begründung eines Auflösungsrechts an. Während vor dieser Reform die Kündigung durch den Privatgläubiger eines OHG-Gesellschafters nach § 135 i.V.m. § 131 Nr. 6 HGB a.F. noch zur Auflösung der Gesellschaft führte, wurde im Zuge der Handelsrechtsreform von 1998 die Vorschrift des § 131 Abs. 3 Nr. 4 HGB neu in das Gesetz eingefügt. Hierin ist bestimmt, dass die Kündigung nach § 135 HGB nicht mehr zur Auflösung, sondern nur mehr zum Ausscheiden des betroffenen Gesellschafters führt.[290] Der kündigende Privatgläubiger eines OHG-Gesellschafters kann sich seither nur noch aus dem Abfindungsanspruch des ausscheidenden Gesellschafters befriedigen.[291] Ausweislich der amtlichen Begründung zum Handelsrechtsreformgesetz wollte der Reformgesetzgeber mit dieser Gesetzesänderung den Fortbestand des Unternehmens sichern und somit eine Vernichtung volkswirtschaftlicher Werte verhindern.[292] Seit dieser Reform ist die Auflösungsfolge dem Kündigungsrecht aus § 135 HGB also nicht mehr immanent. Daher kann diese Norm auch nicht im Wege eines Analogieschlusses zur Begründung eines Auflösungsrechts herangezogen werden.

### *4. Ergebnis*

Das Auflösungsmodell ist nicht nur aufgrund seiner Wertungsschwächen abzulehnen. Auch dogmatisch lässt es sich nicht begründen, da es für eine Analogie zu § 61 GmbHG sowie zu § 135 HGB i.V.m. § 61 GmbHG an einer vergleichbaren Interessenlage fehlt.

## V. Innenhaftungsmodell

### 1. Die These von *Kesselmeier*

Auch *Kesselmeier* ist der Auffassung, dass die Einziehung sofort mit der Mitteilung des Einziehungsbeschlusses wirksam wird. Ihrer Ansicht nach ist der ausgeschiedene

289 MünchKommHGB/*K.Schmidt*, § 135 Rn. 22.

290 S. hierzu Ebenroth/Boujong/Joost/Strohn/*Lorz*, HGB, § 131 Rn. 1ff.

291 Vgl. Ebenroth/Boujong/Joost/Strohn/*Lorz*, HGB, § 135 Rn. 2; Oetker/*Kamanabrou*, HGB, § 135 Rn. 1.

292 Amtl. Begr. RegE HRefG, BT-Drucks. 13/8444, S. 42.

Gesellschafter ausreichend geschützt, da der Kapitaldeckungsvorbehalt der Auszahlung des Abfindungsentgelts gar nicht entgegenstehe.[293] Der Ausgeschiedene könne seinen Abfindungsanspruch gegenüber der Gesellschaft also auch dann durchsetzen, wenn hierdurch das Stammkapital angegriffen wird. Denn nach dem Verlust seiner Mitgliedschaft gehöre er nicht mehr zum Adressatenkreis des Auszahlungsverbots aus § 34 Abs. 3 i.V.m. § 30 Abs. 1 GmbHG.[294] Als Ausgleich für den auf diese Weise entstehenden Stammkapitalfehlbetrag treffe die verbleibenden Gesellschafter entsprechend der gründungsrechtlichen Judikatur zur Unterbilanzhaftung[295] eine anteilige Differenzhaftung gegenüber der Gesellschaft.[296]

### 2. *Stellungnahme*

Der Lösungsvorschlag von *Kesselmeier* ist zwar elegant, da der betroffene Gesellschafter sofort ausscheidet und in jedem Fall seine Abfindung von der Gesellschaft erhält. Er ist jedoch mit dem geltenden Recht nicht zu vereinbaren, weil der Kapitaldeckungsvorbehalt auch für die Abfindungsleistung gilt. Der Normzweck des § 34 Abs. 3 i.V.m. § 30 Abs. 1 GmbHG besteht gerade darin, im Interesse der Gesellschaftsgläubiger sicherzustellen, dass kein Stammkapital für die Abfindungszahlung herangezogen wird.[297] Dieser Aspekt war dem Gesetzgeber so wichtig, dass er in § 34 Abs. 3 GmbHG explizit auf das Auszahlungsverbot verwiesen hat.[298] Aber selbst ohne diese Verweisung würde das Auszahlungsverbot des § 30 Abs. 1 GmbHG die Abfindungsverpflichtung erfassen. Denn diese Norm erfasst auch Auszahlungen an bereits ausgeschiedene Gesellschafter, wenn sie nur mit Rücksicht auf die ehemalige Mitgliedschaft bewirkt werden[299,300]. Das gilt insbesondere dann, wenn der

293 *Kesselmeier*, Ausschließungs- und Nachfolgeregelung in der GmbH-Satzung, S. 212.

294 *Kesselmeier*, Ausschließungs- und Nachfolgeregelung in der GmbH-Satzung, S. 212.

295 BGH, NJW 1981, S. 1373 (1373ff.) bestätigt durch BGH, NJW 1989, S. 710 (710); BGH, NJW 1997, S. 1507 (1507ff.); BGH, NJW 2006, S. 1594 (1596); BGH, ZIP 2012, S. 817 (822).

296 *Kesselmeier*, Ausschließungs- und Nachfolgeregelung in der GmbH-Satzung, S. 212f., im Anschluss an *Mangold/Mangold*, BB 1953, S. 398 (399) zur Ausschließung durch Gestaltungsurteil.

297 Vgl. MünchKommGmbHG/*Strohn*, § 34 Rn. 76; *Pentz*, FS Ulmer, S. 451 (470); *Ulmer*, FS Priester, S. 775 (782); *ders.*, FS Rittner, S. 735 (747 mit Fn. 40); Hachenburg/*Ulmer*, GmbHG, § 34 Rn. 61; *Markowsky*, Die Einziehung von GmbH-Geschäftsanteilen, S. 148.

298 Vgl. Entwurf eines Gesetzes betreffend die GmbH, Stenographische Berichte des Reichstages, 8. Legislaturperiode – I. Session 1890/1892, 5. Anlageband, Aktenstück Nr. 660, S. 3715 (3747).

299 Scholz/*Verse*, GmbHG, § 30 Rn. 34; Baumbach/Hueck/*Fastrich*, GmbHG, § 30 Rn. 23; MünchKommGmbHG/*Ekkenga*, § 30 Rn. 150; Michalski/*Heidinger*, GmbHG, § 30 Rn. 112; Ulmer/Habersack/Löbbe/*Habersack*, GmbHG, § 30 Rn. 68f.

300 Vgl. MünchKommGmbHG/*Strohn*, § 34 Rn. 76; *Pentz*, FS Ulmer, S. 451 (470 mit Fn. 82); *Markowsky*, Die Einziehung von GmbH-Geschäftsanteilen, S. 148.

ausgeschiedene Gesellschafter im Zeitpunkt der Verpflichtungsbegründung noch Gesellschafter war.[301] Da die Entstehung des Abfindungsanspruchs eine unmittelbare Rechtsfolge der Mitteilung des Einziehungsbeschlusses ist[302] und die Abfindung das vernichtete Mitgliedschaftsrecht substituiert, besteht kein Zweifel an dem erforderlichen Zusammenhang zur Gesellschaftereigenschaft.

Schließlich ließe sich auch die anteilige Differenzhaftung der Gesellschafter gegenüber der Gesellschaft dogmatisch nicht begründen. Der Hinweis auf eine angebliche Parallele zur Unterbilanzhaftung geht fehl. Denn die Unterbilanzhaftung knüpft an den sog. Unversehrtheitsgrundsatz an. Die Kapitalaufbringungsvorschriften (v.a. §§ 7 bis 9, 19 und 21 bis 25 GmbHG) beruhen auf dem ungeschriebenen Rechtsgrundsatz, im Gläubigerinteresse die Aufbringung des satzungsmäßig festgelegten Stammkapitals sicherzustellen.[303] Maßgeblicher Zeitpunkt hierfür ist die Entstehung der Gesellschaft, d.h. ihre Eintragung in das Handelsregister. Zu diesem Zeitpunkt muss die Kapitalausstattung der GmbH in Höhe der Stammkapitalziffer gewährleistet sein.[304]

Das Ausscheiden eines Gesellschafters aus einer werbenden Gesellschaft ist mit der erstmaligen Aufbringung des Haftkapitals jedenfalls nicht vergleichbar. Wollte man mit *Kesselmeier* die Geltung des Kapitalerhaltungsgrundsatzes für die Abfindungsverpflichtung leugnen und eine Auszahlung des Abfindungsentgelts aus gebundenem Vermögen zulassen, so wäre ein entsprechender Rechtsgrundsatz als Grundlage für eine anteilige Haftung zur Wiederauffüllung des angegriffenen Haftungsfonds nicht ersichtlich. Durch die Abfindungszahlung könnte also ungehindert das Stammkapital gemindert werden. Dies würde zu einer unangemessenen Gefährdung der Gesellschaftsgläubiger führen.

---

301 Vgl. BGHZ 13, S. 49 (54); BGHZ 69, S. 274 (280); BGHZ 81, S. 252 (258); BGH, NZG 2005, S. 179 (179); *Goette,* DStR 1997, S. 1495 (1498); MünchKommGmbHG/*Ekkenga,* § 30 Rn. 150; Lutter/Hommelhoff/*Hommelhoff,* GmbHG, § 30 Rn. 19.

302 Vgl. Ulmer/Habersack/Löbbe/*Ulmer/Habersack,* GmbHG, § 34 Rn. 80; Michalski/*Sosnitza,* GmbHG, § 34 Rn. 51; MünchKommGmbHG/*Strohn,* § 34 Rn. 205f.; Ziemons/Jaeger/*Schindler,* BeckOK-GmbHG, § 34 Rn. 76; *Niemeier,* Rechtstatsachen und Rechtsfragen der Einziehung von GmbH-Anteilen, S. 328.

303 BGH, NJW 1981, S. 1373 (1374f.); *Lutter,* Kapital, Sicherung der Kapitalaufbringung und Kapitalerhaltung in den Aktien- und GmbH-Rechten der EWG, S. 50ff., 128; *Ulmer,* ZGR 1981, S. 593 (602f.); *Wiedemann,* Gesellschaftsrecht I, S. 558ff.; *Binz,* Haftungsverhältnisse im Gründungsstadium der GmbH & Co. KG, S. 88ff., 93f.; Ulmer/Habersack/Löbbe/*Ulmer/Habersack,* GmbHG, § 11 Rn. 98; Baumbach/Hueck/*Fastrich,* GmbHG, § 11 Rn. 4, 58.

304 BGH, NJW 1981, S. 1373 (1374); BGH, NJW 1989, S. 710 (710); BGH, NJW 1997, S. 1507 (1507ff.); BGH, NJW 2006, S. 1594 (1596); BGH, ZIP 2012, S. 817 (822).

## VI. Außenhaftungslösung

### *1. Entwicklung*

Eine weitere Möglichkeit um den Abfindungsanspruch abzusichern ist es, dem Abfindungsgläubiger direkten Zugriff auf das Privatvermögen seiner ehemaligen Mitgesellschafter zu geben. Die Zwangseinziehung würde also bereits mit der Mitteilung des Einziehungsbeschlusses wirksam, während die verbleibenden Gesellschafter persönlich für die Abfindung haften, wenn die Auszahlung des Abfindungsentgelts am Kapitaldeckungsvorbehalt des § 34 Abs. 3 i.V.m. § 30 Abs. 1 GmbHG scheitert.

Dieser Lösungsvorschlag wurde bereits in den 1950er Jahren von *R. Fischer* zum Ausschluss aus wichtigem Grund durch gerichtliches Urteil unterbreitet.[305] Er war jedoch noch der Ansicht, dass eine persönliche Haftung der verbleibenden Gesellschafter mit dem geltenden Recht unvereinbar sei und nur durch eine ausdrückliche Regelung seitens des Gesetzgebers erreicht werden könnte.[306] Im Anschluss an *Altmeppen*,[307] *Goette*[308] und *Strohn*[309] mehrten sich im Laufe der Zeit jedoch Stimmen in der Literatur, die diese Lösung auch de lege lata favorisierten.[310]

In der Rechtsprechung hat sich zum ersten Mal das OLG Frankfurt a.M. in seinem Urteil vom 12. 10. 2010 für diesen Lösungsansatz ausgesprochen.[311] Dass sich auch der BGH bei der Zwangseinziehung nicht auf die Bedingungslösung festlegen würde, hat sich bereits frühzeitig abgezeichnet. So hatte er in zwei Entscheidungen vom 19. 9. 1977 und vom 9. 7. 1990 angemerkt, dass jedenfalls ein zu geringes Einziehungsentgelt die Wirksamkeit des Einziehungsbeschlusses nicht berührt.[312] In seinem Urteil vom 30. 6. 2003 stellte er dann ausdrücklich klar, dass zumindest die Satzung eine Regelung treffen kann, wonach die Einziehung ungeachtet der Abfindungsleistung sofort wirksam wird.[313]

---

305 *Fischer*, FS Schmidt, S. 117 (132f.).

306 *Fischer*, FS Schmidt, S. 117 (132f.); für eine derartige Regelung de lege ferenda auch bereits *Gonnella*, GmbHR 1967, S. 89 (93f.) sowie *Immenga*, Die personalistische Kapitalgesellschaft, S. 311.

307 Roth/Altmeppen/*Altmeppen*, GmbHG, 7. Aufl., § 34 Rn. 30ff. (seit der 3. Aufl. 1997).

308 *Goette*, FS Lutter, S. 399 (410).

309 MünchKommGmbHG/*Strohn*, 1. Aufl., § 34 Rn. 76.

310 *Kolb*, NZG 2007, S. 815 (817); *ders.*, Der Ausschluss eines Gesellschafters aus der GmbH, S. 36; *Heckschen*, GmbHR 2006, S. 1254 (1256); *ders.*, NZG 2010, S. 521 (523); *Heidinger/Blath*, GmbHR 2007, S. 1184 (1186); *Küperkoch*, Das zwangsweise Ausscheiden eines GmbH-Gesellschafters mittels Einziehung, S. 139f.

311 OLG Frankfurt a.M., BeckRS 2010, 22359 Tz. II.

312 BGH, NJW 1977, S. 2316 (2317); BGH, NJW 1990, S. 2622 (2623).

313 BGH, DStR 2003, S. 1717 (1718).

## 2. *Das Grundsatzurteil des BGH vom 24. 1. 2012*

Nachdem der II. Zivilsenat die Frage nach der Sicherung der Abfindung in der Entscheidung vom 30. 6. 2003 und in einigen weiteren Urteilen ausdrücklich offen ließ,[314] hat er in seiner Grundsatzentscheidung vom 24. 1. 2012 der bis dato vorherrschenden Bedingungslehre eine deutliche Absage erteilt und sich der Außenhaftungslösung angeschlossen.

### *a) Sachverhalt*

In dem Fall, den der BGH zu entscheiden hatte, beschloss die Gesellschafterversammlung der beklagten GmbH am 19. 4. 2001, den Geschäftsanteil des klagenden Gesellschafters ohne seine Zustimmung aus wichtigem Grund einzuziehen. Nach dem Gesellschaftsvertrag war die Abfindung innerhalb von zwei Jahren auszuzahlen. Diese hatte der Kläger bislang jedoch nicht erhalten. Am 22. 2. 2007 beantragte er in einer Gesellschafterversammlung der Beklagten, u.a. zu beschließen, ihn zur gerichtlichen Geltendmachung von Ansprüchen gegen den einzig weiteren Gesellschafter zu ermächtigen. Der klagende Gesellschafter stimmte für diesen Antrag, der Mitgesellschafter dagegen. Daraufhin beantragte der Kläger, den ablehnenden Beschluss für nichtig zu erklären und festzustellen, dass der beantragte Beschluss gefasst wurde.[315]

### *b) Aus den Gründen*

Der Bundesgerichtshof wies die Klage vollständig ab. Als Begründung führte er an, dass der Kläger in der Gesellschafterversammlung vom 22. 2. 2007 kein Stimmrecht mehr hatte, weil er bereits am 19. 4. 2001 aus der Gesellschaft ausgeschieden sei. Das liege daran, dass die Einziehung bereits mit der Mitteilung des Beschlusses und nicht erst mit der Leistung der Abfindung wirksam werde, wenn das Unvermögen der Gesellschaft zum Zeitpunkt der Beschlussfassung noch nicht feststeht. Der Schutz des Abfindungsanspruchs gebiete es nicht, die Nachteile der Bedingungslösung in Kauf zu nehmen. Insofern genüge es, die verbleibenden Gesellschafter selbst in die Haftung zu nehmen. Die persönliche Haftung der Gesellschafter für die Abfindung begründete er sodann wie folgt:

> „Die Interessen der Beteiligten werden am besten dadurch ausgeglichen, dass die Gesellschafter, die den Einziehungsbeschluss gefasst haben, dem ausgeschiedenen Gesellschafter anteilig haften, wenn sie nicht anderweitig dafür sorgen, dass die Abfindung aus dem ungebundenen Vermögen der Gesellschaft geleistet werden kann, oder sie die Gesellschaft nicht auflösen. Den verbleibenden Gesellschaftern wächst der Wert des eingezogenen Geschäftsanteils zu. Sie müssten, wenn sie sich redlich verhalten und

---

314 BGH, NJW-RR 1995, S. 667 (669); BGH, NJW 1998, S. 3646 (3647); BGH, DStR 2003, S. 1717 (1718); BGH, NZG 2008, S. 516 (516f.).

315 BGH, ZIP 2012, S. 422 (422).

eine Unterdeckung nicht auf andere Art und Weise ausgleichen, etwa durch Auflösen stiller Reserven oder eine Herabsetzung des Stammkapitals grundsätzlich die Gesellschaft auflösen, um so die Gesellschaft in die Lage zu versetzen, den Abfindungsanspruch des ausgeschiedenen Gesellschafters soweit wie möglich zu erfüllen. Mit der Auflösung der Gesellschaft stellen sie den ausgeschiedenen Gesellschafter hinsichtlich seines Abfindungsanspruchs so, als sei er noch Gesellschafter. Sie verhalten sich treuwidrig, wenn sie sich dagegen mit der Fortsetzung der Gesellschaft den Wert des eingezogenen Geschäftsanteils auf Kosten des ausgeschiedenen Gesellschafters einverleiben, ihm aber eine Abfindung unter der berechtigten Berufung auf die Kapitalbindung der Gesellschaft verweigern. Wenn die Gesellschafter die Gesellschaft fortsetzen, anstatt sie aufzulösen, weil sie darin einen wirtschaftlichen Mehrwert erblicken, ist es nicht unbillig, sie zum Ausgleich für den Abfindungsanspruch persönlich haften zu lassen, wenn die Gesellschaft ihn wegen der Kapitalbindung nicht erfüllen darf. Eine bei Fassung des Einziehungsbeschlusses unabsehbare persönliche Haftung ist damit nicht verbunden. Die Gesellschafter können ihre persönliche Inanspruchnahme durch Ausgleich der Unterdeckung oder durch die Auflösung der Gesellschaft vermeiden. Der Abfindungsanspruch wird dadurch zwar nicht in voller Höhe gegen Veränderungen geschützt. Auch in der Liquidation ist der Abfindungsanspruch erst nach den Ansprüchen der übrigen Gesellschaftsgläubiger zu befriedigen (§ 73 GmbHG). Davor schützt den ausgeschiedenen Gesellschafter aber auch der weitere Verbleib in der Gesellschaft bei Annahme einer bedingten Wirksamkeit des Einziehungsbeschlusses nicht."[316]

### *c) Bewertung der Entscheidung*

Mit dieser bahnbrechenden Entscheidung ist der BGH im Schrifttum überwiegend auf Zustimmung gestoßen.[317] Mit Blick auf die Wertungsebene ist dem II. Zivilsenat auch vollauf beizupflichten. Denn die Außenhaftungslösung wird dem Interesse aller Beteiligten in geradezu idealer Weise gerecht. Da der betroffene Gesellschafter unabhängig von der Zahlung des Abfindungsentgelts sofort mit der Mitteilung des Einziehungsbeschlusses aus der Gesellschaft ausscheidet, kann diese ihre Geschäftstätigkeit sofort ohne den „Störenfried" fortsetzen. Die unerträgliche Schwebelage,

316 BGH, ZIP 2012, S. 422 (424f.).

317 Vgl. *Schneider/Hoger,* NJW 2013, S. 502 (503); *Schockenhoff,* NZG 2012, S. 449 (451); *Stumpf/Müller,* GWR 2012, S. 143 (144); *Grunewald,* GmbHR 2012, S. 769 (770); *Priester,* ZIP 2012, S. 658 (659); *Keil,* DZWIR 2012, S. 348 (349); *Blath,* GmbHR 2012, S. 657 (662); *Altmeppen,* NJW 2013, S. 1025 (1025); *ders.,* ZIP 2012, S. 1685 (1685); *Münnich,* GmbHR 2012, S. 390 (390); *Staake,* LMK 2012, 330924; *Winkler,* BB 2012, S. 666 (667); *Rieder,* GWR 2012, S. 106 (106); *Lutter,* EWiR 2012, S. 177 (178); *J. Schmidt,*GmbHR 2013, S. 953 (954); *Heckschen,* NotBZ 2012, S. 216 (216f.); *Trölitzsch,* KSzW 2013, S. 55 (58); *Klöckner,* GmbHR 2012, S. 1325 (1330); *Markowsky,* Die Einziehung von GmbH-Geschäftsanteilen, S. 170f.; *Tröger,* Gesellschaftsrecht in der Diskussion 2013, S. 23 (23ff.).

welche die „klassische" Bedingungslösung erzeugt,[318] wird vermieden. Gleichzeitig herrscht Klarheit darüber, dass der betroffene Gesellschafter nicht wieder in die Gesellschaft zurückkehrt und diese von den verbleibenden Gesellschaftern auch wirklich fortgeführt werden kann. Damit verhindert sie die Rechtsunsicherheit, die der modifizierten Bedingungslehre, der Anfechtungslösung und dem Auflösungsmodell immanent ist.[319] Der Zweck der Zwangseinziehung wird durch die Außenhaftungslösung vollauf erreicht. Andererseits ist durch die persönliche Gesellschafterhaftung auch der Abfindungsanspruch des Ausgeschiedenen bestmöglich abgesichert.

Äußerst problematisch ist jedoch die dogmatische Einordnung dieser Judikatur. Denn der II. Zivilsenat lässt in der Entscheidung offen, auf welcher Rechtsgrundlage der Anspruch gegen die verbleibenden Gesellschafter basieren soll. Gerade dieser wichtige Aspekt wird im Schrifttum harsch kritisiert.[320] *Schindler,*[321] *Thiessen,*[322] *Ulmer* und *Habersack*[323] sind sogar offen der Ansicht, dass das Urteil mit dem geltenden Recht unvereinbar ist.

Im Folgenden soll daher untersucht werden, ob sich für die persönliche Haftung der Gesellschafter überhaupt eine Grundlage im geltenden Recht finden lässt und bejahendenfalls, wie diese Haftung konkret auszugestalten wäre. Zu diesem Zweck erscheint es sinnvoll, zunächst einen Überblick darüber zu verschaffen, in welchen Fällen ein GmbH-Gesellschafter bisweilen persönlich haftet (3.). Im Anschluss daran wird die Entscheidung des BGH vom 24. 1. 2012 auf mögliche Anhaltspunkte hinsichtlich der Haftungsgrundlage analysiert (4.).

---

318 S. hierzu unten S. 40ff.

319 S. hierzu oben S. 45f., 49f., 52.

320 Vgl. nur *Lutter,* EWiR 2012, S. 177 (178): „Aber ein Anspruch qua Billigkeit?"; *Ulmer,* FS Hoffmann-Becking, S. 1261 (1263, 1268): „Ob es sich angesichts des § 13 Abs. 2 GmbHG um einen Weg praeter oder contra legem handelt mag hier offen bleiben"; etwas zurückhaltender Baumbach/Hueck/*Fastrich,* GmbHG, § 34 Rn. 45: „Dass sich eine solche Haftung problemlos in die Haftungssystematik des GmbHG einfügt wird man allerdings kaum sagen können"; kritisch auch *Müller,* WuB II C. § 34 GmbHG 1.12 „Ob solche allgemeinen Billigkeitsüberlegungen genügen, um sich über das in § 13 Abs. 2 GmbHG festgelegte Trennungsprinzip hinwegzusetzen erscheint allerdings fraglich. Der BGH geht hier doch recht leichtfertig über das Haftungsprivileg hinweg."; ferner *Keil,* DZWIR 2012, S. 348 (349) „[...] die dogmatische Herleitung der persönlichen pro-rata-Haftung für den Ausgleich des Abfindungsanspruchs [bleibt] doch etwas im Dunkeln."; skeptisch im Hinblick auf § 13 Abs. 2 GmbHG auch Gehrlein/Ekkenga/Simon/*Sandhaus,* GmbHG, § 34 Rn. 29.

321 Ziemons/Jaeger/*Schindler,* BeckOK-GmbHG, § 34 Rn. 57.

322 Bork/Schäfer/*Thiessen,* GmbHG, § 34 Rn. 38.

323 Ulmer/Habersack/Löbbe/*Ulmer/Habersack,* GmbHG, § 34 Rn. 63.

### 3. Überblick über die persönliche Haftung eines GmbH-Gesellschafters

Ausgangspunkt der Überlegung ist das Haftungsprivileg aus § 13 Abs. 2 GmbHG. Darin ist bestimmt, dass für die Verbindlichkeiten der Gesellschaft ausschließlich das Gesellschaftsvermögen haftet. Die Gesellschafter sind lediglich im Innenverhältnis gegenüber der Gesellschaft dazu verpflichtet ihrer statutarisch übernommenen Einlagepflicht nachzukommen, um die Gesellschaft mit Eigenkapital auszustatten.[324] Als Korrelat hierzu haftet ein Gesellschafter gem. § 31 Abs. 1 GmbHG gegenüber der Gesellschaft, wenn an ihn entgegen der Vorschrift des § 30 Abs. 1 GmbHG Stammkapital ausgezahlt wurde. Daneben sieht das Gesetz in § 24 GmbHG und § 31 Abs. 3 GmbHG zur Sicherung der Kapitalaufbringung und Kapitalerhaltung eine subsidiäre, proratarische Gesamthaft aller Gesellschafter vor, wenn eine eingeforderte Einlage, bzw. die Rückforderung einer verbotswidrigen Auszahlung von Stammkapital von einem Mitgesellschafter nicht zu erlangen ist. Darüber hinaus ist im GmbHG eine persönliche Gesellschafterhaftung nur dann vorgesehen, wenn die Gesellschafter im Statut gem. § 26 GmbHG eine Nachschusspflicht vereinbart haben.

Neben diesen gesetzlichen Haftungstatbeständen wurde von der Rechtsprechung und Lehre im Wege der Rechtsfortbildung für eng umgrenzte Ausnahmefälle eine persönliche Haftung der Gesellschafter entwickelt. Zu nennen ist hierbei zum einen die Verlustdeckungshaftung und die Unterbilanzhaftung, welche an die Gründungszeit der Gesellschaft anknüpfen.[325] Zum anderen zählen hierzu die äußerst umstrittenen Fallkonstellationen des sog. „echten" Haftungsdurchgriffs, bei dem die Gesellschafter einer werbenden GmbH ausnahmsweise für die Gesellschaftsverbindlichkeiten persönlich haften: Die generelle Vermögensvermischung, die materielle Unterkapitalisierung der GmbH und die Haftung wegen existenzvernichtenden Eingriffs in das Gesellschaftsvermögen.[326]

Schließlich haftet ein GmbH-Gesellschafter im Hinblick auf Gesellschaftsverbindlichkeiten auch dann, wenn der Haftung eine eigenständige Verpflichtung zugrunde liegt.[327]

### 4. Analyse der Grundsatzentscheidung des BGH vom 24. 1. 2012 im Hinblick auf die Haftungsgrundlage

Der Bundesgerichtshof macht in seiner Grundsatzentscheidung vom 24. 1. 2012 lediglich wage Andeutungen zur Grundlage der Ausfallhaftung, die einer Interpretation bedürfen:

---

324 Ziemons/Jaeger/*Wilhelmi*, BeckOK-GmbHG, § 13 Rn. 51; *Peifer*, JuS 2008, S. 490 (490); *Raiser/Veil*, Recht der Kapitalgesellschaften, § 38 Rn. 1.

325 Hierzu ausführlich Scholz/*K.Schmidt*, GmbHG, § 11 Rn. 85ff. sowie 139ff.

326 Hierzu ausführlich Michalski/*Michalski/Funke*, GmbHG, § 13 Rn. 358ff.

327 Vgl. hierzu nur Ulmer/Habersack/Löbbe/*Raiser*, GmbHG, § 13 Rn. 119ff.; *Michalski/Funke*, GmbHG, § 13 Rn. 32ff.

So deutet die Anspielung auf den Vermögenszuwachs, der bei den verbleibenden Gesellschaftern eintritt („Den verbleibenden Gesellschaftern *wächst anteilig der Wert* des eingezogenen Geschäftsanteils *zu* [...] Sie (= die verbleibenden Gesellschafter) *verhalten sich treuwidrig*, wenn sie sich dagegen mit der Fortsetzung der Gesellschaft den *Wert des eingezogenen Geschäftsanteils auf Kosten des ausgeschiedenen Gesellschafters einverleiben* [...]")[328] zum einen auf einen bereicherungsrechtlichen Anspruch hin. Zum anderen könnte sie bedeuten, dass in dem angewachsenen Mitgliedschaftsrecht selbst der Geltungsgrund für die Haftung liegen soll.

Andererseits hebt der Senat in dieser Passage auch auf ein treuwidriges Verhalten der Mitgesellschafter ab, was im Verein mit einer weiteren Passage des Urteils eher einen Schadensersatzanspruch aufgrund einer Verletzung der mitgliedschaftlichen Treuepflicht (§§ 280 Abs. 1, 249 BGB) vermuten lässt:[329] „Sie (= die verbleibenden Gesellschafter) müssten, *wenn sie sich redlich verhalten* und eine Unterdeckung nicht auf andere Weise ausgleichen, etwa durch Auflösung stiller Reserven oder eine Herabsetzung des Stammkapitals, grundsätzlich die Gesellschaft auflösen, um so die Gesellschaft in die Lage zu versetzen, den Abfindungsanspruch des ausgeschiedenen Gesellschafters soweit wie möglich zu erfüllen."[330]

Auf der anderen Seite spricht der II. Zivilsenat aber auch davon, dass es „[...] *nicht unbillig* [sei], wenn sie (= die verbleibenden Gesellschafter) zum Ausgleich *für den Abfindungsanspruch* persönlich haften [...]"[331] Da die Entscheidung insgesamt recht stark von einer Abwägung zwischen dem Abfindungsinteresse des ausgeschiedenen Gesellschafters und dem Interesse der verbleibenden Gesellschafter an einer ungestörten Fortsetzung der Gesellschaft geprägt ist, könnte der II. Zivilsenat im Hinblick auf die Haftung für den Abfindungsanspruch auch eine eigenständige Haftungsgrundlage qua richterlicher Rechtsfortbildung geschaffen haben.

### 5. *Zwischenfazit und Fortgang der Untersuchung*

Die vom II. Zivilsenat judizierte Ausfallhaftung für den Abfindungsanspruch stellt ein Novum für das GmbH-Recht dar. In Anbetracht der seltenen Fälle, in denen ein GmbH-Gesellschafter bisweilen persönlich haftet, ist es besonders misslich, dass der Bundesgerichtshof die dogmatische Grundlage der Ausfallhaftung nicht präziser erläutert hat. Da die Außenhaftungslösung aber nicht nur das interessengerechteste Modell zur Sicherung des Abfindungsanspruchs ist, sondern alle alternativ entwickelten Modelle auch dogmatisch nicht tragfähig sind,[332] ist es unerlässlich im Folgenden der dogmatischen Grundlage dieser Haftung besonders

---

328 BGH, ZIP 2012, S. 422 (424f.), Hervorh. d. d. Verf.

329 So interpretieren die folgende Passage auch *Ulmer*, FS Hoffmann-Becking, S. 1261 (1264); *Schneider/Hoger*, NJW 2013, S. 502 (505); *Schockenhoff*, NZG 2012, S. 449 (449); *Keil*, DZWIR 2012, S. 348 (349).

330 BGH, ZIP 2012, S. 422 (425), Hervorh. d. d. Verf.

331 BGH, ZIP 2012, S. 422 (425), Hervorh. d. d. Verf.

332 S. ausführlich hierzu S. 32ff.

tiefgründig nachzugehen. Hierbei sollen die Andeutungen des II. Zivilsenats zur Haftungsgrundlage aufgegriffen und auf ihre dogmatische Tragfähigkeit hin überprüft werden.

### *6. Die Haftungsgrundlage für die Ausfallhaftung der Mitgesellschafter*

#### *a) Haftung nach Bereicherungsrecht*

Namentlich *Priester* hat in einer Urteilsbesprechung vorgeschlagen, das Bereicherungsrecht für die Ausfallhaftung der Mitgesellschafter heranzuziehen.[333] Auch in einigen anderen Urteilsanmerkungen wird auf das Bereicherungsrecht als Haftungsgrundlage angespielt.[334] *Markowsky* hat diesen Vorschlag neuerdings aufgegriffen und weiterentwickelt. Er kommt zu dem Ergebnis, dass alle verbleibenden Gesellschafter nach Bereicherungsrecht haften, wenn die Geltendmachung des Abfindungsanspruchs gegenüber der Gesellschaft am Kapitaldeckungsvorbehalt des § 34 Abs. 3 GmbHG i.V.m. § 30 Abs. 1 GmbHG scheitert.[335]

Eine Leistungskondiktion nach § 812 Abs. 1 S. 1 Alt. 1 BGB käme zugunsten des ausgeschiedenen Gesellschafters jedenfalls nicht in Betracht. Denn unter „Leistung" versteht man das bewusste und zweckgerichtete Mehren fremden Vermögens.[336] Nach der Zwangsamortisation eines Geschäftsanteils tritt aber eine Verbesserung der Vermögenslage bei den verbleibenden Gesellschaftern kraft Gesetzes und nicht durch einen Zuwendungsakt des ausgeschiedenen Gesellschafters ein.[337] Auch die bereicherungsrechtlichen Sondertatbestände aus § 816 Abs. 1 S. 1 BGB sowie § 816 Abs. 1 S. 2 BGB sind nicht einschlägig. Denn beide Tatbestände setzen voraus, dass eine Verfügung durch einen Nichtberechtigten getroffen wurde. Die Einziehung von GmbH-Geschäftsanteilen ist zwar ein mehraktiges Verfügungsgeschäft,[338] es wird aber von der Gesellschaft[339] als Berechtigte vorgenommen, da sich die Einziehungsermächtigung im Statut als Verfügungsermächtigung i.S.d. § 185 Abs. 1 BGB

333 *Priester,* ZIP 2012, S. 658 (659).

334 Angedeutet etwa bei *Trölitzsch,* KSzW 2013, S. 55 (58), indem er ohne nähere Erläuterung von „einem Anspruch als Ausgleich für den Erhalt des Wertes" spricht; in diesem Sinn auch *Schneider/Hoger,* NJW 2013, S. 502 (505f.), die den Haftungsgrund in der „Vermögensmehrung, die den verbleibenden Gesellschaftern zufällt" sehen, da „[...] das Vermögen der verbleibenden Gesellschafter ohne Rechtsgrund vermehrt [sei]"; wohl auch *Koppensteiner,* GesRZ 2013, S. 4 (7f.).

335 *Markowsky,* Die Einziehung von GmbH-Geschäftsanteilen, S. 185ff., 193.

336 BGHZ 40, S. 272 (277); BGHZ 56, S. 228 (241); BGHZ 58, S. 184 (188); BGH, NJW 2004, S. 1169 (1169); MünchKommBGB/*Schwab,* § 812 Rn. 41 m.w.N.

337 *J. Schmidt,* GmbHR 2013, S. 953 (955); *Ulmer,* FS Hoffmann-Becking, S. 1261 (1267); *Markowsky,* Die Einziehung von GmbH-Geschäftsanteilen, S. 186f.

338 Roth/Altmeppen/*Altmeppen,* GmbHG, § 34 Rn. 61; Michalski/*Sosnitza,* GmbHG, § 34 Rn. 4; Rowedder/Schmidt-Leithoff/*Görner,* GmbHG, § 34 Rn. 3; *Niemeier,* Rechtstatsachen und Rechtsfragen der Einziehung von GmbH-Anteilen, S. 93ff.

339 Roth/Altmeppen/*Altmeppen,* GmbHG, § 34 Rn. 61.

über den Geschäftsanteil qualifizieren lässt. Damit kommt für die Ausfallhaftung alleine die allgemeine Nichtleistungskondiktion aus § 812 Abs. 1 S. 1 Alt. 2 BGB in Frage.[340]

Unter erlangtem „Etwas" im Sinne der Nichtleistungskondiktion nach § 812 Abs. 1 S. 1 Alt. 1 BGB ist jegliche Verbesserung der Vermögenslage des Bereicherten zu verstehen.[341] Durch die Zwangseinziehung wird der Geschäftsanteil des betroffenen Gesellschafters vernichtet. Die verbleibenden Gesellschafter erlangen einen Vermögensvorteil, da sich infolge des so entstandenen Beteiligungsvakuums ihre Beteiligungsquote an der Gesellschaft automatisch erhöht.[342] Das bedeutet, es tritt eine Mehrung ihrer mitgliedschaftlichen Rechte und Pflichten im Verhältnis ihrer neuen Beteiligungsquote ein. Das gilt selbst dann, wenn man entgegen der hier vertretenen Auffassung davon ausgeht, dass sich die Nennbeträge der übrigen Geschäftsanteile nach der Einziehung nicht automatisch erhöhen und man eine gesonderte Angleichungsmaßnahme hierfür verlangt.[343] Dieser Vorgang führt zu einer höheren wirtschaftlichen Bewertung der verbleibenden Geschäftsanteile, wenn die Realisierung der Abfindung gegenüber der Gesellschaft am Auszahlungsverbot des § 34 Abs. 3 i.V.m. 30 Abs. 1 GmbHG scheitert. Denn im Gesellschaftsvermögen, das einen entscheidenden Faktor für die Bewertung eines Geschäftsanteils darstellt,[344] verbleibt der Wert der untergegangenen Mitgliedstelle, den die Abfindung verkörpert.

Die Nichtleistungskondiktion würde hierbei als Eingriffskondiktion in Erscheinung treten.[345] Ein Eingriff liegt vor, wenn eine fremde Rechtsposition in Anspruch genommen wird, die nach der Rechtsordnung dem Berechtigten zu dessen ausschließlicher Verfügung und Verwertung zugewiesen ist und hierdurch ein Widerspruch zu ihrem Zuweisungsgehalt entsteht.[346] Dies kann durch tatsächliches sowie rechtsgeschäftliches Handeln, aber auch durch eine Vermögensverschiebung kraft

---

340 Vgl. *Markowsky*, Die Einziehung von GmbH-Geschäftsanteilen, S. 186; *J. Schmidt*, GmbHR 2013, S. 953 (955).

341 *Goetzke*, AcP 173 (1973), S. 289 (309ff.); Palandt/*Sprau*, BGB, § 812 Rn. 42; Schulze/*Schulze*, BGB, § 812 Rn. 3; Bamberger/Roth/*Wendehorst*, BGB, § 812 Rn. 131; MünchKommBGB/*Schwab*, § 812 Rn. 1.

342 *Markowsky*, Die Einziehung von GmbH-Geschäftsanteilen, S. 187; *Niemeier*, Rechtstatsachen und Rechtsfragen der Einziehung von GmbH-Anteilen, S. 360.

343 S. hierzu bereits oben S. 7f.

344 Der Wert eines Geschäftsanteils entspricht nicht seinem Nennbetrag, sondern anteilig nach den Beteiligungsverhältnissen dem Wert des ganzen Unternehmens. In der Praxis wird zur Ermittlung des Unternehmenswertes i.d.R. die modifizierte Ertragswertmethode oder das Discounted-Cash-Flow-Verfahren angewendet. Ausführlich hierzu Michalski/*Ebbing*, GmbHG, § 14 Rn. 16ff.; MünchKommGmbHG/*Reichert/Weller*, § 14 Rn. 26ff.

345 Vgl. *Markowsky*, Die Einziehung von GmbH-Geschäftsanteilen, S. 187.

346 BGH, NJW 2013, S. 781 (783); BGH, NJW 2012, S. 2034 (2037); BGH, NJW 2007, S. 216 (216); BGH, NJW 1990, S. 52 (52f.); Palandt/*Sprau*, BGB, § 812 Rn. 41; Bamberger/Roth/*Wendehorst*, BGB, § 812 Rn. 120.

Gesetzes geschehen.[347] Ob der Eingriffsakt rechtswidrig war, ist unerheblich. Es kommt alleine darauf an, dass dem Bereicherten ein Vermögensvorteil zukommt, den die Rechtsordnung dem Kondiktionsgläubiger zuweist.[348] Die GmbH greift mit der Einziehung durch rechtsgeschäftliche Verfügung in das Mitgliedschaftsrecht des betroffenen Gesellschafters ein, das diesem ohne Zweifel bis zu diesem Zeitpunkt zu seiner ausschließlichen Verfügung zugewiesen war.[349] Sein Vermögenswert wird durch die faktische Anwachsung der Beteiligungsquote i.V.m. dem Auszahlungsverbot nach § 34 Abs. 3 i.V.m. § 30 Abs. 1 GmbHG den verbleibenden Gesellschaftern zugeordnet.

#### aa) Das Problem des rechtlichen Behaltensgrundes

Nach § 812 Abs. 1 S. 1 Alt. 2 BGB muss die Vermögensverschiebung aber auch ohne rechtlichen Grund erfolgt sein. Es darf also kein Grund zum Behaltendürfen des Vorteils bestehen.[350] Ob der Vermögensvorteil, der den Mitgesellschaftern nach der Zwangsamortisation eines Geschäftsanteils zukommt, auf einer rechtlichen Grundlage basiert, ist äußerst umstritten:

##### (1) Spezielle gesellschaftsrechtliche Rechtsgrundlage

In der Literatur wird überwiegend angenommen, dass die Vermögensverschiebung auf einer speziellen gesellschaftsrechtlichen Rechtsgrundlage basiert.[351] *Ulmer* stellt für die Wertsteigerung der Anteile der Mitgesellschafter auf §§ 30, 34 GmbHG ab,[352] *J. Schmidt* sieht hingegen in der Vorschrift des § 34 GmbHG die rechtliche Grundlage für die Vernichtungswirkung der Einziehung und die Erhöhung der Anteilsquote bei den verbleibenden Gesellschaftern.[353] *Gubitz* und *Nikoleyczik* sind der Auffassung, dass die wirksame Einziehung an sich zur Entstehung eines Rechtsgrundes sowohl im Verhältnis zur Gesellschaft als auch im Verhältnis zu den Mitgesellschaftern führt.[354] Als Begründung wird angeführt, dass es widersprüchlich wäre,

---

347 Bamberger/Roth/*Wendehorst*, BGB, § 812 Rn. 120; Palandt/*Sprau*, BGB, § 812 Rn. 41.

348 BGHZ 82, S. 299 (306); BGHZ 107, S. 117 (120); MünchKommBGB/*Schwab*, § 812 Rn. 244; Bamberger/Roth/*Wendehorst*, BGB, § 812 Rn. 122; Staudinger/*Lorenz*, BGB, § 812 Rn. 23; *Larenz/Canaris*, Lehrbuch des Schuldrechts II/2, § 69 I 1b; *v. Caemmerer*, FS Rabel I, S. 333 (353ff.); *Wilburg*, Die Lehre von der ungerechtfertigten Bereicherung, S. 114.

349 Vgl. *J. Schmidt*, GmbHR 2013, S. 953 (955).

350 Vgl. Schulze/*Schulze*, BGB, § 812 Rn. 17; Bamberger/Roth/*Wendehorst*, BGB, § 812 Rn. 137; Staudinger/*Lorenz*, BGB, § 812 Rn. 77.

351 *J. Schmidt*, GmbHR 2013, S. 953 (955f.); *Gubitz/Nikoleyczik*, NZG 2013, S. 727 (729f.); *Ulmer*, FS Hoffmann-Becking, S. 1261 (1267); *Tröger*, Gesellschaftsrecht in der Diskussion 2013, S. 23 (40).

352 *Ulmer*, FS Hoffmann-Becking, S. 1261 (1267); ihm folgend *Tröger*, Gesellschaftsrecht in der Diskussion 2013, S. 23 (40).

353 *J. Schmidt*, GmbHR 2013, S. 953 (955).

354 *Gubitz/Nikoleyczik*, NZG 2013, S. 727 (729f.).

auf der einen Seite davon auszugehen, die Einziehung sei rechtswirksam, also mit Rechtsgrund erfolgt, auf der anderen Seite aber ihre Rechtsgrundlage zu verneinen, um zu einem Bereicherungsanspruch zu gelangen.[355] Denn andernfalls würde die Konzeption, wonach die Einziehung auch dann sofort wirksam sein soll, wenn die Gesellschaft nicht über ausreichend ungebundenes Vermögen verfügt, um den Abfindungsanspruch zu erfüllen, gerade wieder in Frage gestellt werden.[356] Außerdem enthalte das GmbH-Gesetz für die Zwangsamortisation keine spezielle Anordnung zur Anwendung des Bereicherungsrechts, wie sie beispielsweise in § 951 BGB für den gesetzlichen Eigentumserwerb nach §§ 946 ff. BGB enthalten ist.[357] Vielmehr liege der Einziehung mit der ausgleichenden Abfindung aus dem Gesellschaftsvermögen ein abschließend gesellschaftsrechtlich geregelter Vorgang zugrunde.[358]

#### (2) Keine materiell-rechtlich endgültige Güterzuordnung

*Markowsky* ist hingegen der Auffassung, dass die Vermögensmehrung, die bei den verbleibenden Gesellschaftern eintritt, ohne rechtlichen Grund erfolgt, da § 30 Abs. 1 i.V.m. § 34 Abs. 3 GmbHG keine materiell-rechtlich dauerhafte Güterzuordnung bewirke.[359] Denn alleiniger Zweck dieser Zahlungssperre sei es, die Gesellschaftsgläubiger zu schützen, indem der wirtschaftliche Wert der untergegangenen Mitgliedsstelle dem Gesellschaftsvermögen zugeordnet wird.[360] Demgegenüber seien sie nicht zum Schutz der Mitgesellschafter bestimmt.[361] Aus diesem Grund könnte ihre Wirkung auch nicht darin bestehen, den Vermögenswert der untergegangenen Mitgliedschaft den verbleibenden Gesellschaftern materiell-rechtlich dauerhaft zuzuordnen.[362] Denn eine endgültige Zuordnung ihres wirtschaftlichen Wertes zum Vermögen der verbleibenden Gesellschafter widerspräche dem Rechtsgedanken der mitgliedschaftlichen Treuepflicht, der es diesen verbiete, sich auf Kosten des Ausgeschiedenen den Wert seiner Mitgliedschaft anzueignen.[363] Zum anderen würde eine materiell-rechtlich endgültige Wirkung dem Charakter der Abfindung als Vermögensrecht der Mitgliedschaft widersprechen, was insbesondere dann gelten müsste, wenn man den Abfindungsanspruch sogar als verfassungsrechtliche Institution begreift.[364] Schließlich begründe § 30 Abs. 1 GmbHG selbst nur ein vorübergehendes Leistungsverweigerungsrecht gegenüber dem Abfindungsanspruch.[365]

355 *J. Schmidt*, GmbHR 2013, S. 953 (955f.).
356 *J. Schmidt*, GmbHR 2013, S. 953 (955f.); *Gubitz/Nikoleyczik*, NZG 2013, S. 727 (729f.).
357 *J. Schmidt*, GmbHR 2013, S. 953 (955f.).
358 *Ulmer*, FS Hoffmann-Becking, S. 1261 (1267); *J. Schmidt*, GmbHR 2013, S. 953 (956); *Tröger*, Gesellschaftsrecht in der Diskussion 2013, S. 23 (40).
359 *Markowsky*, Die Einziehung von GmbH-Geschäftsanteilen, S. 190f.
360 *Markowsky*, Die Einziehung von GmbH-Geschäftsanteilen, S. 190f.
361 *Markowsky*, Die Einziehung von GmbH-Geschäftsanteilen, S. 190.
362 *Markowsky*, Die Einziehung von GmbH-Geschäftsanteilen, S. 190f.
363 *Markowsky*, Die Einziehung von GmbH-Geschäftsanteilen, S. 190.
364 *Markowsky*, Die Einziehung von GmbH-Geschäftsanteilen, S. 190f.
365 *Markowsky*, Die Einziehung von GmbH-Geschäftsanteilen, S. 191.

Aufgrund dieser Überlegungen kommt *Markowsky* zu dem Schluss, dass der rechtliche Behaltensgrund i.S.d. § 812 Abs. 1 S. 1 Alt. 2 BGB für den Wertzuwachs, der bei den verbleibenden Gesellschaftern eintritt, zu dem Zeitpunkt entfallen müsse, in dem der Abfindungsanspruch fällig wird und die Gesellschaft die Auszahlung des Abfindungsentgelts unter Berufung auf das Auszahlungsverbot § 30 Abs. 1 GmbHG verweigert.[366]

Auf Rechtsfolgenseite hätten die verbleibenden Gesellschafter seiner Auffassung nach gem. § 818 Abs. 2 BGB Wertersatz zu leisten.[367] Denn eine Wiederaufnahme des ausgeschlossenen Gesellschafters in die Gesellschaft durch eine Neuschaffung seines Geschäftsanteils wäre den verbleibenden Gesellschaftern i.S.d. § 275 Abs. 2 BGB unzumutbar, da sie dem Zweck der Einziehung und der Unabhängigkeit von der Vernichtungswirkung und der Abfindungsleistung widersprechen würde.[368]

#### bb) Stellungnahme

Das Bereicherungsrecht ist keine dogmatische tragfähige Grundlage für den Ausfallhaftungsanspruch. Denn es besteht, wie sogleich zu zeigen sein wird, ein rechtlicher Grund für die Vermögensverschiebung im Verhältnis zu den verbleibenden Gesellschaftern (1). Überdies würde selbst unter der Annahme, dass kein Rechtsgrund besteht, die bereicherungsrechtliche Wertersatzpflicht nach § 818 Abs. 2 BGB zu keinem sachgerechten Ergebnis führen (2).

##### (1) Der rechtliche Grund im Verhältnis zu den Mitgesellschaftern

Überlegenswert erscheint zunächst, ob nicht bereits die Einziehungsermächtigung im Statut die Rechtsgrundlage für die Vermögensverschiebung im Verhältnis zu den verbleibenden Gesellschaftern darstellt. Denn hierin hat jeder Gesellschafter schließlich sein Einverständnis zum Entzug seines Mitgliedschaftsrechts erklärt, wenn ein Einziehungsgrund vorliegt. Gerade darin erschöpft sich jedoch auch diese Vereinbarung. Denn das Einverständnis mit dem Entzug des Mitgliedschaftsrechts ist nicht gleichzusetzen mit einer Vereinbarung über den Entzug des in ihm verkörperten Wertes bzw. seiner Zuordnung zum Vermögen der verbleibenden Gesellschafter. Die Satzung stellt also nur die Rechtsgrundlage für die Verfügung dar, mit welcher die Gesellschaft den Geschäftsanteil aufhebt.[369] Keinesfalls kann hierin der Rechtsgrund für den Vermögenszuwachs bei den verbleibenden Gesellschaftern gesehen werden.

Enthält sich das Gesetz einer Aussage über den rechtlichen Grund einer Vermögensverschiebung, so ist nach dem Sinn und Zweck der jeweiligen Vorschrift zu ermitteln, ob nur eine formelle Rechtswirkung vorliegt, die eines rechtlichen

366 *Markowsky*, Die Einziehung von GmbH-Geschäftsanteilen, S. 192 und 197.
367 *Markowsky*, Die Einziehung von GmbH-Geschäftsanteilen, S. 190.
368 *Markowsky*, Die Einziehung von GmbH-Geschäftsanteilen, S. 190.
369 In diesem Sinne auch MünchKommGmbHG/*Strohn*, § 34 Rn. 6; Michalski/*Sosnitza*, GmbHG, § 34 Rn. 4; zweifelnd Roth/Altmeppen/*Altmeppen*, GmbHG, § 34 Rn. 61.

Behaltensgrundes entbehrt, oder ob das Gesetz die Güterlage materiell-rechtlich dauerhaft neuordnen will.[370] Der Tatsache, dass § 34 GmbHG keine explizite Anordnung zur Anwendung des Bereicherungsrechts enthält, wie beispielsweise § 951 Abs. 1 BGB für den gesetzlichen Eigentumserwerb nach §§ 946 ff. BGB,[371] kann hierbei nur Indizwirkung beigemessen werden.

Dafür, dass die Vermögensmehrung bei den verbleibenden Gesellschaftern nur eine formelle Rechtswirkung darstellt, spricht zunächst, dass die Zahlungssperre aus § 30 Abs. 1 GmbHG nur eine temporäre Einwendung gegenüber dem Abfindungsanspruch darstellt.[372] Das Gesetz geht also selbst davon aus, dass der Vermögensvorteil den Mitgesellschaftern nicht dauerhaft zugeordnet werden soll.

Klarheit verschafft jedoch ein Blick auf die Rechtsfolgenseite des Bereicherungsrechts. Gegenstand eines Kondiktionsanspruchs ist nach der vorherrschenden gegenständlichen Betrachtungsweise exakt der rechtsgrundlos zugeflossene Vermögensvorteil, ungeachtet seines wirtschaftlichen Wertes.[373] Der Bereicherungsanspruch betrifft also die erhöhten Anteilsquoten der verbleibenden Gesellschafter selbst. Darauf, dass die verbleibenden Geschäftsanteile durch das abfindungslose Ausscheiden eines Gesellschafters wirtschaftlich höher zu bewerten sind, kommt es zunächst nicht an.[374] Denn nach § 818 Abs. 1 BGB hat der Kondiktionsschuldner primär den erlangten Vorteil in natura herauszugeben.[375] Das Gesetz ordnet also eine Naturalrestitution an, während die Wertersatzpflicht nach § 818 Abs. 2 BGB die systematische Ausnahme darstellt.[376] Sie greift nur dann ein, wenn die Herausgabe des Erlangten wegen seiner Beschaffenheit nicht möglich, oder der Empfänger

---

370 BGH, NJW 1981, S. 1601 (1602); *v. Caemmerer,* FS Rabel I, S. 333 (363f.); *ders.,* FS Boehmer, S. 145 (152); Palandt/*Sprau,* BGB, § 812 Rn. 44; Soergel/*Schmidt-Kessel/Hadding,* BGB, § 812 Rn. 131.

371 Vgl. *J. Schmidt,* GmbHR 2013, S. 953 (955f.).

372 So nach h.M.: *Schmolke,* Kapitalerhaltung in der GmbH nach dem MoMiG, § 30 Rn. 190; *Stimpel,* FS 100 Jahre GmbHG, S. 335, (356); *Fleck,* FS 100 Jahre GmbHG, S. 391, (407); *Sonnenhol/Groß* ZHR 159 (1995), S. 388 (404); MünchKommGmbHG/*Ekkenga,* § 30 Rn. 282f.; Scholz/*Verse,* GmbHG, § 30 Rn. 117 m.w.N.

373 *v. Caemmerer,* FS Rabel I, S. 333 (368); *Canaris,* JZ 1971, S. 560 (561); MünchKommBGB/*Schwab,* § 812 Rn. 1ff.; Staudinger/*Lorenz,* § 812 Rn. 65; Palandt/*Sprau,* BGB, § 812 Rn. 8f.

374 Gerade dieser wichtige Aspekt wird bisweilen im Schrifttum nicht sauber genug getrennt, s. *Markowsky,* Die Einziehung von GmbH-Geschäftsanteilen, S. 187; ferner *Ulmer,* FS Hoffmann-Becking, S. 1261 (1267).

375 Soergel/*Hadding,* BGB, § 818 Rn. 2f., 5; *Larenz/Canaris,* Lehrbuch des Schuldrechts II/2, § 71 I; MünchKommBGB/*Schwab,* § 818 Rn. 1; Bamberger/Roth/*Wendehorst,* BGB, § 818 Rn. 19.

376 BGH, NJW 1995, S. 53 (55); BGH, ZIP 2002, S. 531 (532); BGH, NJW 2002, S. 1872 (1874); Soergel/*Hadding,* BGB, § 818 Rn. 22; Bamberger/Roth/*Wendehorst,* BGB, § 818 Rn. 19.

aus anderem Grund zur Herausgabe außerstande ist.[377] Eine Unmöglichkeit der Herausgabe der erhöhten Anteilsquoten in natura liegt jedoch nicht vor. Denn die verbleibenden Geschäftsanteile können durch einen Beschluss der Gesellschafterversammlung (§ 46 Nr. 4 GmbHG) geteilt und auf den ausgeschiedenen Gesellschafter übertragen werden.

*Markowsky* stellt zwar zutreffend fest, dass auch eine faktische Unmöglichkeit der Herausgabe des Bereicherungsgegenstandes nach § 275 Abs. 2 BGB zu einer Wertersatzpflicht nach § 818 Abs. 2 BGB führen kann,[378] jedoch ist diese Vorschrift hier nicht einschlägig. Nach § 275 Abs. 2 BGB ist der Schuldner berechtigt, die Leistung zu verweigern, wenn sie für ihn einen Leistungsaufwand erfordern würde, der in einem groben Missverhältnis zum Leistungsinteresse des Gläubigers steht. Zwar ist es in der Tat so, dass die Wiederaufnahme des ausgeschlossenen Gesellschafters in die Gesellschaft den verbleibenden Gesellschaftern regelmäßig nicht zumutbar ist, da dieser häufig durch sein Verhalten den Bestand des gesamten Unternehmens gefährdet. Die Regelung des § 275 Abs. 2 BGB verfolgt jedoch eine andere Zielrichtung. Sie nimmt das Leistungsinteresse des Gläubigers am Erhalt des Leistungsgegenstandes in den Blick und misst hieran in Rahmen einer Verhältnismäßigkeitsprüfung den vom Schuldner zu erbringenden Leistungsaufwand. Hierunter fallen jedoch ausschließlich pekuniäre Aufwendungen und persönliche Anstrengungen die zur Erbringung der Leistung erforderlich sind.[379] Die Teilung und Rückübertragung der (Teil-)Geschäftsanteile setzt jedoch lediglich einen entsprechenden Gesellschafterbeschluss (§ 46 Nr. 4 GmbHG) sowie die formgerechte Abtretung an den ausgeschiedenen Gesellschafter voraus (§§ 15 Abs. 3, Abs. 4 GmbHG i.V.m. §§ 398, 413 BGB). Außerordentlich hohe pekuniäre Aufwendungen oder persönliche Anstrengungen sind damit für die Mitgesellschafter nicht verbunden. Die Zumutbarkeit des mit der zu erbringenden Leistung eintretenden *Zustandes*, also die Wiederaufnahme des Ausgeschlossenen in die Gesellschaft spielt im Rahmen des § 275 Abs. 2 BGB keine Rolle.

Aufgrund der Naturalrestitution aus § 818 Abs. 1 BGB würde das Ergebnis eintreten, dass dem Ausgeschiedenen eine Rechtsstellung eingeräumt wird, die seiner früheren Beteiligung an der Gesellschaft entspricht. Der Ausschluss des Gesellschafters wäre gescheitert. Der Sinn und Zweck des § 34 GmbHG ergibt demnach, dass den verbleibenden Gesellschafter ihr Vermögensvorteil materiell dauerhaft zukommen soll.

Etwas anderes könnte nur dann gelten, wenn sich darauf abstellen ließe, dass zwar der Zuwachs an mitgliedschaftlichen Rechten und Pflichten, der bei den

---

377 BGH, NJW 2002, S. 1340 (1340); Soergel/*Hadding*, BGB, § 818 Rn. 22; Staudinger/*Lorenz*, BGB, § 818 Rn. 21.

378 Vgl. Bamberger/Roth/*Wendehorst*, BGB, § 818 Rn. 22; Staudinger/*Lorenz*, BGB, § 818 Rn. 21; Erman/*Buck-Heeb*, BGB, § 818 Rn. 15.

379 Bamberger/Roth/*Lorenz*, BGB, § 275 Rn. 55; MünchKommBGB/*Ernst*, § 275 Rn. 83ff.; Staudinger/ *Caspers*, BGB, § 275 Rn. 98.

verbleibenden Gesellschaftern kraft Gesetzes durch die faktische Anwachsung eintritt, auf einer rechtlichen Grundlage basiert und isoliert betrachtet das Auszahlungsverbot aus § 34 Abs. 3 i.V.m. § 30 Abs. 1 GmbHG zu einer kraft Gesetzes eintretenden Vermögensverschiebung führt, die einer rechtlichen Behaltensgrundlage entbehrt. Die rechtsgrundlose Vermögensmehrung würde dann darin bestehen, dass das Gesellschaftsvermögen durch die Abfindungszahlung nicht um den Wert der untergegangenen Mitgliedstelle geschmälert wird und die auf diese Weise „angewachsenen" Geschäftsanteile wirtschaftlich höher zu bewerten sind, als zuvor. Die Konsequenz wäre, dass das Bereicherungsrecht nur die wirtschaftlich höhere Bewertung der Anteile und nicht die Anteilsquoten in natura abschöpfen würde. Eine solche isolierte Betrachtungsweise ist aber nicht möglich. Denn die Einziehung, die ein Mitgliedschaftsrecht nicht zu Lasten des Stammkapitals vernichtet sowie der damit verbundene Beteiligungs- und Wertzuwachs bei den verbleibenden Gesellschaftern stellt einen einheitlichen Vorgang dar. Die erhöhten Anteilsquoten inkorporieren also gleichsam den Wertzuwachs. Daran, dass das Bereicherungsrecht die erhöhten Anteilsquoten in natura abschöpfen würde, führt kein Weg vorbei.

Damit ist festzuhalten, dass die faktische Anwachsung i.V.m. § 34 Abs. 3 i.V.m. § 30 Abs. 1 GmbHG einen rechtlichen Behaltensgrund für die Vermögensmehrung darstellt, die bei den verbleibenden Gesellschaftern eintritt.

#### (2) Bereicherungsrechtlicher Wertersatz als sachgerechtes Ergebnis?

Aber selbst wenn man der These von *Markowsky* folgen wollte und annimmt, dass ein rechtlicher Grund für das Behaltendürfen der erhöhten Anteilsquoten fehlt und hierfür ausnahmsweise Wertersatz nach § 818 Abs. 2 BGB zu leisten ist, würde das Bereicherungsrecht zu keinem sachgerechten Ergebnis führen. Denn sowohl in zeitlicher als auch in sachlicher Hinsicht treten bei der Ermittlung der Wertersatzpflicht erhebliche Probleme auf.

Der Sache nach ist problematisch, dass sich der Vermögensverlust des Ausgeschiedenen nicht mit dem Vermögenszuwachs bei den verbleibenden Gesellschaftern deckt. Die Werthaltigkeit des unrealisierbaren Abfindungsanspruchs kann von dem objektiven Verkehrswert der (Summe der) erhöhten Anteilsquoten erheblich abweichen. Einerseits kann die Höhe des Abfindungsanspruchs satzungsmäßig beschränkt sein, andererseits können die erhöhten Geschäftsanteile aufgrund individueller Kriterien, wie etwa der konkreten Beteiligungsquote an der Gesellschaft[380] oder statutarisch eingeräumten Vor- oder Sonderrechten[381] anders zu bewerten sein.

In zeitlicher Hinsicht divergieren die Zeitpunkte der Wertermittlung. Die Höhe des Abfindungsanspruchs wird zum Zeitpunkt der wirksamen Einziehung berechnet.[382] Der objektive Verkehrswert der erhöhten Anteilsquoten zur Bestimmung

380 Vgl. MünchKommGmbHG/*Reichert/Weller*, § 14 Rn. 23; Ulmer/Habersack/Löbbe/*Raiser*, GmbHG, § 14 Rn. 16.

381 MünchKommGmbHG/*Reichert/Weller*, § 14 Rn. 24 m.w.N.

382 BGH, WM 1977, S. 781 (783); Michalski/*Sosnitza*, GmbHG, § 34 Rn. 50.

der Wertersatzpflicht nach § 818 Abs. 2 BGB würde zu dem Zeitpunkt berechnet, in dem der Bereicherungsanspruchs entsteht[383], also erst dann, wenn sich die Gesellschaft auf das Auszahlungsverbot nach § 30 Abs. 1 GmbHG beruft. Da sich die wirtschaftliche Lage der Gesellschaft bis dahin aber verschlechtert haben kann, bleibt deren Wert hinter der Höhe des Abfindungsanspruchs unter Umständen erheblich zurück.[384] Diese Problematik tritt insbesondere dann auf, wenn in der Satzung die Fälligkeit der Abfindung weit hinausgeschoben ist. Schließlich wäre auch nicht einzusehen, warum der ausgeschiedene Gesellschafter nach § 818 Abs. 3 BGB das Entreicherungsrisiko der verbleibenden Gesellschafter tragen sollte.[385] Auf der anderen Seite ist auch denkbar, dass die (Summe der) erhöhten Anteilsquoten zu diesem Zeitpunkt einen höheren Verkehrswert aufweisen, als die Höhe des Abfindungsanspruchs. So etwa, wenn sich die Gesellschaft nach einer nominellen Kapitalerhöhung aus Gesellschaftsmittel gem. §§ 57c, 57h GmbHG auf das Auszahlungsverbot beruft und das Gesellschaftsvermögen höher ist als zum Zeitpunkt der Einziehung. Der ausgeschiedene Gesellschafter würde dann ohne sachlichen Grund von der Wertsteigerung der erhöhten Anteilsquoten profitieren.

Die bereicherungsrechtliche Wertersatzpflicht nach § 818 Abs. 2 BGB würde also mehr zufällige Ergebnisse bescheren, anstatt das Auszahlungsverbot aus § 34 Abs. 3 i.V.m. § 30 Abs. 1 GmbHG angemessen zu kompensieren.

#### cc) Ergebnis

Der Ausfallhaftungsanspruch lässt sich dogmatisch nicht auf das Bereicherungsrecht stützen. Denn für den Vermögenszuwachs, der bei den verbleibenden Gesellschaftern eintritt, besteht ein Rechtsgrund i.S.d. § 812 Abs. 1 S. 1 Alt. 2 BGB. Auf Rechtsfolgenseite würde die Wertersatzpflicht nach § 818 Abs. 2 BGB zudem kein sachgerechtes Ergebnis liefern.

### *b) Schadensersatzhaftung aufgrund einer Verletzung der mitgliedschaftlichen Treuepflicht*

Das überwiegende Schrifttum sieht den Geltungsgrund für die Ausfallhaftung in einer Schadensersatzhaftung wegen einer Verletzung der mitgliedschaftlichen Treuepflicht.[386]

---

383 Vgl. RGZ 101, S. 389 (391); BGH, NJW 1963, S. 1299 (1301); Bamberger/Roth/*Wendehorst,* BGB, § 818 Rn. 33.

384 Diesen Nachteil an dem bereicherungsrechtlichen Ansatz gesteht *Markowsky,* Die Einziehung von GmbH-Geschäftsanteilen, S. 192 selbst ein.

385 Skeptisch insofern auch *Tröger,* Gesellschaftsrecht in der Diskussion 2013, S. 23 (41).

386 *Markowsky,* Die Einziehung von GmbH-Geschäftsanteilen, S. 178ff.; *Schockenhoff,* NZG 2012, S. 449 (449); *Gubitz/Nikoleyczik,* NZG 2013, S. 727 (731); *Rieder,* GWR 2012, S. 106 (106); *Müller/Stumpf,* GWR 2012, S. 143 (144); *Schwetlik,* GmbH-StB

Die gesellschafterliche Treuepflicht ist eine Generalklausel, die durch spezielle Handlungs- und Unterlassungspflichten sowie Schranken bei der Rechtsausübung einzelfallabhängig zu konkretisieren ist.[387] Verletzen die Gesellschafter ihre sich hieraus ergebenden Treuepflichten schuldhaft, so steht einem geschädigten Gesellschafter ein Schadensersatzanspruch nach §§ 280 Abs. 1, 249 ff. BGB zu.[388] Denkbar wäre es daher bei der Einziehung einen Treuepflichtverstoß der verbleibenden Gesellschafter wegen einer Missachtung des Abfindungsinteresses des ausgeschiedenen Gesellschafters zu konstruieren, der eine Schadensersatzhaftung nach § 280 Abs. 1 BGB nach sich zieht. Der Schaden würde dann darin bestehen, dass der ausgeschiedene Gesellschafter aufgrund des § 34 Abs. 3 i.V.m. § 30 Abs. 1 GmbHG sein Abfindungsentgelt gegenüber der Gesellschaft nicht realisieren kann.

Als Treuepflichtverstoß kommen zwei verschiedene Anknüpfungspunkte in Frage. Zum einen die Fassung des Einziehungsbeschlusses selbst (aa)), zum anderen das Unterlassen von Maßnahmen für ausreichend ungebundenes Kapital in der Gesellschaft zu sorgen, damit der Abfindungsanspruch aus freien Mittel erfüllt werden kann (bb)).

#### aa) Fassung des Einziehungsbeschlusses

Der Einziehungsbeschluss ist als Anknüpfungspunkt für eine Treuepflichtverletzung nicht geeignet.[389] Denn in dem bloßen Gebrauchen eines im GmbHG vorgesehenen Rechtsinstitutes kann kein treuwidriges Verhalten gesehen werden, wenn nicht ausnahmsweise besondere als treuwidrig zu erachtende Umstände hinzutreten[390,391]. Die Tatsache, dass sich die Gesellschaft gegenüber dem Abfindungsanspruch

---

2012, S. 109 (110); darauf anspielend auch MünchKommGmbHG/*Strohn*, § 34 Rn. 77f.

387 *Lutter*, ZHR 162 (1998), S. 164 (166f.); MünchKommGmbHG/*Merkt*, § 13 Rn. 88; Ulmer/Habersack/Löbbe/*Raiser*, GmbHG, § 14 Rn. 78; *Raiser/Veil*, Recht der Kapitalgesellschaften, § 38 Rn. 34.

388 BGH, NJW 1976, S. 191 (192); BGH, NJW 1986, S. 188 (190); BGH, NJW 1992, S. 368 (369); MünchKommGmbHG/*Merkt*, § 13 Rn. 200; Baumbach/Hueck/*Fastrich*, GmbHG, § 13 Rn. 30; Lutter/Hommelhoff/*Bayer*, GmbHG, § 14 Rn. 31.

389 *Ulmer*, FS Hoffmann-Becking, S. 1261 (1266).

390 *Ulmer*, FS Hoffmann-Becking, S. 1261 (1266).

391 Auf dieser Linie liegt auch die Entscheidung des OLG Hamm, GmbHR 2009, S. 1161 (1163f.), das einen Einziehungsbeschluss nur deshalb als treuwidrig erachtete, weil der beschließende Gesellschafter den Grund hierfür selbst herbeiführte, um den betroffenen Gesellschafter aus der Gesellschaft herauszudrängen. Dazu Scholz/*Emmerich*, GmbHG, § 13 Rn. 45; in diese Richtung tendieren auch die Entscheidungen des BGH zur Auflösung der Gesellschaft durch einen Mehrheitsbeschluss nach § 60 Abs. 1 Nr. 2 GmbHG. Das Gebrauchen dieses Rechtsinstituts ist nach der Rspr. des II. Zivilsenats nur dann treuwidrig, wenn die beschließenden Gesellschafter die Minderheitsgesellschafter hiermit gezielt aus der Gesellschaft drängen wollen, indem sie im Zuge der Liquidation das Gesellschaftvermögen zu einem

möglicherweise auf § 30 Abs. 1 GmbHG berufen wird, genügt nicht. Treuwidrig wäre der Beschluss nur dann, wenn die Mitgesellschafter bei Fassung des Einziehungsbeschlusses das Abfindungsinteresse bewusst missachten, um sich unter planmäßiger Ausnutzung des Kapitalerhaltungsgrundsatzes den Wert seiner Mitgliedschaft anzueignen. Dies mag im Einzelfall denkbar sein, entspricht aber nicht der Regel, zumal oftmals bei der Fassung des Einziehungsbeschlusses noch gar nicht abzusehen ist, ob das Auszahlungsverbot des § 30 Abs. 1 GmbHG eingreifen wird.[392]

Hinzu kommt, dass ein treuwidriger Beschluss nach § 243 Abs. 1 AktG analog mit einer Anfechtungsklage angreifbar ist.[393] Wollte man also den Einziehungsbeschluss selbst als treuwidrig erachten, so müsste man dem ausgeschlossenen Gesellschafter konsequent auch das Recht zugestehen, den Einziehungsbeschluss anzufechten. Dann aber wäre das Konzept, wonach die Einziehung auch dann sofort wirksam sein soll, wenn die Gesellschaft nicht über ausreichend ungebundenes Vermögen verfügt, ausgehebelt.

#### bb) Unterlassen von Maßnahmen zur Schaffung von ungebundenem Kapital

Zum anderen ist denkbar für die verbleibenden Gesellschafter eine Handlungspflicht zur Schaffung von ungebundenem Vermögen zu statuieren, deren Verletzung eine Schadensersatzhaftung nach §§ 280 Abs. 1, 249 BGB auslöst.

Eine entsprechende Handlungspflicht wäre nach zutreffender Auffassung nur für die zustimmenden Gesellschafter konstruierbar. Dies ergibt sich aus dem Rechtsgedanken der Ingerenz aus dem allgemeinen Schuldrecht,[394] wonach sich eine Handlungspflicht aus vorangegangenem gefährlichen Tun ergeben kann.[395] Da alleine die Gesellschafter, die für den Einziehungsbeschluss gestimmt haben, die Gefahr der Undurchsetzbarkeit des Abfindungsanspruchs geschaffen hätten, könnte auch nur ihnen die Verantwortung übertragen werden, diese Gefahr durch einen Ausgleich der Unterdeckung abzuwenden.[396]

Zur Schaffung von ungebundenem Vermögen kommen drei Maßnahmen in Frage: Das Auflösen stiller Reserven (1), eine Herabsetzung des Stammkapitals (2) sowie die Auflösung der Gesellschaft (3).[397]

---

dem wahren Wert nicht genügenden Preis erwerben, vgl. BGH, NJW 1980, S. 1278 (1278); BGHZ 103, S. 184 (184) zur AG.

392 So auch *Ulmer*, FS Hoffmann-Becking, S. 1261 (1266); *Schneider/Hoger*, NJW 2013, S. 502 (506); *Tröger*, Gesellschaftsrecht in der Diskussion 2013, S. 23 (39).

393 Michalski/*Römermann*, GmbHG, Anh. § 47 Rn. 335; Baumbach/Hueck/*Zöllner*, GmbHG, Anh. § 47 Rn. 105; MünchKommGmbHG/*Wertenbruch*, Anh. § 47 Rn. 143.

394 *Markowsky*, Die Einziehung von GmbH-Geschäftsanteilen, S. 182.

395 Vgl. allg. hierzu *Larenz/Canaris*, Lehrbuch des Schuldrechts II/2, § 76 III c; Erman/*Ebert*, BGB, vor. § 249–253 Rn. 37.

396 *Markowsky*, Die Einziehung von GmbH-Geschäftsanteilen, S. 182.

397 So der Vorschlag des BGH, ZIP 2012, S. 422 (425).

### (1) Auflösung stiller Reserven

Stille Reserven entstehen, wenn in der Bilanz Aktiva unterbewertet, oder Passiva überbewertet sind.[398] Sie bleiben bei der Ermittlung des nach § 30 Abs. 1 GmbHG auszahlungsfähigen Gesellschaftsvermögens außer Betracht.[399] Da auch die Auskehrung stiller Reserven an den ausgeschiedenen Gesellschafter gegen den Kapitalerhaltungsgrundsatz verstoßen würde,[400] müssen diese zuvor in bilanzrechtlich zulässigem Umfang aufgelöst werden. Zuständig ist nach §§ 45, 46 Nr. 1 GmbHG die Gesellschafterversammlung.[401]

Das Problem bei diesem Anknüpfungspunkt für eine entsprechende Handlungspflicht liegt jedoch darin, dass die Gesellschaft kaum in jedem Einzelfall über ausreichend stille Reserven verfügen wird, damit die Unterdeckung in einem Maße beseitigt werden kann, das erforderlich wäre, um den Abfindungsanspruch vollständig zu erfüllen. Aufgrund der Naturalrestitutionswirkung des § 249 Abs. 1 BGB, wonach der wirtschaftliche Zustand herzustellen ist, der ohne das schädigende Ereignis bestehen würde,[402] wären die Gesellschafter nur dazu verpflichtet den Differenzbetrag zu ersetzen, um welchen nach der Auflösung der vorhandenen stillen Reserven das Nettoaktivvermögen der Gesellschaft die Stammkapitalziffer überstiegen hätte. Keinesfalls könnten sie auf den vollen Betrag des Abfindungsentgelts in Anspruch genommen werden.

### (2) Herabsetzung der Stammkapitalziffer

Auch durch eine Herabsetzung der Stammkapitalziffer gem. § 58 GmbHG kann Gesellschaftsvermögen aus der Kapitalbindung befreit und an die Gesellschafter ausgezahlt werden.[403] Ein erhebliches Problem bei diesem Anknüpfungspunkt für eine entsprechende Handlungspflicht stellt jedoch das Sperrjahr aus § 58 Abs. 1 Nr. 3 GmbHG dar. Vor seinem Ablauf darf der Kapitalherabsetzungsbeschluss nicht in das Handelsregister eingetragen werden.[404] Ausschüttungen an den ausgeschiedenen

---

398 Ziemons/Jaeger/*Rühland*, BeckOK-GmbHG, § 57d Rn. 13; Baumbach/Hopt/*Merkt*, HGB, § 252 Rn. 13.

399 BGHZ 109, S. 334 (337f.); BGH, NJW 1997, S. 196 (197); *Schmolke*, Kapitalerhaltung in der GmbH nach dem MoMiG, § 30 Rn. 58.

400 *Schmolke*, Kapitalerhaltung in der GmbH nach dem MoMiG, § 30 Rn. 85; ferner *Schulze-Osterloh*, ZIP 1993, S. 1838 (1842); *Stimpel*, FS 100 Jahre GmbHG, S. 335 (340ff.).

401 MünchKommGmbHG/*Ekkenga*, § 29 Rn. 36.

402 Bamberger/Roth/*Schubert*, BGB, § 249 Rn. 180; Erman/*Ebert*, BGB, § 249 Rn. 1.

403 Vgl. Baumbach/Hueck/*Zöllner/Haas*, GmbHG, § 58 Rn. 1; Rowedder/Schmidt-Leithoff/*Schnorbus*, GmbHG, § 58 Rn. 5; Roth/Altmeppen/*Roth*, GmbHG, § 58 Rn. 8.

404 Ulmer/Habersack/Winter/*Casper*, GmbHG, § 58 Rn. 56; *Raiser/Veil*, Recht der Kapitalgesellschaften, § 50 Rn. 3.

Gesellschafter verstoßen bis zu diesem Zeitpunkt gegen den Kapitalerhaltungsgrundsatz.[405]

Das hätte zur Konsequenz, dass die Gesellschafter, die zur Kapitalherabsetzung verpflichtet wären, den Umfang des Gesellschaftsvermögens nach Ablauf des Sperrjahres prognostizieren müssten. Kommt es bei dieser Prognose zu einer Fehlbeurteilung könnten sie sich gem. §§ 280 Abs.1 S. 2, 276 Abs. 1 BGB exkulpieren.[406] Ist die wirtschaftliche Entwicklung des Unternehmens schwer vorherzusagen, würde also ihre Haftung entfallen.

Schließlich wäre wegen des Sperrjahres auch ein Problem mit der Schadenszurechnung vorprogrammiert. Wenn die Gesellschafter eine zunächst objektiv erforderliche Kapitalherabsetzung unterlassen, also gegen ihre Handlungspflicht verstoßen, sich nach Ablauf des Sperrjahres jedoch wider Erwarten herausstellt, dass die Gesellschaft auch mit einer entsprechendem Herabsetzung der Stammkapitalziffer nicht über ausreichend ungebundenes Vermögen für die Abfindung verfügt hätte, so müsste die Zurechenbarkeit des Schadens entfallen, da er auch bei einem rechtmäßigen Alternativverhalten[407] eingetreten wäre.

Nicht zuletzt müsste die Kapitalherabsetzung als Anknüpfungspunkt für einen Treuepflichtverstoß auch dann ausscheiden, wenn die Stammkapitalziffer bereits dem gesetzlichen Mindeststammkapital i.H.v. 25.000 € entspricht, das gem. § 58 Abs. 2 S. 1 GmbHG i.V.m. § 5 Abs. 1 GmbHG nicht unterschritten werden darf.[408]

### (3) Auflösung der Gesellschaft

Eine Schadensersatzhaftung nach §§ 280 Abs. 1, 249 Abs. 1 BGB in Höhe des vollen Abfindungsbetrages wäre dann rechtlich nur begründbar, wenn den zustimmenden Gesellschaftern ein Treuepflichtverstoß zu Last gelegt werden könnte, weil sie es unterlassen haben, die Gesellschaft aufzulösen. Denn durch eine Liquidation würde das Gesellschaftsvermögen vollumfänglich aus der Kapitalbindung befreit und könnte zur Erfüllung des Abfindungsanspruchs herangezogen werden (§ 72 GmbHG).

Teilweise wird bereits in Zweifel gezogen, ob sich eine generelle Rechtspflicht zur Auflösung der Gesellschaft überhaupt begründen ließe.[409] Diese Zweifel sind unberechtigt. Welche Verpflichtungen sich aufgrund der mitgliedschaftlichen

---

405 Rowedder/Schmidt-Leithoff/*Schnorbus*, GmbHG, § 58 Rn. 40.

406 Diese Problematik verkennen *Gubitz/Nikoleyczik*, NZG 2013, S. 727 (731), die insbesondere bei der Kapitalherabsetzung relevant wird; in diese Richtung auch Baumbach/Hueck/*Fastrich*, GmbHG, § 34 Rn. 45.

407 Vgl. hierzu *Larenz/Canaris*, Lehrbuch des Schuldrechts I, § 30 I; MünchKommBGB/*Oetker*, § 249 Rn. 217.

408 Auf diese Problematik weist bereits *Niemeier*, Rechtstatsachen und Rechtsfragen der Einziehung von GmbH-Anteilen, S. 329 hin; ferner *Markowsky*, Die Einziehung von GmbH-Geschäftsanteilen, S. 181.

409 Zweifel hieran äußern *Ulmer*, FS Hoffmann-Becking, S. 1261 (1267); *Markowsky*, Die Einziehung von GmbH-Geschäftsanteilen, S. 181f.; *Schneider/Hoger*, NJW 2013, S. 502 (506).

Treuepflicht im Interesse von Mitgesellschaftern ergeben, hängt von einer umfassenden Interessenabwägung des Einzelfalles ab.[410] Die verbleibenden Gesellschafter haben ein Interesse daran, die Gesellschaft ohne den betroffenen Gesellschafter fortzuführen. Bei Interessenkonflikten unter den Gesellschaftern kommt dem Interesse am Fortbestand des Unternehmens zwar in aller Regel ausschlaggebendes Gewicht zu.[411] Auf der anderen Seite zählt jedoch das Recht beim Ausscheiden eine Abfindung zu erhalten zu den unentziehbaren Mitgliedschaftsrechten.[412] Daher kann dem Fortführungsinteresse der verbleibenden Gesellschafter kein absoluter Vorrang vor dem Abfindungsinteresse eingeräumt werden. Erscheint im Einzelfall die Zahlung der Abfindung aus ungebundenem Gesellschaftsvermögen innerhalb einer angemessenen Zeitspanne aussichtslos, so wäre dogmatisch eine Rechtspflicht zur Auflösung der Gesellschaft durchaus begründbar.

Dennoch führt auch dieser Anknüpfungspunkt für eine Schadensersatzhaftung (§ 280 Abs. 1 BGB) zu keinem überzeugenden Ergebnis. Die Schwachstelle liegt in den unterschiedlichen Mehrheitsanforderungen. Da die Einziehung mit einer einfachen Mehrheit beschlossen werden kann (§§ 46 Nr. 4, 47 GmbHG), kann es dazu kommen, dass die Gesellschafter, die für die Einziehung gestimmt haben, zwar ihrer Verpflichtung nachkommen, indem sie die Gesellschafterversammlung einberufen, den Auflösungsbeschluss (§ 60 Abs. 1 Nr. 2 GmbHG) auf die Tagesordnung setzen lassen und bei der Abstimmung für die Auflösung stimmen, der Auflösungsbeschluss aber dennoch aufgrund der hierfür erforderlichen ¾-Mehrheit der abgegebenen Stimmen nicht zustande kommt. In diesem Fall wäre ihnen der Schadenseintritt nicht zurechenbar. Denn bei einem Unterlassen kann der Schadenseintritt dem Schädiger nur dann zugerechnet werden, wenn dieser überhaupt die Möglichkeit dazu gehabt hätte, den Schadeneintritt abzuwenden.[413] Da die zustimmenden Gesellschafter in diesem Fall alles für sie Mögliche und Zumutbare unternommen hätten, müsste ihre Haftung entfallen.[414]

---

410 Vgl. *Winter,* Mitgliedschaftliche Treuebindungen im Privatrecht, S. 182; Baumbach/Hueck/*Fastrich,* GmbHG, § 13 Rn. 23; Rowedder/Schmidt-Leithoff/*Pentz,* GmbHG, § 13 Rn. 51; *Rottnauer,* NZG 2001, S. 115 (117f.).

411 Vgl. hierzu den Rechtsprechungsüberblick bei *Raiser,* ZHR 151 (1987) S. 421 (435ff.); aus der Rspr. insbesondere BGH, NJW 1995, S. 1739 (1739) – Girmes; BGH, NJW 2010, S. 65 (65ff.) – Sanieren oder Ausscheiden; ferner Ulmer/Habersack/Löbbe/*Raiser,* GmbHG, § 14 Rn. 90.

412 BGHZ 9, S. 157 (170); BGHZ 116, S. 359 (364); MünchKommGmbHG/*Reichert/Weller,* § 14 Rn. 90; Ziemons/Jaeger/*Schindler,* BeckOK-GmbHG, § 34 Rn. 74.

413 Vgl. *Larenz/Canaris,* Lehrbuch des Schuldrechts I, § 27 III c; *Deutsch,* Allgemeines Haftungsrecht, S. 67; zur Parallelproblematik im Deliktsrecht MünchKommBGB/*Wagner,* § 823 Rn. 337.

414 Dieses Problem stellt sich im Übrigen auch bei der Kapitalherabsetzung, welche gem. § 53 Abs. 2 GmbHG ebenfalls mit einer 3/4-Mehrheit der abgegebenen Stimmen beschlossen werden muss.

Die Schutzlücke, die sich aus den unterschiedlichen Mehrheitserfordernissen ergibt wäre nur überwindbar, wenn sich für sie die Pflicht statuieren ließe, eine Auflösungsklage nach § 61 GmbHG zu erheben. Denn diese kann von Gesellschaftern erhoben werden, die mit 10 % am Stammkapital legitimiert sind. Nur damit wäre sichergestellt, dass die einfache Mehrheit, welche die Einziehung beschließen kann und zur Auflösung der Gesellschaft verpflichtet wäre, hierfür in jedem Einzelfall auch über das erforderliche Stimmgewicht verfügt. Jedoch liegen die Voraussetzungen für das Auflösungsklagrecht aus § 61 Abs. 1 GmbHG nicht vor. Dieses Recht ist ein zwingendes Recht zum Schutz der Minderheit. Nach § 61 Abs. 1 Alt. 2 GmbHG muss ein wichtiger Grund in den Verhältnissen der Gesellschaft vorliegen, der die Fortsetzung der Gesellschaft *für den Auflösungskläger* unzumutbar macht.[415] Das Abfindungsinteresse des Ausgeschiedenen ist aber ein Grund, der ausschließlich in seiner Person liegt. Er macht die Fortsetzung der Gesellschaft für die Gesellschafter, die der Einziehung zugestimmt haben und zur Erhebung der Auflösungsklage verpflichtet wären, nicht unzumutbar.[416] Die Auflösungsklage müsste also von dem ausgeschiedenen Gesellschafter selbst erhoben werden, dem jedoch aufgrund des Verlustes seiner Mitgliedschaft kein eigenes Auflösungsklagerecht mehr zusteht.[417]

### cc) Schlussfolgerung

Eine Schadensersatzhaftung nach §§ 280 Abs. 1, 249 BGB wegen einer Verletzung der mitgliedschaftlichen Treuepflicht eignet sich nicht als dogmatische Grundlage für die Ausfallhaftung. Der Einziehungsbeschluss kann nicht generell als treuwidrig erachtet werden. Wollte man die Pflichtverletzung in einem Unterlassen von Maßnahmen zur Schaffung von ungebundenem Kapital zur Erfüllung des Abfindungsanspruchs sehen, hätten die Gesellschafter zum einen die Möglichkeit sich für Fehlbeurteilungen im Hinblick auf das Gesellschaftsvermögen zu exkulpieren (§§ 280 Abs. 1 S. 2, 276 BGB). Zum anderen würde ihre Haftung häufig entfallen, weil ihnen der Schadenseintritt nicht zurechenbar ist. Damit bestünde die Gefahr, dass der von der Einziehung betroffene Gesellschafter abfindungslos ausscheidet und im Einzelfall die verbleibenden Gesellschafter nicht in Anspruch nehmen kann. Das überzeugt nicht. Ein sachgerechtes Ergebnis lässt sich nur erzielen, wenn es sich bei

---

415 Vgl. Henssler/Strohn/*Arnold,* GesR, § 61 GmbHG Rn. 2; MünchKommGmbHG/*Limpert,* § 61 Rn. 10, 17; Ulmer/Habersack/Winter/*Casper,* GmbHG, § 61 Rn. 10, 20ff.

416 Gründe alleine in der Person einzelner Gesellschafter sind grds. im Rahmen des § 61 Abs. 1 Alt. 2 GmbHG unbeachtlich. Etwas anderes gilt ausnahmsweise dann, wenn ein solcher Grund auf die Verhältnisse der Gesellschaft durchschlägt und die Fortsetzung der Gesellschaft für den Auflösungskläger unzumutbar macht, vgl. Henssler/Strohn/*Arnold,* GesR, § 61 GmbHG Rn. 2; MünchKommGmbHG/*Limpert,* § 61 Rn. 9ff.; Ulmer/Habersack/Winter/*Casper,* GmbHG, § 61 Rn. 20ff.; MünchKommGmbHG/*Limpert,* § 61 Rn. 32; Rowedder/Schmidt-Leithoff/*Gesell,* § 61 Rn. 10; Ziemons/Jaeger/*Lorscheider,* BeckOK-GmbHG, § 61 Rn. 3.

417 S. hierzu bereits oben S. 53ff.

der Ausfallhaftung um eine Haftung handelt, die nicht den hohen Anforderungen eines Schadensersatzanspruchs (§ 280 Abs. 1 BGB) unterliegt.

Schließlich sei noch angemerkt, dass eine Schadensersatzhaftung nach §§ 280 Abs. 1, 249 BGB zu einer gesamtschuldnerischen Haftung führen würde.[418] Im Hinblick auf die einzelnen zustimmenden Minderheitsgesellschafter würde eine Haftung in Höhe des vollen Abfindungsbetrages auch keine angemessene Risikozuweisung darstellen.[419]

### c) *Das Anwachsungsprinzip als Haftungsgrundlage*

Auf *Altmeppen* geht ursprünglich der Vorschlag zurück, dass die verbleibenden Gesellschafter für die Abfindung persönlich haften, wenn die Gesellschaft selbst nicht über ausreichend ungebundenes Kapital verfügt, um den Abfindungsanspruch zu erfüllen. Die Haftungsgrundlage sah er jahrelang in einem rechtsfortbildend geschaffenen Haftungstatbestand.[420] Nach der Grundsatzentscheidung des BGH zur Ausfallhaftung vom 24. 1. 2012 hat *Altmeppen* von dieser Auffassung jedoch wieder Abstand genommen und eine ganz neue These zur Dogmatik des Abfindungsanspruchs und seinen Schuldnern entwickelt.

#### aa) Die These *Altmeppens*

*Altmeppen* konstatiert, dass alle Probleme im Zusammenhang mit der Sicherung des Abfindungsanspruchs nur darauf zurückzuführen sind, dass der Abfindungsanspruch des ausscheidenden GmbH-Gesellschafters bisher dogmatisch unzutreffend eingeordnet wurde.[421] Entgegen der bislang herrschenden Meinung sei sowohl im Personengesellschafts- als auch im GmbH-Recht nicht die Gesellschaft seine primäre Schuldnerin, sondern die verbleibenden Gesellschafter.[422] Die Haftung der Gesellschaft trete nur ergänzend hinzu.[423]

Im Personengesellschaftsrecht ergebe sich diese Tatsache bereits aus dem Gesetz, da hierin angeordnet ist, dass der Anteil eines ausscheidenden Gesellschafters am Gesellschaftsvermögen den verbleibenden Gesellschaftern gem. § 738 Abs. 1 S. 1 BGB zuwächst und nach dem Wortlaut des § 738 Abs. 1 S. 2 BGB diese verpflichtet

---

418 MünchKommGmbHG/*Merkt,* § 13 Rn. 205; Rowedder/Schmidt-Leithoff/*Pentz,* GmbHG, § 13 Rn. 85; allg. hierzu BGH, NJW-RR 2005, S. 897 (898); Bamberger/Roth/*Schubert,* BGB, § 249 Rn. 57.

419 Diese Schwäche gestehen die Vertreter der Schadensersatzhaftung selbst ein, vgl. *Gubitz/Nikoleyczik,* NZG 2013, S. 727 (731); *Markowsky,* Die Einziehung von GmbH-Geschäftsanteilen, S. 184.

420 Roth/Altmeppen/*Altmeppen,* GmbHG, § 34 Rn. 32 (3. Aufl. 1997–7. Aufl. 2012).

421 Vgl. *Altmeppen,* ZIP 2012, S. 1685 (1686).

422 *Altmeppen,* ZIP 2012, S. 1685 (1688ff.); *ders.,* NJW 2013, S. 1025 (1026ff.).

423 *Altmeppen,* ZIP 2012, S. 1685 (1688ff.); *ders.,* NJW 2013, S. 1025 (1026ff.).

sind dem Ausgeschiedenen die Abfindung zu zahlen.[424] Aber selbst ohne diese ausdrückliche Anordnung würde sich der Abfindungsanspruch originär gegen die verbleibenden Gesellschafter richten.[425] Denn er wurzele im Gesellschaftsverhältnis selbst und sei inhaltlich auf der Grundlage des Anwachsungsprinzips auf eine vorzeitige interne Auseinandersetzung des gemeinschaftlich gehaltenen Gesellschaftsvermögens gerichtet.[426] Demnach sei er nicht als Drittgläubigerforderung zu qualifizieren, für die die Gesellschafter lediglich akzessorisch nach § 128 HGB (analog) haften. Er betreffe ausschließlich das Binnenverhältnis der Gesellschafter untereinander.[427]

Diesem dogmatischen Grundprinzip folgt nach der Auffassung *Altmeppens* auch der Abfindungsanspruch eines ausscheidenden GmbH-Gesellschafters.[428] Dies folgert er aus dem historischen Ursprung des Abfindungsanspruchs. Die Abfindung eines ausgeschiedenen Gesellschafters in Geld geht auf die Bestimmung des Art. 131 ADHGB aus dem Jahr 1861 zurück, die für die OHG folgendes anordnete:

> „Ein ausgeschiedener oder ausgeschlossener Gesellschafter muß sich die Auslieferung seines Antheils am Gesellschaftsvermögen in einer den Werth desselben darstellenden Geldsumme gefallen lassen; er hat kein Recht auf einen verhältnismäßigen Antheil an den einzelnen Forderungen, Waaren oder anderen Vermögensstücken der Gesellschaft."

Diese Regelung wiederum beruht auf Art. 127 des Preußischen Entwurfs eines Handelsgesetzbuchs für die Preußischen Staaten von 1857:

> „Das Recht eines ausgeschiedenen oder ausgeschlossenen Gesellschafters an dem Gesellschaftsvermögen bezieht sich auf den ihm zukommenden Antheil am Gesellschaftsvermögen; es bezieht sich nicht auf einen verhältnismäßigen Antheil an den einzelnen Forderungen, Waaren oder anderen Vermögensstücken der Gesellschaft."[429]

In den Motiven zum Preußischen Entwurf heißt es zu Art. 127:

> „Diese Bestimmung ist eine Konsequenz aus dem Prinzip des Art. 87 (entspricht § 124 HGB, der die selbständige Rechtsträgerschaft der OHG anordnet). Der Ausscheidende muß es sich hiernach gefallen lassen, in baarem Gelde befriedigt zu werden, da ihm

---

424 *Altmeppen,* ZIP 2012, S. 1685 (1687), wobei er sich auch auf die Gesetzgebungsmaterialien zu § 738 BGB stützt, in denen es heißt: „Die Auseinandersetzung aufgrund der Vermögenslage zur Zeit des Ausscheidens […] erfolgt zwischen dem Ausgeschiedenen und den übrigen Gesellschaftern; sie sind hierzu gegenseitig berechtigt und verpflichtet.", vgl. *Mugdan* II, S. 353; *Altmeppen,* NJW 2013, S. 1025 (1026ff.).

425 *Altmeppen,* NJW 2013, S. 1025 (1026).

426 *Altmeppen,* NJW 2013, S. 1025 (1026).

427 *Altmeppen,* NJW 2013, S. 1025 (1026).

428 *Altmeppen,* ZIP 2012, S. 1685 (1689); *ders.,* NJW 2013, S. 1025 (1027f.).

429 Entwurf eines Handelsgesetzbuchs für die Preußischen Staaten nebst Motiven (1857), hrsg. von *Werner Schubert,* S. 23f.

ein antheiliges Recht auf die einzelnen Sachen und Aktiva des Gesellschaftsvermögens nicht zusteht."[430]

Aus dieser Historie schließt *Altmeppen* zunächst, dass bereits unter Geltung des ADHGB von 1861 bei der damals rechtsfähigen OHG der Vermögensanteil des ausgeschiedenen Gesellschafters den verbleibenden Gesellschaftern angewachsen sein musste.[431] Weiter folgert er aus der Begründung zu Art. 127 des Preußischen Entwurfs von 1857, dass anstelle der tatsächlichen Liquidation der Gesellschaft, d.h. der Teilung des Gesellschaftsvermögens bzw. seiner Vermögensgegenstände seit 1861 die Liquidation der Gesellschaft beim Ausscheiden eines Gesellschafters durch das Anwachsungsprinzip im Sinne einer Abfindung in Geld nach Art. 131 ADHGB simuliert werden sollte[432,433]. Der Abfindungsanspruch sei also im Anwachsungsprinzip selbst verankert und inhaltlich auf eine vorzeitige Aufteilung des Gesellschaftsvermögens zwischen den Beteiligten gerichtet.[434]

Weiterhin folgert er, dass das Anwachsungsprinzip keine Rechtsfigur sein könne, die an das gesellschaftsrechtliche Prinzip der Gesamthand anknüpft. Denn dieses Prinzip wurde erst durch die zweite Kommission zur Schaffung des BGB im Jahre 1896 eingeführt und war somit den Vätern des Preußischen Entwurfs von 1857 noch unbekannt.[435] Die Anwachsung des Vermögensanteils eines ausscheidenden Gesellschafters im Sinne einer Abfindung in Geld gelte nach der Auffassung *Altmeppens* daher konsequent bei jedem rechtsfähigen Verband mit eigener Vermögensmasse.[436] Da auch die GmbH als juristische Person das Zuordnungssubjekt des Gesellschaftsvermögens ist, müsse also auch bei ihr das Anwachsungsprinzip Anwendung finden.[437] Nur so lasse sich erklären, warum sich nach der Einziehung eines Geschäftsanteils die Teilhabe am Gesellschaftsvermögen mit dem Wegfall eines Mitgliedschaftsrechts pro rata auf die verbleibenden Gesellschafter aufteilt.[438] Die Tatsache, dass die GmbH als juristische Person verfasst ist, spiele im Zusammenhang mit der Anwachsung eines Mitgliedschaftsrechts keine Rolle, da hierdurch

430 Entwurf eines Handelsgesetzbuchs für die Preußischen Staaten nebst Motiven (1857), hrsg. von *Werner Schubert,* 2. Theil (Motive), S. 70.

431 *Altmeppen,* ZIP 2012, S. 1685 (1688); *ders.,* NJW 2013, S. 1025 (1027).

432 *Altmeppen,* ZIP 2012, S. 1685 (1688f.); *ders.,* NJW 2013, S. 1025 (1028).

433 Hierbei beruft sich *Altmeppen* auf eine Passage eines Kommentars zu Art. 131 ADHGB, die wie folgt lautete: „Dagegen tritt, da für ihn (= den ausscheidenden Gesellschafter) die Gesellschaft aufhört, das bei Endigung der Gesellschaft geltend zu machende Recht auf den Geschäftsanteil in derselben Weise in Wirksamkeit, wie wenn die Liquidation erfolgt wäre.",vgl. *v. Hahn,* ADHGB 1861, Art. 131, S. 329.

434 *Altmeppen,* ZIP 2012, S. 1685 (1688f.); *ders.,* NJW 2013, S. 1025 (1027f.).

435 *Altmeppen,* ZIP 2012, S. 1685 (1688); *ders.,* NJW 2013, S. 1025 (1027).

436 *Altmeppen,* ZIP 2012, S. 1685 (1688); *ders.,* NJW 2013, S. 1025 (1027).

437 *Altmeppen,* NJW 2013, S. 1025 (1027f.).

438 *Altmeppen,* ZIP 2012, S. 1685 (1689).

lediglich die Gesellschafter von den Gesellschaftsschulden abgeschirmt werden sollen.[439]

Da sich der Abfindungsanspruch des ausgeschiedenen GmbH-Gesellschafters also nach denselben dogmatischen Grundprinzipien wie im Personengesellschaftsrecht richte, müssten die verbleibenden GmbH-Gesellschafter ebenfalls auf der Grundlage des Anwachsungsprinzips seine originären Schuldner sein.[440] Diese Erkenntnis sei gleichzeitig der Grund dafür, warum die Schuldnerstellung der Gesellschafter für den Abfindungsanspruch nicht mit dem Haftungsprivileg aus § 13 Abs. 2 GmbHG kollidiert.[441] Denn der Abfindungsanspruch wurzele als Sozialverbindlichkeit im Gesellschaftsverhältnis selbst und betreffe die interne Auseinandersetzung des Gesellschaftsvermögens, während § 13 Abs. 2 GmbHG nur auf gewöhnliche „Drittgläubigerforderungen" zugeschnitten sei.[442]

Für diese Sozialverbindlichkeit soll nach der Ansicht *Altmeppens* das Vermögen der GmbH lediglich vorrangig herangezogen werden.[443] Ist die Heranziehung des Gesellschaftsvermögens aufgrund des Kapitaldeckungsvorbehalts (§ 34 Abs. 3 i.V.m. § 30 Abs. 1 GmbHG) nicht möglich, weil die Abfindungszahlung das Stammkapital beeinträchtigen würde, so lebe der Grundgedanke wieder auf, dass die verbleibenden Gesellschafter originär auf der Grundlage des Anwachsungsprinzips für die Abfindung haften, weil alleine sie hiervon profitieren.[444]

### bb) Resonanz in der Literatur

Mit dieser Theorie hat *Altmeppen* in der Literatur bislang kaum Gefolgschaft gefunden.[445] Ihm wird insbesondere vorgehalten, dass das Anwachsungsprinzip nicht mehr aussagen würde, als dass sich die rechnerische Beteiligung der verbleibenden Gesellschafter am Gesellschaftsvermögen durch das Ausscheiden eines anderen Gesellschafters erhöht.[446] Da der Abfindungsanspruch eine Sozialverbindlichkeit ist, hafte primär die Gesellschaft, während die Gesellschafter auch im Personengesellschaftsrecht hierfür nicht originär, sondern nur akzessorisch nach § 128 HGB (analog) haften würden.[447] Die Tatsache, dass der Wortlaut des § 738 Abs. 1 S. 2 BGB eine Gesellschafterhaftung anordnet, sei ein Überbleibsel aus dem Ersten Entwurf zur Schaffung des BGB und habe historisch betrachtet lediglich die Funktion einen

439 *Altmeppen,* ZIP 2012, S. 1685 (1689).
440 *Altmeppen,* ZIP 2012, S. 1685 (1689); *ders.,* NJW 2013, S. 1025 (1028).
441 *Altmeppen,* ZIP 2012, S. 1685 (1689); *ders.,* NJW 2013, S. 1025 (1028).
442 *Altmeppen,* ZIP 2012, S. 1685 (1690); *ders.,* NJW 2013, S. 1025 (1029).
443 *Altmeppen,* ZIP 2012, S. 1685 (1690); *ders.,* NJW 2013, S. 1025 (1029).
444 *Altmeppen,* ZIP 2012, S. 1685 (1690); *ders.,* NJW 2013, S. 1025 (1029).
445 Lediglich *Schneider/Hoger,* NJW 2013, S. 502 (505 mit Fn. 50) sympathisieren mit seinem Ansatz.
446 *Gubitz/Nikoleyczik,* NZG 2013, S. 727 (729).
447 *Markowsky,* Die Einziehung von GmbH-Geschäftsanteilen, S. 176; *Gubitz/Nikoleyczik,* NZG 2013, S. 727 (729); *J. Schmidt,* GmbHR 2013, S. 953 (956); *Ulmer,* FS Hoffmann-Becking, S. 1261 (1273f.).

Anspruch gegen die damals noch nicht als rechtsfähig begriffene Gesamthandsgesellschaft zu begründen.[448] Auch im GmbH-Recht komme nur die Gesellschaft als primäre Schuldnerin des Abfindungsanspruchs in Betracht, da andernfalls der Kapitaldeckungsvorbehalt aus § 34 Abs. 3 i.V.m. § 30 Abs. 1 GmbHG ins Leere ginge.[449] Zum Ausgleich der bei den verbleibenden Gesellschaftern über ihre Beteiligung am Gesellschaftsvermögen vermittelten Vermögensmehrung sei nach der Konzeption des Gesetzes alleine der gegen das Verbandsvermögen gerichtete Abfindungsanspruch berufen.[450]

#### cc) Stellungnahme

Dem Anwachsungsmodell von *Altmeppen* wird in der Literatur zu Recht die Gefolgschaft versagt.

Bereits die Prämisse, dass sich der Abfindungsanspruch eines ausgeschiedenen Gesellschafters im Personengesellschaftsrecht originär gegen die verbleibenden Gesellschafter richtet, ist unzutreffend. Der Abfindungsanspruch wird im Personengesellschaftsrecht von der h.M. zu Recht als Sozialverbindlichkeit eingeordnet, deren primäre Schuldnerin – wie bei allen anderen Sozialverbindlichkeiten auch[451] – die rechtsfähige Gesamthandsgesellschaft selbst ist.[452] Die Gesellschafter haften für diese Schuld der Gesellschaft nur kraft Akzessorietät nach § 128 HGB (analog).[453]

---

448 *Gubitz/Nikoleyczik,* NZG 2013, S. 727 (729); *J. Schmidt,* GmbHR 2013, S. 953 (956); *Markowsky,* Die Einziehung von GmbH-Geschäftsanteilen, S. 175.

449 *J. Schmidt,* GmbHR 2013, S. 953 (956); *Ulmer,* FS Hoffmann-Becking, S. 1261 (1273f.); *Tröger,* Gesellschaftsrecht in der Diskussion 2013, S. 23 (44f.).

450 *Tröger,* Gesellschaftsrecht in der Diskussion 2013, S. 23 (43f.).

451 Vgl. Soergel/*Hadding/Kießling,* BGB, § 705 Rn. 51; Palandt/*Sprau,* BGB, § 705 Rn. 30; MünchKommBGB/*Ulmer/Schäfer,* § 705 Rn. 197; Henssler/Strohn/*Servatius,* GesR, § 705 BGB Rn. 45; Staudinger/*Habermeier,* BGB, § 705 Rn. 37.

452 Zur GbR: BGH, NJW 2011, S. 2355 (2355); *Flume,* Die Personengesellschaft, S. 172f.; Palandt/*Sprau,* BGB, § 738 Rn. 2; Staudinger/*Habermeier,* BGB, § 738 Rn. 12; MünchKommBGB/*Ulmer/Schäfer,* § 738 Rn. 16; Henssler/Strohn/*Kilian,* GesR, § 738 BGB Rn. 12; Soergel/*Hadding/Kießling,* BGB, § 738, Rn. 40; Bamberger/Roth/*Schöne,* BGB, § 738 Rn. 17.
Zur OHG: BGH, WM 1972, S. 1399 (1400); MünchKommHGB/*K.Schmidt,* § 131 Rn. 128; Baumbach/Hopt/*Roth,* HGB, § 131 Rn. 48; Henssler/Strohn/*Klöhn,* GesR, § 131 HGB Rn. 60; Oetker/*Kamanabrou,* HGB, § 131 Rn. 53; nur vereinzelt wird im Schrifttum unter dem Hinweis auf den Wortlaut des § 738 Abs. 1 S. 2 BGB angenommen, dass die Gesellschafter originär die Abfindung schuldeten, vgl. *Heckelmann,* Abfindungsklauseln in Gesellschaftsverträgen, S. 22ff.

453 BGH, NZG 2001, S. 936 (937); BGH, WM 1971, S. 1451 (1452); *Hueck,* OHG, § 29 II 5a; Baumbach/Hopt/*Roth,* HGB, § 131 Rn. 48; MünchKommHGB/*K.Schmidt,* § 131 Rn. 128; Koller/Kindler/Roth/Morck/*Kindler,* HGB, § 131 Rn. 10; Ebenroth/Boujong/Joost/Strohn/*Lorz,* HGB, § 131 Rn. 65; MünchKommBGB/*Schäfer,* § 738 Rn. 17; Henssler/Strohn/*Kilian,* GesR, § 738 BGB Rn. 12; die Gegenauffassung lehnt eine akzessorische Haftung nach § 128 HGB sogar ab und geht davon aus,

Der Wortlaut des § 738 Abs. 1 S. 2 BGB, der die verbleibenden Gesellschafter für den Abfindungsanspruch zu verpflichten scheint, knüpft an die veraltete Gesamthandsdoktrin an, die der Gesellschaft bürgerlichen Rechts die Rechtsfähigkeit absprach.[454] Da die Gesellschafter selbst und nicht die Gesamthandsgesellschaft nach dieser Doktrin als Zuordnungssubjekt des Gesellschaftsvermögens galten,[455] konnte § 738 Abs. 1 S. 2 BGB bezüglich der Haftung für die Abfindung auch nur auf sie Bezug nehmen. Diese Tatsache legt zugleich im Umkehrschluss nahe, dass bei einem rechtsfähigen Verband die Gesellschaft selbst die primäre Schuldnerin des Abfindungsanspruchs ist.

Ein Blick auf die Historie des Abfindungsanspruchs bestätigt entgegen *Altmeppens* Auffassung diese Vermutung. So hat *Altmeppen* zunächst treffend herausgearbeitet, dass aufgrund der Rechtsfähigkeit der OHG nach Art. 111 ADHGB (= Art. 87 des Preußischen Entwurfs von 1857) der Vermögensanteil eines ausscheidenden Gesellschafters den verbleibenden Gesellschaftern angewachsen ist und auch, dass die Abfindung eines Gesellschafters in Geld auf Art. 131 ADHGB zurückzuführen ist. Er geht jedoch zu Unrecht davon aus, dass der Gesetzgeber des ADHGB von 1861 durch diese Regelung die Abfindung in Geld im Anwachsungsprinzip im Sinne einer „simulierten" Liquidation der Gesellschaft verankert hat.

Denn Art. 131 ADHGB ordnete eine Abfindung in Geld lediglich deswegen an, um auszuschließen, dass ein ausscheidender Gesellschafter seinen Anteil am Gesellschaftsvermögen durch Realteilung der einzelnen Vermögensgegenstände in natura verlangen konnte. Er sollte es stattdessen hinnehmen müssen, dass sein Anteil geschätzt und ihm nur in Geld vergütet wird.[456] Andernfalls wäre der Fortbestand der Gesellschaft als Trägerin des Gesellschaftsvermögens schlichtweg unmöglich gewesen, wenn ihre einzelnen Vermögensgegenstände aufgeteilt hätten werden müssen.[457] Eine weitergehende Aussage lässt sich auch der Begründung zu Art. 127 des Preußischen Entwurfs von 1857[458] nicht entnehmen. Hierin stellte der Gesetzgeber lediglich noch einmal klar, dass die Gesellschaft selbst die Trägerin der einzelnen Vermögensgegenstände ist und dem Gesellschafter nur ein geldwerter Anteil an der Gesellschaft zusteht. Für diesen Abfindungsanspruch in Geld kodifizierte der

---

dass nur die Gesellschaft haftet. Als Argument wird angeführt, dass eine Haftung der Gesellschafter für die Abfindung als Sozialverbindlichkeit eine unzulässige Nachschusspflicht i.S.d. § 707 BGB darstellen würde, vgl. OLG Frankfurt a.M., NZG 2005, S. 712 (712); Soergel/*Hadding/Kießling*, BGB, § 738 Rn. 40; Staudinger/*Habermeier*, BGB, § 738 Rn. 12; Bamberger/Roth/*Timm/Schöne*, BGB, § 738 Rn. 18.

454 Im Jahr 2001 hat der BGH in einer Grundsatzentscheidung hiervon Abstand genommen und ausdrücklich die Rechtsfähigkeit der GbR anerkannt, vgl. BGH, NJW 2001, S. 1056 (1056ff.).

455 Vgl. aus dem moderneren Schrifttum etwa *Hueck*, FS Zöllner, S. 275 (275ff.).

456 Vgl. *Gareis/Fuchsberger*, ADHGB 1861, Art. 131, S. 264.

457 Vgl. Puchelt/*Förtsch*, ADHGB 1861, Art. 131, S. 293.

458 Vgl. Entwurf eines Handelsgesetzbuchs für die Preußischen Staaten nebst Motiven (1857), hrsg. von *Werner Schubert*, 2. Theil (Motive), S. 70.

Gesetzgeber in Art. 130 Abs. 1 ADHGB ausdrücklich die Schuldnerstellung der Gesellschaft.[459] Diese Bestimmung hatte folgenden Wortlaut:

> „Wenn ein Gesellschafter ausscheidet oder ausgeschlossen wird, so erfolgt die Auseinandersetzung *der Gesellschaft mit demselben* [...]"[460]

Art. 130 Abs. 1 ADHGB war auch nicht im Sinne von *Altmeppens* Theorie so zu verstehen, dass die Gesellschafter auf Grundlage des Anwachsungsprinzips originär für den Abfindungsanspruch haften und die Haftung der Gesellschaft nur ergänzend hinzutritt, weil für Sozialverbindlichkeiten primär das Gesellschaftsvermögen herangezogen werden soll.[461] Art. 130 Abs. 1 ADHGB war vielmehr dahingehend auszulegen, dass die Gesellschaft die Primärschuldnerin des Abfindungsanspruchs ist, während die verbleibenden Gesellschafter für ihre Schuld nur akzessorisch nach Art. 112 ADHGB (entspricht § 128 HGB) hafteten.

Diese Interpretation der Norm entsprach einhelliger Auffassung in der damaligen Kommentarliteratur.[462] Auch das Reichsgericht teilte diese Ansicht und so lautete eine Entscheidung aus dem Jahr 1882 zu den Bestimmungen der Artt. 130, 131 ADHGB folgerichtig:

> „[...] im Fall des Ausscheidens eines Gesellschafters und Fortsetzung der Gesellschaft seitens der verbleibenden Gesellschafter ist das Verhältnis nach den gesetzlichen Bestimmungen der Artt. 127, 130, 131 ADHGB aufzufassen als Aufgabe des Mitrechts an dem Gesellschaftsvermögen seitens des Ausscheidenden zu Gunsten der anderen Gesellschafter gegen Übernahme der Verpflichtung zur Zahlung der dem Werte seines Geschäftsanteiles entsprechenden Summe, *nicht seitens der Einzelpersonen der anderen bisherigen Gesellschafter, sondern seitens der von diesen fortgesetzten, hinsichtlich des Ausgeschiedenen neuen, Gesellschaft* [...] Gewiss wäre eine Regulierung des Verhältnisses in der Weise denkbar, dass sich jeder der Gesellschafter denen der Anteil des Ausscheidenden anwuchs, für seine Person dem Ausscheidenden zu dem seinem Zuwachs entsprechenden Beitrage zu seiner Abfindung verpflichtete. Dies ist aber nicht die Regelung, in deren Sinn das Gesetz den Ausscheidungs- und Abschichtungsvertrag interpretiert [...] *Eine Schuld der neuen, bzw. fortgesetzten Gesellschaft ist begründet* [...] *für welche[s] ihre Gesellschafter persönlich, eben weil es eine Gesellschaftsschuld ist* [...] *nach Art. 112 ADHGB [entspricht § 128 HGB] solidarisch haften.*"[463]

Damit steht fest, dass das Anwachsungsprinzip bereits unter der Geltung des ADHGB von 1861 Anwendung fand, dieses Prinzip jedoch seit jeher bei einer

459 Unter Hinweis auf diese Norm auch *Markowsky,* Die Einziehung von GmbH-Geschäftsanteilen, S. 175.

460 Hervorh. d. d. Verf.

461 Vgl. *Altmeppen,* ZIP 2012, S. 1685 (1690); *ders.,* NJW 2013, S. 1025 (1029).

462 Vgl. Puchelt/*Förtsch,* ADHGB 1861, Art. 131, S. 293, Art. 130, S. 290; *Gareis/Fuchsberger,* ADHGB 1861, Art. 130, S. 263; *v. Hahn,* ADHGB 1861, Art. 130, S. 328.

463 RGZ 7, S. 93 (94f.), Hervorh. d. d. Verf.; ferner RGZ 21, S. 93 (94f.)

rechtsfähigen Personengesellschaft nicht mehr besagt, als dass sich die rechtliche Teilhaberschaft der verbleibenden Gesellschafter an der Gesellschaft erhöht, weil die Mitberechtigung des ausscheidenden Gesellschafters hieran wegfällt.[464] Da sich der Abfindungsanspruch als Sozialverbindlichkeit bereits unter Geltung des ADHGB primär gegen die rechtsfähige OHG richtete, ist es aus historischer Perspektive konsequent, dass die h.M. nach Anerkennung der Rechtsfähigkeit der GbR diese selbst zur Schuldnerin des Abfindungsanspruchs erhoben hat und dem veralteten Wortlaut des § 738 Abs. 1 S. 2 BGB, der auf die Schuldnerstellung der Gesellschafter abhebt, keine Bedeutung mehr beimisst.[465]

Wenn aber bereits im Personengesellschaftsrecht die Gesellschaft selbst Schuldnerin des Abfindungsanspruch ist und das Anwachsungsprinzip nur eine Aussage über die Veränderung der rechnerischen Beteiligung an der Gesellschaft trifft, so kann ungeachtet der streitigen Frage, ob das Anwachsungsprinzip im GmbH-Recht auch Anwendung findet oder nach der Einziehung eines Geschäftsanteils nur eine mittelbare Aufstockung der nominell unverändert bleibenden Geschäftsanteile stattfindet,[466] ebenfalls nur die Gesellschaft als Schuldnerin des Abfindungsanspruchs in Betracht kommen. Denn als juristische Person ist sie gegenüber ihren Mitgliedern rechtlich noch weiter verselbständigt, als eine rechtsfähige Gesamthandsgesellschaft. Hierdurch wird aber zugleich die Schuldnerstellung der Gesellschafter aufgrund des Trennungsprinzips aus § 13 Abs. 2 GmbHG ausgeschlossen.[467]

Die Richtigkeit dieser Schlussfolgerung wird durch einen Blick in das GmbHG sowie in seine Gesetzgebungshistorie untermauert: So befindet sich im GmbHG ein Anhaltspunkt für die Schuldnerstellung der Gesellschaft in der Anordnung des Kapitaldeckungsvorbehalts aus § 34 Abs. 3 i.V.m. § 30 Abs. 1 GmbHG. Denn mit der Anordnung, dass infolge der Einziehung eines Geschäftsanteils das Stammkapital nicht beeinträchtigt werden darf, impliziert der Gesetzgeber die Schuldnerstellung der GmbH. Auf der anderen Seite fehlt ein gesetzlicher Anhaltspunkt für eine originäre Schuldnerstellung der Gesellschafter. Die Gesetzgebungsmaterialien bekräftigen diese Annahme. So lautet eine Passage in der Gesetzesbegründung zu § 34 GmbHG:

> „Die Einziehung erfolgt alsdann durch unmittelbare Zurückzahlung der Stammeinlage bzw. der sonst bedungenen Abfindungssumme."[468]

Dieser Formulierung lässt sich entnehmen, dass der Gesetzgeber von 1892 davon ausging, dass die Gläubigerstellung der Gesellschaft bei Einforderung der

---

464 Vgl. *Hueck*, OHG, § 29 II 2, S. 447; Soergel/*Hadding/Kießling*, BGB, § 738 Rn. 2ff.
465 S. die Nachw. in Fn. 452.
466 S. zum Streitstand nur *Wolff*, GmbHR 1999, S. 958 (960) m.w.N.
467 Vgl. auch *J. Schmidt*, GmbHR 2013, S. 953 (956).
468 Entwurf eines Gesetzes betreffend die GmbH, Stenographische Berichte des Reichstages, 8. Legislaturperiode – I. Session 1890/1892, 5. Anlageband, Aktenstück Nr. 660, S. 3715 (3747).

Stammeinlage[469] mit ihrer Schuldnerstellung bei Zurückzahlung dieser Einlage an den Gesellschafter in modifizierter Form als Abfindung korreliert. Auch die weitere Gesetzgebungsgeschichte deutet klar in diese Richtung. So setzte auch der Regierungsentwurf zur gescheiterten Reform des GmbHG aus dem Jahr 1973 mit Selbstverständlichkeit die Schuldnerstellung der Gesellschaft für die Abfindung voraus. Denn in der geplanten Regelung zur Einziehung nahm er für die Zahlung des Einziehungsentgelts in § 58 Abs. 3 RegE GmbHG wiederum nur auf das Gesellschaftsvermögen Bezug:

> „Die Einziehung kann nur erfolgen, wenn [...] *ein Einziehungsentgelt aus dem über den Betrag des Stammkapitals hinaus vorhandenen Vermögen* gezahlt werden kann.“ [470]

Noch deutlicher betonte der Gesetzgeber die Schuldnerstellung der Gesellschaft für den Abfindungsanspruch in der geplanten Regelung zum Ausschluss aus der Gesellschaft durch gerichtliches Urteil. So lautete § 209 Abs. 1 RegE GmbHG:

> „*Der Gesellschafter kann von der Gesellschaft als Abfindung* den Betrag verlangen, den ein Dritter für den Geschäftsanteil aufwenden würde (Verkehrswert).“[471]

Auf der anderen Seite lässt sich auch bei dieser gescheiterten Reformbestrebung den Gesetzgebungsmaterialien kein Anhaltspunkt dafür entnehmen, dass die Gesellschafter die Schuldner des Abfindungsanspruchs sind.

Der These *Altmeppens* von der originären Schuldnerstellung der Gesellschafter auf Grundlage des Anwachsungsprinzips ist daher sowohl im Personengesellschafts- als auch im GmbH-Recht nicht zu folgen. Die Schuldnerstellung der GmbH schließt nach § 13 Abs. 2 GmbHG die Schuldnerstellung der Gesellschafter aus.

### *d) Rechtsfortbildung*

Da weder das Bereicherungsrecht, noch eine Schadensersatzhaftung nach §§ 280 Abs. 1, 249 BGB, noch das Anwachsungsprinzip eine dogmatisch tragfähige Grundlage für die Ausfallhaftung darstellen, bleibt nur die Möglichkeit übrig, dass die vom BGH judizierte Ausfallhaftung auf einem rechtsfortbildend geschaffenen Haftungstatbestand basiert. Da der Senat die dogmatischen Grundlagen hierfür in seiner

---

469 Der Einlageanspruch ist ein Recht, das ausschließlich der Gesellschaft zusteht. Die Gesellschafter können diesen Anspruch zwar selbst einklagen, nicht aber weil es sich um einen eigenen Anspruch der Gesellschafter handeln würde, sondern nach der überzeugenden h.M. nur als Recht der Gesellschaft im eigenen Namen, also im Wege einer Prozessstandschaft, vgl. OLG Düsseldorf, ZIP 1994, S. 619 (621); Michalski/*Ebbing*, GmbHG, § 14 Rn. 96; Baumbach/Hueck/*Fastrich*,GmbHG, § 13 Rn. 37; MünchKommGmbHG/*Merkt*, § 13 Rn. 326; *K. Schmidt*, Gesellschaftsrecht, § 21 IV 4a jew. m.w.N.

470 BT-Drucks. VI/3088, S. 17, Hervorh. d. d. Verf.

471 BT-Drucks. VI/3088, S. 58, Hervorh. d. d. Verf.

Entscheidung vom 24. 1. 2012[472] nicht präziser erläutert hat[473] und die persönliche Haftung eines GmbH-Gesellschafters nach der gesetzlichen Konzeption eine seltene Ausnahme im Haftungssystem des GmbH-Rechts darstellt,[474] erscheint es jedoch zweifelhaft, ob der II. Zivilsenat mit dieser Entscheidung die Grenzen zulässiger richterlicher Rechtsfortbildung eingehalten hat.

Auch im Schrifttum wird die Grundlage für die Ausfallhaftung zum Teil in einem rechtsfortbildend geschaffenen Haftungstatbestand gesehen.[475] Überblickt man die Begründung, die hierfür vorgebracht wird, so fällt auf, dass sie bei den meisten Autoren dogmatisch kaum fundierter ist, als die Begründung, die der Bundesgerichtshof in seiner Grundsatzentscheidung vom 24. 1. 2012 anführt (aa)). Nur *Tröger* hat sich in jüngster Vergangenheit um eine eingehendere normative Legitimation bemüht (bb)). Nach einer kritischen Würdigung der bisherigen Ansätze (cc)) wird sodann die Zulässigkeit dieser Rechtsfortbildung untersucht und ein Lösungsvorschlag unterbreitet (dd)).

#### aa) Ausgleich von Vermögensvorteilen in Anlehnung an die anerkannten Haftungstatbestände zur Aufbringung und Erhaltung des Stammkapitals

Die meisten Befürworter eines rechtsfortbildend geschaffenen Haftungstatbestandes verweisen darauf, dass die persönliche Haftung eines GmbH-Gesellschafters der Haftungsverfassung des GmbH-Rechts auch in Gestalt der Ausfallhaftung aus §§ 24, 31 Abs. 3 GmbHG und der Unterbilanzhaftung bekannt ist.[476] Ähnlich wie diese anerkannten Tatbestände diene auch die Ausfallhaftung nach der Einziehung der Erhaltung des Stammkapitals.[477] Sachlich sei die Haftung gerechtfertigt, weil den verbleibenden Gesellschaftern, die sich anstelle einer Auflösung dazu entschließen

---

472 BGH ZIP 2012, S. 422 (422ff.).

473 S. hierzu ausführlich oben S. 62f.

474 Hierzu bereits oben S. 62.

475 *J. Schmidt,* GmbHR 2013, S. 953 (956f.); *Ulmer,* FS Hoffmann-Becking, S. 1261 (1268) der allerdings starke Zweifel an der Zulässigkeit dieser Rechtsfortbildung äußert und die Haftungslösung aus diesem Grund ablehnt; mittlerweile auch Baumbach/Hueck/*Fastrich,* GmbHG, § 34 Rn. 45; wohl auch MünchKommGmbHG/*Strohn,* § 34 Rn. 77; *Goette,* FS Lutter, S. 399 (410); *Heckschen,* NZG 2010, S. 521 (523); *Küperkoch,* Das zwangsweise Ausscheiden eines GmbH-Gesellschafters mittels Einziehung, S. 139f.; ursprünglich insbesondere Roth/Altmeppen/*Altmeppen,* GmbHG, 7. Aufl., § 34 Rn. 30ff.; wohl auch *Kolb,* NZG 2007, S. 815 (817) sowie *ders.,* Der Ausschluss eines Gesellschafters aus der GmbH, S. 36, indem er ohne nähere Erläuterung von einer „Ausnahme zu § 13 Abs. 2 GmbHG" spricht; neuerdings auch *Tröger,* Gesellschaftsrecht in der Diskussion 2013, S. 23 (46ff.).

476 Roth/Altmeppen/*Altmeppen,* GmbHG, 7. Aufl., § 34 Rn. 32; ihm in diesem Begründungsansatz folgend *J. Schmidt,* GmbHR 2013, S. 953 (956f.); MünchKommGmbHG/*Strohn,* § 34 Rn. 77; *Küperkoch,* Das zwangsweise Ausscheiden eines GmbH-Gesellschafters mittels Einziehung, S. 139f.

477 Roth/Altmeppen/*Altmeppen,* GmbHG, 7. Aufl., § 34 Rn. 32.

die Gesellschaft ohne den lästigen Gesellschafter fortzusetzen, spiegelbildlich der Wert seiner Mitgliedschaft zuwächst, wenn dieser aufgrund des Kapitaldeckungsvorbehalts abfindungslos ausscheidet.[478] *Ulmer* ordnet die Entscheidung des BGH daher als rechtsfortbildende Fortentwicklung der §§ 24, 31 Abs. 3 GmbHG aus Billigkeitserwägungen ein.[479]

#### bb) Der Ansatz *Trögers:* Treupflichtbasierte Leistungspflicht zur Absicherung gegen ex post-Opportunismusgefahren

*Tröger* ist wiederum der Auffassung, dass die Vermögensvorteile, die bei den verbleibenden Gesellschaftern als Folge der Vernichtung des eingezogenen Geschäftsanteils anfallen, rechtstechnisch alleine durch den gegen das Verbandsvermögen gerichteten Abfindungsanspruch ausgeglichen werden sollen.[480] Weiterhin geht er davon aus, dass der ausgeschlossene Gesellschafter das Risiko, dass sich die Vermögensverhältnisse der Gesellschaft nach seinem Ausscheiden verschlechtern und im Fälligkeitszeitpunkt der Abfindung das Kapitalerhaltungsgebot entgegensteht, prinzipiell selbst tragen müsste. Denn schließlich hat er im Gesellschaftsvertrag der hinausgeschobenen Fälligkeit seines Abfindungsanspruchs zugestimmt.[481]

Die normative Legitimation für die Ausfallhaftung sieht *Tröger* in der Möglichkeit ex post-opportunistischen Verhaltens der verbleibenden Gesellschafter. Nach der Einziehung hätten diese nämlich einen Anreiz, den über die Abfindung aus dem Gesellschaftsvermögen zu bewerkstelligenden Interessenausgleich im eigenen Interesse missbräuchlich zu verändern.[482]

Zum einen bestünde die Gefahr, dass sie durch offene Vermögensverschiebungen mutwillig eine Unterdeckung herbeiführen.[483] Zum anderen hätten die verbleibenden Gesellschafter die Möglichkeit, Kapital, das für die Gesellschaft ohnehin mittelfristig verloren ist, weil es zur Begleichung des Abfindungsanspruchs verwendet werden muss, vor Fälligkeit noch in besonders riskante Geschäfte zu investieren. Denn während sie als Residualgläubiger im Erfolgsfall von den höheren Gewinnen aus den riskanteren Geschäften profitierten, würde sich für den Abfindungsgläubiger alleine das Risiko erhöhen, dass sich die Solvenz der Gesellschaft verschlechtert

---

478 Roth/Altmeppen/*Altmeppen*, GmbHG, 7. Aufl., § 34 Rn. 32; MünchKommGmbHG/*Strohn*, § 34 Rn. 77; *Goette*, FS Lutter, S. 399 (410); *Küperkoch*, Das zwangsweise Ausscheiden eines GmbH-Gesellschafters mittels Einziehung, S. 138f.; *Kolb*, NZG 2007, S. 815 (817); *ders.*, Der Ausschluss eines Gesellschafters aus der GmbH, S. 36.

479 Ulmer/Habersack/Löbbe/*Ulmer/Habersack*, GmbHG, § 34 Rn. 64a; *Ulmer*, FS Hoffmann-Becking, S. 1261 (1264 und 1269); ähnlich *J. Schmidt*, GmbHR 2013, S. 953 (956f.): „offene Rechtsfortbildung" zur Schaffung einer „praktischen Konkordanz".

480 *Tröger*, Gesellschaftsrecht in der Diskussion 2013, S. 23 (43f., 46, 76).

481 *Tröger*, Gesellschaftsrecht in der Diskussion 2013, S. 23 (45f.).

482 *Tröger*, Gesellschaftsrecht in der Diskussion 2013, S. 23 (46, 55).

483 *Tröger*, Gesellschaftsrecht in der Diskussion 2013, S. 23 (46f.).

und er mit seinem Anspruch aufgrund der Kapitalerhaltungsschranke ausfällt.[484] Die persönliche Ausfallhaftung nehme den verbleibenden Mitgliedern die Anreize zu diesem ex post-opportunistischen Verhalten und fungiere somit als effektive Entschärfung des Missbrauchspotentials, welches mit dem Abfindungsregime verbunden ist.[485]

Dogmatisch setzt *Tröger* diese Wertungsaspekte um, indem er den verbleibenden Gesellschaftern gegenüber dem ausgeschiedenen Mitglied eine unbedingte und verschuldensunabhängige Verlustausgleichspflicht mit garantieähnlichem Sicherungscharakter auf Grundlage der Treuepflicht auferlegt.[486] Eine Einstandspflicht, die nicht an einen konkreten Pflichtwidrigkeitsvorwurf anknüpft, sondern alleine auf das potentiell opportunistische Verhalten der verbleibenden Mitglieder reagiert, sei deswegen notwendig und gerechtfertigt, weil es den Gerichten in der Realität kaum möglich wäre, das opportunistische Verhalten der verbleibenden Gesellschafter zu erkennen.[487] Schließlich sei auch im Personenhandelsgesellschaftsrecht mit Minderheitsgesellschaftern eine treupflichtbasierte, von konkretem Verschulden unabhängige Verlustdeckungspflicht anerkannt.[488]

### cc) Schwächen der bisherigen Begründungsansätze

Alleine mit einem Hinweis auf die Existenz der anerkannten Haftungstatbestände zur Aufbringung und Erhaltung des Stammkapitals lässt sich die Rechtsfortbildung nicht legitimieren. Denn nach der Einziehung eines Geschäftsanteils ist die Erhaltung des Stammkapitals bereits ausreichend über § 34 Abs. 3 i.V.m. § 30 Abs. 1 GmbHG sichergestellt. Die Ausfallhaftung dient alleine dem Abfindungsinteresse des ausgeschiedenen Gesellschafters und ist somit nicht Teil des Kapitalschutzsystems. Die These *Ulmers*, wonach die Haftung auf einem Vermögensausgleich aus Billigkeit gründen soll, liefert wiederum keine überzeugende dogmatische Begründung, zumal *Ulmer* selbst von der Unzulässigkeit dieser Rechtsfortbildung ausgeht.[489]

Aber auch der Begründungsansatz von *Tröger* vermag nicht recht zu überzeugen, da bei ihm ein missbilligenswertes Verhalten der verbleibenden Gesellschafter im Mittelpunkt der Ausfallhaftung steht. Aufgrund des Vorliegens einer Sonderverbindung im Verhältnis zum ausgeschiedenen Gesellschafter müsste dieses als Verstoß gegen die mitgliedschaftliche Treuepflicht eigentlich eine Schadensersatzhaftung der konkret pflichtwidrig und schuldhaft handelnden Gesellschafter auslösen (§§ 280 Abs. 1, 249 ff. BGB). Alleine aufgrund der Erwägung, dass sich das pflichtwidrige Verhalten in der Praxis schwer feststellen lässt, wird man die Haftungsnorm des

484 *Tröger*, Gesellschaftsrecht in der Diskussion 2013, S. 23 (47ff.).
485 *Tröger*, Gesellschaftsrecht in der Diskussion 2013, S. 23 (53f.).
486 *Tröger*, Gesellschaftsrecht in der Diskussion 2013, S. 23 (53f.).
487 *Tröger*, Gesellschaftsrecht in der Diskussion 2013, S. 23 (51f.).
488 *Tröger*, Gesellschaftsrecht in der Diskussion 2013, S. 23 (54 mit Fn. 129).
489 Vgl. *Ulmer*, FS Hoffmann-Becking, S. 1261 (1268); Ulmer/Habersack/Löbbe/*Ulmer/Habersack*, GmbHG, § 34 Rn. 63.

§ 280 Abs. 1 BGB kaum in eine pflichtwidrigkeits- und verschuldensunabhängige Garantiehaftung umfunktionalisieren können.

Insofern hilft auch der Hinweis auf die treupflichtbasierte, verschuldensunabhängige Einstandspflicht im Personengesellschaftskonzernrecht mit Minderheitsgesellschaftern nicht weiter. Denn die pauschale Verlustausgleichspflicht gründet dort auf einem qualifizierten Treuepflichtverstoß des herrschenden Unternehmens gegenüber der abhängigen Gesellschaft, der dazu führt, dass sich die ihr insgesamt zugefügten Nachteile aufgrund faktischer Gegebenheiten durch Einzelausgleichsmaßnahmen (§ 280 Abs. 1 BGB) nicht (mehr) kompensieren lassen. Als Sanktion ist daher das herrschende Unternehmen dazu verpflichtet, alle künftigen Verluste der abhängigen Gesellschaft auszugleichen.[490] Bei der Einziehung ist demgegenüber kein Treuepflichtverstoß der verbleibenden Gesellschafter ersichtlich, dessen besondere Auswirkungen eine verschuldensunabhängige Ausgleichshaftung legitimieren könnte.

Aber selbst wenn man diese Bedenken beiseitelässt, müsste die Haftung nach *Trögers* Konzept konsequent zumindest immer dann entfallen, wenn die Unterdeckung nachweislich gar nicht auf opportunistischem Gesellschafterverhalten basiert, sondern exogene Ursachen hat, wie etwa eine schlechte konjunkturelle Lage oder eine allgemein negative Unternehmensentwicklung.[491]

Schließlich ergibt sich ein Problem, wenn die Parteien die Fälligkeit des Abfindungsanspruchs im Gesellschaftsvertrag gar nicht hinausgeschoben haben, sondern dieser gemäß dem gesetzlichen (§ 271 Abs. 1 BGB) und rechtstatsächlichen[492] Regelfall mit dem Ausscheiden sofort fällig ist. Liegt die Unterdeckung bereits zu diesem Zeitpunkt vor,[493] ist *ex post*-opportunistisches Verhalten der verbleibenden Gesellschafter, das den Abfindungsanspruch gefährden könnte schon begrifflich nicht denkbar. Die Haftung könnte nach *Trögers* Ansatz dann nur daran anknüpfen, dass bereits die Einziehungsentscheidung eine missbräuchliche Verhaltensweise darstellt, die es zu verhindern gilt. Ginge man aber davon aus, könnte der ausgeschiedene Gesellschafter den unstreitbar treuwidrigen Einziehungsbeschluss mit einer Anfechtungsklage (§ 243 AktG analog) angreifen. Damit wäre wiederum das Konzept ausgehebelt, wonach die Einziehung auch dann wirksam sein soll, wenn die Gesellschaft nicht über ausreichend ungebundenes Vermögen verfügt, um den Abfindungsanspruch zu erfüllen.

Eine sachgerechte Lösung lässt sich nur dann erzielen, wenn die verbleibenden Gesellschafter, wie vom BGH konstatiert, persönlich für die Abfindung haften.

---

490 Vgl. nur *Mülbert,* DStR 2001, S. 1937 (1946); MünchKommHGB/*Mülbert,* KonzernR Rn. 180ff.; Heidel/Schall/*Schall,* HGB, Anh. KonzernR Rn. 122ff.

491 Vgl. auch *Goette,* Gesellschaftsrecht in der Diskussion 2013, S. 79.

492 Ulmer/Habersack/Löbbe/*Ulmer/Habersack*, GmbHG, § 34 Rn. 81 mit Fn. 285; *Balz,* Die Beendigung der Mitgliedschaft in der GmbH, S. 159; *Niemeier,* Rechtstatsachen und Rechtsfragen der Einziehung von GmbH-Anteilen, S. 66.

493 Die Einziehung ist auch in diesem Fall wirksam. Dazu noch später S. 156ff.

### dd) Eigene Untersuchung und Lösungsvorschlag

Damit stellt sich nun die Frage, ob sich das Judikat des II. Zivilsenats dogmatisch legitimieren lässt. Bedenken dagegen ergeben sich insbesondere im Hinblick auf das Haftungsprivileg aus § 13 Abs. 2 GmbHG.[494] Dessen Existenz wurde bei der Frage nach der Zulässigkeit dieser Rechtsfortbildung bisweilen nur unzureichend gewürdigt.

#### (1) Grundlagen zur richterlichen Rechtsfortbildung und ihre Grenzen

Der Richter ist zur Fortbildung des Rechts nicht nur berechtigt, sondern auch verpflichtet.[495] Der Gewaltenteilungsgrundsatz aus Art. 20 Abs. 2 GG sowie die richterliche Bindung an Gesetz und Recht nach Art. 20 Abs. 3 GG setzen ihm hierbei jedoch strikte Grenzen. Sie verbieten der Judikativen Übergriffe in die Normsetzungskompetenz des Gesetzgebers.[496]

Im Rahmen der Rechtsfortbildung *praeter legem* werden zwei Stufen unterschieden. Bei der sog. gesetzesimmanenten Rechtsfortbildung liegt eine Gesetzeslücke vor, d.h. das Gesetz ist gemessen an seinem eigenen Regelungsplan unvollständig.[497] Der Richter ist dazu verpflichtet, diese Lücke in Übereinstimmung mit der Teleologie des Gesetzes und in möglichst enger Anlehnung an das geltende Recht zu schließen.[498] Hierzu kommen insbesondere ein Analogieschluss, die teleologische

---

494 Harsche Kritik übt v.a. Ziemons/Jaeger/*Schindler*, BeckOK-GmbHG, § 34 Rn. 57, der moniert, „dass der BGH unter Billigkeitsgesichtspunkten und Treuepflichterwägungen de lege lata eine den § 13 Abs. 2 GmbHG durchbrechende persönliche Haftung der Mitgesellschafter für die Abfindung schafft, die aufgrund ihrer weitreichenden Konsequenzen einer ausdrücklichen gesetzlichen Grundlage bedürfte"; etwas zurückhaltender *Müller*, WuB II C. § 34 1.12, S. 407 (407) „Ob solche allgemeinen Billigkeitsüberlegungen genügen, um sich über das in § 13 Abs. 2 GmbHG festgelegte Trennungsprinzip hinwegzusetzen erscheint allerdings fraglich. Der BGH geht hier doch recht leichtfertig über das Haftungsprivileg hinweg."; ferner *Ulmer*, FS Priester, S. 775 (783) „[...] nicht durch höchstrichterliche Rechtsfortbildung praeter legem begründbar"; in diesem Sinne auch Bork/Schäfer/*Thiessen*, GmbHG, § 34 Rn. 38 „[...] ohne entsprechende Satzungsklausel [besteht] weder Grund noch rechtliche Handhabe, die Mitgesellschafter [...] pro rata persönlich haften zu lassen.".

495 BVerfG, NJW 2011, S. 836 (838); BGH, NJW 2003, S. 1588 (1592).

496 BVerfG, NJW 2011, S. 836 (838); BVerfG, NJW 1973, S. 1221 (1225).

497 BGHZ 65, S. 300 (302); BGH, NJW 2007, S. 992 (993); *Krey*, JZ 1978, S. 361 (364f.); *Larenz*, Methodenlehre der Rechtswissenschaft, S. 370; *Canaris*, Die Feststellung von Lücken im Gesetz, S. 16ff., 31ff.

498 BVerfGE 34, S. 269 (286ff.); BVerfGE 37, S. 67 (81); BGH, NJW 2012, S. 1073 (1077); Palandt/*Sprau*, BGB, Einl. Rn. 56.

Reduktion einer Norm sowie die Ausbildung neuer Rechtsgrundsätze z.B. auf der Grundlage von Treu und Glauben (§ 242 BGB) in Betracht.[499]

Bei der sog. gesetzesübersteigenden Rechtsfortbildung liegt keine Gesetzeslücke vor, jedoch erfordert die Werteordnung des Grundgesetzes oder ein übergeordnetes Rechtsprinzip eine Fortbildung des Rechts. Diese Art der Rechtsfortbildung ist auf eng umgrenzte Ausnahmefälle beschränkt.[500] Außerdem muss auch sie unterbleiben, wenn sie der Regelungsintention des Gesetzgebers in einem wesentlichen Punkt widersprechen würde (grundsätzlich unzulässige Rechtsfortbildung *contra legem*).[501]

### (2) Die Lücke im Gesetz

Zu untersuchen ist demnach, ob das GmbH-Gesetz lückenhaft ist, weil hierin eine Haftung der verbleibenden Gesellschafter für den Abfindungsanspruch nicht geregelt ist, wenn die Gesellschaft diesen aufgrund des Kapitaldeckungsvorbehalts nicht erfüllen darf. Dazu müsste das GmbH-Gesetz planwidrig unvollständig sein. Die Beurteilung erfolgt durch eine Ermittlung des gesetzlichen Regelungsplanes,[502] der durch grammatische, historisch-genetische, systematische und teleologische Auslegung zu erschließen ist.[503] Die Differenzierung, ob die gesetzgeberische Regelungsabsicht unvollständig umgesetzt ist, oder ob sich der Gesetzgeber bewusst gegen eine persönliche Haftung der Gesellschafter nach einer Einziehung entschieden hat, ist anhand einer Wertung vorzunehmen.[504]

### (2.1) Die gesetzgeberische Regelungsintention zur Zwangseinziehung von Geschäftsanteilen

#### (2.1.1) Normtext und Gesetzessystematik

Der Normtext des § 34 GmbHG ist zur Ermittlung seines Regelungsplanes im Hinblick auf eine persönliche Haftung für die Abfindung wenig aufschlussreich. § 34 Abs. 1 GmbHG bestimmt, dass die Einziehung stets nur dann erfolgen darf, wenn sie im Gesellschaftsvertrag zugelassen ist. § 34 Abs. 2 GmbHG schreibt lediglich vor, dass bei der Zwangsamortisation die Einziehungsgründe in der Satzung festgelegt sein müssen. § 34 Abs. 3 GmbHG verweist ohne weitere Aussage auf das

---

499 *Larenz,* Methodenlehre der Rechtswissenschaft, S. 381ff.; Palandt/*Sprau,* BGB, Einl. Rn. 56; Staudinger/*Looschelders/Olzen,* BGB, § 242 Rn. 343ff.

500 Vgl. BVerfGE 65, S. 182 (194); ausführlich hierzu *Larenz,* Methodenlehre der Rechtswissenschaft, S. 413ff.; *Schmalz,* Methodenlehre, S. 134ff.

501 BVerfG, NJW 2011, S. 836 (838); *Larenz,* Methodenlehre der Rechtswissenschaft, S. 376; *Krey,* JZ 1978, S. 361 (366f.); Palandt/*Sprau,* BGB, Einl. Rn. 57.

502 *Larenz,* Methodenlehre der Rechtswissenschaft, S. 373.

503 BGH, NJW 2007, S. 992 (993); *Larenz,* Methodenlehre der Rechtswissenschaft, S. 373; *Schmalz,* Methodenlehre, S. 127; Palandt/*Sprau,* BGB, Einl. Rn. 55.

504 Zur wertenden Unterscheidung, ob ein Gesetz lückenhaft ist *Engisch,* FS Sauer, S. 85 (88ff.); *Larenz,* Methodenlehre der Rechtswissenschaft, S. 374; *Canaris,* Die Feststellung von Lücken im Gesetz, S. 16, 31ff.

Auszahlungsverbot aus § 30 Abs. 1 GmbHG. Auch die Gesetzessystematik liefert keine weitergehenden Hinweise.

### (2.1.2) Gesetzesgenese

Aufschlussreicher, als der Normtext und die Gesetzessystematik ist die Gesetzeshistorie zu § 34 GmbHG. Der historische Gesetzgeber verfolgte mit der Einziehung vorwiegend einen kapitalistischen Verwendungszweck. Mit ihr sollte den Gesellschaftern nicht nur ein Mittel in die Hand gegeben werden, eine beschlossene Reduktion des Stammkapitals zur Ausführung zu bringen. Er wollte mit der Einziehung auch ein Rechtsinstitut schaffen, mit dem die Anzahl der Gesellschafter verringert werden kann, damit die Rentabilität des Unternehmens für die verbleibenden Gesellschafter steigt.[505]

Hierbei orientierte er sich an der aktienrechtlichen Amortisationsregelung aus Art. 215d Abs. 2 ADHGB i.d.F. vom 15. 7. 1884[506,507]. Zu dieser Zeit diente die Zwangsamortisation im Aktienrecht vorwiegend dazu, einzelne Aktionäre unter Zurückzahlung ihres in das Unternehmen investierten, dort jedoch nicht länger benötigten Kapitals auszuschließen, um die Unternehmensrentabilität für die verbleibenden Aktionäre zu erhöhen.[508]

Ganz ähnlich wollte auch der Gesetzgeber des GmbHG mit der Einziehung die Rückgewähr der Stammeinlage, bzw. die Zahlung einer Abfindungssumme an den ausscheidenden Gesellschafter erreichen.[509] Während nach der Vorbildregelung des

---

505 Entwurf eines Gesetzes betreffend die GmbH, Stenographische Berichte des Reichstages, 8. Legislaturperiode – I. Session 1890/1892, 5. Anlageband, Aktenstück Nr. 660, S. 3715 (3747): „denn sie wird ebenso wie bei der Aktiengesellschaft, unter Umständen ein geeignetes Mittel sein, um eine beschlossene Reduktion des Stammkapitals zur Ausführung zu bringen, oder auch ohne eine solche durch Verminderung der Zahl der Betheiligten die Rentabilität des Unternehmens für die Verbleibenden zu erhöhen."

506 Art. 215d Abs. 2 ADHGB i.d.F. v. 15.7.1884 lautete: „Eine Amortisation der Aktien ist nur zulässig, sofern sie unter Beobachtung der für die Zurückzahlung oder Herabsetzung des Grundkapitals maßgebenden Vorschriften erfolgt. Ohne Beobachtung derselben darf die Gesellschaft ihre Aktien nur aus dem nach der jährlichen Bilanz sich ergebenden Gewinne und nur in dem Fall amortisieren, daß dies durch den ursprünglichen Gesellschaftsvertrag [...] zugelassen ist."

507 Entwurf eines Gesetzes betreffend die GmbH, Stenographische Berichte des Reichstages, 8. Legislaturperiode – I. Session 1890/1892, 5. Anlageband, Aktenstück Nr. 660, S. 3715 (3747): „Denn sie (= die Einziehung) wird hier ebenso wie bei der Aktiengesellschaft unter Umständen ein geeignetes Mittel sein [...]" Ausführlich hierzu *Niemeier*, Rechtstatsachen und Rechtsfragen der Einziehung von GmbH-Anteilen, S. 7ff.; MünchKommGmbHG/*Strohn*, § 34 Rn. 1.

508 Ausführlich *Niemeier*, Rechtstatsachen und Rechtsfragen der Einziehung von GmbH-Anteilen, S. 8ff.

509 Entwurf eines Gesetzes betreffend die GmbH, Stenographische Berichte des Reichstages, 8. Legislaturperiode – I. Session 1890/1892, 5. Anlageband, Aktenstück

Art. 215d Abs. 2 ADHGB Amortisationen aus dem Grundkapital jedoch nur als förmliche Kapitalherabsetzung mit entsprechenden Rückzahlungsmöglichkeiten an die Aktionäre möglich waren, normierte der Gesetzgeber für die Einziehung eines Geschäftsanteils in § 34 Abs. 3 i.V.m. § 30 Abs. 1 GmbHG lediglich die Unantastbarkeit des Stammkapitals. Der Begründung zum Ersten Entwurf zur Schaffung des GmbHG lässt sich entnehmen, dass er diese Bestimmung für ausreichend hielt, um klarzustellen, dass eine Amortisation aus dem Stammkapital einer vorherigen Kapitalherabsetzung bedarf.[510] Jedoch knüpfte er in § 34 GmbHG die Vernichtungswirkung der Einziehung eines Geschäftsanteils gerade nicht zwingend an eine förmliche Kapitalherabsetzung, wenn für die Zahlung des Einziehungsentgelts das Stammkapital angegriffen werden muss.

Der Gesetzgeber schuf auf diese Weise wohl unbewusst ein Rechtsinstitut, mit dem die Mitgliedschaft eines Gesellschafters beendigt werden kann, dieser jedoch unter Umständen aufgrund des Kapitaldeckungsvorbehalts aus § 34 Abs. 3 i.V.m. § 30 Abs. 1 GmbHG abfindungslos ausscheidet und als Folge hiervon sein Anteil am gebundenen Gesellschaftsvermögen den verbleibenden Gesellschaftern anwächst, wenn diese die Einziehung nicht freiwillig mit einer Kapitalherabsetzung verbinden.[511]

Bei der aktienrechtlichen Vorläuferbestimmung aus Art. 215d Abs. 2 ADHGB war hingegen eine Anwachsung des Vermögensanteils am Grundkapital nicht möglich, da die Vernichtung der Aktien zwingend mit einer Grundkapitalherabsetzung in entsprechendem Umfang einhergehen musste. Dass sich der Gesetzgeber des GmbHG dieser elementaren Abweichung bewusst war, lässt sich den Gesetzgebungsmaterialien nicht entnehmen. Er ahnte nur, dass die Einziehung eines Geschäftsanteils eine ganz erhebliche Auswirkung auf die verbleibenden Gesellschafter

Nr. 660, S. 3715 (3747): „Die Einziehung erfolgt alsdann durch unmittelbare Zurückzahlung der Stammeinlage oder der sonst bedungenen Abfindungssumme."

510 Entwurf eines Gesetzes betreffend die GmbH, Stenographische Berichte des Reichstages, 8. Legislaturperiode – I. Session 1890/1892, 5. Anlageband, Aktenstück Nr. 660, S. 3715 (3747): „Voraussetzung der Einziehung ist in allen Fällen, dass das Stammkapital dadurch nicht beeinträchtigt wird. Es genügt in dieser Beziehung den Vorbehalt zu machen, dass die Bestimmung des § 30 über die Unzulässigkeit einer Auszahlung des Stammkapitals an die Gesellschafter unberührt bleibt. Hieraus ergibt sich von selbst, dass, wenn verfügbare Mittel außer dem zur Deckung des Stammkapitals erforderlichen Vermögen nicht vorhanden sind, eine Einziehung eines Geschäftsanteils nicht anders, als nach vorgängiger Herabsetzung des Stammkapitals (§ 59) stattfinden kann."

511 Dass der historische Gesetzgeber die Wirksamkeit der Einziehungsbeschlusses an die aufschiebende Bedingung knüpfen wollte, dass die Abfindung aus ungebundenem Vermögen gezahlt wird, ist unwahrscheinlich. S. hierzu bereits oben S. 37f.

haben könnte, traute sich jedoch keine Einschätzung hinsichtlich der konkreten Rechtsfolgen zu.[512]

Stattdessen lässt die amtliche Begründung zum Ersten Entwurf zur Schaffung des GmbHG den Schluss zu, dass er eine Schutzwürdigkeit des von der Einziehung betroffenen Gesellschafters in dieser Hinsicht nicht erkannt hat.[513] Das verwundert insofern nicht, als der Erste Entwurf noch vorsah, dass der betroffene Gesellschafter in jedem Fall sein Einverständnis zur Einziehung erklären muss, wodurch er ausreichend geschützt wäre.[514] Die Zwangsamortisation eines Geschäftsanteils, bei der die Gefahr des abfindungslosen Ausscheidens und somit der Verschiebung des Wertes seiner Mitgliedschaft auf die verbleibenden Gesellschafter besteht, wurde im Verlauf des weiteren Gesetzgebungsverfahrens kurzfristig von der Kommission eingeführt.[515] Eine Begründung oder Stellungnahme zu dieser Erweiterung der geplanten Einziehungsregelung existiert nicht.[516] Das deutet darauf hin, dass der Gesetzgeber diese Änderung für unbedeutend hielt. Insgesamt lässt die Gesetzesgenese daher vermuten, dass der Gesetzgeber die aktienrechtlichen Zwangsamortisationsregelung aus Art. 215d Abs. 2 ADHGB unbedacht rezipiert hat.[517] Entgegen seiner eigentlichen Intention, dass der ausgeschlossene Gesellschafter sein in das Unternehmen investierte Kapital zurückerhält, schuf er mit der Zwangsamortisation wohl unbewusst ein Rechtsinstitut, durch das sich der Wert seiner Mitgliedstelle auf die verbleibenden Gesellschafter verlagern kann.

#### (2.1.3) Telos

Heute dient die Zwangseinziehung von Geschäftsanteilen vorwiegend personalistischen Verwendungszwecken. Mit ihr sollen störende und ungeeignete Gesellschafter

---

512 Entwurf eines Gesetzes betreffend die GmbH, Stenographische Berichte des Reichstages, 8. Legislaturperiode – I. Session 1890/1892, 5. Anlageband, Aktenstück Nr. 660, S. 3715 (3747): „denn die Stellung der sämtlichen Gesellschafter kann durch eine Verminderung der Zahl der Geschäftsanteile [...] sehr erheblich beeinflußt werden."

513 Entwurf eines Gesetzes betreffend die GmbH, Stenographische Berichte des Reichstages, 8. Legislaturperiode – I. Session 1890/1892, 5. Anlageband, Aktenstück Nr. 660, S. 3715 (3747): „Für den Antheilsberechtigten bedarf es deshalb eines weiteren Schutzes nicht."

514 Entwurf eines Gesetzes betreffend die GmbH, Stenographische Berichte des Reichstages, 8. Legislaturperiode – I. Session 1890/1892, 5. Anlageband, Aktenstück Nr. 660, S. 3715 (3718).

515 Vgl. hierzu *Küperkoch,* Das zwangsweise Ausscheiden eines GmbH-Gesellschafters mittels Einziehung, S. 13f.

516 Vgl. Stenographische Berichte und Verhandlungen des Reichstages, 8. Legislaturperiode – I. Session 1890/1892, Aktenstück Nr. 744, S. 4009 sowie Aktenstück 783, S. 4289f.

517 *Grunewald,* Der Ausschluß aus Gesellschaft und Verein, S. 45; *Niemeier,* Rechtstatsachen und Rechtsfragen der Einziehung von GmbH-Anteilen, S. 14.

möglichst rasch aus der Gesellschaft entfernt, oder das Eindringen unerwünschter Dritter in den Mitgliederkreis verhindert werden.[518] Auf diese Weise dient sie dazu, Bestandsrisiken für die Gesellschaft abzuwenden, die aus der Sphäre einzelner Gesellschafter herrühren.[519] Mangels abweichender Vereinbarung in der Satzung steht dem ausgeschlossenen Gesellschafter nach § 738 Abs. 1 S. 2 BGB analog eine Abfindung zum vollen Verkehrswert seiner Beteiligung zu.[520] Diese Vorgabe verkörpert die in Art. 14 Abs. 1 GG verankerte Wertentscheidung des Grundgesetzes, wonach der Verlust einer geldwerten Gesellschaftsbeteiligung zu einer vollständigen Entschädigung führen muss.[521]

Insofern hat die Zwangseinziehung heute eine gewandelte Bedeutung.[522] Den personalistischen Verwendungszwecken der Einziehung kommt es dabei erheblich zugute, dass § 34 Abs. 3 GmbHG lediglich die Unangreifbarkeit des Stammkapitals anordnet. Denn ihr Zweck wird am besten dadurch erreicht, dass ein ungeeigneter Gesellschafter zügig mit einem einfachen Mehrheitsbeschluss (§§ 46 Nr. 4, 47 Abs. 1 GmbHG) ausgeschlossen werden kann, ohne dass gegebenenfalls zuvor das Stammkapital in einem langwierigen Verfahren herabgesetzt werden müsste.[523]

Ratio legis des Kapitaldeckungsvorbehalts (§ 34 Abs. 3 i.V.m. § 30 Abs. 1 GmbHG) ist es wiederum im Interesse der Gesellschaftsgläubiger den Haftungsfond der Gesellschaft zu erhalten. § 34 Abs. 3 i.V.m. § 30 Abs. 1 GmbHG dient nicht dem Schutz des Mitgliedschaftsrechts des ausgeschlossenen Gesellschafters. Ihm soll hierdurch kein längeres Verbleiben in der Gesellschaft ermöglicht werden. Andererseits bezweckt diese Vorgabe auch nicht den verbleibenden Gesellschaftern einen Vermögensvorteil zu verschaffen.[524] Die Tatsache, dass sich die Beteiligungsquote der verbleibenden Gesellschafter infolge der Vernichtung des eingezogenen Geschäftsanteils verhältnismäßig erhöht, ist eine notwendige gesetzliche Reaktion, damit durch die Einziehung (insbesondere auch im Interesse der Gläubiger) kein Rechte- und Pflichtenvakuum entsteht.[525] Dass sich hiermit jedoch gleichzeitig ein Wertzuwachs auf Kosten des ausgeschiedenen Gesellschafters verbindet, ist eine durch eine Gläubigerschutzvorschrift nicht bezweckte Nebenfolge des Gesetzes. Diese steht im Widerspruch zu dem zwingenden Mindestrecht des Ausgeschiedenen auf Erhalt einer vollwertigen Abfindung.

---

518 S. ausführlich oben S. 5f.

519 S. ausführlich oben S. 5f.

520 S. die Nachw. in Fn. 82.

521 S. oben S. 25ff.

522 Vgl. zur Entwicklung dieser Bedeutungsänderung *Niemeier*, Rechtstatsachen und Rechtsfragen der Einziehung von GmbH-Anteilen, S. 6ff.; *Westermann*, FS 100 Jahre GmbH-Gesetz, S. 447 (449ff.).

523 Der Einziehungsbeschluss ist auch nicht etwa nach § 241 Nr. 3 AktG analog nichtig, wenn bereits bei Beschlussfassung feststeht, dass die Abfindungszahlung an § 30 Abs. 1 GmbHG scheitern wird. S. hierzu noch ausführlich S. 166ff.

524 Vgl. *Goette*, FS Lutter, S. 399 (410).

525 Vgl. nur *Wolff*, GmbHR 1999, S. 958 (960); *Priester*, FS Kellermann, S. 337 (342f.).

### (2.1.4) Schlussfolgerung

Sowohl die Gesetzeshistorie als auch die objektive Teleologie sprechen dafür, dass der gesetzgeberische Regelungsplan zur Zwangseinziehung erst mit einer persönlichen Gesellschafterhaftung als Ausgleich für die Verschiebung des Wertes der Mitgliedstelle vom ausgeschlossenen auf die verbleibenden Gesellschafter vollendet ist. Denn zur Regelungsintention des historischen Gesetzgebers gehörte die Rückgewähr des in das Unternehmen investierten Kapitals an den ausgeschiedenen Gesellschafter und nicht seine Verlagerung auf das Vermögen der Mitgesellschafter.

Der objektive Normzweck begreift die Zwangseinziehung als möglichst flexibles und effektives Ausschlussmittel ungeeigneter Gesellschafter, um eine Auflösung der Gesellschaft zu verhindern. Gleichzeitig will er aber keine Bereicherungsmöglichkeit für die verbleibenden Gesellschafter eröffnen. Daher erscheint er erst durch eine Regelung vollständig verwirklicht, mit der die entstehende Wertdivergenz ausgeglichen wird. Diese ungewollte Wertverlagerung ließe sich unter Verschonung des Stammkapitals nur dadurch beheben, dass die verbleibenden Gesellschafter für die Abfindung persönlich haften.

### (2.2) Kein Ausschluss der persönlichen Gesellschafterhaftung aufgrund der Haftungsbeschränkung aus § 13 Abs. 2 GmbHG

Nach § 13 Abs. 2 GmbHG haftet ausschließlich das Gesellschaftsvermögen für die Verbindlichkeiten der Gesellschaft. Eine planwidrige Unvollständigkeit des GmbH-Gesetzes im Hinblick auf eine persönliche Haftung der verbleibenden Gesellschafter wäre abzulehnen, wenn sich aus der Haftungsprivilegierung des § 13 Abs. 2 GmbHG ergibt, dass eine persönliche Gesellschafterhaftung nach der Einziehung ausgeschlossen sein soll. In diesem Fall wäre zwingend auch einer gesetzesübersteigenden Rechtsfortbildung ein Riegel vorgeschoben, da die Haftungsbeschränkung aus § 13 Abs. 2 GmbHG ein Wesensmerkmal des GmbH-Rechts darstellt.[526] Der Ausschluss der persönlichen Gesellschafterhaftung aufgrund dieser Norm drängt sich zunächst förmlich auf, da sich der Abfindungsanspruch des Ausgeschiedenen originär gegen die Gesellschaft richtet.[527] In einigen Fällen wird von der Rechtsprechung und Literatur jedoch eine Durchbrechung des Haftungsprivilegs befürwortet.

Im Folgenden soll daher beleuchtet werden, wann ein solcher Haftungsdurchgriff stattfindet (2.2.1). Im Anschluss wird untersucht, ob die Judikatur des II. Zivilsenats vom 24. 1. 2012 hieran anknüpfen kann und welche Schlüsse daraus zu ziehen sind (2.2.2).

### (2.2.1) Der Haftungsdurchgriff im GmbH-Recht

Einigkeit besteht darüber, dass die Gesellschafter jedenfalls dann persönlich im Hinblick auf Gesellschaftsverbindlichkeiten (gleichsam neben der Gesellschaft)

526 Zu den Grenzen richterlicher Rechtsfortbildung oben S. 92f.

527 S. zur originären Schuldnerstellung der Gesellschaft oben S. 83ff.

haften, wenn hierfür eine eigenständige Verpflichtung, etwa aus Vertrag, Delikt oder c.i.c. zugrunde liegt (sog. „unechter" Haftungsdurchgriff).[528] Höchst umstritten ist hingegen, ob die Gesellschafter in bestimmten Konstellationen auch ohne einen eigenständigen Verpflichtungsgrund für die Gesellschaftsverbindlichkeiten haften.

Im Schrifttum wird vielfach die Ansicht vertreten, dass das Privileg der beschränkten Haftung aus § 13 Abs. 2 GmbHG vom Vorliegen bestimmter Mindestvoraussetzungen abhängig ist. Immer wenn die Gesellschaftsstruktur objektiv so ausgestaltet ist, bzw. die Gesellschafter die Rechtsform der GmbH objektiv so verwenden, dass ihnen zwar die Vorteile aus ihrem Unternehmen zukommen, gleichzeitig aber die unternehmerischen Risiken über die Haftungsbeschränkung systematisch auf die Gesellschaftsgläubiger abgewälzt werden, liege ein Rechtsformmissbrauch vor, der zu einer teleologischen Reduktion des Haftungsprivilegs (§ 13 Abs. 2 GmbHG) führe. Die Gesellschafter müssten dann nach § 128 HGB analog akzessorisch für die Gesellschaftsverbindlichkeiten einstehen (sog. „echter" Haftungsdurchgriff).[529]

Die Gegenauffassung lehnt hingegen die Möglichkeit eines „echten" Haftungsdurchgriffs kategorisch ab. Sie befürwortet eine persönliche Gesellschafterhaftung nur dann, wenn den Gesellschaftern ein rechtswidriger und schuldhafter Verstoß gegen eine Verhaltenspflicht gegenüber ihrer GmbH zur Last gelegt werden kann, der zu einer Schädigung des Gesellschaftsvermögens führt.[530] Dabei werden im Wesentlichen drei Fallgruppen diskutiert:

Der Bundesgerichtshof erkennt einen „echten" Haftungsdurchgriff nur bei der sog. generellen Vermögensvermischung an. In diesem Fall verschleiern die Gesellschafter durch eine undurchsichtige Buchführung die Abgrenzung zwischen dem Gesellschafts- und ihrem Privatvermögen. Hier liegt ein Missbrauch der Rechtsform der GmbH vor, da auf diese Weise die gläubigerschützenden Kapitalerhaltungsvorschriften der § 30 f. GmbHG außer Kraft gesetzt werden, deren

528 Vgl. Michalski/*Michalski/Funke,* GmbHG, § 13 Rn. 330ff.; Lutter/Hommelhoff/*Lutter/Bayer,* GmbHG, § 13 Rn. 7ff.; Scholz/*Bitter,* GmbHG, § 13 Rn. 90ff.; Bork/Schäfer/*Weller,* GmbHG, § 13 Rn. 27ff.; Baumbach/Hueck/*Fastrich,* GmbHG, § 13 Rn. 42ff. jew. m.w.N.

529 Aus dem Schrifttum etwa Scholz/*Bitter,* GmbHG, § 13 Rn. 57ff.; *ders.,* in: Bachmann/Casper/Schäfer/Veil, Steuerungsfunktionen des Haftungsrechts im Gesellschafts- und Kapitalmarktrecht, S. 57ff.; *ders.,* Konzernrechtliche Durchgriffshaftung bei Personengesellschaften, S. 98ff.; Lutter/Hommelhoff/*Bayer,* GmbHG, § 13 Rn. 11; *Raiser,* FS Lutter, S. 637 (641ff.); *Wiedemann,* Gesellschaftsrecht I, S. 556ff.; *Stimpel,* FS Goerdeler, S. 601 (609ff.); *Boujong,* FS Odersky, S. 739 (743).

530 Aus dem Schrifttum etwa *Flume,* Die Juristische Person, S. 68; *Wilhelm,* NJW 2003, S. 175 (178ff.); *ders.,* DB 1986, S. 2113 (2117ff.); *K.Schmidt,* Gesellschaftsrecht, § 9 IV 4c; *ders.,* GmbHR 2008, S. 449 (456ff.); *Winter,* Mitgliedschaftliche Treuebindungen im GmbH-Recht, S. 190ff; *Ulmer,* ZIP 2001, S. 2021 (2026ff.); *Altmeppen,* ZIP 2002, S. 1553 (1553ff.); *Ehricke,* AcP 199 (1999), S. 257 (257ff.); *Schön,* ZHR 168 (277ff.); Baumbach/Hueck/*Fastrich,* GmbHG, § 13 Rn. 54; *Michalski/Funke,* GmbHG, § 13 Rn. 355ff.

Funktionsfähigkeit das Privileg der Haftungsbeschränkung aus § 13 Abs. 2 GmbHG erst rechtfertigt.[531]

Ähnlich gelagert ist der Fall bei der sog. Existenzvernichtungshaftung. Bestimmte Eingriffe durch die Gesellschafter in das zweckgebundene Gesellschaftsvermögen, die zur Insolvenz des Unternehmens und damit einer Schädigung der Gläubiger führen, werden aufgrund der bilanziellen Betrachtungsweise von § 30 GmbHG nicht erfasst oder durch § 31 GmbHG nur ungenügend kompensiert.[532] In dieser Konstellation lassen die Gesellschafter die gebotene Rücksichtnahme auf die Zweckbindung des Gesellschaftsvermögens zur vorrangigen Befriedigung der Gesellschaftsgläubiger außer Acht. Diese Lücke im Kapitalschutzrecht wird von der Rechtsprechung seit der Trihotel- Entscheidung des BGH[533] nicht mehr mit einem „echten" Haftungsdurchgriff, sondern mit einer Schadensersatzhaftung nach § 826 BGB gegenüber der GmbH geschlossen.[534]

Seit jeher wird schließlich auch diskutiert, ob ein „echter" Haftungsdurchgriff bei der sog. materiellen Unterkapitalisierung der Gesellschaft stattfinden soll. In diesem Fall steht die Eigenkapitalausstattung der Gesellschaft in einem krassen Missverhältnis zum Umfang ihrer Geschäftstätigkeit. Nach einer in der Literatur vertretenen Auffassung liegt hier ein Missbrauch der Rechtsform vor, weil den Gesellschaftsgläubigern auf diese Weise ein weit überdurchschnittlich hohes Insolvenzrisiko der Gesellschaft aufgebürdet wird.[535] Seit seiner Gamma-Entscheidung lehnt zumindest der BGH einen „echten" Haftungsdurchgriff in dieser Konstellation nachdrücklich ab. Es sei keine Gesetzeslücke ersichtlich, weil das GmbHG keine Pflicht kenne, die Gesellschaft jenseits des Mindeststammkapitals mit einem am Umfang der Geschäftstätigkeit des Unternehmens ausgerichteten Eigenkapital auszustatten.[536] Darüber hinaus spricht sich insbesondere auch die amtliche Begründung zum MoMiG gegen eine Unterkapitalisierungshaftung aus.[537]

### (2.2.2) Einordnung der Judikatur zur Ausfallhaftung

Die Grundsatzentscheidung des BGH zur Ausfallhaftung nach der Einziehung kann an die zum „echten" Haftungsdurchgriff entwickelte Dogmatik nicht anknüpfen. Denn eine zweckwidrige Verwendung der Rechtsform der GmbH im Hinblick auf

531 St. Rspr.: BGH, NZG 2008, S. 187 (188); BGH, NJW 2006, S. 1344 (1345f.); BGH, NJW 1994, S. 1801 (1802); BGH, NJW 1986, S. 188 (188).

532 Grundlegend zu dieser Lücke im Kapitalschutzrecht *Röhricht,* FS 50 Jahre BGH, S. 83 (83ff.).

533 BGH, NJW 2007, S. 2689 (2689ff.).

534 Lange Zeit wurde von der Rspr. auch dieser Fall als „echter" Haftungsdurchgriff behandelt, vgl. BGH, NJW 2001, S. 3622 (3623); BGH, NJW 2002, S. 3024 (3025).

535 Grundlegend zu der Frage, wann von einer materiellen Unterkapitalisierung der Gesellschaft auszugehen ist Hachenburg/*Ulmer,* Anh. § 30 Rn. 55.

536 BGH, NJW 2008, S. 2437 (2437ff.).

537 Amtl. Begr. RegE-MoMiG, BR-Drs. 354/07, S. 66.

die Haftungsbeschränkung ist nicht auszumachen. Die Gesellschafter, die einen Geschäftsanteil zwangsweise einziehen, machen nämlich nur von einem im GmbHG vorgesehenen Rechtsinstitut Gebrauch. Verweigern sie nach der Einziehung die Zahlung des Abfindungsentgelts unter Berufung auf die Kapitalbindung der Gesellschaft, so findet das wiederum seine Ursache darin, dass sie nach der gesetzlichen Konzeption hierzu verpflichtet sind (§ 34 Abs. 3 i.V.m. § 30 Abs. 1 GmbHG).

Schließlich hat der Überblick über die Fallkonstellationen, in denen ein „echter" Haftungsdurchgriff diskutiert wird, verdeutlicht, dass stets ein zweckwidriger Umgang mit dem Kapitalschutzrecht der Auslöser für eine unzumutbare Verlagerung des unternehmerischen Risikos auf die Gesellschaftsgläubiger ist. Was das Abfindungsinteresse des ausgeschiedenen Gesellschafters angeht, so handelt es sich gewissermaßen genau um den umgekehrten Fall. Der ausgeschlossene Gesellschafter ist gerade aufgrund seiner fortwährenden Verantwortlichkeit für die Stammkapitalerhaltung (§ 34 Abs. i.V.m. § 30 Abs. 1 GmbHG) in seinem Abfindungsinteresse beeinträchtigt. Durch diese Vorschriften soll im Interesse eines effektiven Gläubigerschutzes gewährleistet werden, dass durch das Ausscheiden eines Gesellschafters keine Lücke im Kapitalschutzsystem entsteht.

Eben diese konträre Konstellation führt aber auch dazu, dass der II. Zivilsenat mit seiner Judikatur zur Ausfallhaftung das Haftungsprivileg nicht durchbrochen haben kann. Diese Schlussfolgerung ergibt sich aus der Wirkungsweise des Auszahlungsverbots aus § 30 Abs. 1 GmbHG. In der Literatur wird zum Teil angenommen, dass der Gesellschaft hieraus während einer Unterbilanz ein Leistungsverweigerungsrecht gegenüber Gesellschafteransprüchen zusteht, die im Mitgliedschaftsverhältnis wurzeln.[538] Dogmatisch würde das Auszahlungsverbot nach dieser Auffassung eine dilatorische Einrede begründen. Diese Ansicht überzeugt nicht. Nach dem Wortlaut des § 30 Abs. 1 GmbH „darf" während einer Unterbilanz kein Gesellschaftsvermögen an die Gesellschafter ausgezahlt werden. Anders als es bei einer Einrede der Fall ist, hat die Gesellschaft also nicht die Wahl, ob sie diese Ansprüche erfüllen möchte. Eine Auszahlung von Stammkapital muss unterbleiben. Das Auszahlungsverbot ist daher als temporäre Einwendung zu begreifen, die während der Phase einer Unterdeckung Ansprüche der Gesellschafter vernichtet, die im Mitgliedschaftsverhältnis wurzeln.[539] Solche Verpflichtungen sind also schwebend unwirksam.[540]

---

538 *Perwein,* GmbHR 2006, S. 1149 (1150); Lutter/Hommelhoff/*Hommelhoff,* GmbHG, § 30 Rn. 52; Ulmer/Habersack/Löbbe/*Habersack,* GmbHG, § 30 Rn. 115.

539 Zutreffend insofern BGH, NJW 1996, S. 1341 (1342); *Stimpel,* FS 100 Jahre GmbHG, S. 335 (356); *Fleck,* FS 100 Jahre GmbHG, S. 391 (407); *Sonnenhol/Groß,* ZHR 159 (1995), S. 388 (404); *Flume,* ZHR 144 (1980), S. 18 (23); Scholz/*Verse,* GmbHG, § 30 Rn. 117; Michalski/*Heidinger,* GmbHG, § 30 Rn. 137; Roth/Altmeppen/*Altmeppen,* GmbHG, § 30 Rn. 153; MünchKommGmbHG/*Ekkenga,* § 30 Rn. 282f.; *Schmolke,* Kapitalerhaltung in der GmbH nach dem MoMiG, § 30 Rn. 190.

540 Treffend zur Wirkungsweise des § 30 Abs. 1 GmbHG *Flume,* ZHR 144 (1980), S. 18 (23) „eine Art schwebender Unwirksamkeit".

Daraus folgt, dass auch der Abfindungsanspruch gegenüber der Gesellschaft während einer Unterbilanz nicht besteht. Das Haftungsprivileg aus § 13 Abs. 2 GmbHG greift demnach bereits von seinem Wortlaut her nicht ein, da die Gesellschaft während einer Unterbilanz nicht mit einer „Verbindlichkeit" seitens des ausgeschiedenen Gesellschafters belastet ist. Denn auch eine schwebend unwirksame Abfindungsverpflichtung ist keine Verbindlichkeit i.S.d. § 13 Abs. 2 GmbHG. Eine „echte" Durchbrechung des Haftungsprivilegs, die nach § 128 HGB analog zu einer inhaltsgleichen akzessorischen Mithaftung der Gesellschafter für den Abfindungsanspruch führen müsste, ist demnach von vornherein nicht möglich, solange dieser Anspruch gegenüber der Gesellschaft nicht besteht.

Hinzu kommt, dass der BGH in seiner Judikatur für gewöhnlich offen von einer „Durchgriffshaftung"[541] oder einem „Verlust des Haftungsprivilegs"[542] spricht, wenn seiner Auffassung nach die Haftungsbeschränkung durchbrochen wird. In seiner Grundsatzentscheidung vom 24. 1. 2012 spricht er hiervon nicht.

Entgegen bisheriger Auffassung in der Literatur und der Diktion des Gerichtshofs, der in dieser Entscheidung missverständlich von einer Haftung der verbleibenden Gesellschafter „für den Abfindungsanspruch" spricht,[543] kann also eine Haftung der Gesellschafter für den gegen die Gesellschaft gerichteten Abfindungsanspruch gerade nicht stattfinden. Daher muss die Rechtsfortbildung zur Ausfallhaftung an dem aufgrund des abfindungslosen Ausscheidens bedingten Wertverlust ansetzen, der mit einem entsprechenden Wertzuwachs bei den verbleibenden Gesellschaftern einhergeht. Folglich kann der Ausfallhaftungsanspruch keine Außenhaftung der Gesellschafter für eine Verbindlichkeit der Gesellschaft sein, sondern muss im mitgliedschaftlichen Innenverhältnis wurzeln und die vom Gesetz unbeabsichtigte Wertverschiebung zwischen den Gesellschaftern entschädigen. Zu einer „echten" Durchbrechung des Trennungsprinzips kommt es damit nicht.[544] Wie beim „unechten" Haftungsdurchgriff liegt ihm eine eigenständige Verpflichtung zugrunde.

Die Gesellschaft bleibt aber trotz schwebender Unwirksamkeit zumindest prinzipiell die originäre Schuldnerin der Abfindung.[545] Damit stellt sich die Frage, ob die Haftungsbeschränkung aus § 13 Abs. 2 GmbHG wenigstens ihrer ratio legis nach so auszulegen ist, dass sie während der Phase einer Unterdeckung einer persönlichen Haftung der Gesellschafter entgegensteht. Zu ihrer Beantwortung wird zunächst ein Blick auf die Funktion der Haftungsbeschränkung geworfen (2.2.3). Im Anschluss

---

541 Vgl. etwa BGH, NJW 2006, S. 1344 (1344); BGH, NJW 1994, S. 1801 (1802).

542 Vgl. etwa BGH, NJW 2006, S. 1344 (1344); BGH, NJW 2002, S. 3024 (3024).

543 BGH, ZIP 2012, S. 422 (425); ebenso *J. Schmidt*, GmbHR 2013, S. 953 (957); *Ulmer*, FS Hoffmann-Becking, S. 1261 (1267f.).

544 Gegen eine Durchbrechung des Trennungsprinzips und für einen Anspruch, der aus der Beziehung der Gesellschafter untereinander herrührt sprechen sich auch *Tröger*, Gesellschaftsrecht in der Diskussion 2013, S. 23 (38) und *Markowsky*, Die Einziehung von GmbH-Geschäftsanteilen, S. 194 aus.

545 Zur originären Schuldnerstellung der Gesellschaft oben S. 83ff.

wird untersucht, in welchem Verhältnis die Rechtsstellung des Abfindungsgläubigers hierzu steht (2.2.4).

### (2.2.3) Funktion der Haftungsbeschränkung

Mit dem Prinzip der Haftungsbeschränkung (§ 13 Abs. 2 GmbHG) soll die unternehmerische Initiative zur Steigerung der volkswirtschaftlichen Effizienz gefördert werden.[546] Hintergrund hiervon ist, dass natürliche Personen in der Regel selbst dann nicht in riskante Projekte investieren, wenn diese einen positiven Erwartungswert[547] aufweisen.[548] Denn ein möglicher unternehmerischer Misserfolg, der zu einem wirtschaftlichen Totalverlust und damit der Gefährdung ihrer Lebensgrundlage führen könnte, wird von ihnen höher bewertet, als eine betragsmäßig gleiche, oder höhere Gewinnchance.[549] Diese Risikoaversität wird durch die Beschränkung ihrer persönlichen Haftung zumindest teilweise ausgeschaltet, da die Gesellschafter beim Misserfolg ihres Unternehmens nur den Verlust ihres ursprünglich investierten Kapitals zu befürchten haben.[550]

Gleichzeitig wird das Risiko des unternehmerischen Misserfolges auf die Gesellschaftsgläubiger verlagert.[551] Denn bei einer Insolvenz des Unternehmens fallen sie aufgrund des Haftungsprivilegs mit ihren Forderungen ganz oder teilweise aus. Diese Risikoverlagerung hat zur Folge, dass für die Gesellschafter ein Anreiz zur Externalisierung entsteht, d.h. zu einer nicht kompensierten Verlagerung von

546 Vgl. *Raiser*, FS Lutter, S. 637 (649); Lutter/Hommelhoff/*Lutter*, GmbHG, § 13 Rn. 11; *Lehmann*, ZGR 1986, S. 345 (353f.); *Fleischer*, ZGR 2001, S. 1 (18); *Bitter*, in: Bachmann/Casper/Schäfer/Veil, Steuerungsfunktionen des Haftungsrechts im Gesellschafts- und Kapitalmarktrecht, S. 57 (61); *Wüst*, JZ 1992, S. 710 (710); *Ehricke*, AcP 199 (1999), S. 257 (302); *Haas*, WM 2003, S. 1929 (1930).

547 Ein positiver Erwartungswert liegt vor, wenn der durchschnittlich zu erwartende Gewinn den durchschnittlich zu erwartenden Verlust übersteigt, vgl. Scholz/*Bitter*, GmbHG, § 13 Rn. 65 in Fn. 7.

548 *Fleischer*, ZGR 2001, S. 1 (18); Scholz/*Bitter*, GmbHG, § 13 Rn. 65; *ders.*, in: Bachmann/Casper/Schäfer/Veil, Steuerungsfunktionen des Haftungsrechts im Gesellschafts- und Kapitalmarktrecht, S. 57 (62).

549 *Fleischer*, ZGR 2001, S. 1 (18); Scholz/*Bitter*, GmbHG, § 13 Rn. 65; *ders.*, in: Bachmann/Casper/Schäfer/Veil, Steuerungsfunktionen des Haftungsrechts im Gesellschafts- und Kapitalmarktrecht, S. 57 (62).

550 *Fleischer*, ZGR 2001, S. 1 (18); *Steffek*, JZ 2009, S. 77 (79); Scholz/*Bitter*, GmbHG, § 13 Rn. 65; *ders.*, in: Bachmann/Casper/Schäfer/Veil, Steuerungsfunktionen des Haftungsrechts im Gesellschafts- und Kapitalmarktrecht, S. 57 (62f.); *Adams*, Eigentum, Kontrolle und beschränkte Haftung, S. 51; *Easterbrook/Fischel*, 52 U.Chi.L.Rev., S. 89 (97); *Drygala/Staake/Szalai*, Kapitalgesellschaftsrecht, § 1 Rn. 14.

551 *Kübler*, NJW 1993, S. 1204 (1204); *Lehmann*, ZGR 1986, S. 345 (350); *Roth*, ZGR 1986, S. 371 (374); Scholz/*Bitter*, GmbHG, § 13 Rn. 65; *ders.*, in: Bachmann/Casper/Schäfer/Veil, Steuerungsfunktionen des Haftungsrechts im Gesellschafts- und Kapitalmarktrecht, S. 57 (63); *Drygala/Staake/Szalai*, Kapitalgesellschaftsrecht, § 1 Rn. 12.

Kosten auf die Gläubiger.[552] Weil die Gesellschaftsgläubiger auf einen Festbetragsanspruch beschränkt sind, die Gesellschafter jedoch beim Erfolg ihrer Unternehmung in variabler Höhe am Gewinn partizipieren, entsteht für sie der Anreiz in übermäßig spekulative Projekte zu investieren. Bei einem Misserfolg trifft der Ausfall die Gläubiger, im Erfolgsfall schöpfen die Gesellschafter den Gewinn aus dem riskanten Projekt ab.[553]

Das Stammkapital sorgt in diesem Interessenskonflikt für einen angemessenen Risikoausgleich. Denn indem sich die Gesellschafter mit einem finanziellen Eigenbeitrag persönlich am Unternehmen beteiligen müssen, tragen sie vorrangig das unternehmerische Risiko.[554] Solange nämlich die Verluste des Unternehmens den Eigenkapitalanteil der Gesellschaft nicht übersteigen, werden ausschließlich die Gesellschafter hiervon nachteilig betroffen.[555] Die nach § 30 Abs. 1 GmbHG gebundene Haftungsmasse stellt damit ein Verlustpolster dar und verhindert durch ihre vorrangige Risikoverlagerung auf die Gesellschafter zugleich, dass diese auf Kosten der Gläubiger in übermäßig riskante Projekte investieren.[556]

### (2.2.4) Rechtsstellung des Abfindungsgläubigers

Vor dem Hintergrund dieser ratio legis ist die Rechtsposition des ausgeschiedenen Gesellschafters näher zu betrachten.

*Markowsky* hat sich jüngst für eine restriktive Auslegung des Haftungsprivilegs im Hinblick auf die Abfindungsforderung ausgesprochen. Da sich das die Gesellschaftsgläubiger schützende Kapitalerhaltungsgebot, welches ein unverzichtbarer Ausgleich für die Inanspruchnahme des Haftungsprivilegs sei, nicht zugunsten, sondern wegen § 34 Abs. 3 i.V.m. § 30 Abs. 1 GmbHG zu Lasten des Abfindungsgläubigers auswirkt, könne dieser nicht als „Gläubiger" i.S.d. § 13 Abs. 2 GmbHG eingestuft werden.[557]

---

552 *Lehmann,* ZGR 1986, S. 345 (360f.); Scholz/*Bitter,* GmbHG, § 13 Rn. 66; *Wagner,* FS Gerhardt, S. 1043 (1049); *Adams,* Eigentum, Kontrolle und beschränkte Haftung, S. 36f.; *Easterbrook/Fischel,* 52 U.Chi.L.Rev., S. 89 (103f.); *Stone,* 90 Yale L.J., S. 65 (70f.).

553 Scholz/*Bitter,* GmbHG, § 13 Rn. 66; *ders.,* in: Bachmann/Casper/Schäfer/Veil, Steuerungsfunktionen des Haftungsrechts im Gesellschafts- und Kapitalmarktrecht, S. 57 (62ff.); *Easterbrook/Fischel,* 52 U.Chi.L.Rev., S. 89 (103f.).

554 Scholz/*Bitter,* GmbHG, § 13 Rn. 66; *Wiedemann,* Gesellschaftsrecht I, S. 554ff.; *Adams,* Eigentum, Kontrolle und beschränkte Haftung, S. 31; *Drygala,* ZGR 2006, S. 587 (596).

555 Scholz/*Bitter,* GmbHG, § 13 Rn. 67; *Steffek,* JZ 2009, S. 77 (78f.); *Easterbrook/Fischel,* 52 U.Chi.L.Rev., S. 89 (90); *Adams,* Eigentum, Kontrolle und beschränkte Haftung, S. 31.

556 Scholz/*Verse,* § 30 Rn. 2; *Drygala,* ZGR 2006, S. 587 (596); *Bitter,* in: Bachmann/Casper/Schäfer/Veil, Steuerungsfunktionen des Haftungsrechts im Gesellschafts- und Kapitalmarktrecht, S. 57 (75, 78).

557 *Markowsky,* Die Einziehung von GmbH-Geschäftsanteilen, S. 196f.

Dieser Begründungsansatz überzeugt nicht recht. Denn mit dieser These ordnet er den Abfindungsanspruch systemwidrig wie einen Drittgläubigeranspruch ein. Er verkennt, dass dieser Anspruch im Mitgliedschaftsverhältnis wurzelt und damit den kapitalgesellschaftsrechtlichen Bindungen unterliegt.[558] Anders als für einen Drittgläubigeranspruch sind die Kapitalschutzvorschriften zu seinem Schutz gerade nicht bestimmt. Daher wäre es zu kurz gegriffen, die Funktionalität der Haftungsbeschränkung schlicht mit der Begründung zu leugnen, dass der Abfindungsgläubiger nicht von den gläubigerschützenden Kapitalerhaltungsvorschriften profitiert. Auch andere Ansprüche, die im Mitgliedschaftsverhältnis wurzeln, wie etwa Gewinnansprüche (auch bereits ausgeschiedener Gesellschafter), dürfen aus dem Haftkapital der Gesellschaft nicht erfüllt werden, ohne, dass aus diesem Grund sogleich das Prinzip der Haftungsbeschränkung in Frage zu stellen wäre.

Zur Beantwortung der Frage, ob das Haftungsprivileg seinem Sinn und Zweck nach einer persönliche Ausfallhaftung der verbleibenden Gesellschafter entgegensteht, muss die Rechtsposition des ausgeschiedenen Gesellschafters vielmehr im Lichte des Funktionszusammenhangs zwischen der unternehmerischen Gewinnmöglichkeit ohne persönliches Haftungsrisiko und der Verantwortlichkeit für die Erhaltung des Stammkapitals näher untersucht werden. Nach der Einziehung eines Geschäftsanteils entsteht der Abfindungsanspruch des ausgeschiedenen Gesellschafters auf der Grundlage des § 738 Abs. 1 S. 2 BGB analog.[559] Gemäß dem Wortlaut des § 738 Abs. 1 S. 2 Hs. 2 BGB ist dem ausgeschiedenen Gesellschafter „[...] dasjenige zu zahlen, was er bei der Auseinandersetzung erhalten würde, wenn die Gesellschaft zur Zeit seines Ausscheidens aufgelöst worden wäre." Nach der gesetzlichen Konzeption stellt die Auseinandersetzung nach dem Untergang eines Mitgliedschaftsrechts also eine Art Teilliquidation der Gesellschaft dar.[560] Der Abfindungsanspruch ist damit ein durch das einseitige Ausscheiden eines Gesellschafters umgestalteter Anspruch auf das künftige Auseinandersetzungsguthaben.[561] Die Vorschrift des § 738 Abs. 1 S. 2 BGB analog beruht dabei auf dem Grundgedanken, die Rechtstellung des ausgeschiedenen Gesellschafters möglichst derjenigen anzunähern, die er bei einer tatsächlichen Liquidation der Gesellschaft innehätte.[562]

---

558 Allg. hierzu *Wiedemann*, Die Übertragung und Vererbung von Mitgliedschaftsrechten bei Handelsgesellschaften, S. 36f., 292f.; Ulmer/Habersack/Löbbe/*Raiser*, GmbHG, § 14 Rn. 44; MünchKommGmbHG/*Reichert/Weller*, § 14 Rn. 72; Michalski/*Ebbing*, GmbHG, § 14 Rn. 54.

559 S. die Nachw. in Fn. 82.

560 *K. Schmidt*, Gesellschaftsrecht, § 50 IV 1; Bamberger/Roth/*Schöne*, BGB, § 738 Rn. 3; Henssler/Strohn/*Kilian*, GesR, § 738 BGB Rn. 1; Soergel/*Hadding/Kießling*, BGB, § 738 Rn. 13.

561 Bamberger/Roth/*Schöne*, BGB, § 738 Rn. 13; MünchKommBGB/*Schäfer*, § 738 Rn. 16.

562 Bamberger/Roth/*Schöne*, BGB, § 738 Rn. 3; *K.Schmidt*, Gesellschaftsrecht, § 50 IV 1.

Bei einer Liquidation der GmbH aber würde nach der Befriedigung der Gesellschaftsgläubiger (§ 73 GmbHG) der Wert seiner Mitgliedstelle aus der Kapitalbindung befreit und könnte an ihn im Rahmen der Schlussverteilung ausgeschüttet werden (§ 72 GmbHG). Durch die Fortführung der Gesellschaft wird dieser Wert aufgrund des § 34 Abs. 3 i.V.m. § 30 Abs. 1 GmbHG hingegen nicht aus der Kapitalbindung befreit. Somit unterbricht der Kapitaldeckungsvorbehalt die Teilliquidation der Gesellschaft. Der ausgeschlossene Gesellschafter steht durch die Fortführung des Unternehmens also schlechter als er bei einer tatsächlichen Liquidation der Gesellschaft stünde.

Würde man das Haftungsprivileg nun auch noch so interpretieren, dass die verbleibenden Gesellschafter während einer Unterbilanz vor einer persönlichen Ausfallhaftung zum Ausgleich der internen Wertverschiebung abgeschirmt werden sollen, würde sich das unternehmerische Risiko entgegen der gesetzlichen Konzeption des § 13 Abs. 2 GmbHG systematisch auf den ausgeschiedenen Gesellschafter verlagern. Denn durch die Einziehung seines Geschäftsanteils wurden seine Mitgliedschaftsrechte vollständig vernichtet.[563] Damit hat er sämtliche Mitwirkungsbefugnisse im Unternehmen verloren und partizipiert auch an den künftigen Gewinnen nicht mehr.[564] An die Stelle seines Mitgliedschaftsrechts tritt der Abfindungsanspruch, der den Wert seiner Beteiligung zum Zeitpunkt seines Ausscheidens verkörpert.[565] Der Vorteil der Haftungsbeschränkung, der in einer unternehmerischen Gewinnmöglichkeit ohne persönliches Haftungsrisiko besteht, kommt ihm also nicht mehr zugute. Stattdessen ist er auf einen Festbetragsanspruch gegenüber der Gesellschaft beschränkt.

Andererseits entlässt ihn das Gesetz durch seine fortwährende Verantwortlichkeit für die Erhaltung des Stammkapitals (§ 34 Abs. 3 i.V.m. § 30 Abs. 1 GmbHG) nicht aus dem von ihm ursprünglich übernommenen Risiko, sondern zwingt ihn dazu, sich mit seinem investierten Kapital weiterhin wie ein Mitglied vorrangig am Risiko der Gesellschaft zu beteiligen. Denn indem sein Anspruch beim Eintritt einer Unterbilanz erlischt, wird der Wert seines Geschäftsanteils zur vorrangigen Befriedigung der Gesellschaftsgläubiger dem Gesellschaftsvermögen zugeordnet. Damit läuft er auf der einen Seite Gefahr, dass die verbleibenden Gesellschafter das Unternehmen durch riskante Geschäfte herunterwirtschaften, oder die Gesellschaft aufgrund einer allgemein negativen Unternehmensentwicklungen insolvent wird und er sein in der Gesellschaft durch § 30 Abs. 1 i.V.m. § 34 Abs. 3 GmbHG gebundenes Abfindungsguthaben verliert. Auf der anderen Seite würden im Erfolgsfall nicht er, sondern alleine die verbleibenden Gesellschafter über ihr Gewinnbezugsrecht die Rendite in variabler Höhe abschöpfen.

---

563 Michalski/*Sosnitza*, GmbHG, § 34 Rn. 116, 123ff.; MünchKommGmbHG/*Strohn*, § 34 Rn. 59.

564 MünchKommGmbHG/*Strohn*, § 34 Rn. 59.

565 Vgl. Ziemons/Jaeger/*Schindler*, BeckOK-GmbHG, § 34 Rn. 80f.

Der Funktionszusammenhang zwischen der vorrangigen Beteiligung am unternehmerischen Risiko durch einen finanziellen Eigenbeitrag als Ausgleich für eine unternehmerische Gewinnmöglichkeit ohne persönliches Haftungsrisiko ist damit systemwidrig auf Kosten des ausgeschiedenen Gesellschafters unterbrochen. Diese Risikoverteilung ist von der ratio des § 13 Abs. 2 GmbHG nicht gedeckt.

Hinzu kommt, dass bei der Ausfallhaftung nach der Einziehung eines Geschäftsanteils – anders als bei einer persönlichen Haftung für Ansprüche außenstehender Drittgläubiger –im Saldo keine Gefährdung für das Privatvermögen der verbleibenden Gesellschafter besteht, welches durch das Haftungsprivileg geschützt werden soll. Denn beim abfindungslosen Ausscheiden eines Gesellschafters erhalten die verbleibenden Gesellschafter ausnahmsweise einen äquivalenten Wertzuwachs für ihre persönliche Inanspruchnahme. Da die GmbH-Satzungen in der Praxis häufig Abfindungsbeschränkungen enthalten, ist dieser Vermögenszuwachs in der Regel sogar höher, als ihr Haftungsbetrag im Rahmen der Ausfallhaftung.

Damit ist festzuhalten, dass der Sinn und Zweck der Haftungsbeschränkung die besondere Rechtsstellung des Abfindungsgläubigers nicht erfasst. Obwohl grundsätzlich die Gesellschaft die primäre Schuldnerin des Abfindungsanspruchs ist, steht somit auch der Telos des § 13 Abs. 2 GmbHG einem rechtsfortbildend geschaffenen Haftungstatbestand nicht entgegen, der während einer Unterbilanz auf einen internen Wertausgleich zwischen dem Ausgeschiedenen und den verbleibenden Gesellschaftern gerichtet ist.

### (2.3) Zwischenergebnis

Die gesetzgeberische Regelungsintention zu § 34 GmbHG spricht dafür, dass die Regelung zur Einziehung planwidrig unvollständig ist, weil ein Ausgleichsanspruch für die interne Wertverschiebung zwischen den Gesellschaftern fehlt. Auch das Prinzip der Haftungsbeschränkung aus § 13 Abs. 2 GmbHG steht dieser Annahme nicht entgegen. Damit liegt eine Lücke vor, die es im Folgenden zu schließen gilt.

### (3) Ausfüllung der Lücke

Eine Gesetzeslücke ist in möglichst enger Anlehnung an das geltende Recht auszufüllen.[566] In der Regel wird sie durch eine Analogie zu einer anderen Gesetzesbestimmung geschlossen.[567] Im Hinblick auf die im GmbHG nicht geregelte persönliche Haftung nach einer Zwangseinziehung erscheint alleine ein Analogieschluss zu §§ 24, 31 Abs. 3 GmbHG erwägenswert (3.1). Zum anderen bietet es sich an, die Lücke durch die mitgliedschaftliche Treuepflicht auszufüllen (3.2).

---

566 Vgl. BVerfGE 34, S. 269 (286ff.); BVerfGE 37, S. 67 (81); BGH, NJW 2012, S. 1073 (1077); Palandt/*Sprau,* BGB, Einl. Rn. 56.

567 *Larenz,* Methodenlehre der Rechtswissenschaft, S. 318; Palandt/*Sprau,* BGB, Einl. Rn. 56.

### (3.1) Keine Analogie zu §§ 24, 31 Abs. 3 GmbHG

Eine Analogie zu §§ 24, 31 Abs. 3 GmbHG ist zur Ausfüllung der Lücke ungeeignet.

§ 24 GmbHG statuiert eine anteilige Gesamthaftung aller Gesellschafter, wenn ein Mitgesellschafter seine Stammeinlage nicht erbringt. Als Pendant hierzu normiert § 31 Abs. 3 GmbHG eine Kollektivhaftung der Gesellschafter, wenn die Erstattung einer nach § 30 GmbHG verbotenen Auszahlung von Stammkapital vom Leistungsempfänger nicht zu erlangen ist.

Ein Analogieschluss setzt voraus, dass sich die Regel eines Tatbestandes auf einen gesetzlich nicht geregelten Tatbestand übertragen lässt, weil zwischen ihnen eine solche Ähnlichkeit besteht, dass sie in rechtlicher Hinsicht gleich zu bewerten sind.[568] An einer derartigen Ähnlichkeit fehlt es den §§ 24, 31 Abs. 3 GmbHG mit der gesetzlich nicht geregelten Ausfallhaftung nach der Einziehung eines Geschäftsanteils. Die Haftung aus §§ 24, 31 Abs. 3 GmbHG beruht nämlich auf dem Grundgedanken einer Gesamthaftung *aller Gesellschafter* beim Ausfall eines Mitgesellschafters. Der Gesetzgeber wollte mit ihr den personenbezogenen Charakter der GmbH betonen und zu einer Festigung der Verbindung *der Gesellschafter untereinander* beitragen.[569] Scheitert die Realisation des Abfindungsentgelts gegenüber der Gesellschaft am Kapitaldeckungsvorbehalt, so liegt hingegen ein Ausfall der Gesellschaft und nicht der eines Mitgesellschafters vor.[570] Bereits wegen dieses Unterschiedes kommen die §§ 24, 31 Abs. 3 GmbHG nicht für einen Analogieschluss zur Begründung der Ausfallhaftung in Frage.

### (3.2) Mitgliedschaftliche Treuepflicht

Ein geeignetes Mittel zur Ausfüllung der Lücke stellt jedoch die mitgliedschaftliche Treuepflicht dar.

Die gesellschafterliche Treuepflicht ist ein allgemeines Rechtsprinzip des Gesellschaftsrechts, das in den Geboten von Treu und Glauben (§ 242 BGB) wurzelt, über dessen Maßstäbe aber noch weit hinausgeht.[571] Sie soll den konträren mitgliedschaftlichen Interessen Rechnung tragen, die sich aus den gegenseitigen

568 *Larenz,* Methodenlehre der Rechtswissenschaft, S. 365; Palandt/*Sprau,* Einl. Rn. 48.

569 Vgl. Entwurf eines Gesetzes betreffend die GmbH, Stenographische Berichte des Reichstages, 8. Legislaturperiode – I. Session 1890/1892, 5. Anlageband, Aktenstück Nr. 660, S. 3715 (3730); allg. hierzu auch MünchKommGmbHG/*Schütz,* § 24 Rn. 4; Michalski/*Ebbing,* § 24 Rn. 2.

570 Darauf hinweisend auch *Tröger,* Gesellschaftsrecht in der Diskussion 2013, S. 23 (37).

571 BGHZ 9, S. 157 (163); *Hennrichs,* AcP 195 (1995), S. 221 (229ff.); *Wiedemann,* FS Heinsius, S. 949 (950); *Hüffer,* FS Steindorff, S. 59 (68ff.); *Raiser/Veil,* Recht der Kapitalgesellschaften, § 38 Rn. 34f.; MünchKommGmbHG/*Merkt,* § 13 Rn. 88; Ulmer/Habersack/Löbbe/*Raiser,* GmbHG, § 14 Rn. 77; Lutter/Hommelhoff/*Bayer,* GmbHG, § 14 Rn. 20; Scholz/*Seibt,* GmbHG, § 14 Rn. 50; OLG München, NZG 2009, S. 25 (26).

Einwirkungsmöglichkeiten und dem wechselseitigen Angewiesensein im Rahmen einer gemeinsamen Kooperation ergeben.[572]Aus ihr ergibt sich für jeden Gesellschafter die Verhaltensmaxime, sich gegenüber der Gesellschaft loyal zu verhalten, ihre Zwecke aktiv zu fördern und Schaden von ihr abzuwenden.[573]

Spätestens seit der *„ITT"*-Entscheidung des BGH[574] ist allgemein anerkannt, dass Treuepflichten auch im Verhältnis der Gesellschafter untereinander bestehen.[575] Dabei ist der einzelne Gesellschafter nicht nur Schuldner der Treuepflicht. Er kann vom Verband sowie seinen (ehemaligen) Mitgesellschaftern auch verlangen, dass diese Rücksicht auf seine legitimen Interessen nehmen. Scheidet ein Gesellschafter aus der GmbH aus, wirkt die Treuepflicht auch im nachmitgliedschaftlichen Bereich fort.[576]

Die Funktion der mitgliedschaftlichen Treuepflicht erschöpft sich nicht in der Präzisierung und Beschränkung der bereits kraft Gesetzes bestehenden Mitgliedschaftsrechte.[577] Da sich im Rahmen einer gemeinsamen Kooperation aufgrund der Komplexität des Zusammenwirkens naturgemäß nicht alle Verhaltenspflichten abstrakt-generell vorherbestimmen lassen, ist die Treuepflicht als Generalklausel durch spezielle Handlungs- und Unterlassungspflichten zu konkretisieren, die sich aus der mitgliedschaftlichen Bindung im Einzelfall erst ergeben. Damit dient sie auch dazu, Konflikte in der Gesellschaft zu bewältigen, deren Lösung nicht schon durch das Gesetz oder die Satzung vorgegeben ist.[578] Auf diese Weise fungiert sie

---

572 BGHZ 65, S. 15 (18f.); BGHZ 103, S. 184 (194f.); BGHZ 129, S. 136 (143f.); *Zöllner,* Die Schranken mitgliedschaftlicher Stimmrechtsmacht bei den privatrechtlichen Personenverbänden, S. 335ff.; *Immenga,* Die personalistische Kapitalgesellschaft, S. 180ff.; *Lutter,* ZHR 162 (1998), S. 164 (166f.); *Hennrichs,* AcP 195 (1995), S. 221 (239); *K.Schmidt,* Gesellschaftsrecht, § 20 IV 1b; Scholz/*Seibt,* GmbHG, § 14 Rn. 50.

573 *Hueck,* Der Treuegedanke im modernen Privatrecht, S. 18f.; *Lutter,* AcP 180 (1980), S. 84, 102ff.; *Ivens,* GmbHR 1988, S. 249 (249); BGHZ 9, S. 157 (163); Ulmer/Habersack/Löbbe/*Raiser,* GmbHG, § 14 Rn. 77; Baumbach/Hueck/*Fastrich,* GmbHG, § 13 Rn. 21.

574 BGHZ 65, S. 15 (19).

575 Vgl. BGH, NZG 2004, S. 516 (517); *Markowsky,* Die Einziehung von GmbH-Geschäftsanteilen, S. 179f.; Rowedder/Schmidt-Leithoff/*Pentz,* GmbHG, § 13 Rn. 37; Baumbach/Hueck/*Fastrich,* GmbHG, § 13 Rn. 20; Scholz/*Seibt,* GmbHG, § 14 Rn. 52; *Henze,* ZHR 162 (1998), S. 186 (187); *Winter,* Mitgliedschaftliche Treuebindungen im GmbH-Recht, S. 67ff., 130ff.; *Lutter,* ZHR 162 (1998), S. 164 (168ff.).

576 *Dembski,* Gesellschaftliche Treubindungen von Nichtmitgliedern, insbesondere nachmitgliedschaftliche Treupflichten, S. 137ff.; *Markowsky,* Die Einziehung von GmbH-Geschäftsanteilen, S. 180; *Müller,* Das Austrittsrecht des GmbH-Gesellschafters, S. 35; Ulmer/Habersack/Löbbe/*Raiser,* GmbHG, § 14 Rn. 80; Scholz/*Seibt,* GmbHG, § 14 Rn. 52; Lutter/Hommelhoff/*Bayer,* GmbHG, § 14 Rn. 21b; Ziemons/Jaeger/*Wilhelmi,* BeckOK-GmbHG, § 13 Rn. 180.

577 Scholz/*Seibt,* GmbHG, § 14 Rn. 52; Baumbach/Hueck/*Fastrich,* GmbHG, § 13 Rn. 20.

578 *Lutter,* ZHR 162 (1998), S. 164 (166f.); *Hennrichs,* AcP 195 (1995), S. 221 (244ff.); MünchKommGmbHG/*Merkt,* § 13 Rn. 88; Ulmer/Habersack/Löbbe/*Raiser,* GmbHG,

als Durchgangsstation für Rechtsfortbildungen, die sich im Grunde nur mit übergeordneten Rechtsprinzipien begründen ließen.[579]

So begrenzt die Treuepflicht nicht nur die Stimmrechtsmacht der Mehrheitsgesellschafter.[580] Im Einzelfall verpflichtet sie einen Gesellschafter auch zu einer positiven Stimmabgabe in einem bestimmten Sinn.[581] Ferner kann sich aus ihr die Pflicht ergeben, Mitgesellschafter über für ihre sachgerechte Interessenwahrnehmung notwendige Vorgänge aufzuklären.[582] Ebenso verpflichtet sie die Gesellschafter dazu, Geschäftschancen der GmbH nicht selbst zu nutzen (sog. Geschäftschancenlehre).[583] Auch Wettbewerbsverbote finden in der Treuepflicht ihre Grundlage.[584] Unter strengen Voraussetzungen kann sie einen Gesellschafter sogar zur Übertragung des eigenen Geschäftsanteils an einen Dritten oder einen anderen Gesellschafter verpflichten, um eine Sanierung der Gesellschaft zu ermöglichen.[585] Nicht zuletzt stellt sie die dogmatische Grundlage für das ungeschriebene Recht zum Austritt aus der Gesellschaft[586] sowie zum Ausschluss eines Gesellschafters durch gerichtliches Urteil[587] dar.

Besondere Bedeutung kommt der mitgliedschaftlichen Treuepflicht aber auch im Zusammenhang mit dem Abfindungsanspruch eines ausgeschiedenen Gesellschafters zu. Der Entzug der Mitgliedschaft ist der denkbar schwerste Eingriff in die Mitgliedschaft.[588] Der daraufhin gegenüber der Gesellschaft entstehende Abfindungsanspruch verkörpert den Vermögenswert der Mitgliedschaft. Damit geht eine nachmitgliedschaftliche wechselseitige Einwirkungsmacht zwischen den Beteiligten

---

§ 14 Rn. 78; *Raiser/Veil,* Recht der Kapitalgesellschaften, § 38 Rn. 34; Baumbach/Hueck/*Fastrich,* GmbHG, § 13 Rn. 21ff.

579 Ausführlich hierzu *Zwissler,* Treuegebot – Treuepflicht – Treuebindung, S. 68ff., 104ff.; Baumbach/Hueck/*Fastrich,* GmbHG, § 13 Rn. 20; Ziemons/Jaeger/*Wilhelmi,* BeckOK-GmbHG, § 13 Rn. 182.

580 Vgl. *Zöllner,* Die Schranken mitgliedschaftlicher Stimmrechtsmacht bei den privatrechtlichen Personenverbänden, S. 335ff.; *Winter,* Mitgliedschaftliche Treuebindungen im GmbH-Recht, S. 135ff.; Michalski/*Michalski/Funke,* GmbHG, § 13 Rn. 150; MünchKommGmbHG/*Merkt,* § 13 Rn. 111.

581 Vgl. BGH, NJW 2010, S. 65 (67); BGHZ 98, S. 276 (279); *Zöllner,* Die Schranken mitgliedschaftlicher Stimmrechtsmacht bei den privatrechtlichen Personenverbänden, S. 353f.; *Winter,* Mitgliedschaftliche Treuebindungen im GmbH-Recht, S. 167ff.

582 Vgl. BGH, DB 1991, S. 2588 (2588); *Wiedemann,* FS Heinsius, S. 949 (954); Lutter/Hommelhoff/*Bayer,* GmbHG, § 14 Rn. 25.

583 BGH, GmbHR 1977, S. 129 (130); BGH, GmbHR 1989, S. 460 (461); Lutter/Hommelhoff/*Bayer,* GmbHG, § 14 Rn. 24.

584 BGHZ 89, S. 162 (166); *Rudersdorf,* RNotZ 2011, S. 509 (515ff.); Ulmer/Habersack/Löbbe/*Raiser,* GmbHG, § 14 Rn. 97.

585 Michalski/*Michalski/Funke,* GmbHG, § 13 Rn. 173; MünchKommGmbHG/*Merkt,* § 13 Rn. 158.

586 *Müller,* Das Austrittsrecht des GmbH-Gesellschafters, S. 33ff.

587 BGHZ 9, S. 157 (163); MünchKommGmbHG/*Strohn,* § 34 Rn. 103.

588 *Markowsky,* Die Einziehung von GmbH-Geschäftsanteilen, S. 180.

einher,[589] die vom ausgeschiedenen Gesellschafter, dem Verband sowie den verbleibenden Gesellschaftern in besonders hohem Maße gegenseitige Loyalität und Rücksichtnahme abverlangt.[590] So kommt dem Ausgeschiedenen je nach der Höhe seines Abfindungsanspruchs eine unter Umständen beträchtliche Einflussmöglichkeit auf die Fortsetzung der unternehmerischen Tätigkeit der Gesellschaft zu. Er hat daher bei der Verfolgung seines Abfindungsanspruchs Rücksicht auf die Liquiditätslage des Verbands zu nehmen.[591] Der Gesellschaft obliegt wiederum die Pflicht, die Abwicklung des Ausscheidensprozesses nicht zu verzögern, sondern alles ihr Zumutbare zu unternehmen, um möglichst rasch das Abfindungsentgelt auszahlen zu können.[592] Deswegen ist sie dazu verpflichtet, dem Ausgeschiedenen zur Bezifferung seines Abfindungsanspruchs alle notwendigen Informationen mitzuteilen und gegebenenfalls eine Abschichtungsbilanz zu erstellen.[593] Sodann muss der Verband, etwa durch das Auflösen stiller Reserven, dafür sorgen, dass möglichst schnell ausreichend liquide Mittel zur Auszahlung des Abfindungsentgelts verfügbar sind.[594] Die verbleibenden Gesellschafter sind wiederum dazu verpflichtet, ihre Zustimmung zu den hierfür erforderlichen Maßnahmen zu erteilen, wenn dies notwendig ist.[595]

Der nachwirkenden mitgliedschaftlichen Treuepflicht muss aber auch entscheidende Bedeutung zukommen, wenn die Gesellschaft das Abfindungsentgelt aufgrund des Kapitaldeckungsvorbehalts nicht auszahlen darf. Welche konkreten Verhaltenspflichten sich aus der Treuepflicht ergeben ist durch eine Verhältnismäßigkeitsprüfung zu ermitteln. Dabei sind geeignete und erforderliche Maßnahmen zu bestimmen, die die gegeneinander abzuwägenden Interessen angemessen in Einklang bringen.[596] Der ausgeschiedene Gesellschafter hat ein legitimes Interesse

---

589 Ein hohes Abfindungsentgelt kann zu beträchtlicher Einwirkungsmacht auf das Unternehmensinteresse führen und den Fortbestand der Gesellschaft gefährden, vgl. *Priester,* DNotZ 1998, S. 691 (704), der von einer „Liquiditätsgefährdung" der Gesellschaft spricht.

590 *Dembski,* Gesellschaftliche Treubindungen von Nichtmitgliedern, insbesondere nachmitgliedschaftliche Treupflichten, S. 253ff., 289ff.; *Markowsky,* Die Einziehung von GmbH-Geschäftsanteilen, S. 180.

591 *Dembski,* Gesellschaftliche Treubindungen von Nichtmitgliedern, insbesondere nachmitgliedschaftliche Treupflichten, S. 184, 254; *Markowsky,* Die Einziehung von GmbH-Geschäftsanteilen, S. 180.

592 BGH, ZIP 2006, S. 703 (707); *Dembski,* Gesellschaftliche Treubindungen von Nichtmitgliedern, insbesondere nachmitgliedschaftliche Treupflichten, S. 277.

593 *Dembski,* Gesellschaftliche Treubindungen von Nichtmitgliedern, insbesondere nachmitgliedschaftliche Treupflichten, S. 274f.

594 *Dembski,* Gesellschaftliche Treubindungen von Nichtmitgliedern, insbesondere nachmitgliedschaftliche Treupflichten, S. 277.

595 *Dembski,* Gesellschaftliche Treubindungen von Nichtmitgliedern, insbesondere nachmitgliedschaftliche Treupflichten, S. 290f.

596 *Hennrichs,* AcP 195 (1995), S. 221 (244ff.); *Winter,* Mitgliedschaftliche Treuebindungen im GmbH-Recht, S. 144ff.; Ulmer/Habersack/Löbbe/*Raiser,* GmbHG, § 14 Rn. 78; *Michalski/Funke,* GmbHG, § 13 Rn. 145; Scholz/*Seibt,* GmbHG, § 14 Rn. 53.

daran, eine Abfindung zum vollen Wert seiner Unternehmensbeteiligung zu erhalten. Das Recht auf Erhalt einer vollwertigen Abfindung zählt zu den unentziehbaren Mitgliedschaftsrechten.[597] Es wird von der objektiven Wertentscheidung gefordert, die das Grundgesetz in Art. 14 Abs. 1 GG getroffen hat.[598]

Die verbleibenden Gesellschafter haben wiederum ein legitimes Interesse daran, die Gesellschaft ohne den betroffenen Gesellschafter fortzusetzen. Indem sie von dem Rechtsinstitut der Zwangseinziehung Gebrauch machen signalisieren sie, dass sie in der Fortsetzung der Gesellschaft ohne den Auszuschließenden einen Mehrwert erblicken. Denn es steht ihnen frei, von seinem Ausschluss abzusehen und stattdessen die Gesellschaft aufzulösen (§ 60 Abs. 1 Nr. 2 GmbHG bzw. § 61 Abs. 1 GmbHG) oder mit ihm weiter zu kooperieren. Auch haben sie gegebenenfalls die Möglichkeit, stille Reserven aufzulösen oder das Stammkapital herabzusetzen, damit der ausscheidende Gesellschafter den Kapitalwert seines Geschäftsanteils gegenüber der Gesellschaft realisieren kann. Ihnen steht es natürlich frei, sich für keine dieser Varianten zu entscheiden, weil ihre Durchführung entweder nicht möglich ist oder sie wirtschaftlich nicht attraktiv sind und den lästigen Gesellschafter dennoch auszuschließen.

Scheitert dann aber die Realisation des Abfindungsentgelts am Kapitaldeckungsvorbehalt und misslingt aus diesem Grund der vom Gesetz durch § 738 Abs. 1 S. 2 BGB analog intendierte Wertausgleich zwischen dem ausgeschiedenen und den verbleibenden Gesellschaftern über den Weg des Verbandsvermögens, so muss man von Letzteren so viel Rücksichtnahme auf das Abfindungsinteresse des Ausgeschiedenen verlangen, dass sie den Wert seiner Mitgliedschaft, der ihnen zugewachsen ist, nicht einfach einbehalten, sondern den Wertausgleich selbst vornehmen, indem sie ihn persönlich entschädigen. Anders gewendet hat der ausgeschlossene Gesellschafter auf der Grundlage der mitgliedschaftlichen Treuepflicht einen Abfindungsanspruch gegen die verbleibenden Gesellschafter in Höhe des Abfindungsbetrages, den er gegenüber der Gesellschaft wegen des Kapitaldeckungsvorbehalts nicht realisieren kann.

Dabei handelt es sich um einen *eigenständigen, subsidiären Abfindungsanspruch*, der neben dem gegen die Gesellschaft gerichteten Abfindungsanspruch aus § 738 Abs. 1 S. 2 BGB analog existiert. Dieser Hilfsanspruch kommt nur dann zum Tragen, wenn die primär im Verhältnis zur Gesellschaft angesiedelte vermögensmäßige Kompensation misslingt, weil die GmbH das Abfindungsentgelt aufgrund des Auszahlungsverbot aus § 34 Abs. 3 i.V.m. § 30 Abs. 1 GmbHG nicht leisten darf.

Die Entstehung zusätzlicher Leistungspflichten auf Grundlage der mitgliedschaftlichen Treuepflicht (auch gegenüber Mitgesellschaftern) ist – dies sei hier

597 BGHZ 9, S. 157 (170); BGHZ 116, S. 359 (364); MünchKommGmbHG/*Reichert/Weller*, § 14 Rn. 90; Ziemons/Jaeger/*Schindler*, BeckOK-GmbHG, § 34 Rn. 74.

598 S. hierzu oben S. 25ff.

angemerkt – durchaus möglich.[599] Die Ausfallhaftung ist somit neuer Anwendungsfall der mitgliedschaftlichen Treuepflicht, mit dem die im GmbH-Gesetz vorhandene Lücke interessengerecht geschlossen wird.

Der entscheidende Vorteil der hier entwickelten Lösung im Vergleich zu dem Vorschlag einer Schadensersatzhaftung nach § 280 Abs. 1 BGB wegen einer Verletzung der mitgliedschaftlichen Treuepflicht liegt darin, dass nicht erst eine rechtswidrige und schuldhaft begangene Pflichtverletzung durch die verbleibenden Gesellschafter konstruiert werden muss, um zu einer Haftung zu gelangen. Die mitgliedschaftliche Treuepflicht selbst gebietet es verschuldensunabhängig und ohne komplizierte Fragen der Schadenszurechnung, die Vermögensverschiebung finanziell zu entschädigen. Nur so wird dem Abfindungsinteresse des ausgeschiedenen Gesellschafters hinreichend Rechnung getragen.

Dieser Lösungsvorschlag dürfte schließlich auch ganz auf einer Linie mit der Entscheidung des II. Zivilsenats vom 24. 1. 2012 liegen. In Erinnerung gerufen sei folgende Passage des Urteils: „Sie (= die verbleibenden Gesellschafter) *verhalten sich treuwidrig*, wenn sie sich dagegen mit der Fortsetzung der Gesellschaft *den Wert des eingezogenen Geschäftsanteils auf Kosten des ausgeschiedenen Gesellschafters einverleiben, ihm aber eine Abfindung* unter der berechtigten Berufung auf die Kapitalbindung der Gesellschaft *verweigern*."[600] Nach der Auffassung des BGH ist also das Einverleiben des Wertes selbst treuwidrig. Mit anderen Worten verpflichtet die mitgliedschaftliche Treuepflicht die verbleibenden Gesellschafter dazu, sich diesen Wert nicht einzuverleiben, sondern den Ausgeschiedenen als Ausgleich für die von ihnen initiierte Wertverlagerung auf ihr Vermögen persönlich zu entschädigen.

### *7. Zwischenergebnis*

Eine Nichtleistungskondiktion nach § 812 Abs. 1 S. 1 Alt. 2 BGB scheidet als Anspruchsgrundlage für die Ausfallhaftung aus, da im Verhältnis zu den verbleibenden Gesellschaftern ein rechtlicher Grund für das Behaltendürfen der erhöhten Anteilsquoten besteht. Auch eine Schadensersatzhaftung nach §§ 280 Abs. 1, 249 BGB muss als Haftungsgrundlage ausscheiden, da sie eine Exkulpationsmöglichkeit eröffnet (§ 280 Abs. 1 S. 2 BGB) und sich Probleme mit der Zurechenbarkeit des Schadens ergeben können. Der Abfindungsanspruch ist auch nicht im Anwachsungsprinzip verankert.

Das GmbH-Gesetz ist lückenhaft, weil hierin eine persönliche Haftung der verbleibenden Gesellschafter nach der Einziehung nicht geregelt ist. Das Haftungsprivileg aus § 13 Abs. 2 GmbH steht dieser Annahme nicht entgegen. Diese Lücke ist mit der mitgliedschaftlichen Treuepflicht zu schließen. Sie verpflichtet die verbleibenden

599 Baumbach/Hueck/*Fastrich*, GmbHG, § 13 Rn. 23; Michalski/*Michalski/Funke*, GmbHG, § 13 Rn. 148; Scholz/*Seibt*, GmbHG, § 14 Rn. 60; davon geht auch *Tröger*, Gesellschaftsrecht in der Diskussion 2013, S. 23 (53) im Rahmen seines Ansatzes aus.

600 BGH, ZIP 2012, S. 422 (425), Hervorh. d. d. Verf.

Gesellschafter dazu, den ausgeschlossenen Gesellschafter persönlich abzufinden, wenn die GmbH das Abfindungsentgelt aufgrund des § 34 Abs. 3 i.V.m. § 30 Abs. 1 GmbHG nicht leisten darf, weil ihnen in diesem Fall der Wert seiner Mitgliedschaft persönlich zukommt.

## *8. Ausgestaltung der Ausfallhaftung*

Damit sich die Ausfallhaftung künftig möglichst nahtlos in das GmbH-Recht einfügt, ist es nun in einem nächsten Schritt erforderlich, die hier vorgefundene Haftungsgrundlage inhaltlich zu präzisieren. Zu diesem Zweck soll zunächst die Entscheidung des BGH vom 24. 1. 2012 im Hinblick auf die Ausgestaltung der Ausfallhaftung analysiert werden (a)). Im Anschluss werden die Ausführungen des II. Zivilsenats aufgegriffen und die Einzelheiten zur Haftungsausgestaltung ausgelotet (b) – g)).

### *a) Analyse der Grundsatzentscheidung des BGH vom 24. 1. 2012 im Hinblick auf die Ausgestaltung der Ausfallhaftung*

Wie schon die Ausführungen zur Haftungsgrundlage sind auch die Ausführungen des BGH zur Haftungsausgestaltung insgesamt recht vage und daher teils interpretationsbedürftig:

Klar äußert sich das Gericht noch dazu, dass die Haftung nicht gesamtschuldnerisch, sondern anteilig ausgestaltet sein soll.[601] Deutlich hebt der Senat auch die Subsidiarität der Ausfallhaftung hervor: „Die Gesellschafter können ihre persönliche Inanspruchnahme durch einen Ausgleich der Unterdeckung oder durch die Auflösung der Gesellschaft vermeiden."[602] Bemerkenswert ist dabei, dass der ausgeschiedene Gesellschafter bei einer Liquidation der GmbH nach der Auffassung des Gerichts wie ein Gesellschafter behandelt werden soll, d.h. bei der Verteilung des Liquidationsüberschusses (§ 72 S. 1 GmbHG) nur in Höhe seiner Liquidationsquote zu berücksichtigen ist.[603]

Nicht klar geht aus der Entscheidung schließlich hervor, ob die Ausfallhaftung nur diejenigen Gesellschafter trifft, die für die Zwangseinziehung gestimmt haben, oder ob auch diejenigen Gesellschafter haften sollen, die entweder gegen die Einziehung gestimmt, sich der Stimme enthalten, oder an der Gesellschafterversammlung gar nicht teilgenommen haben.[604] So heißt es im zweiten Leitsatz des Urteils wörtlich, dass diejenigen Gesellschafter haften, die den Beschluss „*gefasst*" haben.[605] Diese Formulierung deutet auf eine Haftung nur der zustimmenden Gesellschafter

---

601 BGH, ZIP 2012, S. 422 (424).
602 BGH, ZIP 2012, S. 422 (425).
603 BGH, ZIP 2012, S. 422 (424f.).
604 Im Folgenden werden diese Gesellschafter zur Vereinfachung als dissentierende Gesellschafter bezeichnet.
605 BGH, ZIP 2012, S. 422 (424).

hin.[606] Denn ein Beschluss kommt in der Gesellschafterversammlung durch die Befürwortung der Mehrheit zustande. Anders gewendet haben Gesellschafter, die etwa an der Abstimmung gar nicht teilgenommen haben, den Beschluss sicherlich nicht „gefasst".[607] Hätte der Senat eine anteilige Haftung aller verbleibenden Gesellschafter befürwortet, hätte er schlicht auf die Haftung „der verbleibenden Gesellschafter" abstellen können, ohne den Aspekt der beschlussfassenden Gesellschafter in den zweiten Leitsatz des Urteils zu erheben. Andererseits betont der Bundesgerichtshof auch den anteiligen Wertzuwachs, der den Gesellschaftern zukommt. Da eine Vermögensmehrung beim abfindungslosen Ausscheiden eines Gesellschafters allen verbleibenden Gesellschaftern zugute kommt, müssten prinzipiell auch alle Gesellschafter von der Ausfallhaftung betroffen sein.[608] Im Ergebnis lässt sich der Adressatenkreis der Haftung der Entscheidung also nicht eindeutig entnehmen.

Schließlich ergibt sich aus der Entscheidung auch eine ganze Reihe an Folgefragen zu denen sich der II. Zivilsenat nicht äußert. So schweigt das Urteil zu der Frage, wann genau der Ausfallhaftungsanspruch entstehen soll und gegenüber den verbleibenden Gesellschaftern durchsetzbar ist. Unklar ist auch, in welchem Verhältnis dieser Anspruch zu dem Abfindungsanspruch gegenüber der Gesellschaft steht und ob er wieder entfällt, wenn die Unterbilanz nachträglich behoben wird. Außerdem ist fraglich, ob die Gesellschafter nach ihrer Inanspruchnahme bei der GmbH Regress nehmen können.

### *b) Anforderungen an die Geltendmachung der Ausfallhaftung*

Aufgrund der vom BGH konstatierten Subsidiarität der Ausfallhaftung soll im Folgenden zunächst der Frage nachgegangen werden, zu welchem Zeitpunkt der Ausfallhaftungsanspruch entsteht und gegenüber den verbleibenden Gesellschaftern durchsetzbar ist.

#### aa) Entstehung und Durchsetzbarkeit des Ausfallhaftungsanspruchs

Für die Entstehung des Ausfallhaftungsanspruchs kann es nicht ausreichen, dass die Gesellschaft trotz der Fälligkeit des Abfindungsanspruchs keine Zahlung an den ausgeschiedenen Gesellschafter leistet.[609] Denn das Ausbleiben der Zahlung beruht nicht notwendig auf dem Auszahlungsverbot des § 30 Abs. 1 GmbHG, das die Ausfallhaftung kompensieren soll. Es erscheint daher sachgerechter darauf abzustellen, dass die Gesellschaft die Auszahlung des Abfindungsentgelts unter Berufung auf den

606 So auch die Interpretation von *Priester*, ZIP 2012, S. 658 (659); *Ulmer*, FS Hoffmann-Becking, S. 1261 (1268); *Schockenhoff*, NZG 2012, S. 449 (451); *Schneider/Hoger*, NJW 2013, S. 502 (506).

607 *Schockenhoff*, NZG 2012, S. 449 (451).

608 Vgl. *Ulmer*, FS Hoffmann-Becking, S. 1261 (1268).

609 Vgl. *Ulmer*, FS Hoffmann-Becking, S. 1261 (1271).

Kapitaldeckungsvorbehalt des § 34 Abs. 3 i.V.m. § 30 Abs. 1 GmbHG verweigert.[610] Problematisch ist jedoch, ob der Ausfallhaftungsanspruch mit dieser Verweigerung sofort entsteht und fällig wird oder, ob noch eine gewisse Zeitspanne dazwischen liegt, in der die verbleibenden Gesellschafter dann die Gelegenheit hätten, ihre Haftung abzuwenden, indem sie Gesellschaftsvermögen aus der Kapitalbindung befreien.

### (1) Ablauf einer angemessenen Nachfrist

*Ulmer* und *J. Schmidt* sind der Auffassung, dass der Ausfallhaftungsanspruch erst dann entsteht, wenn der ausgeschiedene Gesellschafter der Gesellschaft nach der Verweigerung der Abfindungszahlung erfolglos eine angemessene Nachfrist gesetzt hat. Die Länge der Frist soll sich nach den Umständen des Einzelfalles bemessen.[611]

Dieser Lösung ist jedoch entgegenzuhalten, dass sich für das Erfordernis einer Nachfristsetzung kein Anhaltspunkt im geltenden Recht auffinden lässt. Auch der II. Zivilsenat hat in seiner Entscheidung vom 24. 1. 2012 keine Andeutung dahingehend gemacht. Die Ausfallhaftung stellt eine Kompensation für das Auszahlungsverbot des § 34 Abs. 3 i.V.m. § 30 Abs. 1 GmbHG dar und gleicht den Wertzuwachs aus, der bei den verbleibenden Gesellschaftern eintritt.[612] Daher ist es nur konsequent, wenn man darauf abstellt, dass der Anspruch sofort entsteht, sobald sich die Gesellschaft auf das Auszahlungsverbot beruft.

### (2) Späterer Eintritt der Fälligkeit

*Markowsky* ist wiederum der Ansicht, dass die Ausfallhaftung bereits im Zeitpunkt der Berufung auf das Auszahlungsverbot entsteht, jedoch gem. § 271 Abs. 1 Alt. 2 BGB erst dann fällig wird, wenn der ausgeschiedene Gesellschafter seinen ehemaligen Mitgesellschaftern erfolglos eine angemessene Frist zur Begleichung der Ausfallhaftung gesetzt hat.[613] Als Begründung führt er an, dass die persönliche finanzielle Belastung eines GmbH-Gesellschafters als „besonderer Umstand" i.S.d. § 271 Abs. 1 Alt. 2 BGB zu werten sei.[614]

Gegen diese These spricht wiederum, dass die Leistungszeit anhand der Umstände nach dieser Vorschrift in der Regel nur in evidenten Fällen hinausgeschoben wird. Anders gewendet muss dem Schuldverhältnis unmittelbar zu entnehmen sein, dass

---

610 So auch *J. Schmidt*, GmbHR 2013, S. 953 (959); *Ulmer*, FS Hoffmann-Becking, S. 1261 (1271).

611 *J. Schmidt*, GmbHR 2013, S. 953 (959); *Ulmer*, FS Hoffmann-Becking, S. 1261 (1271); ihnen folgend Ziemons/Jaeger/*Schindler*, BeckOK-GmbHG, § 34 Rn. 56.2 sowie *Tröger*, Gesellschaftsrecht in der Diskussion 2013, S. 23 (54, 64), der jedoch davon ausgeht, dass die Haftung dem Grunde nach bereits mit dem Wirksamwerden der Einziehung entsteht.

612 S. hierzu oben S. 111ff.

613 *Markowsky*, Die Einziehung von GmbH-Geschäftsanteilen, S. 198.

614 *Markowsky*, Die Einziehung von GmbH-Geschäftsanteilen, S. 198.

der Gläubiger die Leistung nicht sofort mit der Entstehung des Anspruchs fordern kann.[615] Die finanzielle Leistungsfähigkeit ist jedoch generell der Risikosphäre des Schuldners zuzuordnen. Daher wurde von der Rechtsprechung die Fälligkeit eines Anspruchs nach § 271 Abs. 1 Alt. 2 BGB bislang auch zu Recht nicht alleine deswegen hinausgeschoben, weil der Schuldner einem Zahlungsanspruch ausgesetzt ist.[616] Es gibt somit keinen überzeugenden Anhaltspunkt dafür, bei der Ausfallhaftung vom Grundsatz der sofortigen Fälligkeit i.S.d. § 271 Abs. 1 a.E. BGB abzuweichen.

### (3) Eigener Lösungsvorschlag: Dilatorische Einrede

Dennoch erscheint es sachgerecht, den verbleibenden Gesellschaftern die Gelegenheit zu geben Gesellschaftsvermögen aus der Kapitalbindung zu befreien, bevor ihr Privatvermögen belastet wird. Eine dogmatische Grundlage hierfür lässt sich in der nachwirkenden mitgliedschaftlichen Treuepflicht auffinden. Im Personengesellschaftsrecht ist anerkannt, dass ein ausgeschiedener Gesellschafter aufgrund der nachwirkenden mitgliedschaftlichen Treuepflicht mit der Verfolgung seines Abfindungsanspruchs besondere Rücksicht auf die Interessen seiner ehemaligen Mitgesellschafter nehmen muss.[617] Da wirtschaftlich betrachtet Gesellschaftsschulden primär von der Gesellschaft zu begleichen sind, muss er zunächst versuchen sein Abfindungsentgelt von dieser zu erlangen, obwohl er nach § 128 HGB (analog) auch primär seine ehemaligen Mitgesellschafter in Anspruch nehmen könnte.[618]

Im GmbH-Recht ist wiederum anerkannt, dass ein ausgeschiedener Gesellschafter mit der Verfolgung seines Abfindungsanspruchs aufgrund der fortwirkenden mitgliedschaftlichen Treuepflicht Rücksicht auf die Belange des Verbands nehmen muss.[619] Daher steht der GmbH eine dilatorische Einrede gegenüber dem Abfindungsanspruch zu, wenn seine Erfüllung nicht gefährdet ist, die sofortige Anspruchsverfolgung die Gesellschaft jedoch unzumutbar stark belasten oder gar schädigen würde.[620]

Es liegt daher nahe, auch bei der Ausfallhaftung nach der Einziehung eines Geschäftsanteils auf die fortwirkende mitgliedschaftlichen Treuepflicht zu rekurrieren. Die persönliche Haftung stellt für die betroffenen Gesellschafter aufgrund des Prinzips der beschränkten Gesellschafterhaftung einen besonders starken Eingriff

615 MünchKommBGB/*Krüger,* § 271 Rn. 30.

616 Vgl. den Rechtsprechungsüberblick bei Staudinger/*Bittner,* BGB, § 271 Rn. 23ff.

617 OLG Köln, NZG 2001, S. 467 (469); *Schäfer,* JZ 2002, S. 249 (252); MünchKommHGB/*K. Schmidt,* § 131 Rn. 128; Ebenroth/Boujong/Joost/Strohn/*Lorz,* HGB, § 131 Rn. 65.

618 OLG Köln, NZG 2001, S. 467 (469); *Schäfer,* JZ 2002, S. 249 (252); MünchKommHGB/*K. Schmidt,* § 131 Rn. 128; Ebenroth/Boujong/Joost/Strohn/*Lorz,* HGB, § 131 Rn. 65; a.A.: *Dembski,* Gesellschaftsrechtliche Treubindungen von Nichtmitgliedern, insbesondere nachmitgliedschaftliche Treupflichten, S. 272.

619 *Dembski,* Gesellschaftsrechtliche Treubindungen von Nichtmitgliedern, insbesondere nachmitgliedschaftliche Treupflichten, S. 255f.

620 *Dembski,* Gesellschaftsrechtliche Treubindungen von Nichtmitgliedern, insbesondere nachmitgliedschaftliche Treupflichten, S. 255f.

in ihre Individualsphäre dar. Von dem ausgeschiedenen Gesellschafter muss daher verlangt werden, dass er bei der Verfolgung des Ausfallhaftungsanspruchs besondere Rücksicht auf die Belange seiner ehemaligen Mitgesellschafter nimmt. Von ihm ist ein zeitweiliges Zuwarten mit der Verfolgung dieses Anspruchs zu fordern, wenn die verbleibenden Gesellschafter die realistische Möglichkeit haben, innerhalb einer angemessenen Zeitspanne die Unterdeckung auszugleichen, damit die Gesellschaft das Abfindungsentgelt aus ungebundenem Vermögen leisten kann. Auf der anderen Seite haben aber auch die verbleibenden Gesellschafter Rücksicht auf sein Abfindungsinteresse zu nehmen. Von ihnen ist zu verlangen, dass sie die hierzu erforderlichen Maßnahmen nicht verzögern, sondern so schnell wie möglich durchführen. In diesem Fall steht ihnen aufgrund der fortwirkenden mitgliedschaftlichen Treuepflicht eine dilatorische Einrede gegenüber dem Ausfallhaftungsanspruch zu, deren Wirkungsdauer sich nach den Umständen des Einzelfalles bemisst. Der Anspruch selbst entsteht hingegen, sobald sich die Gesellschaft auf das Auszahlungsverbot des § 30 Abs. 1 GmbHG beruft und ist gem. § 271 Abs. 1 BGB sofort fällig.

#### bb) Abwendungsmöglichkeiten der Ausfallhaftung

Diese Erkenntnis leitet zu der Frage über, welche Möglichkeiten genau die verbleibenden Gesellschafter haben, um ihre Inanspruchnahme abzuwenden, bzw. wie lange dem ausgeschiedenen Gesellschafter ein Zuwarten mit der Verfolgung seines Ausfallhaftungsanspruchs zugemutet werden kann.

##### (1) Auflösung stiller Reserven

Ein probates Mittel zur Beseitigung der Unterbilanz stellt die vom BGH vorgeschlagene Auflösung stiller Reserven dar.[621] Denn in der Regel ist ihre Realisation ohne einen größeren Zeitaufwand durchführbar. Hierfür bietet sich etwa die Aufstellung eines Zwischenabschlusses oder das sale-and-lease-back Verfahren an.[622] Voraussetzung ist natürlich, dass solche Reserven in entsprechendem Umfang im Gesellschaftsvermögen auch vorhanden sind.[623]

##### (2) Herabsetzung der Stammkapitalziffer

Die vom BGH weiterhin angeführte Kapitalherabsetzung[624] bietet sich hingegen nicht zur Haftungsabwendung an. Das Problem bei der Kapitalherabsetzung ist, dass der Kapitalherabsetzungsbeschluss erst nach Ablauf eines Sperrjahres (§ 58 Abs. 1

---

621 Vgl. BGH, ZIP 2012, S. 422 (425).

622 *Ulmer*, FS Hoffmann-Becking, S. 1261 (1270).

623 Vgl. *Ulmer*, FS Hoffmann-Becking, S. 1261 (1270); *J. Schmidt*, GmbHR 2013, S. 953 (958).

624 Vgl. BGH, ZIP 2012, S. 422 (425).

Nr. 3 GmbHG) zur Eintragung in das Handelsregister angemeldet werden darf.[625] Erst mit seiner Eintragung wird die Kapitalherabsetzung wirksam (§ 54 Abs. 3 GmbHG). Bis zu diesem Zeitpunkt verstoßen Auszahlungen an die Gesellschafter – und damit auch die Auszahlung des Abfindungsentgelts an den Ausgeschiedenen – durch die das bisherige Stammkapital angegriffen würde, weiterhin gegen § 30 Abs. 1 GmbHG.[626]

Dem Ausgeschiedenen erscheint es aber nicht zumutbar, mit der Verfolgung seines Ausfallhaftungsanspruchs ein ganzes Jahr zuzuwarten, nachdem die Gesellschaft die Zahlung des Abfindungsentgelts unter Berufung auf das Auszahlungsverbot verweigert hat.[627] Denn es kann nie mit Sicherheit vorhergesagt werden, dass sich in dieser langen Zeitspanne die finanzielle Lage der Gesellschaft nicht überraschend verschlechtert und trotz der beschlossenen Reduktion des Stammkapitals nach Ablauf des Sperrjahres nicht ausreichend ungebundenes Vermögen zur Erfüllung des Abfindungsanspruchs vorhanden ist. Dann hätte der ausgeschlossene Gesellschafter nicht nur umsonst gewartet, er würde auch das Risiko tragen, dass inzwischen die ihm haftenden Gesellschafter nicht mehr solvent sind.

Da die verbleibenden Gesellschafter den Zeitpunkt der Zwangseinziehung bestimmen können, muss es in ihrer Verantwortung liegen, im Wege einer Kapitalherabsetzung rechtzeitig für ausreichend ungebundenes Vermögen zu sorgen. Daher bietet sich eine Herabsetzung des Stammkapitals zur Haftungsabwendung nur dann an, wenn die Zwangseinziehung selbst mit einer Kapitalherabsetzung verbunden wird, sie also erst dann erfolgt, wenn die Kapitalherabsetzung vollständig durchgeführt und in das Handelsregister eingetragen wurde[628] oder wenn in der Satzung die Fälligkeit des Abfindungsanspruchs hinausgeschoben ist. Letzterenfalls müssen die verbleibenden Gesellschafter dann die Kapitalherabsetzung zeitlich entsprechend vor dem Fälligkeitstermin beschließen.

#### (3) Auflösung der Gesellschaft

Diese zeitliche Problematik tritt noch verschärft bei der vom BGH zuletzt vorgeschlagenen Auflösung der Gesellschaft (§ 60 Abs. 1 Nr. 2 GmbHG) zur Haftungsabwendung auf.[629] Denn ein Liquidationsverfahren nimmt in der Regel längere Zeit

---

625 Zweifel äußern aus diesem Grund auch *Ulmer,* FS Hoffmann-Becking, S. 1261 (1270f.); *J. Schmidt,* GmbHR 2013, S. 953 (957).

626 Vgl. Rowedder/Schmidt-Leithoff/*Schnorbus,* GmbHG, § 58 Rn. 40; Lutter/Hommelhoff/*Lutter,* GmbHG, § 58 Rn. 25; Bork/Schäfer/*Arnold/Born,* GmbHG, § 58 Rn. 22.

627 Dafür jedoch *Tröger,* Gesellschaftsrecht in der Diskussion 2013, S. 23 (64), der konstatiert, dass es nicht um eine schnelle Befriedigung des Abfindungsgläubigers per se gehe.

628 S. zur Verbindung der Einziehung mit einer Kapitalherabsetzung nur Michalski/*Sosnitza,* § 34 Rn. 18; ferner Scholz/*Priester,* GmbHG, § 58 Rn. 20.

629 Vgl. BGH, ZIP 2012, S. 422 (425); ihm folgend MünchKommGmbHG/*Strohn,* § 34 Rn. 77; Gehrlein/Ekkenga/Simon/*Sandhaus,* GmbHG, § 34 Rn. 29.

in Anspruch.[630] Außerdem ist nach § 73 Abs. 1 GmbHG ein zusätzliches Sperrjahr einzuhalten, bevor gem. § 72 GmbHG der Liquidationsüberschuss unter die Gesellschafter verteilt werden darf.[631] Der ausgeschiedene Gesellschafter müsste unter Umständen also Jahre lang auf die Zahlung seines Abfindungsentgelts warten.[632] Ein derart langes Zuwarten ist dem Ausgeschiedenen nicht zumutbar. Es würde der gesetzlichen Wertung widersprechen, dass sein Abfindungsanspruch im Grundsatz sofort fällig ist (§ 271 Abs. 1 BGB) und er sich mit einer derartig langen Hinauszögerung der Fälligkeit im Statut gerade nicht einverstanden erklärt hat.[633]

Ein taugliches Mittel zur Abwendung der Ausfallhaftung würde die Auflösung nur dann darstellen, wenn die These des II. Zivilsenats zutreffen sollte, wonach die verbleibenden Gesellschafter den Ausgeschiedenen mit einer Auflösung der Gesellschaft hinsichtlich seines Abfindungsanspruchs so stellen, als sei er noch Gesellschafter.[634] Die Folge hiervon wäre, dass der Ausfallhaftungsanspruch mit der Einleitung des Liquidationsverfahrens entfällt und der ausgeschiedene Gesellschafter anstelle seinen Abfindungsanspruchs nur in Höhe seiner Liquidationsquote am Liquidationserlös zu beteiligen ist.[635]

Hinter dieser These dürfte die Überlegung stehen, dass die persönliche Haftung der verbleibenden Gesellschafter wertungsmäßig nur dann gerechtfertigt erscheint, wenn diese die Gesellschaft ohne den Ausgeschlossenen auf dessen Kosten fortsetzen und der ausgeschlossene Gesellschafter vermögensmäßig nicht anders stehen soll, als wäre anstelle seines Ausschlusses die Gesellschaft aufgelöst worden.

Problematisch ist jedoch, dass an die Stelle des Abfindungsanspruchs, dessen Höhe sich nach dem objektiven Verkehrswert des Geschäftsanteils zum Zeitpunkt der Wirksamkeit der Einziehung bemisst,[636] der Anteil am Liquidationsüberschuss treten würde, der bei einer Verschlechterung der finanziellen Lage der Gesellschaft unter Umständen deutlich geringer ausfällt.[637] Dieses Problem stellt sich insbesondere dann, wenn in der Satzung eine Zahlungsstreckung für die Abfindung vereinbart wurde. *Ulmer* weist zutreffend darauf hin, dass eine derartige inhaltliche Umgestaltung des Abfindungsanspruchs im geltenden Recht keine Grundlage findet.[638]

Nach der gesetzlichen Konzeption steht dem ausgeschlossenen Gesellschafter kein Recht mehr auf eine Beteiligung am Liquidationsüberschuss zu, da durch die

---

630 Vgl. *Drygala/Szalai/Staake*, Kapitalgesellschaftsrecht, § 16 III Rn. 18.
631 Vgl. *Ulmer*, FS Hoffmann-Becking, S. 1261 (1271).
632 Dies in Kauf nehmend MünchKommGmbHG/*Strohn*, § 34 Rn. 77.
633 Vgl. auch *Ulmer*, FS Hoffmann-Becking, S. 1261 (1272).
634 BGH, ZIP 2012, S. 422 (425).
635 In diesem Sinne bereits vor der Grundsatzentscheidung des BGH vom 24.1.2012 Roth/Altmeppen/*Altmeppen*, GmbHG, 7. Aufl., § 34 Rn. 30.
636 Vgl. Scholz/*Westermann*, GmbHG, § 34 Rn. 25; Lutter/Hommelhoff/*Lutter*, GmbHG, § 34 Rn. 78 jew. m.w.N.
637 Vgl. *Ulmer*, FS Hoffmann-Becking, S. 1261 (1271).
638 Vgl. *Ulmer*, FS Hoffmann-Becking, S. 1261 (1272); ferner *Markowsky*, Die Einziehung von GmbH-Geschäftsanteilen, S. 181.

Einziehung seines Geschäftsanteils sämtliche Mitgliedschaftsrechte vernichtet wurden.[639] Sein Abfindungsanspruch ist im Rahmen der Liquidation zwar nach den Ansprüchen der Drittgläubiger der Gesellschaft zu befriedigen (§ 73 GmbHG), weil er im Mitgliedschaftsverhältnis wurzelt. Er ist jedoch vollumfänglich vor der abschließenden Verteilung des Liquidationsüberschusses zu berücksichtigen.[640] Diese Rangfolge, die das Gesetz vorgibt, überzeugt auch wertungsmäßig. Denn der Abfindungsgläubiger hat nach seinem Ausscheiden, insbesondere aufgrund des Verlustes seines Stimmrechts, keinen Einfluss mehr auf die Geschäftsführung und somit auf die wirtschaftliche Entwicklung des Unternehmens. Daher ist es sachgerecht, wenn er auch nicht mehr an den Verlusten partizipiert. Eine nachträgliche inhaltliche Umgestaltung des Abfindungsanspruchs wäre mit dem in Art. 14 Abs. 1 GG verankerten und in § 738 Abs. 1 S. 2 BGB analog zum Ausdruck kommenden Grundsatz unvereinbar, wonach dem ausgeschiedenen Gesellschafter eine Entschädigung zum vollen wirtschaftlichen Verkehrswert seiner Beteiligung zusteht.

Nicht zuletzt würde die These des II. Zivilsenats auch zu erheblicher Rechtsunsicherheit führen. Denn wenn in der Satzung für die Abfindung etwa eine langfristige Ratenzahlung vereinbart wurde[641] und der Ausgeschiedene bereits einige Abfindungsraten erhalten hat, könnte es in Extremfällen dazu kommen, dass bei einer nun beschlossenen Auflösung der Gesellschaft sein ihm anstelle des Abfindungsanspruchs zustehender Anteil am Liquidationsüberschuss niedriger wäre, als die Abfindungsraten, die er bereits von der Gesellschaft bezogen hat. Nach der These des BGH müsste er in diesem Fall dann wohl zumindest den Differenzbetrag, der sich hieraus ergeben würde, an die Gesellschaft wieder zurückzahlen. Auf diese Weise könnte er sich nie sicher sein, dass er eine bereits erhaltene Abfindungsrate auch wirklich behalten darf. Dadurch würde erneut eine Schwebelage entstehen, die durch das Konzept der sofortigen Wirksamkeit der Einziehung, auch wenn die Gesellschaft nicht über ausreichend freies Vermögen verfügt, gerade vermieden werden soll.

Somit scheidet auch eine Auflösung der Gesellschaft aus, um die Ausfallhaftung abzuwenden.

---

639 Michalski/*Sonsitza,* GmbHG, § 34 Rn. 116; Baumbach/Hueck/*Fastrich,* GmbHG, § 34 Rn. 19.

640 Vgl. Lutter/Hommelhoff/*Kleindiek,* GmbHG, § 72 Rn. 7; Ziemons/Jaeger/*Lorscheider,* BeckOK-GmbHG, § 72 Rn. 3.

641 In der Praxis sind Abfindungsklauseln, die eine Ratenzahlungsvereinbarung über einen Zeitraum von fünf bis zehn Jahre enthalten, keine Seltenheit, vgl. Ulmer/Habersack/Löbbe/*Ulmer/Habersack,* GmbHG, § 34 Rn. 88; *Soufleros,* Ausschließung und Abfindung eines GmbH-Gesellschafters, S. 231 sowie die rechtstatsächliche Untersuchung von *Niemeier,* Rechtstatsachen und Rechtsfragen der Einziehung von GmbH-Anteilen, S. 66.

### cc) Zwischenergebnis

Der Ausfallhaftungsanspruch entsteht, sobald sich die Gesellschaft gegenüber dem Abfindungsanspruch auf das Auszahlungsverbot des § 34 Abs. 3 i.V.m. § 30 Abs. 1 GmbHG beruft und ist nach § 271 Abs. 1 BGB sofort fällig. Den Mitgesellschaftern steht jedoch auf Grundlage der (nachwirkenden) mitgliedschaftlichen Treuepflicht eine dilatorische Einrede zu, während deren Wirkungsdauer sie die Möglichkeit haben durch die Realisation stiller Reserven Gesellschaftsvermögen aus der Kapitalbindung zu befreien, um ihre Haftung abzuwenden.

Die genaue Länge der Wirkungsdauer der Einrede lässt sich dabei nur einzelfallabhängig konkretisieren. Sie ist bedingt durch die Höhe der Ausfallhaftung, dem Maß an persönlicher Belastung für die verbleibenden Gesellschafter, der Dringlichkeit der Zahlung für den Ausgeschiedenen und der Zeitspanne, die im Einzelfall erforderlich ist, um die stillen Reserven des Unternehmens aufzulösen.[642]

### *c) Wegfall des Ausfallhaftungsanspruchs bei nachträglicher Beseitigung der Unterbilanz?*

Unklar ist nun, ob der Ausfallhaftungsanspruch nach seiner Entstehung automatisch wieder untergeht, wenn die Unterbilanz nachträglich behoben wird. Im Schrifttum existieren zu dieser Frage bislang kaum Stellungnahmen. So weist *Strohn* ohne nähere Begründung darauf hin, dass die Haftung entfallen würde, sobald das Gesellschaftsvermögen die Stammkapitalziffer wieder übersteigt.[643] *J. Schmidt* hingegen ist der Auffassung, dass der Ausfallhaftungsanspruch aus Gründen der Rechtssicherheit in diesem Fall nicht wieder entfallen sollte.[644] Im Folgenden wird daher untersucht, ob oder wie sich ein nachträglicher Wegfall der Unterbilanz auf den Bestand des Ausfallhaftungsanspruchs auswirkt. Hierbei soll nach einem möglichen Wegfall des Anspruchs mit ex tunc-Wirkung (aa)) oder mit ex nunc-Wirkung (bb)) differenziert werden.

### aa) Wegfall des Ausfallhaftungsanspruchs mit ex tunc-Wirkung?

Denkbar wäre, dass der Ausfallhaftungsanspruch rückwirkend wieder entfällt, wenn die Unterdeckung nachträglich beseitigt wird. Die Folge hiervon wäre, dass die verbleibenden Gesellschafter eine dem Ausgeschiedenen gegenüber bereits erbrachte Leistung nach § 812 Abs. 1 S. 1 Alt. 1 BGB kondizieren könnten. Der ausgeschiedene Gesellschafter müsste dann erneut gegen die Gesellschaft vorgehen, welche nun schließlich wieder das Abfindungsentgelt an ihn auszahlen dürfte.[645]

---

642 In diesem Sinne auch *J. Schmidt*, GmbHR 2013, S. 953 (959) zur Bestimmung der „Angemessenheit" der Nachfrist, die der Ausgeschiedene der GmbH ihrer Auffassung nach setzen muss, bevor der Ausfallhaftungsanspruch entsteht.

643 MünchKommGmbHG/*Strohn*, § 34 Rn. 77.

644 *J. Schmidt*, GmbHR 2013, S. 953 (959f.).

645 Vgl. *J. Schmidt*, GmbHR 2013, S. 953 (959).

Auf diese Weise ließe sich zwar effektiv sicherstellen, dass letztendlich die Gesellschaft als originäre Schuldnerin des Abfindungsanspruchs mit der Zahlung des Abfindungsentgelts belastet wird. Völlig zu Recht weist *J. Schmidt* jedoch darauf hin, dass ein Wegfall des Ausfallhaftungsanspruchs mit ex tunc-Wirkung zu erheblicher Rechtsunsicherheit führen würde.[646] Denn der ausgeschiedene Gesellschafter könnte sich nie darauf verlassen, dass er eine einmal erhaltene Leistung von den Gesellschaftern auch wirklich behalten darf.[647] Eine Rückgewährpflicht an die Gesellschafter verbunden mit einem nochmaligen Vorgehen gegen die Gesellschaft erscheint ihm auch mit Blick auf die Möglichkeit eines erneuten Eintritts einer Unterbilanz unzumutbar.[648]

Vor allen Dingen aber wäre das damit verbundene Hin- und Herzahlen unnötig kompliziert. Denn nach der Erfüllung des Ausfallhaftungsanspruchs können die verbleibenden Gesellschafter ohnehin bei der Gesellschaft Regress nehmen, sobald diese wieder über freies Vermögen verfügt.[649] Dadurch ist bereits hinreichend sichergestellt, dass das Abfindungsentgelt letztlich nicht aus ihrem Privatvermögen, sondern dem Gesellschaftsvermögen geleistet wird.

Der Ausfallhaftungsanspruch fällt also nach einer Behebung der Unterbilanz nicht mit rückwirkender Kraft wieder weg.

#### bb) Wegfall des Ausfallhaftungsanspruchs mit ex nunc-Wirkung?

Schwieriger zu beurteilen ist, ob der einmal entstandener Ausfallhaftungsanspruch mit ex nunc-Wirkung erlischt, sobald das Nettoaktivvermögen der Gesellschaft die Stammkapitalziffer wieder deckt. Diese Frage ist zum einen für die Beurteilung relevant, was mit dem Anspruch geschieht, wenn die Gesellschafter die Zeitspanne, die ihnen nach seiner Entstehung verbleibt, nutzen und die Unterdeckung ausgleichen.[650] Zum anderen ist denkbar, dass sie schlichtweg nicht sofort in Anspruch genommen werden und das Gesellschaftsvermögen aus anderen Gründen – etwa durch zwischenzeitlich erwirtschaftete Gewinne – bis zur Höhe der Stammkapitalziffer wiederhergestellt ist. Dann stellt sich die Frage, ob dem ausgeschiedenen Gesellschafter ein Wahlrecht zusteht, entweder gegen die Gesellschaft oder die Gesellschafter vorzugehen oder ob er sich nun wieder ausschließlich an die Gesellschaft halten muss.

Die Annahme, dass der Ausfallhaftungsanspruch automatisch wieder untergeht, würde jedenfalls in eklatantem Gegensatz zur Judikatur des BGH stehen, der in ständiger Rechtsprechung sowohl für den Erstattungsanspruch aus § 31 Abs. 1

646 Vgl. *J. Schmidt,* GmbHR 2013, S. 953 (959f.).
647 Vgl. *J. Schmidt,* GmbHR 2013, S. 953 (959f.).
648 Vgl. *Schmidt,* GmbHR 2013, S. 953 (959f.).
649 Hierzu sogleich S. 127f.
650 S. hierzu oben S. 117ff.

GmbHG[651] als auch den Anspruch aus der Unterbilanzhaftung[652] ein automatisches Erlöschen nachdrücklich ablehnt, wenn die Unterbilanz nachträglich entfällt. Aus diesem Grund soll zunächst beleuchtet werden, mit welcher Argumentation die h.M. das automatische Erlöschen dieser Ansprüche ablehnt (1). Im Anschluss wird überprüft, ob sich die hierzu entwickelten Grundsätze auf die Ausfallhaftung nach der Einziehung eines Geschäftsanteils übertragen lassen oder ob bei diesem Anspruch nicht anders zu verfahren ist (2).

#### (1) Kein Untergang des Erstattungsanspruchs aus § 31 Abs. 1 GmbHG sowie des Anspruchs aus der Unterbilanzhaftung bei anderweitiger Auffüllung des Haftungsfonds

In seinem Grundsatzurteil „Balsam/Procedo" entschied der II. Zivilsenat erstmals, dass der Erstattungsanspruch aus § 31 Abs. 1 GmbHG nicht wieder erlischt, wenn das Stammkapital anderweitig aufgefüllt wird.[653] Diese Auffassung teilt nahezu das gesamte Schrifttum.[654]

Als Begründung wird angeführt, dass sich im Gesetz kein Anhaltspunkt für ein automatisches Erlöschen dieses Anspruchs auffinden lässt. Denn § 31 Abs. 1 GmbHG setze tatbestandlich alleine eine verbotswidrige Auszahlung nach § 30 GmbHG voraus.[655] Schließlich würde bei der Annahme eines automatischen Erlöschens auch die Privilegierung aus § 31 Abs. 2 GmbHG unterlaufen werden, wonach die Haftung (nur dann) entfällt, wenn der Zahlungsempfänger gutgläubig war.[656] Außerdem sei der Erstattungsanspruch aus § 31 Abs. 1 GmbHG funktional mit dem Einlageanspruch zu vergleichen. Da letzterer aber wegen des Grundsatzes der realen Kapitalaufbringung ebenfalls nicht erlischt, wenn das Gesellschaftsvermögen

---

651 BGH, NZG 2000, S. 883 (883); BGH NZG 2000, S. 888 (888); bestätigt durch BGH, NJW 2003, S. 3629 (3631) sowie BGH, NZG 2012, S. 667 (670).

652 BGH, NJW 2006, S. 1594 (1596).

653 BGH, NZG 2000, S. 883 (883); BGH NZG 2000, S. 888 (888); bestätigt durch BGH, NJW 2003, S. 3629 (3631) sowie BGH, NZG 2012, S. 667 (670).

654 Vgl. *Benecke,* ZIP 2000, S. 1969 (1970f.); *Geißler,* GmbHR 2003, S. 394 (397); *Thümmel,* BB 2000, S. 1485 (1486); *Kort,* ZGR 2001, S. 615 (617ff.); *Servatius,* GmbHR 2000, S. 1028 (1033); MünchKommGmbHG/*Ekkenga,* § 31 Rn. 32; Lutter/Hommelhoff/*Hommelhoff,* GmbHG, § 31 Rn. 12; Ulmer/Habersack/Löbbe/*Habersack,* GmbHG, § 31 Rn. 29; Scholz/*Verse,* GmbHG, § 31 Rn. 25; Bork/Schäfer/*Thiessen,* GmbHG, § 31 Rn. 28; Roth/Altmeppen/*Altmeppen,* GmbHG, § 31 Rn. 12ff.; vor der Grundsatzentscheidung des BGH bereits *Brandner,* FS Fleck, S. 23 (30ff.); *Hommelhoff,* FS Kellermann, S. 165 (165ff.); *Ulmer,* FS 100 Jahre GmbHG, S. 363 (385ff.); a.A. etwa *Wagner/Sperneac-Wolfer,* NZG 2001, S. 9 (12ff.).

655 BGH, NZG 2000, S. 883 (884f.); BGH, NZG 2000, S. 888 (889); *Servatius,* GmbHR 2000, S. 1028 (1032); *Brandner,* FS Fleck, S. 23 (33); *Geißler,* GmbHR 2003, S. 394 (397); *Kort,* ZGR 2001, S. 615 (629).

656 BGH, NZG 2000, S. 883 (884f.); BGH, NZG 2000, S. 888 (890); *Brandner,* FS Fleck, S. 23 (33); *Benecke,* ZIP 2000, S. 1969 (1970f.).

anderweitig bis zur Stammkapitalziffer aufgefüllt wird, könne für den Erstattungsanspruch nichts anderes gelten.[657] Zudem würde ein automatischer Untergang des Erstattungsanspruchs zu einer Gefährdung der Gesellschaftsgläubiger führen. Denn diese hätten vollumfänglich das Risiko zu tragen, dass erneut eine Unterbilanz eintritt, weil der Erstattungsanspruch in diesem Fall kaum erneut entstehen könnte.[658]

Mit dem Argument der funktionalen Vergleichbarkeit mit dem Einlageanspruch lehnt der II. Zivilsenat auch ein automatisches Erlöschen des Anspruchs aus der Unterbilanzhaftung ab.[659] Jedenfalls das Schrifttum wendet sich gegen diese Judikatur. Die Unterbilanzhaftung sei ein eigenständiges und vom Kapitalschutzsystem unabhängiges Rechtsinstitut, das tatbestandlich auf einer Unterbilanz zum Zeitpunkt der Eintragung der Gesellschaft in das Handelsregister basiert. Daher müsse auch der Anspruch mit der Unterbilanz wieder entfallen.[660]

#### (2) Keine Übertragbarkeit dieser Grundsätze auf die Ausfallhaftung nach der Einziehung eines Geschäftsanteils

Die von der Rechtsprechung zum Erstattungsanspruch aus § 31 Abs. 1 GmbHG und der Unterbilanzhaftung entwickelten Grundsätze lassen sich auf die Ausfallhaftung nach der Einziehung eines Geschäftsanteils nicht übertragen. Im Gegenteil, die hierbei angeführten Argumente verdeutlichen sogar, dass alleine die Annahme eines automatischen Erlöschens des Ausfallhaftungsanspruchs zu einem dogmatisch überzeugenden und wertungsmäßig sachgerechten Ergebnis führt:

So greift das Argument der funktionalen Vergleichbarkeit mit dem Einlageanspruch, der ebenfalls nicht durch „Zweckerreichung“ erlischt, von vorneherein bei der Ausfallhaftung nicht ein. Denn diese Haftung dient alleine dem Abfindungsinteresse des ausgeschiedenen Gesellschafters und ist nicht etwa Teil des Kapitalschutzsystems.[661] Auch normative Gründe, die zwingend gegen ein automatisches Erlöschen des Anspruchs sprechen könnten, wie etwa § 31 Abs. 2 GmbHG für den Erstattungsanspruch nach § 31 Abs. 1 GmbHG, sind nicht vorhanden, weil der Ausfallhaftungsanspruch auf einem rechtsfortbildend geschaffenen Haftungstatbestand basiert.[662]

---

657 BGH, NZG 2000, S. 883 (884f.); BGH, NZG 2000, S. 888 (890); *Benecke,* ZIP 2000, S. 1969 (1970).

658 *Brandner,* FS Fleck, S. 23 (33); *Hommelhoff,* FS Kellermann, S. 165 (169ff.); Ulmer/Habersack/Löbbe/*Habersack,* GmbHG, § 31 Rn. 29; *Geißler,* GmbHR 2003, S. 394 (397); *Kort,* ZGR 2001, S. 615 (629).

659 BGH, NJW 2006, S. 1594 (1596).

660 Vgl. etwa *Bayer/Lieder,* ZGR 2006, S. 875 (883ff.); Lutter/Hommelhoff/*Bayer,* GmbHG, § 11 Rn. 38; *Servatius,* GmbHR 2000, S. 1028 (1032); *Priester,* FS Ulmer, S. 477 (483); Scholz/*K.Schmidt,* GmbHG, § 11 Rn. 150.

661 Vgl. auch *J.Schmidt,* GmbHR 2013, S. 953 (959).

662 S. zur Haftungsgrundlage ausführlich oben S. 92ff.

Der wichtigste Unterschied aber ist, dass anders als bei einem nachträglichen Wegfall des Erstattungsanspruchs aus § 31 Abs. 1 GmbHG sowie des Anspruchs aus der Unterbilanzhaftung, der zu einer Gefährdung der Gesellschaftsgläubiger führen würde, eine Gefährdung des Vermögensinteresses des ausgeschiedenen Gesellschafters durch einen nachträglichen Wegfall des Ausfallhaftungsanspruchs gerade nicht eintritt. Denn soweit die Unterbilanz beseitigt wird, lebt auch automatisch sein durch das Auszahlungsverbot des § 30 Abs. 1 GmbHG nur temporär einwendungsbehafteter Abfindungsanspruch gegen die Gesellschaft wieder auf. Mit der Ausfallhaftung soll die Wertverschiebung im Binnenverhältnis zwischen dem ausgeschiedenen und den verbleibenden Gesellschaftern ausgeglichen werden, die stattfindet, weil die Realisation des Abfindungsanspruchs am Kapitaldeckungsvorbehalt scheitert. Der Anspruch basiert damit tatbestandlich auf einer Unterbilanz sowie dem damit verbundenen Wertzuwachs bei den verbleibenden Gesellschaftern.[663] Aus diesem Grund muss er mit einer Behebung der Unterbilanz auch wieder entfallen. Denn die Geltendmachung des Abfindungsanspruchs gegenüber der Gesellschaft verhindert gerade, dass ein Wertzuwachs bei den verbleibenden Gesellschaftern eintritt. Der Zweck der Ausfallhaftung, eine Rechtlosstellung des ausgeschiedenen Gesellschafters zu verhindern, fällt also gleichsam mit der Unterbilanz fort. Tritt hingegen eine Unterbilanz erneut ein, so muss der Ausfallhaftungsanspruch im Hinblick auf seinen Haftungsgrund auch wieder entstehen. Demgegenüber könnten der Erstattungsanspruch aus § 31 Abs. 1 GmbHG nicht wieder entstehen, sobald eine Unterbilanz erneut eintritt, weil er tatbestandlich eine verbotswidrige Auszahlung von Stammkapital voraussetzt. Gleiches gilt für den Anspruch aus der Unterbilanzhaftung, weil er tatbestandlich eine Unterbilanz zum Zeitpunkt der Eintragung der Gesellschaft in das Handelsregister voraussetzt.[664]

Schließlich sprechen auch die Interessen der verbleibenden Gesellschafter für einen automatischen Wegfall dieses Anspruchs. Denn die Ausfallhaftung stellt einen starken Einbruch in das Prinzip der beschränkten Gesellschafterhaftung dar. Durch einen automatischen Untergang des Anspruchs beim Wegfall der Unterbilanz wird dieser Einbruch abgefedert und auf das notwendige Maß begrenzt.

Damit ist festzuhalten, dass der Ausfallhaftungsanspruch nach seiner Entstehung mit ex nunc-Wirkung erlischt, soweit die Unterbilanz behoben wird. Mit Blick auf den Zweck und die Interessenlage muss der Anspruch andererseits wieder entstehen, sobald und soweit eine Unterbilanz erneut eintritt.

---

663 S. hierzu bereits oben ausführlich S.111ff.

664 Michalski/*Funke*, GmbHG, § 11 Rn. 135; Ziemons/Jaeger/*Jaeger*, BeckOK-GmbHG, § 11 Rn. 47ff.

### d) *Regressanspruch gegenüber der Gesellschaft*

Einigkeit besteht darüber, dass die verbleibenden Gesellschafter nach ihrer Inanspruchnahme Regress bei der Gesellschaft nehmen können.[665] Offen geblieben ist bisweilen jedoch die dogmatische Grundlage dieses Anspruchs.

Eine Analogie zu § 426 Abs. 1 BGB kommt hierfür jedenfalls nicht in Frage. Da die Ausfallhaftung gegenüber dem gegen die Gesellschaft gerichteten Abfindungsanspruch subsidiär ist,[666] fehlt es nämlich bereits an dem für eine Gesamtschuld konstitutiven Merkmal der Gleichstufigkeit der Schuldner im Außenverhältnis.[667] Auch ein Aufwendungsersatzanspruch aus berechtigter Geschäftsführung ohne Auftrag nach §§ 677, 683 S. 1 i.V.m. § 670 BGB[668] muss als Anspruchsgrundlage ausscheiden.[669] Denn die in Anspruch genommenen Gesellschafter führen kein fremdes Geschäft der Gesellschaft. Sie leisten ausschließlich in Erfüllung ihrer eigenen Verbindlichkeit aus der Ausfallhaftung, ohne zugleich über eine Fremdtilgungsbestimmung nach § 267 BGB den Abfindungsanspruch zu erfüllen, der während einer Unterbilanz ohnehin nicht besteht. Mangels Tilgung einer Verbindlichkeit der Gesellschaft muss auch ein Regressanspruch über die Rechtsfigur der Rückgriffskondiktion nach § 812 Abs. 1 S. 1 Alt. 2 BGB ausscheiden.[670]

Vorzugswürdig erscheint es daher, auf eine Analogie zu § 774 Abs. 1 S. 1 BGB abzustellen. Die hierin für das Bürgschaftsrecht angeordnete cessio legis der Hauptforderung nach der Inanspruchnahme des Bürgen soll sicherstellen, dass letztendlich der Hauptschuldner mit der Vermögenseinbuße belastet wird.[671] Da die Gesellschaft die originäre Schuldnerin des Abfindungsanspruchs ist und die Ausfallhaftung der Gesellschafter unter strenger Subsidiarität steht,[672] passt der Grundgedanke der Norm auch hier. Nach der Erfüllung des Ausfallhaftungsanspruchs geht also der

---

665 MünchKommGmbHG/*Strohn,* § 34 Rn. 77; Baumbach/Hueck/*Fastrich,* GmbHG, § 34 Rn. 46; *Gubitz/Nikoleyczik,* NZG 2013, S. 727 (732); *Markowsky,* Die Einziehung von GmbH-Geschäftsanteilen, S. 172 mit Fn. 945.

666 S. zur Subsidiarität der Ausfallhaftung oben S. 115ff.

667 S. hierzu nur BGH, NJW 1993, S. 585 (586); Palandt/*Grüneberg,* BGB, § 421 Rn. 7ff.; Bamberger/Roth/*Gehrlein,* BGB, § 421 Rn. 8.

668 Unklar Baumbach/Hueck/*Fastrich,* GmbHG, § 34 Rn. 46, der ohne nähere Spezifizierung von einem „Aufwendungsersatzanspruch gegen die Gesellschaft spricht"; unentschieden *Markowsky,* Die Einziehung von GmbH-Geschäftsanteilen, S. 172 mit Fn. 945, der sowohl auf §§ 683 S. 1, 670 BGB als auch § 774 Abs. 1 S. 1 BGB analog als mögliche Anspruchsgrundlage hinweist.

669 Abw. auch *Gubitz/Nikoleyczik,* NZG 2013, S. 727 (732).

670 A.A.: *Gubitz/Nikoleyczik,* NZG 2013, S. 727 (732), wobei sie zu Unrecht davon ausgehen, dass die Gesellschafter mit der Tilgung ihrer eigenen Verbindlichkeit aus der Ausfallhaftung nach § 267 BGB auch den gegen die Gesellschaft gerichteten Abfindungsanspruch tilgen würden.

671 Vgl. hierzu MünchKommBGB/*Habersack,* § 774 Rn. 2; Palandt/*Sprau,* BGB, § 774 Rn. 5.

672 S. hierzu oben S. 115ff.

Abfindungsanspruch im Wege einer Legalzession auf die haftenden Gesellschafter über. Gem. § 774 Abs. 1 S. 1 i.V.m. §§ 412, 404 BGB bleibt die temporäre Einwendung aus dem Auszahlungsverbot des § 34 Abs. 3 i.V.m. § 30 Abs. 1 GmbHG bestehen. Damit ist auch der Schutz des Stammkapitals weiterhin gewährleistet.

### *e) Adressatenkreis der Ausfallhaftung*

Äußerst problematisch ist schließlich, ob nur diejenigen Gesellschafter haften, die für die Zwangseinziehung gestimmt haben oder, ob auch die dissentierenden Gesellschafter in die Ausfallhaftung einbezogen sind. In Erinnerung gerufen sei der 2. Leitsatz der Entscheidung des Gerichtshofs vom 24. 1. 2012: „Die Gesellschafter, die den Beschluss *gefasst (!)* haben, haften [...]“[673] Da diese Formulierung kaum Rückschlüsse auf den Adressatenkreis der Ausfallhaftung zulässt,[674] hat sich im Schrifttum ein breites Meinungsspektrum zu dieser Frage herausgebildet.

#### aa) Meinungsstand im Schrifttum

#### (1) Haftung nur der zustimmenden Gesellschafter

Ein Teil der Literatur geht davon aus, dass nur die Gesellschafter gegenüber dem ausgeschiedenen Mitglied haften, die für die Zwangseinziehung gestimmt haben.[675] *Schockenhoff* lehnt diese These an einen Rechtsgedanken aus den §§ 245, 197 Abs. 1 UmwG an, nach dem bei einem Formwechsel einer GmbH in eine AG nur diejenigen Gesellschafter nach den Gründungsvorschriften des AktG haften, die für den Formwechsel gestimmt haben. Dissentierende Gesellschafter übernehmen also auch in diesem Zusammenhang kein persönliches Haftungsrisiko.[676] Außerdem sei auch wertungsmäßig nur die persönliche Haftung der zustimmenden Gesellschafter überzeugend. Denn alleine sie könnten ihr Haftungsrisiko bei der Beschlussfassung kalkulieren und gegen die Vorteile des Ausschlusses eines Gesellschafters

673 BGH, ZIP 2012, S. 422 (422), Hervorh. d. d. Verf.

674 Zur Interpretation dieser Formulierung bereits oben S. 114f.

675 *Gubitz/Nikoleyczik,* NZG 2013, S. 727 (729); *Schockenhoff,* NZG 2012, S. 449 (451); *Schwetlik,* GmbH-StB 2012, S. 109 (110); Baumbach/Hueck/*Fastrich,* GmbHG, § 34 Rn. 46; Gehrlein/Ekkenga/Simon/*Sandhaus,* GmbHG, § 34 Rn. 29; MünchHdbGes-RIII/*Kort,* § 28 Rn. 40; unentschieden *Priester,* ZIP 2012, S. 658 (659); vor der Grundsatzentscheidung des BGH v. 24.1.2012 bereits Lutter/Hommelhoff/*Lutter,* GmbHG, 17. Aufl., § 34 Rn. 43, der nach wie vor zu einer Haftung nur der zustimmenden Gesellschafter tendiert, vgl. Lutter/Hommelhoff/*Lutter,* GmbHG, 18. Aufl. § 34 Rn. 49 ; *de lege ferenda* schon *Gonnella,* GmbHR 1967, S. 89 (93f.); davon gehen auch die Autoren aus, die die persönliche Ausfallhaftung generell ablehnen, vgl. Scholz/*Westermann,* GmbHG, § 34 Rn. 58; *Löwe/Thoß,* NZG 2003, S. 1005 (1007); *Bartholomäus,* Der GmbH-Gesellschafter in der Insolvenz, S. 174; *Fietz/Fingerhut,* DB 2007, S. 1179 (1183); *Kesselmeier,* Ausschließungs- und Nachfolgeregelung in der GmbH-Satzung, S. 198.

676 *Schockenhoff,* NZG 2012, S. 449 (451).

abwägen.[677] Die dissentierenden Gesellschafter müssten hingegen aufgrund des Prinzips der beschränkten persönlichen Haftung vor einer unzumutbaren finanziellen Belastung verschont bleiben.[678]

#### (2) Vermittelnde Auffassung

*Grunewald* lehnt wiederum eine Haftung aller Gesellschafter nicht generell ab. Sie ist aber der Auffassung, dass die widersprechenden Gesellschafter nur dann in die Ausfallhaftung einbezogen werden sollten, wenn ihnen die Möglichkeit eingeräumt wird, ihre Haftung abzuwenden.[679] Allerdings müssten die dissentierenden Gesellschafter selbst unter der Annahme, dass sie nicht primär haften, dennoch subsidiär nach §§ 24, 31 Abs. 3 GmbHG analog pro rata für Haftungsausfälle bei den zustimmenden Gesellschaftern aufkommen.[680]

#### (3) Haftung aller Gesellschafter

Der überwiegende Teil des Schrifttums spricht sich für eine Haftung aller verbleibenden Gesellschafter aus.[681] Als Begründung wird angeführt, dass sich die Beteiligung an der Gesellschaft infolge der Einziehung bei allen Gesellschaftern gleichermaßen erhöht und damit bei allen Gesellschaftern gleichermaßen ein Wertzuwachs eintritt.[682] Als Korrelat hierzu müssten auch alle verbleibenden Gesellschafter für den unrealisierbaren Wert der Abfindung pro rata aufkommen.[683] Andernfalls würde

---

677 *Schockenhoff,* NZG 2012, S. 449 (451); ähnlich auch Scholz/*Westermann,* GmbHG, § 34 Rn. 58.

678 *Gubitz/Nikoleyczik,* NZG 2013, S. 727 (729); *Schockenhoff,* NZG 2012, S. 449 (451); Gehrlein/Ekkenga/Simon/*Sandhaus,* GmbHG, § 34 Rn. 29.

679 *Grunewald,* GmbHR 2012, S. 769 (771).

680 *Grunewald,* GmbHR 2012, S. 769 (770); ferner *Schneider/Hoger,* NJW 2013, S. 502 (506); *Schockenhoff,* NZG 2012, S. 449 (451).

681 *Ulmer,* FS Hoffmann-Becking, S. 1261 (1269); *J. Schmidt,* GmbHR 2013, S. 953 (957); *Schneider/Hoger,* NJW 2013, S. 502 (506); *Altmeppen,* ZIP 2012, S. 1685 (1691); *ders.,* NJW 2013, S. 1025 (1029); *Müller,* WuB II C. § 34 GmbHG 1.12; *Wicke,* MittbayNot 2014, S. 13 (13); *Trölitzsch,* KSzW, S. 55 (58); *Winkler,* BB 2012, S. 664 (667); *Stumpf/Müller,*GWR 2012, S. 143 (144); *Keil,* DZWIR 2012, S. 348 (349); *Markowsky,* Die Einziehung von GmbH-Geschäftsanteilen, S. 200; *Tröger,* Gesellschaftsrecht in der Diskussion 2013, S. 23 (57); Ziemons/Jeager/*Schindler,* BeckOK-GmbHG, § 34 Rn. 56.1; MünchKommGmbHG/*Strohn,* § 34 Rn. 77; vor der Grundsatzentscheidung des BGH v. 24.1.2012 bereits *Heckschen,* NZG 2010, S. 521 (523); *de lege ferenda* schon *Fischer,* FS Schmidt, S. 117 (133).

682 *Altmeppen,* ZIP 2012, S. 1685 (1691); *Schneider/Hoger,* NJW 2013, S. 502 (505f.); *Ulmer,* FS Hoffmann-Becking, S. 1261 (1269); *J. Schmidt,* GmbHR 2013, S. 953 (957); *Trölitzsch,* KSzW, S. 55 (58); *Stumpf/Müller,* GWR 2012, S. 143 (144); *Keil,* DZWIR 2012, S. 348 (349); *Winkler,* BB 2012, S. 666 (667).

683 *Schneider/Hoger,* NJW 2013, S. 502 (505f.); *Ulmer,* FS Hoffmann-Becking, S. 1261 (1269); *J. Schmidt,* GmbHR 2013, S. 953 (957); *Stumpf/Müller,*GWR 2012, S. 143

sich ein nur schwer lösbares Ausgleichsproblem stellen, da eine Wertverschiebung zwischen den verbleibenden Gesellschaftergruppen stattfinden würde.[684]

Schließlich wird darauf verwiesen, dass im GmbH-Recht auch in anderen Konstellationen ein Mehrheitsentscheid zu einer persönlichen Haftung dissentierender Gesellschafter führen kann.[685] So könne nicht nur bei einer satzungsmäßig vereinbarten Nachschusspflicht nach § 26 GmbHG die einfache Mehrheit über die Einforderung weiter Einzahlungen in das Gesellschaftsvermögen befinden. Auch eine mehrheitlich beschlossene Erhöhung des Stammkapitals führe unter Umständen zu einer persönlichen Haftung der dissentierenden Gesellschafter, da auch sie bezüglich der neu ausgegebenen Geschäftsanteile nach § 24 GmbHG für Einlagefehlbeträge haften.[686]

In Anlehnung an einen Reformvorschlag von *R. Fischer* aus dem Jahr 1959 zum Ausschluss aus wichtigem Grund durch gerichtliches Urteil[687] wollen die Haftungsbefürworter den dissentierenden Gesellschaftern zur Vermeidung ihrer Haftung ein Austrittsrecht aus der Gesellschaft zugestehen.[688]

#### bb) Stellungnahme: Erforderlichkeit eines effektiven Minderheitenschutzes

Das im GmbH-Recht geltende Majoritätsprinzip erfordert effektive Schutzvorkehrungen zugunsten der Minderheitsgesellschafter.[689] Mit der Erkenntnis, dass die verbleibenden Gesellschafter dem Ausgeschlossenen gegenüber persönlich haften, wenn die GmbH nicht über ausreichend freies Vermögen verfügt, um den Abfindungsanspruch zu erfüllen, wird auch ein Schutz für die Gesellschafter erforderlich, die nicht für die Einziehung gestimmt haben. Denn die hieraus resultierende Ausfallhaftung kann für einen GmbH-Gesellschafter, der über die Erbringung der statutarisch festgesetzten Einlage bei der Gründung des Unternehmens in der Regel

---

(144); *Winkler,* BB 2012, S. 664 (667); Ziemons/Jaeger/*Schindler,* BeckOK-GmbHG, § 34 Rn. 56.1; im Ergebnis ebenso *Tröger,* Gesellschaftsrecht in der Diskussion 2013, S. 23 (57), der im Rahmen seines Ansatzes aber darauf abstellt, dass bei allen verbleibenden Gesellschaftern gleichermaßen Opportunismuspotentiale gesteuert werden müssten.

684 *Ulmer,* FS Hoffmann-Becking, S. 1261 (1269); *J. Schmidt,* GmbHR 2013, S. 953 (957).

685 *Markowsky,* Die Einziehung von GmbH-Geschäftsanteilen, S. 200.

686 *Markowsky,* Die Einziehung von GmbH-Geschäftsanteilen, S. 200.

687 *Fischer,* FS Schmidt, S. 117 (133).

688 *Markowsky,* Die Einziehung von GmbH-Geschäftsanteilen, S. 202ff.; *J. Schmidt,* GmbHR 2013, S. 953 (958); *Müller,* WuB II C. § 34 GmbHG 1.12 S. 405 (407f.); *Altmeppen,* ZIP 2012, S. 1685 (1691); *ders.,* NJW 2013, S. 1025 (1029); *Trölitzsch,* KSzW, S. 55 (58); *Wicke,* MittbayNot 2014, S. 13 (13); MünchKommGmbHG/*Strohn,* § 34 Rn. 77.

689 Vgl. MünchKommGmbHG/*Fleischer,* Einl. Rn. 32; Scholz/*Westermann,* GmbHG, Einl. Rn. 14f.; Ulmer/Habersack/Löbbe/*Ulmer,* GmbHG, Einl. A 37; Roth/Altmeppen/*Roth,* GmbHG, Einl. Rn. 35ff.

nicht auf weitere Zahlungen aus seinem Privatvermögen eingestellt ist, eine erhebliche Belastung darstellen.

In der Praxis weisen ca. 97 % aller GmbH eine personalistische Struktur auf.[690] Gerade bei dieser Organisationsstruktur investieren die Gesellschafter häufig einen erheblichen Teil ihres Privatvermögens in das Unternehmen.[691] Nicht selten ist mit der Einlage, die sie bei Unternehmensgründung leisten, bereits die Obergrenze ihrer finanziellen Leistungsfähigkeit erreicht.[692] Auf der anderen Seite scheitert eine schnelle Realisierung des Wertes ihrer Beteiligung durch eine Anteilsveräußerung häufig an der mangelnden Verkehrsfähigkeit von GmbH-Geschäftsanteilen. Denn es fehlt ein organisierter Markt, der dem Börsenhandel für Aktien vergleichbar wäre.[693] Erschwerend kommt hinzu, dass die Geschäftsanteile bei personalistisch strukturierten GmbH in der Regel vinkuliert sind.[694]

Daraus folgt, dass die Ausfallhaftung nach der Einziehung eines Geschäftsanteils einen GmbH-Gesellschafter unter Umständen dazu zwingt eine teure Fremdfinanzierung aufzunehmen und im Fall ihres Scheiterns bis hin zu seiner Privatinsolvenz führen kann.[695] Die Entscheidung welche Gesellschafter von der Ausfallhaftung betroffen sind, muss daher systemkonform im Einklang mit den GmbH-rechtlichen Vorgaben und Wertungen des Minderheitenschutzes getroffen werden.

Aus diesem Grund soll im Folgenden zunächst beleuchtet werden, wie die Minderheitsgesellschafter im GmbH-Recht bisweilen vor einer durch einen (rechtmäßigen) Mehrheitsentscheid begründeten persönlichen Zahlungsverpflichtung geschützt sind (cc)). Im Anschluss wird untersucht, ob sich ein entsprechender Schutz auch bei der Ausfallhaftung nach der Einziehung eines Geschäftsanteils etablieren lässt (dd)). Danach wird der Kreis der haftenden Gesellschafter bestimmt (ee)).

---

690 S. nur die rechtstatsächlichen Erhebungen von *Kornblum/Hampf/Naß,* GmbHR 2000, S. 1240 (1245, 1249f.).

691 *Easterbrook/Fischel,* Stan. L. Rev. 38 (1986), S. 271 (274); *Bachmann/Eidenmüller/Engert/Fleischer/Schön,* Rechtsregeln für die geschlossene Kapitalgesellschaft, S. 5.

692 *Wiedemann,* ZGR 1977, S. 690 (694).

693 Michalski/*Ebbing,* GmbHG, § 15 Rn. 2; MünchKommGmbHG/*Reichert/Weller,* § 15 Rn. 4.

694 Nach einer Studie aus dem Jahr 2006/07 befanden sich in 97% der in Thüringen gegründeten GmbH Vinkulierungsklauseln, vgl. *Bayer/Hoffmann/J. Schmidt,* GmbHR 2007, S. 953 (955f.); ferner *Reichert,* Das Zustimmungserfordernis zur Abtretung von Geschäftsanteilen in der GmbH, S. 49f.; *Limbach,* Theorie und Wirklichkeit der GmbH, S. 70ff.

695 So auch *Gubitz/Nikoleyczik,* NZG 2013, S. 727 (729).

### cc) Der Schutz dissentierender Gesellschafter vor einer Erhöhung ihrer Leistungspflicht

#### (1) Das Belastungsverbot

Die wichtigste Vorgabe zum Schutz jedes einzelnen Gesellschafters ist das Belastungsverbot aus § 53 Abs. 3 GmbHG. Nach dieser Bestimmung ist eine Erhöhung der statutarisch geschuldeten Leistungspflicht nur durch eine Satzungsänderung möglich, der alle Gesellschafter zustimmen müssen. Diese Vorgabe ist weit auszulegen. Sie erfasst jegliche unmittelbare Vermehrungen von Gesellschafterpflichten, die über die ursprünglichen Pflichten im Statut hinausgehen.[696] § 53 Abs. 3 GmbHG verkörpert damit ein allgemeines gesellschaftsrechtliches Prinzip,[697] nach dem keinem Gesellschafter zusätzliche Verpflichtungen ohne sein Einverständnis auferlegt werden können, die sich nicht hinreichend bestimmt aus dem Statut ergeben.[698] Es gewährleistet Selbstschutz, indem Übergriffe in die Individualsphäre eines Gesellschafters durch einen Mehrheitsentscheid verhindert werden.[699] Von *Wiedemann* wird dem Belastungsverbot sogar der Rang eines mitgliedschaftlichen Grundrechts beigemessen.[700] Im GmbH-Recht kommt dem Belastungsverbot ein besonders hoher Stellenwert zu, da sich die persönliche Haftung der Gesellschafter grundsätzlich auf die statutarisch festgelegte Einlagepflicht beschränkt.[701]

Dennoch ist auch dem GmbH-Recht die Begründung einer persönlichen Haftung aufgrund eines Mehrheitsentscheides in zwei Konstellationen bekannt: Der Nachschusspflicht und der Kapitalerhöhung.

#### (2) Der Minderheitenschutz bei der unbeschränkten Nachschusspflicht

Zur flexiblen Beschaffung von Eigenkapital kann die einfache Mehrheit gem. § 26 Abs. 1 GmbHG nach ihrem Ermessen in unbeschränkter Höhe Nachschüsse in das Gesellschaftsvermögen einfordern, wenn ihr in der Satzung ausdrücklich die Ermächtigung hierzu erteilt wurde. Die Gesellschafter haften hierfür mit ihrem gesamten Privatvermögen.[702] Um aber zu verhindern, dass ihr privates Vermögen

---

696 Vgl. RGZ 121, S. 238 (241f.); BGHZ 15, S. 177 (181); MünchKommGmbHG/*Harbarth,* § 53 Rn. 134 m.w.N.

697 Parallele Regelungen befinden sich für die Personengesellschaften in § 707 BGB und für die AG in § 180 AktG.

698 *Wiedemann,* ZGR 1977, S. 690 (692); *K.Schmidt,* Gesellschaftsrecht, § 16 III 3b; Ulmer/Habersack/Winter/*Ulmer,* GmbHG, § 53 Rn. 85; MünchKommGmbHG/*Harbarth,* § 53 Rn. 128; Michalski/*Hoffmann,* GmbHG, § 53 Rn. 86; Scholz/*Priester,* GmbHG, § 53 Rn. 50.

699 *Wiedemann,* ZGR 1977, S. 690 (692); *ders.,* Gesellschaftsrecht I, § 7 IV 1a.

700 *Wiedemann,* ZGR 1977, S. 690 (692).

701 Vgl. MünchKommGmbHG/*Harbarth,* § 53 Rn. 128; Ulmer/Habersack/Winter/*Ulmer,* GmbHG, § 53 Rn. 85.

702 Ulmer/Habersack/Löbbe/*Müller,* GmbHG, § 26 Rn. 64; Rowedder/Schmidt-Leithoff/*Pentz,* GmbHG, § 26 Rn. 34.

in unvorhersehbarer Höhe belastet wird, ist jeder Gesellschafter durch das unabdingbare Preisgaberecht aus § 27 Abs. 1 GmbHG vor einer wirtschaftlichen Überbeanspruchung geschützt.[703] Mit diesem Recht können die Gesellschafter ihre persönliche Haftung durch eine einseitige Erklärung gegenüber der Gesellschaft auf ihren preisgegebenen Geschäftsanteil beschränken. Die Gesellschaft erhält im Gegenzug nach § 27 Abs. 2 GmbHG das Recht diesen Geschäftsanteil zu ihrer Befriedigung zu verwerten.

### (3) Der Minderheitenschutz bei einer Erhöhung des Stammkapitals

Zum anderen kann aufgrund des § 24 GmbHG auch die Erhöhung des Stammkapitals dazu führen, dass diejenigen Gesellschafter für Einlagefehlbeträge bei den neu ausgegebenen Geschäftsanteilen haften, die nicht für die Kapitalerhöhung gestimmt haben. Denn die mittlerweile ganz h.M. geht davon aus, dass eine Kapitalerhöhung nach § 53 Abs. 2 GmbHG mit einer ¾-Mehrheit der abgegebenen Stimmen beschlossen werden kann.[704] Das Zustimmungserfordernis aller Gesellschafter aus § 53 Abs. 3 GmbHG ist trotz der hieraus möglicherweise resultierenden Ausfallhaftung aus § 24 GmbHG entbehrlich, da eine Kapitalerhöhung nicht unmittelbar auf die Entstehung dieser Haftung gerichtet ist. Sie ergibt sich aus dem Gesetz selbst und stellt damit lediglich eine mittelbare Erhöhung der ursprünglich geschuldeten Beitragspflicht dar.[705] Nur wenn die Kapitalerhöhung die Verpflichtung beinhaltet einen neu ausgegebenen Geschäftsanteil gegen Einlage zu übernehmen, ist die Zustimmung aller Gesellschafter erforderlich.[706]

Unstreitig müssen die dissentierenden Gesellschafter in dieser Situation vor einem unabsehbaren Haftungsrisiko geschützt werden. Problematisch ist jedoch die Verwirklichung dieses Schutzes. Früher wurde vertreten, dass aufgrund der Wertung des in § 53 Abs. 3 GmbHG verankerten Belastungsverbots nur die Gesellschafter von der Ausfallhaftung aus § 24 GmbHG betroffen sind, die für die Kapitalerhöhung gestimmt haben.[707] Heute geht die h.M. davon aus, dass auch die dissentierenden Gesellschafter ohne Einschränkung haften, damit eine effektive Aufbringung des

---

703 Vgl. RGZ 128, S. 1 (16); Ulmer/Habersack/Löbbe/*Müller,* GmbHG, § 27 Rn. 1; Roth/Altmeppen/*Altmeppen,* GmbHG, § 27 Rn. 1f.

704 RGZ 122, S. 159 (163); MünchKommGmbHG/*Lieder,* § 55 Rn. 25f.; Baumbach/Hueck/*Zöllner/Fastrich,* GmbHG, § 55 Rn. 17; Ulmer/Habersack/Winter/*Ulmer,* GmbHG, § 55 Rn. 20; Michalski/*Hermann,* GmbHG, § 55 Rn. 8; Scholz/*Priester,* GmbHG, § 55 Rn. 21; Lutter/Hommelhoff/*Lutter/Bayer,* GmbHG, § 55 Rn. 4; Rowedder/Schmidt-Leithoff/*Schnorbus,* GmbHG, § 55 Rn. 7.

705 RGZ 93, S. 251 (253); RGZ 122, S. 159 (163); *Schäfer,* GmbHR 1998, S. 168 (170); Rowedder/Schmidt-Leithoff/*Schnorbus,* GmbHG, § 55 Rn. 7; MünchKommGmbHG/*Lieder,* § 55 Rn. 25f.; Scholz/*Priester,* GmbHG, § 55 Rn. 21; Ulmer/Habersack/Winter/*Ulmer,* GmbHG, § 55 Rn. 20.

706 *Bayer,* FS Röhricht, S. 25 (43); Roth/Altmeppen/*Roth,* GmbHG, § 55 Rn. 7.

707 *Hollaender,* ZHR 76 (1915), S. 65 (105); *Liebmann,* ZHR 95 (1914), S. 534 (540); *ders.,* ZHR 77 (1915), S. 557 (559); *Reinhardt/Schultz,* Gesellschaftsrecht, Rn. 784; *Schuler,*

Stammkapitals sichergestellt ist[708,709]. Zur Vermeidung unabsehbarer Haftungsrisiken wird der widersprechenden Minderheit – angelehnt an den Rechtsgedanken des Abandonrechts aus § 27 Abs. 1 GmbHG – ein Recht zum Austritt aus der GmbH aus wichtigem Grund zugestanden.[710]

Dieses Austrittsrecht ist aber nicht unproblematisch. Denn ein austretender Gesellschafter verliert nicht sofort mit der Austrittserklärung, sondern erst mit der Verwertung seines Geschäftsanteils durch die GmbH seine Mitgliedschaft.[711] Daher bleibt er Ansprüchen, die in dieser Interimszeit aus der Mitgliedschaft gegen ihn entstehen, weiterhin verhaftet.[712] Da die Ausfallhaftung aus § 24 GmbHG aber – zumindest nach überzeugender Meinung im Schrifttum – nicht bereits mit der Fälligkeit der Stammeinlagenforderung (aufschiebend bedingt),[713] sondern erst nach erfolgloser Durchführung eines Kaduzierungsverfahrens nach §§ 21–23 GmbHG (unbedingt und somit endgültig) entsteht,[714] verbleibt in jedem Fall eine gewisse Zeitspanne nach der Fassung des Kapitalerhöhungsbeschlusses, den Austritt der dissentierenden Gesellschafter zu vollziehen und ihre persönliche Haftung abzuwenden.[715]

Um das Risiko einer persönlichen Haftung für die überstimmte Minderheit zu minimieren, wird zum Teil sogar für einen noch weitergehenden Minderheitenschutz

---

GmbHR 1956, S. 65 (67); zumindest Bedenken im Hinblick auf § 53 Abs. 3 GmbHG äußert auch Roth/Altmeppen/*Roth*, GmbHG, § 55 Rn. 7.

708 LG Mönchengladbach, GmbHR 1986 , S. 312 (313); Baumbach/Hueck/*Fastrich*, GmbHG, § 24 Rn. 5; Ulmer/Habersack/Löbbe/*Müller*, GmbHG, § 24 Rn. 20; Lutter/Hommelhoff/*Bayer*, GmbHG, § 24 Rn. 10; Rowedder/Schmidt-Leithoff/*Pentz*, § 24 Rn. 30; Scholz/*Emmerich*, GmbHG, § 24 Rn. 16f.; Roth/Altmeppen/*Altmeppen*, GmbHG, § 24 Rn. 17; MünchKommGmbHG/*Schütz*, § 24 Rn. 55; mit Einschränkungen *Grunewald*, FS Lutter, S. 413 (417ff.); *Gaiser*, GmbHR 1999, S. 210 (210ff.); *Müller*, Das Austrittsrecht des GmbH-Gesellschafters, S. 56.

709 Zu weiteren früher vertretenen Ansichten vgl. Scholz/*Emmerich*, GmbHG, § 24 Rn. 16 m.w.N.

710 LG Mönchengladbach, GmbHR 1986, S. 312 (313); Lutter/Hommelhoff/*Bayer*, GmbHG, § 24 Rn. 10; Baumbach/Hueck/*Fastrich*, GmbHG, § 24 Rn. 5; MünchKommGmbHG/*Schütz*, § 24 Rn. 55; *Grunewald*, FS Lutter, S. 413 (418); Ulmer/Habersack/Löbbe/*Müller*, GmbHG, § 24 Rn. 21; Roth/Altmeppen/*Altmeppen*, GmbHG, § 24 Rn. 17; *Bayer*, FS Röhricht, S. 25 (28f.); *Müller*, Das Austrittsrecht des GmbH-Gesellschafters, S. 56.

711 Vgl. Scholz/*Seibt*, GmbHG, Anh. § 34 Rn. 17 m.w.N.

712 BGH, NJW 1984, S. 489 (490f.); *Balz*, Die Beendigung der Mitgliedschaft in der GmbH, S. 117; *ders.*, DB 1984, S. 1865 (1867).

713 So etwa BGH, NJW 1996, S. 2306 (2307); Baumbach/Hueck/*Fastrich*, GmbHG, § 24 Rn. 6 m.w.N.

714 Mit überzeugender Begründung v.a. Ulmer/Habersack/Löbbe/*Müller*, GmbHG, § 24 Rn. 29f.; MünchKommGmbHG/*Schütz*, § 24 Rn. 29f.

715 MünchKommGmbHG/*Schütz*, § 24 Rn. 55; ferner auch LG Aachen, GmbHR 1992, S. 751 (752).

plädiert. So wollen *Pentz* und *Müller* den überstimmten Gesellschaftern das Recht zugestehen, den Kapitalerhöhungsbeschluss wegen eines Verstoßes gegen die mitgliedschaftliche Treuepflicht anzufechten, wenn bei der Beschlussfassung Zweifel an der Leistungsfähigkeit oder Leistungswilligkeit einzelner Gesellschafter bestehen.[716] *Emmerich* wiederum gewährt den dissentierenden Gesellschaftern in Extremfällen ein Leistungsverweigerungsrecht nach §§ 242, 313 BGB.[717]

#### (4) Zwischenergebnis

Dissentierende Gesellschafter sind bislang umfassend vor einer durch einen Mehrheitsentscheid begründeten persönlichen Haftung geschützt. Damit stellt sich nun die Frage, wie sich künftig ein entsprechender Schutz auch bei der Ausfallhaftung nach der Einziehung eines Geschäftsanteils verwirklichen lässt.

### dd) Realisation des Minderheitenschutzes bei der Ausfallhaftung

#### (1) Auflösungsrecht

*Grunewald* schlägt vor, den dissentierenden Gesellschaftern zur Vermeidung ihrer Haftung unabhängig von dem Mehrheitserfordernis aus § 60 Abs. 1 Nr. 2 GmbHG das Recht zuzugestehen, die Gesellschaft aufzulösen.[718] Für einen effektiven Minderheitenschutz müsste dieses Recht dann wohl auch losgelöst von den Anforderungen des Auflösungsklagerechts aus § 61 GmbHG eingeführt werden. Das bedeutet, es müsste auch Gesellschaftern eingeräumt werden, welche die hierfür benötigte 10 %-Mindestbeteiligung am Stammkapital (§ 61 Abs. 2 S. 2 GmbHG) nicht erreichen. Weiterhin müsste außer Acht gelassen werden, dass dieses Auflösungsklagerecht gem. § 61 Abs. 1 Alt. 2 GmbHG einen wichtigen Grund in den Verhältnissen der Gesellschaft erfordert. Denn die Unzumutbarkeit des persönlichen Haftungsrisikos für einen überstimmten Gesellschafter ist ein Grund, der ausschließlich in seiner Person liegt.[719] Diese Anforderungen hat der Gesetzgeber jedoch bewusst eingeführt, um

716 Rowedder/Schmidt-Leithoff/*Pentz,* GmbHG, § 24 Rn. 31; Ulmer/Habersack/Löbbe/*Müller,* GmbHG, § 24 Rn. 21.

717 Scholz/*Emmerich,* GmbHG, § 24 Rn. 17.

718 *Grunewald,* GmbHR 2012, S. 769 (771); so auch *Kolb,* NZG 2007, S. 815 (817); *ders.,* Der Ausschluss eines Gesellschafters aus der GmbH, S. 36; für eine Zustimmungspflicht der übrigen Gesellschafter zum Auflösungsbegehren eines dissentierenden Gesellschafters auf Grundlage der gesellschaftsrechtlichen Treuepflicht *Klöckner,* GmbHR 2012, S. 1325 (1326f.); MünchKommGmbHG/*Strohn,* § 34 Rn. 77.

719 Persönliche Gründe von Gesellschaftern sind grds. im Rahmen des § 61 Abs. 1 Alt. 2 GmbHG unbeachtlich, vgl. MünchKommGmbHG/*Limpert,* § 61 Rn. 32; Rowedder/Schmidt-Leithoff/*Gesell,* § 61 Rn. 10.

eine übermäßige Instabilität der GmbH zu verhindern.[720] Sie können daher nicht einfach außer Acht gelassen werden.[721]

Hinzu kommt, dass ein Auflösungsrecht keinen hinreichenden Schutz bieten würde. Denn eine Auflösung der Gesellschaft würde die persönliche Haftung der dissentierenden Gesellschafter nicht verhindern.[722] Wie bereits aufgezeigt, wird der Abfindungsanspruch durch die Einleitung des Liquidationsverfahrens nicht etwa inhaltlich so umgestaltet, dass der ausgeschiedene Gesellschafter nur mehr im Rahmen der Schlussverteilung am Liquidationserlös zu beteiligen ist.[723] Der Abfindungsgläubiger kann daher auch während des Liquidationsverfahrens die verbleibenden Gesellschafter aus der Ausfallhaftung in Anspruch nehmen, wenn sich die Gesellschaft in diesem Stadium auf das Auszahlungsverbot des § 30 Abs. 1 GmbHG beruft.

Gegen diese Überlegung spricht auch nicht, dass den überstimmten Gesellschaftern aufgrund ihrer nun erhöhten Beteiligung an der Gesellschaft dafür ein entsprechend höherer Anteil am Liquidationserlös zusteht.[724] Denn in der Regel hätten sie nicht die Möglichkeit diesen zur Erfüllung des Ausfallhaftungsanspruchs zu verwenden. Die Deinvestition ihres Kapitals durch eine Liquidation der Gesellschaft nimmt nämlich – nicht zuletzt wegen des Sperrjahres aus § 73 Abs. 1 GmbHG – längere Zeit in Anspruch.[725] Die Schlussverteilung des Gesellschaftsvermögens nach § 72 S. 1 GmbHG wird daher in den meisten Fällen zeitlich erst deutlich nach ihrer eigenen Inanspruchnahme stattfinden.

Nicht zuletzt wäre es widersinnig, auf der einen Seite das Außenhaftungsmodell zu befürworten, das gegenüber dem Auflösungsmodell den unschätzbaren Vorzug höherer Rechtssicherheit aufweist, auf der anderen Seite aber jedem dissentierenden Minderheitsgesellschafter das Recht zuzugestehen, die Gesellschaft aufzulösen. Denn auf diese Weise würde wieder eine möglicherweise über Jahre hinweg andauernde Schwebelage generiert, in der Unklarheit darüber herrscht, ob die Gesellschaft fortgeführt werden kann oder nicht.[726]

Ein Auflösungsrecht ist daher zum Schutz der dissentierenden Gesellschafter abzulehnen.

---

720 Entwurf eines Gesetzes betreffend die GmbH, Stenographische Berichte des Reichstages, 8. Legislaturperiode – I. Session 1890/1892, 5. Anlageband, Aktenstück Nr. 660, S. 3715 (3756).

721 In diesem Sinne auch *Markowsky*, Die Einziehung von GmbH-Geschäftsanteilen, S. 201.

722 So auch *Gubitz/Nikoleyczik*, NZG 2013, S. 727 (729).

723 S. hierzu bereits oben S. 119ff.

724 So aber *Kolb*, NZG 2007, S. 815 (817).

725 Vgl. *Drygala/Staake/Szalai*, Kapitalgesellschaftsrecht, § 16 Rn. 18.

726 Ausführlich zu den Nachteilen des Auflösungsmodells oben S. 52.

### (2) Austrittsrecht

Eine weitere Möglichkeit wäre es, den überstimmten Gesellschaftern – im Einklang mit der h.M zur Kapitalerhöhung[727] – ein Austrittsrecht aus der Gesellschaft aus wichtigem Grund zuzugestehen. Dieses Recht müsste dann wohl unverzüglich nach der Fassung des Einziehungsbeschlusses ausgeübt werden. Den für das Austrittsrecht erforderlichen wichtigen Grund könnte man in dem aus der Einziehung resultierenden persönlichen Haftungsrisiko sehen. Auch wenn dem Austrittsrecht der Charakter eines ultima ratio-Rechtes zukommt,[728] bestünden zumindest aus diesem Grund keine Bedenken, es einem überstimmten Gesellschafter nach der Einziehung eines Geschäftsanteils einzuräumen. Denn auch bei anderen unzumutbaren persönlichen Verpflichtungen, wie etwa drückenden Nebenleistungspflichten[729] oder der bereits erwähnten Ausfallhaftung aus § 24 GmbHG nach einer Kapitalerhöhung,[730] wird den Gesellschaftern von der h.M. ein Recht zum Austritt zugebilligt.[731]

Ein austretender Gesellschafter erwirbt mit der Erklärung seines Austritts jedoch zunächst nur einen Anspruch gegen die Gesellschaft seinen Geschäftsanteil gegen Zahlung einer Abfindung abzunehmen.[732] Dabei hat diese die Wahl, ob sie den Geschäftsanteil einzieht, oder die Übertragung auf sich oder einen Dritten verlangt.[733] Erst mit der Abnahme verliert der austretende Gesellschafter seine Mitgliedschaft. Betrachtet man diesen Austrittsvorgang näher, so ergeben sich gleich aus mehreren Gründen Bedenken, ob ein Austrittsrecht ein probates Mittel zum Schutz der dissentierenden Gesellschafter darstellt:

#### (2.1) Entstehungszeitpunkt der Ausfallhaftung

Zunächst ist fraglich, ob die dissentierenden Gesellschafter durch einen Austritt ihrer Haftung überhaupt entgehen könnten. Denn bis zu der Abnahme seines Anteils muss der austretende Gesellschafter allen gegenüber ihm entstehenden und fällig

---

727 LG Mönchengladbach, GmbHR 1986, S. 312 (313); Lutter/Hommelhoff/*Bayer*, GmbHG, § 24 Rn. 10; Baumbach/Hueck/*Fastrich*, GmbHG, § 24 Rn. 5; MünchKommGmbHG/*Schütz*, § 24 Rn. 55; *Grunewald*, FS Lutter, S. 413 (418); Ulmer/Habersack/Löbbe/*Müller*, GmbHG, § 24 Rn. 21; Roth/Altmeppen/*Altmeppen*, GmbHG, § 24 Rn. 17; *Bayer*, FS Röhricht, S. 25 (28f.); *Müller*, Das Austrittsrecht des GmbH-Gesellschafters, S. 56.

728 OLG München, GmbHR 1990, S. 221 (221f.); OLG Hamm, GmbHR 1993, S. 656 (657); *Balz*, Die Beendigung der Mitgliedschaft in der GmbH, S. 112ff.; Scholz/*Seibt*, GmbHG, Anh. § 34 Rn. 14 m.w.N.

729 RGZ 128, S. 1 (16f.).

730 S. die Nachw. in Fn 710.

731 Vgl. *Markowsky*, Die Einziehung von GmbH-Geschäftsanteilen, S. 202ff.

732 MünchKommGmbHG/*Strohn*, § 34 Rn. 198; Michalski/*Funke*, GmbHG, Anh. § 34 Rn. 59.

733 Michalski/*Sosnitza*, GmbHG, Anh. § 34 Rn. 59; Baumbach/Hueck/*Fastrich*, GmbHG, Anh. § 34 Rn. 26.

werdenden Verpflichtungen aus seiner Mitgliedschaft weiterhin nachkommen.[734] Nichts anderes kann für den Ausfallhaftungsanspruch nach der Einziehung eines Geschäftsanteils gelten.[735] Der Abfindungsanspruch des ausgeschlossenen Gesellschafters aus § 738 Abs. 1 S. 2 BGB analog entsteht mit der Wirksamkeit der Einziehung seines Geschäftsanteils.[736] Nach dem gesetzlichen Regelfall ist dieser Anspruch gem. § 271 Abs. 1 BGB sofort fällig[737,738]. Beruft sich die Gesellschaft gleich nach der Einziehung auf das Auszahlungsverbot aus § 30 Abs. 1 GmbHG, so entsteht – zumindest nach hier vertretener Auffassung – sofort der Anspruch aus der Ausfallhaftung.[739]

Bei der Ausfallhaftung aus § 24 GmbHG nach einer Kapitalerhöhung verbleibt aufgrund des vorgängigen Kaduzierungsverfahrens (§§ 21–23 GmbHG) ausreichend Zeit, um den Austritt zur Vermeidung der Haftung zu vollziehen.[740] Im Gegensatz dazu könnten sich die dissentierenden Gesellschafter wegen der sofortigen Fälligkeit des Ausfallhaftungsanspruchs mit einem Austritt ihrer persönlichen Haftung nicht entziehen. Diese Situation wird in Zukunft auch häufig auftreten, da die Einziehung, wie noch zu zeigen sein wird, auch dann wirksam ist, wenn bereits bei Beschlussfassung feststeht, dass die Abfindung nicht aus ungebundenem Gesellschaftsvermögen geleistet werden kann.[741]

### (2.2) Abwicklungsschwierigkeiten beim Vollzug des Austritts

Die Gegenauffassung geht davon aus, dass zwischen dem Zeitpunkt, in dem sich die Gesellschaft auf das Auszahlungsverbot beruft und der Entstehung des Ausfallhaftungsanspruchs aufgrund eines Nachfristerfordernisses eine gewisse Zeitspanne liegt,[742] die nicht nur zur Beseitigung der Unterbilanz, sondern eben auch zum Vollzug des Austritts dissentierender Gesellschafter genutzt werden könnte. Selbst wenn man sich dieser Sichtweise anschließt, würden sich bei der Abwicklung des

---

734 BGHZ 88, S. 320 (326f.); *Balz,* DB 1984, S. 1865 (1867f.); *Müller,* Das Austrittsrecht des GmbH-Gesellschafters, S. 96f.

735 Aus diesem Grund lehnen *Grunewald,* GmbHR 2012, S. 769 (771) und *Gubitz/Nikoleyczik,* NZG 2013, S. 727 (729) das Austrittsrecht ab.

736 Vgl. statt aller MünchKommGmbHG/*Strohn,* § 34 Rn. 206.

737 AG Homburg, GmbHR 2001, S. 671 (671); Michalski/*Sosnitza,* § 34 Rn. 51; MünchKommGmbHG/*Strohn,* § 34 Rn. 218; *Mayer/Elfring,* GmbHR 2004, S. 869 (873).

738 Trotz der relativen Häufigkeit von Abfindungsklauseln, welche die Fälligkeit des Abfindungsanspruchs zeitlich hinausschieben, ist in der deutlichen Mehrzahl der Fälle vom gesetzlichen Regelfall auszugehen, vgl. die rechtstatsächliche Darstellung bei Ulmer/Habersack/Löbbe/*Ulmer,* GmbHG, § 34 Rn. 81 mit Fn. 285 sowie *Balz,* Die Beendigung der Mitgliedschaft in der GmbH, S. 159.

739 S. zum Entstehungszeitpunkt des Ausfallhaftungsanspruchs oben S. 116ff.

740 S. hierzu oben S. 134.

741 Dazu noch später S. 156ff.

742 *J. Schmidt,* GmbHR 2013, S. 953 (959); *Ulmer,* FS Hoffmann-Becking, S. 1261 (1271); *Markowsky,* Die Einziehung von GmbH-Geschäftsanteilen, S. 198.

Austritts dennoch erhebliche Schwierigkeiten ergeben. Denn auch ein austretender Gesellschafter darf nach § 30 Abs. 1 GmbHG nicht aus gebundenem Kapital abgefunden werden. Daher muss auch er davor geschützt werden, abfindungslos aus der Gesellschaft auszuscheiden. Aus diesem Grund geht die h.M. davon aus, dass der austretende Gesellschafter erst mit dem Erhalt seines Abfindungsentgelts aus der Gesellschaft ausscheidet.[743]

Der II. Zivilsenat hat sich in seiner Grundsatzentscheidung vom 24. 1. 2012 nicht dazu geäußert, ob die Haftungslösung auf den Austritt übertragbar ist, ein austretender Gesellschafter künftig also sofort seine Mitgliedschaft verliert und ihm die verbleibenden Gesellschafter persönlich haften, wenn die Gesellschaft sein Abfindungsentgelt nicht aus freiem Vermögen leisten kann. Diese Frage soll an dieser Stelle noch nicht vertieft werden.[744] Da die Rechtslage derzeit noch unklar ist, wird stattdessen aufgezeigt, dass ein Austrittsrecht in beiden Varianten zu keinem sachgerechten Ergebnis führen würde:

Hält man an der bisweilen h.M. fest und nimmt an, dass die dissentierenden Gesellschafter nach der Erklärung ihres Austritts erst dann aus der Gesellschaft ausscheiden, wenn sie ihr Abfindungsentgelt aus ungebundenem Vermögen erhalten haben, so hätten sie mit einem Austrittsrecht kaum die Möglichkeit, der drohenden Ausfallhaftung zu entgehen. Denn die Entstehungsvoraussetzung dieser Haftung ist ja gerade, dass die Gesellschaft nicht über ausreichend ungebundenes Kapital verfügt, um den Abfindungsanspruch des ausgeschlossenen Gesellschafters zu erfüllen. Ist sie aber hierzu nicht in der Lage, so verfügt sie zwangsläufig auch nicht über ausreichend ungebundenes Vermögen, um das Abfindungsentgelt zum Vollzug des Austritts der dissentierenden Gesellschafter auszuzahlen. Die Konsequenz wäre, dass die dissentierenden Gesellschafter trotz ihrer Austrittserklärung solange in der Gesellschaft verbleiben müssten, bis sie der ausgeschiedene Gesellschafter aus der Ausfallhaftung in Anspruch nehmen kann. Wird ihr Austritt dann vor ihrer Inanspruchnahme doch noch vollzogen, würden sie schließlich sinnlos aus der Gesellschaft ausscheiden. Denn wenn die GmbH wieder über ausreichend freie Reserven verfügt, um ihren Austritt zu vollziehen, wäre ihre persönliche Haftung ohnehin entfallen, da – zumindest nach hier vertretener Auffassung – der Ausfallhaftungsanspruch automatisch wieder erlischt, sobald die Unterbilanz beseitigt ist.

Nimmt man hingegen an, dass die dissentierenden Gesellschafter mit der Abnahme ihres Anteils sofort aus der Gesellschaft ausscheiden und ihnen die verbleibenden Gesellschafter persönlich haften, könnten sie zwar in der Regel der Ausfallhaftung entgehen. Diese Lösung hätte jedoch andere negative Auswirkungen, die nicht unbeachtet bleiben dürfen. Da die Gesellschaft zusätzlich zum Abfindungsanspruch des ausgeschlossenen Gesellschafters mit den Abfindungsansprüchen der austretenden Gesellschafter belastet wäre, würde die Wahrscheinlichkeit sinken, dass sie das Abfindungsentgelt aller ausscheidenden Gesellschafter aus ungebundenem

743 Dazu noch später S. 187f.
744 Hierzu noch später ausführlich S. 190ff.

Gesellschaftsvermögen leisten kann. Dadurch erhöht sich nicht nur die Wahrscheinlichkeit, dass die nunmehr verbleibenden Gesellschafter persönlich haften. Auch der Umfang der ihnen nun drohenden Haftung würde stark ansteigen und ein für sie bei Fassung des Einziehungsbeschlusses unvorhersehbares Ausmaß annehmen. Konsequent müsste dann auch den bei der Abnahme des Anteils zum Vollzug des Austritts überstimmten Gesellschaftern zur Vermeidung ihres nun gesteigerten Haftungsrisikos ein Austrittsrecht aus der Gesellschaft zugestanden werden. Weitere Austritte würden wiederum das Haftungsrisiko für die nunmehr verbleibenden Gesellschafter erhöhen. Letztendlich bestünde damit eine erhebliche Gefahr, dass der Ausschluss *eines* Gesellschafters eine ganze „Welle" von Austritten nach sich zieht. Die Konsequenz wäre dann wohl häufig die Auflösung der Gesellschaft, da für die verbleibenden Gesellschafter der Liquidationsanreiz mit jeder Austrittserklärung ansteigt.[745]

### (2.3) Wertverschiebung zwischen den zustimmenden und den dissentierenden Gesellschaftern

Schließlich ist das Austrittsrecht auch aus einem anderen Grund dogmatisch nicht haltbar. Könnten dissentierende Gesellschafter nach der Fassung des Einziehungsbeschlusses aus der Gesellschaft austreten, stünde ihnen ein Abfindungsanspruch zum vollen wirtschaftlichen Wert ihres Geschäftsanteils zu.[746] Da sich infolge der sofort wirksamen Einziehung auch ihre Beteiligungsquote an der Gesellschaft erhöht hat, würde sich die Höhe dieser Abfindung nach dem Verkehrswert ihres nun werthaltigeren Geschäftsanteils bemessen.

Könnten sich die dissentierenden Gesellschafter mit ihrem Austritt gleichzeitig der drohenden Ausfallhaftung entziehen, stünden sie ohne sachlichen Grund finanziell besser, als die verbleibenden Gesellschafter. Denn deren Haftungsquote müsste sich dann konsequent erhöhen, damit das Abfindungsinteresse des ausgeschlossenen Gesellschafters nicht beeinträchtigt wird.[747] Den dissentierenden

745 Vgl. auch *Soufleros,* Ausschließung und Abfindung eines GmbH-Gesellschafters, S. 88.

746 Vgl. RGZ 125, S. 114 (118); BGH, NJW 1992, S. 892 (895); OLG Köln, NZG 1999, S. 1222 (1223); *Müller,* Das Austrittsrecht des GmbH-Gesellschafters, S. 107ff.; Michalski/*Funke,* GmbHG, Anh. § 34 Rn. 61; Baumbach/Hueck/*Fastrich,* GmbHG, Anh. § 34 Rn. 25; Ziemons/Jaeger/*Schindler,* BeckOK-GmbHG, § 34 Rn. 194.

747 Es ließe sich auch nicht etwa darauf abstellen, dass die Erklärung des Austritts erfolgen muss, bevor die Einziehung durch Mitteilung des Einziehungsbeschlusses gegenüber dem betroffenen Gesellschafter wirksam wird. Denn wenn der von der Einziehung betroffene Gesellschafter in der Gesellschafterversammlung anwesend ist – was wohl dem Regelfall entsprechen dürfte – fällt die Einziehungswirkung mit der Fassung des Einziehungsbeschlusses zusammen, vgl. Baumbach/Hueck/*Fastrich,* GmbHG, § 34 Rn. 16; Scholz/*Westermann,* GmbHG, § 34 Rn. 46; Rowedder/Schmidt-Leithoff/*Rowedder/Bergmann,* GmbHG, § 34 Rn. 18; Roth/Altmeppen/*Altmeppen,* GmbHG, § 34 Rn. 71.

Gesellschaftern würde also grundlos der wirtschaftliche Wert ihres angewachsenen Mitgliedschaftsrechts zufallen. Zu einem sachgerechten Ergebnis würde man nur dann gelangen, wenn der Abfindungsanspruch der austretenden Gesellschafter automatisch um ihre Haftungsquote gekürzt würde. Hierfür lässt sich im geltenden Recht jedoch keine Grundlage auffinden.

Die Argumentation der Haftungsbefürworter, wonach alle Gesellschafter deswegen in die Ausfallhaftung einbezogen sein sollen, damit es zwischen den verbleibenden Gesellschaftergruppen nicht zu einer Wertverschiebung zu Lasten der zustimmenden Gesellschafter kommt, wenn diese auch für den Wertzuwachs aufkommen müssten, der bei den dissentierenden Gesellschaftern eintritt,[748] geht bei der Gewährung eines Austrittsrechts also fehl. Denn auch bei der Annahme, dass alle Gesellschafter haften, käme es, wie gezeigt, zu einer Wertverschiebung zu Lasten der zustimmenden Gesellschafter, wenn die dissentierenden Gesellschafter zur Vermeidung ihrer persönlichen Haftung aus der Gesellschaft austreten könnten.

#### (2.4) Fazit

Ein Austrittsrecht bietet keinen ausreichenden Schutz für die dissentierenden Gesellschafter. Denn damit könnten sie ihrer persönlichen Haftung nicht entgehen. Wollte man zu ihrem Schutz dennoch annehmen, dass sie sich mit einem Austritt der Ausfallhaftung entziehen können, würde dies häufig in der Auflösung der Gesellschaft münden. Außerdem würde ihnen der wirtschaftliche Wert ihrer erhöhten Anteilsquote grundlos zufallen. Daher ist auch ein Austrittsrecht als Mittel zum Schutz der dissentierenden Gesellschafter abzulehnen.

### (3) Freihaltungsanspruch

*Trölitzsch* hat vorgeschlagen, den dissentierenden Gesellschaftern gegenüber den zustimmenden Gesellschaftern einen Freistellungsanspruch im Hinblick auf den Ausfallhaftungsanspruch einzuräumen, sofern sie diesen gleichzeitig formgerecht Zug um Zug die Abtretung ihrer erhöhten Anteilsquoten anbieten.[749] Einen ausreichenden Schutz bietet dieser Lösungsvorschlag jedoch nicht. Denn die dissentierenden Gesellschafter könnten nicht beeinflussen, ob die Befürworter der Einziehung auch tatsächlich leistungsfähig genug sind, um ihren Haftungsanteil zu übernehmen. Es läge also außerhalb ihres Einflussbereiches, ob die Freistellung bei ihrer Inanspruchnahme aus der Ausfallhaftung tatsächlich erfolgt. Das widerspricht einem Grundgedanken des GmbH-Rechts, wonach sich jeder Minderheitsgesellschafter einem durch einen Mehrheitsentscheid begründeten persönlichen Haftungsrisiko einseitig entziehen können muss.

---

748 Vgl. *Ulmer*, FS Hoffmann-Becking, S. 1261 (1269); *J. Schmidt*, GmbHR 2013, S. 953 (957).

749 *Trölitzsch*, KSzW 2013, S. 55 (58); ihm folgend *Markowsky*, Die Einziehung von GmbH-Geschäftsanteilen, S. 203; Ziemons/Jaeger/*Schindler*, BeckOK-GmbHG, § 34 Rn. 56.4.

### (4) Anfechtungsrecht

Möglich wäre es auch – angelehnt an den Vorschlag von *Pentz* und *Müller* zur Vermeidung der Ausfallhaftung nach einer Kapitalerhöhung[750] – den im Einziehungsbeschluss überstimmten Gesellschaftern das Recht zuzugestehen, diesen Beschluss unter Treuepflichtaspekten mit einer Anfechtungsklage nach § 243 Abs. 1 AktG analog anzugreifen, wenn bei der Beschlussfassung Zweifel an der Leistungsfähigkeit oder Leistungswilligkeit einzelner Gesellschafter bestehen.[751]

Damit könnten die dissentierenden Gesellschafter zwar effektiv ihrem persönlichen Haftungsrisiko entgehen. Es wäre jedoch widersprüchlich, einerseits im Interesse schneller Rechtssicherheit für die sofortige Wirksamkeit der Zwangseinziehung zu plädieren, auch wenn die Gesellschaft nicht über ausreichend freies Vermögen für die Abfindung verfügt und andererseits jedem überstimmten Minderheitsgesellschafter die Möglichkeit einzuräumen, den Einziehungsbeschluss anzufechten, weil die Gesellschaft womöglich nicht über ausreichend ungebundenes Kapital verfügt und sie daher einem persönlichen Haftungsrisiko ausgesetzt sind. Daher ist auch ein Anfechtungsrecht zum Schutz der dissentierenden Gesellschafter abzulehnen.

### (5) Leistungsverweigerungsrecht

Nach *Emmerich* soll dissentierenden Gesellschaftern gegenüber dem Ausfallhaftungsanspruch aus § 24 GmbHG nach einer Stammkapitalerhöhung ein Leistungsverweigerungsrecht nach §§ 242, 313 BGB zustehen.[752] Auch dieser Rechtsgedanke lässt sich bei der Ausfallhaftung nach einer Einziehung eines Geschäftsanteils nicht fruchtbar machen. Wollte man nämlich den im Einziehungsbeschluss überstimmten Gesellschaftern ein Leistungsverweigerungsrecht gegenüber dem Ausfallhaftungsanspruch einräumen, würde der ausgeschlossene Gesellschafter wiederum den vollen Wert seines Geschäftsanteils nicht erhalten, während bei den dissentierenden Gesellschaftern ohne sachlichen Grund dauerhaft ein Vermögenzuwachs eintritt.

### (6) Zwischenergebnis

Die Analyse hat ergeben, dass das GmbH-Recht kein geeignetes Rechtsinstitut enthält, mit dem die dissentierenden Gesellschafter ihrer persönlichen Haftung nach einer Zwangseinziehung entgehen könnten.

## ee) Bestimmung des Adressatenkreises der Ausfallhaftung

Da die Zwangsamortisation mit einer einfachen Mehrheit beschlossen werden kann (§§ 46 Nr. 4, 47 Abs. 1 GmbHG), hat diese künftig die Möglichkeit, den Gesellschaftern eine persönliche Zahlungspflicht aufzubürden. Die Höhe dieser Verpflichtung

---

750 Vgl. die Nachw. in Fn. 716.

751 In diesem Sinne ursprünglich Roth/Altmeppen/*Altmeppen*, GmbHG, 7. Aufl., § 34 Rn. 28; mittlerweile abw. *ders.*, ZIP 2012, S. 1685 (1690f.).

752 Scholz/*Emmerich*, GmbHG, § 24 Rn. 17.

ist aus der statutarischen Einziehungsermächtigung nicht ersichtlich. Ihr potentieller Umfang ist unbeschränkt, da die Haftung immer dann eintreten kann, wenn die Voraussetzungen für eine Einziehung vorliegen. Anders, als bei der Ausfallhaftung nach einer Kapitalerhöhung hält das GmbH-Recht de lege lata kein probates Mittel bereit, um die dissentierenden Gesellschafter vor dieser Haftung effektiv zu schützen. Um sie vor einer wirtschaftlichen Überanspruchung ihres Privatvermögens zu bewahren, wäre eine gesetzliche Regelung notwendig, mit der sie ihrer persönlichen Haftung durch eine einseitige Erklärung entgehen könnten. Diese Wertung ergibt sich aus der Existenz des Abandonrechts (§ 27 Abs. 1 GmbHG) für die unbeschränkte Nachschusspflicht. Die Tatsache, dass eine solche Regelung de lege lata fehlt, legt es nahe, dass nur die Gesellschafter von der Ausfallhaftung betroffen sind, die für die Einziehung gestimmt haben.

Auch das Hauptargument der Haftungsbefürworter, wonach alle Gesellschafter deswegen haften sollen, weil bei allen Gesellschaftern gleichermaßen ein Vermögenszuwachs eintritt,[753] führt zu keinem anderen Schluss. Denn die Ausfallhaftung stellt de facto eine Erhöhung der ursprünglich vereinbarten Beitragspflicht i.S.d. § 53 Abs. 3 GmbHG dar, für die es unerheblich ist, ob ein äquivalenter Wertzuwachs eintritt.[754] Nach der gesetzlichen Konzeption könnte die Haftung gem. § 53 Abs. 3 GmbHG eigentlich nur durch eine einstimmige Satzungsänderung begründet werden.[755] Die Zustimmung zur Einziehungsermächtigung im Statut kann jedenfalls nicht als Einverständnis aller Gesellschafter mit einer Haftung in unabsehbarer Höhe gewertet werden.[756] Denn für diese Haftung fehlt in der abstrakten Einziehungsklausel jeglicher Anhaltspunkt.

Das Belastungsverbot aus § 53 Abs. 3 GmbHG erfasst zwar grundsätzlich nur Vereinbarungen, die unmittelbar darauf gerichtet sind, die Leistungspflicht zu vermehren. Die Tatsache, dass der Einziehungsbeschluss nicht unmittelbar darauf gerichtet ist, die Ausfallhaftung zu begründen, sondern primär darauf, den betroffenen Geschäftsanteil zu vernichten, ändert jedoch nichts daran, dass seine entscheidende Wertung Beachtung finden muss, wonach keinem Gesellschafter ohne sein Einverständnis zusätzliche Verpflichtungen auferlegt werden dürfen, die sich nicht hinreichend bestimmt aus dem Statut ergeben. Denn die Einziehung ist auch dann wirksam, wenn bereits bei der Beschlussfassung feststeht, dass die Gesellschaft das

---

753 Vgl. *Schneider/Hoger*, NJW 2013, S. 502 (505f.); *Ulmer*, FS Hoffmann-Becking, S. 1261 (1269); *J. Schmidt*, GmbHR 2013, S. 953 (957); *Stumpf/Müller*, GWR 2012, S. 143 (144); *Winkler*, BB 2012, S. 664 (667).

754 Vgl. *Niemeier*, Rechtstatsachen und Rechtsfragen der Einziehung von GmbH-Anteilen, S. 329.

755 Daher geht die Argumentation von *Heckschen*, NZG 2010, S. 521 (523) fehl, der die persönliche Haftung der dissentierenden Gesellschafter mit dem „Demokratieprinzip" begründen will.

756 So auch *Schockenhoff*, NZG 2012, S. 449 (451); *Markowsky*, Die Einziehung von GmbH-Geschäftsanteilen, S. 173; *Niemeier*, Rechtstatsachen und Rechtsfragen der Einziehung von GmbH-Anteilen, S. 329.

Abfindungsentgelt nicht aus ungebundenem Vermögen leisten kann[757] und daher das Privatvermögen der verbleibenden Gesellschafter belastet wird. Daher kann die einfache Mehrheit – zumindest bei illiquiden Gesellschaften – gezielt und untrennbar verbunden mit der Einziehung die persönliche Haftung der Gesellschafter begründen.

Dieser Vorgang ähnelt dann weniger einer Kapitalerhöhung, die mit qualifizierter Mehrheit beschlossen werden kann und nur mit Ungewissheit zur Ausfallhaftung nach § 24 GmbHG führt. Er weist starke Ähnlichkeiten mit einer Kapitalerhöhung auf, bei der die Gesellschafter dazu verpflichtet werden, einen neuen Geschäftsanteil gegen Leistung einer Einlage zu übernehmen und bei der nach einhelliger Auffassung die Zustimmung aller Gesellschafter gem. § 53 Abs. 3 GmbHG erforderlich ist.[758] Steht bei Beschlussfassung die fehlende Leistungsfähigkeit der Gesellschaft fest, werden die Gesellschafter nämlich auch durch die Einziehung faktisch dazu verpflichtet, gegen Zahlung einer Geldsumme weitere Beteiligungsrechte an der Gesellschaft zu erwerben.

Der Schutzzweck des Belastungsverbots steht zwar nicht generell einem rechtsfortbildend geschaffenen Haftungstatbestand entgegen, da die Gesellschafter, die der Einziehung zustimmen, kalkulieren können, ob ihr Privatvermögen eine Zusatzbelastung im Interesse des Verbands zulässt.[759] Da die dissentierenden Gesellschafter jedoch ohne ihr Einverständnis haften müssten, gebietet er es, sie aus der Haftung auszunehmen.

Die Schutzwürdigkeit der dissentierenden Gesellschafter lässt sich in einem anderen Kontext schließlich auch den §§ 197, 245 Abs. 1 UmwG entnehmen.[760] Nach diesen Vorschriften haften bei einem Formwechsel einer GmbH in eine AG nur diejenigen Gesellschafter nach den Gründungsvorschriften des Aktienrechts, die für den Formwechsel gestimmt haben.

In der Literatur wird einem Rückgriff auf diese Normen entgegengehalten, dass sie eine sehr spezielle Situation regelten, die mit der Ausfallhaftung nach der Einziehung eines Geschäftsanteils nicht zu vergleichen sei.[761] Dieser Einwand überzeugt nicht. Die ratio legis der §§ 197, 245 Abs. 1 UmwG ist es, im Interesse der Gesellschaftsgläubiger die Aufbringung des Nominalkapitals über die entsprechende Anwendung der Gründervorschriften, insbesondere der Gründerhaftung nach § 46 AktG sicherzustellen. Von diesem Haftungsrisiko sollen allerdings nur die Gesellschafter betroffen sein, die für den Formwechsel gestimmt haben, da bei

757 S. hierzu unten S. 156ff.

758 Vgl. statt aller Rowedder/Schmidt-Leithoff/*Pentz,* GmbHG, § 13 Rn. 51.

759 A.A.: *Ulmer,* FS Priester, S. 775 (783); *Niemeier,* Rechtstatsachen und Rechtsfragen der Einziehung von GmbH-Anteilen, S. 329, die die Haftungslösung wegen des Belastungsverbots gänzlich ablehnen.

760 Vgl. *Schockenhoff,* NZG 2012, S. 449 (451).

761 Ziemons/Jaeger/*Schindler,* BeckOK-GmbHG, § 34 Rn. 63; *J. Schmidt,* GmbHR 2013, S. 953 (957); auf den vermeintlichen Ausnahmecharakter der §§ 197, 245 UmwG rekurriert *Tröger,* Gesellschaftsrecht in der Diskussion 2013, S. 23 (56).

einer Abwägung der Interessen der Gesellschaftsgläubiger und der dissentierenden Gesellschafter der Schutz letzterer überwiegt.[762]

Der tragende Gedanke, nämlich dass der Schutz der überstimmten Gesellschafter Vorrang vor dem Gläubigerschutz hat, ist auch auf die Einziehung übertragbar. Bei einer Abwägung zwischen dem Abfindungsinteresse des Ausgeschiedenen und dem Schutz der dissentierenden Gesellschafter muss ebenfalls der Schutz letzterer überwiegen. Denn das Abfindungsinteresse des ausgeschlossenen Gesellschafters kann nicht höher zu bewerten sein, als das Interesse der Gesellschaftsgläubiger an der Aufbringung des Nominalkapitals bei einem Formwechsel der Gesellschaft. Das Interesse des ausgeschlossenen Gesellschafters am Erhalt seiner Abfindung ist auch dann ausreichend geschützt, wenn nur die zustimmenden Gesellschafter in Höhe des unrealisierbaren Abfindungsbetrages haften. Denn sollten diese nicht zahlungsfähig sein, kann er zu seiner Befriedigung notfalls deren (nun werthaltigere) Geschäftsanteile pfänden und versteigern lassen.[763]

Da infolge der Einziehung bei allen Gesellschaftern gleichermaßen ein Wertzuwachs eintritt und die Ausfallhaftung gerade auf dem Grundgedanken basiert, diesen Vermögensvorteil auszugleichen, müssten prinzipiell auch die dissentierenden Gesellschafter haften. Die Wertentscheidung, die der Gesetzgeber in §§ 27 Abs. 1, 53 Abs. 3 GmbHG und §§ 197, 245 UmwG getroffen hat, steht jedoch einem rechtsfortbildend geschaffenen Haftungstatbestand entgegen, der die dissentierenden Gesellschafter in die Haftung einbezieht. Zur Vermeidung einer Rechtsfortbildung *contra legem* ist die Ausfallhaftung daher wie folgt zu modifizieren: Die zustimmenden Gesellschafter kommen im Außenverhältnis gegenüber dem Ausgeschiedenen zunächst für den gesamten Wertzuwachs auf, also auch den, der bei den dissentierenden Gesellschaftern eingetreten ist (1.Stufe). Im Anschluss daran wird die daraufhin entstehende Wertdivergenz zwischen den verbleibenden Gesellschaftergruppen im Innenverhältnis unter Verschonung des Privatvermögens der dissentierenden Gesellschafter ausgeglichen (2. Stufe).

Dass ein Wertzuwachs aufgrund einer Erhöhung der Gesellschaftsbeteiligung nicht zwangsläufig eine persönliche Haftung nach sich zieht, bestätigt schließlich ein Blick auf die Rechtslage bei der KG. Denn obwohl auch die Kommanditisten durch die Anwachsung ihres Anteils (§ 738 Abs. 1 BGB) am Wertzufluss partizipieren, wenn ein Gesellschafter aus der KG ausscheidet, haften nur die Komplementäre persönlich für die Abfindung, während sich die Kommanditisten auf ihre Haftungsbeschränkung aus §§ 171, 172 HGB berufen können.[764]

Gegen eine Haftung nur der zustimmenden Gesellschafter ließe sich nicht zuletzt noch einwenden, dass sie Gesellschafter dazu veranlassen könnte, gegen eine im

---

762 Semler/Stengel/*Scheel,* UmwG, § 245 Rn. 8.

763 Vgl. *Schockenhoff,* NZG 2012, S. 449 (452).

764 BGH, WM 1971, S. 1451 (1451f.); MünchKommHGB/*K.Schmidt,* § 131 Rn. 128; Ebenroth/Boujong/Joost/Strohn/*Lorz,* HGB, § 131 Rn. 65; *Flume,* Die Personengesellschaft, S. 174; a.A. mittlerweile *Altmeppen,* NJW 2013, S. 1025 (1027).

Gesellschaftsinteresse notwendige Zwangseinziehung zu stimmen, nur um hierdurch ihrer persönlichen Haftung zu entgehen.[765] Diese Gefahr besteht jedoch gleichermaßen dann, wenn man mit den Haftungsbefürwortern annimmt, dass alle Gesellschafter haften, die dissentierenden Gesellschafter jedoch zur Vermeidung ihres Haftungsrisikos aus der Gesellschaft austreten können. Denn nur wenn sie nicht für die Einziehung stimmen, könnten sie von ihrem Austrittsrecht Gebrauch machen.

### ff) Folgefragen

An die Erkenntnis, dass im Außenverhältnis nur die Gesellschafter haften, die für die Einziehung gestimmt haben, schließen sich einige Folgefragen an: Zum einen muss ein Mechanismus gefunden werden, um die interne Wertverschiebung zwischen den verbleibenden Gesellschaftergruppen auszugleichen (1). Zum anderen ist fraglich, ob die dissentierenden Gesellschafter zumindest nach §§ 24, 31 Abs. 3 GmbHG analog für Haftungsfehlbeträge bei den zustimmenden Gesellschaftern haften (2). Schließlich muss geklärt werden, ob die mitgliedschaftliche Treuepflicht widerstrebende Gesellschafter im Einzelfall dazu verpflichten kann, für die Zwangseinziehung zu stimmen und somit persönlich zu haften (3).

#### (1) Der Wertausgleich zwischen den Gesellschaftergruppen

#### (1.1) Wertausgleich im Binnenverhältnis gegenüber der Gesellschaft

Den Gesellschaftern steht nach ihrer Inanspruchnahme aus der Ausfallhaftung gem. § 774 Abs. 1 BGB analog ein Regressanspruch gegenüber der Gesellschaft zu, der unter dem Kapitaldeckungsvorbehalt des § 30 Abs. 1 GmbHG steht.[766] Es wäre denkbar, diesen Regressanspruch als Mittel zum internen Wertausgleich zwischen den Gesellschaftergruppen heranzuziehen.[767] Denn mit der Erfüllung dieses Anspruchs durch die Gesellschaft verringert sich nachträglich das Gesellschaftsvermögen um den Abfindungsbetrag. Der ursprünglich durch das abfindungslose Ausscheiden eines Gesellschafters bedingte Wertzuwachs bei den dissentierenden Gesellschafter würde dadurch zugunsten der haftenden Gesellschafter wieder rückgängig gemacht und zwar ohne, dass ihr Privatvermögen angetastet wird.[768]

Dieser Wertausgleich käme zwangsläufig auch zustande, bevor an die dissentierenden Gesellschafter wieder Gesellschaftsvermögen ausgezahlt werden könnte. Denn aufgrund seiner Passivierung in der Bilanz müsste der Regressanspruch erfüllt werden, bevor wieder Gewinnausschüttungen an die Gesellschafter möglich

765 So etwa *Löwe/Thoß,* NZG 2003, S. 1005 (1007).

766 S. hierzu oben S. 127f.

767 So der Vorschlag von *Gubitz/Nikoleyczik,* NZG 2013, S. 727 (732); Baumbach/Hueck/*Fastrich,* GmbHG, § 34 Rn. 46; Gehrlein/Ekkenga/Simon/*Sandhaus,* GmbHG, § 34 Rn. 29; in Erwägung gezogen auch von *Grunewald,* GmbHR 2012, S. 769 (771).

768 *Gubitz/Nikoleyczik,* NZG 2013, S. 727 (732).

sind. Auch in der Liquidation der Gesellschaft wäre dieser Anspruch im Rahmen der Schlussverteilung des Verbandsvermögens (§ 72 GmbHG) vorrangig zu berücksichtigen.[769]

Gleichwohl überzeugt dieser Lösungsvorschlag nicht. Aus Sicht der zustimmenden Gesellschafter wäre es nämlich unbillig, wenn sie solange eine Beeinträchtigung ihres Vermögens hinnehmen müssten, bis die Gesellschaft – evtl. erst in ferner Zukunft – wieder über ausreichend ungebundenes Kapital verfügt, um den Regressanspruch zu erfüllen.[770] Wird die Gesellschaft schließlich insolvent, würde das ungerechte Ergebnis eintreten, dass die zustimmenden Gesellschafter zwar auch für den Wertzuwachs aufgekommen sind, der bei den dissentierenden Gesellschaftern eingetreten ist, ein Wertausgleich letztendlich aber nicht zustande kommt.

### (1.2) Eigener Lösungsvorschlag: Wertausgleich im Binnenverhältnis der Gesellschafter

Daher erscheint es sachgerechter, den Wertausgleich im Binnenverhältnis zwischen den Gesellschaftergruppen vorzunehmen. Hierzu bietet es sich an, den Gesellschaftern, die für die Einziehung gestimmt haben, gegenüber den dissentierenden Gesellschaftern einen Anspruch auf Übertragung eines ihrer (eigentlichen) Haftungsquote entsprechenden Teils ihres angewachsenen Mitgliedschaftsrechts zugestehen[771,772]. Die Rechtsgrundlage für diesen Anspruch ist ebenfalls die gesellschaftsrechtliche Treuepflicht. Denn wenn man von den zustimmenden Gesellschaftern verlangt, dass sie zum Schutz der dissentierenden Gesellschafter im Außenverhältnis für den gesamten Wertzuwachs aufkommen, so ist von letzteren so viel Rücksichtnahme zu fordern, dass sie ihre erhöhte Anteilsquote, welche den Vermögenszuwachs inkorporiert, nicht einfach einbehalten, sondern auf die haftenden Gesellschafter übertragen.

Der Nachteil dieses Lösungsvorschlags wäre, dass die Zwangseinziehung zu einer überproportionalen Erhöhung der Beteiligungsquote bei den zustimmenden Gesellschaftern führen würde. Damit ginge eine Verschiebung der Stimmrechtskraft einher, wodurch die Einflussmöglichkeit der dissentierenden Gesellschafter im Unternehmen verwässert. Dieses Ergebnis wäre insbesondere im Hinblick auf diejenigen Minderheitsgesellschafter bedenklich, die nicht alleine deswegen gegen

---

769 *Gubitz/Nikoleyczik,* NZG 2013, S. 727 (732); allg. dazu Ziemons/Jaeger/*Lorscheider,* BeckOK-GmbHG, § 72 Rn. 3; Rowedder/Schmidt-Leithoff/*Gesell,* GmbHG, § 72 Rn. 15.

770 Vgl. auch *Grunewald,* GmbHR 2012, S. 769 (771).

771 Dieser Rechtsgedanke wird auch von *Grunewald,* GmbHR 2012, S. 769 (771) lanciert, die ihn jedoch zu Unrecht nicht weiter verfolgt.

772 Freilich müssen die haftenden Gesellschafter dann im Gegenzug auch einen entsprechenden Teil ihres (aufschiebend bedingten) Regressanspruchs gegenüber der Gesellschaft abtreten.

die Einziehung gestimmt haben, weil sie ihre persönliche Haftung vermeiden wollten, sondern weil sie die Zwangseinziehung schlichtweg für unzweckmäßig hielten.

Eine ganz ähnliche Problematik tritt auch bei der Kapitalerhöhung und der Veräußerung eigener Anteile durch die Gesellschaft auf. Auch dort besteht die Gefahr, dass die Anteilsquote und somit die Herrschaftsmacht einzelner Gesellschafter verwässert, weil Mitgesellschafter oder Dritte die neuen Beteiligungsrechte an der Gesellschaft erwerben. Aus diesem Grund gesteht die h.M. in beiden Fällen jedem einzelnen Gesellschafter ein in der Mitgliedschaft wurzelndes Bezugsrecht im Hinblick auf die neu ausgegebenen[773] bzw. zu veräußernden Geschäftsanteile entsprechend ihrer bisherigen Beteiligungsquote zu.[774]

Es erscheint daher systemgerecht, die dissentierenden Gesellschafter auch nach einer Zwangseinziehung vor einer Machtverschiebung zu schützen. Hierzu bietet es sich an, ihnen das Recht zuzugestehen, den Anspruch auf Übertragung ihrer erhöhten Anteilsquote auch durch Zahlung einer ihrem (eigentlichen) Haftungsanteil entsprechenden Geldsumme zu erfüllen. Dieses Recht entspricht dogmatisch einer Ersetzungsbefugnis aus dem allgemeinen Schuldrecht, wonach der Schuldner dazu berechtigt ist, anstelle der geschuldeten Leistung auch eine andere Leistung zur Erfüllung des Anspruchs zu erbringen.[775] Eine gesetzliche Ausprägung hat die Ersetzungsbefugnis beispielsweise in den §§ 251 Abs. 2, 528 Abs. 1 S. 2, 775 Abs. 2, 1973 Abs. 2 S. 2 BGB gefunden. Auf diese Weise ist sichergestellt, dass sich diejenigen Gesellschafter an der Ausfallhaftung und somit der Erhöhung ihrer Anteilsquote an der Gesellschaft beteiligen können, die nicht nur deswegen gegen die Einziehung gestimmt haben, um ihre Haftung abzuwenden.

Die hier entwickelte Lösung hat den Vorzug, dass sie die Interessen aller Beteiligten möglichst umfassend berücksichtigt. Zum einen wird das Privatvermögen der dissentierenden Gesellschafter nicht gegen ihren Willen mit einer persönlichen Haftung belastet. Zum anderen findet im Interesse der Gesellschafter, die für die Einziehung gestimmt haben, zügig ein Wertausgleich statt. Gleichzeitig haben Gesellschafter, die gegen die Einziehung gestimmt haben, die Möglichkeit sich an der Ausfallhaftung zu beteiligen und eine Verwässerung ihrer Einflussmöglichkeit im Unternehmen abzuwenden. Schließlich ist es interessengerecht, dass diejenigen Gesellschafter, die eine Schonung ihres Privatvermögens bevorzugen, eine Verschiebung der Herrschaftsmacht im Unternehmen hinnehmen müssen. Denn dafür profitieren schließlich auch sie vom Ausschluss des lästigen Gesellschafters.

---

773 Scholz/*Priester*, GmbHG, § 55 Rn. 42, 46; MünchKommGmbHG/*Lieder*, § 55 Rn. 70; Baumbach/Hueck/*Zöllner/Fastrich*, GmbHG, § 55 Rn. 20f.; Lutter/Hommelhoff/*Lutter/Bayer*,GmbHG, § 55 Rn. 17.

774 *Habersack*, ZIP 2004, S. 1121 (1127); Ulmer/Habersack/Löbbe/*Paura*, GmbHG, § 33 Rn. 92; Lutter/Hommelhoff/*Lutter*, GmbHG, § 33 Rn. 36.; MünchKommGmbHG/*Löwisch*, § 33 Rn. 74.

775 Allg. hierzu Bamberger/Roth/*Lorenz*, BGB, § 262 Rn. 13; Palandt/*Grüneberg*, BGB, § 262 Rn. 7.

Abschließend sei noch darauf hingewiesen, dass dieser Lösungsvorschlag stets dann zu einem genauen Wertausgleich führt, wenn der Abfindungsanspruch des ausgeschlossenen Gesellschafters gemäß dem gesetzlichen und rechtstatsächlichen Regelfall (§ 271 Abs. 1 BGB) sofort mit dem Wirksamwerden der Einziehung fällig ist und die Gesellschaft bereits zu diesem Zeitpunkt nicht über ausreichend freie Mittel für die Abfindungszahlung verfügt.[776] Wurde in der Satzung die Fälligkeit des Abfindungsanspruchs hingegen hinausgeschoben, ist es möglich, dass der Wert der angewachsenen Anteilsquoten bei der Inanspruchnahme der zustimmenden Gesellschafter geringer ist, als zum Zeitpunkt der Einziehung. Damit bliebe der Wert der von den dissentierenden Gesellschaftern an die haftenden Gesellschafter abzutretenden Teilgeschäftsanteile hinter dem Haftungsbetrag zurück, den die zustimmenden Gesellschafter im Außenverhältnis zusätzlich übernehmen.

Dieses Ergebnis ist nur dem ersten Anschein nach unbillig. Denn zum einen stehen die haftenden Gesellschafter ex-post finanziell genau so, als wäre von vornherein nur ihnen das Mitgliedschaftsrecht des ausgeschlossenen Gesellschafters angewachsen. Zum anderen ist auch der umgekehrte Fall denkbar, nämlich dass das angewachsene Mitgliedschaftsrecht bei ihrer Inanspruchnahme wirtschaftlich höher zu bewerten ist, als zum Zeitpunkt der Einziehung. Durch diese Wertdivergenzen verwirklicht sich also nur das typische Risiko einer Wertschwankung, welches jeder Gesellschaftsbeteiligung eigen ist.

### (2) Keine Subsidiärhaftung nach §§ 24, 31 Abs. 3 GmbHG analog

Fraglich ist, ob die dissentierenden Gesellschafter nach §§ 24, 31 Abs. 3 GmbHG analog zumindest subsidiär für Haftungsfehlbeträge bei den zustimmenden Gesellschaftern aufkommen müssen.[777] Dazu müsste der in diesen Normen zum Ausdruck kommende Rechtsgedanke der prorotarischen Gesamthaftung aller Gesellschafter auf die Ausfallhaftung nach der Einziehung eines Geschäftsanteils übertragbar sein. Ein Analogieschluss setzt voraus, dass sich die Regel eines Tatbestandes auf einen gesetzlich nicht geregelten Tatbestand übertragen lässt, weil zwischen ihnen eine solche Ähnlichkeit besteht, dass sie in rechtlicher Hinsicht gleich zu bewerten sind.[778]

An dieser Ähnlichkeit fehlt es jedoch.[779] Die §§ 24, 31 Abs. 3 GmbHG statuieren eine subsidiäre Gesamthaftung der Gesellschafter, damit zum Schutz der Gesellschaftsgläubiger die Aufbringung und Erhaltung des Stammkapitals unter allen

776 Auch in diesem Fall ist der Einziehungsbeschluss wirksam. S. hierzu noch ausführlich S. 156ff.

777 So der Vorschlag von *Schockenhoff*, NZG 2012, S. 449 (451); *Grunewald*, GmbHR 2012, S. 769 (770); *Schneider/Hoger*, NJW 2013, S. 502 (506).

778 *Larenz*, Methodenlehre der Rechtswissenschaft, S. 365; Palandt/*Sprau*, Einl. Rn. 48.

779 Gegen eine analoge Anwendung der §§ 24, 31 Abs. 3 GmbHG unter Verweis auf den Ausnahmecharakter dieser Vorschriften auch *Gubitz/Nikoleyczik*, NZG 2013, S. 727 (730); abl. ferner *Tröger*, Gesellschaftsrecht in der Diskussion 2013, S. 23 (59); zweifelnd MünchKommGmbHG/*Strohn*, § 34 Rn. 77.

Umständen sichergestellt ist.[780] Die Stammkapitalsicherung stellt wiederum ein notwendiges Korrelat zur fehlenden persönlichen Haftung der Gesellschafter (§ 13 Abs. 2 GmbHG) dar.[781] Der strenge Rechtsgedanke der proratarischen Gesamthaftung aus §§ 24, 31 Abs. 3 GmbHG steht also in untrennbarem Zusammenhang mit dem Prinzip der Haftungsbeschränkung. Er spiegelt die Tatsache wider, dass die Gesellschaftsgläubiger auf das Gesellschaftsvermögen angewiesen sind. Der ausgeschlossene Gesellschafter ist hingegen nicht auf den Haftungsfond der Gesellschaft angewiesen. Er hat mit seinem Ausfallhaftungsanspruch in uneingeschränkter Höhe Zugriff auf das Privatvermögen der Gesellschafter, die für die Einziehung seines Anteils gestimmt haben.

Hinzu kommt, dass das Risiko einer Inanspruchnahme aus § 24 GmbHG stark beschränkt ist. Die Ausfallhaftung aus § 24 GmbHG stellt die letzte Stufe des Kaduzierungsverfahrens nach § 21 ff. GmbHG dar. Sie greift nur dann ein, wenn der Betrag der noch ausstehenden Stammeinlage weder vom Rechtsvorgänger des kaduzierten Gesellschafters (§ 22 GmbHG) noch durch eine Verwertung seines Geschäftsanteils (§ 23 GmbHG) beigebracht werden kann.[782] Auch das Haftungsrisiko aus § 31 Abs. 3 GmbHG ist stark begrenzt. Denn diese Norm soll nach der Intention des Gesetzgebers eine generalpräventive Wirkung zur Verhütung von Verstößen gegen das Auszahlungsverbot des § 30 Abs. 1 GmbHG entfalten. Die Gesellschafter sollen zur Minimierung ihres persönlichen Haftungsrisikos die Geschäftsführung kontrollieren und auf eine ordnungsgemäße Bilanzierung hinwirken[783,784]. Das bedeutet, dass sie zumindest teilweise selbst Einfluss auf ihre mögliche Haftung nehmen können. Entsprechende Begrenzungen des Haftungsrisikos würden bei einer analogen Anwendung der §§ 24, 31 Abs. 3 GmbHG auf die Ausfallhaftung nach der Einziehung eines Geschäftsanteils hingegen fehlen.

Ein Analogieschluss zu §§ 24, 31 Abs. 3 GmbHG ist daher mangels vergleichbarer Interessenlage abzulehnen. Die dissentierenden Gesellschafter haften auch nicht subsidiär für Haftungsfehlbeträge bei den zustimmenden Gesellschaftern.

---

780 Vgl. Entwurf eines Gesetzes betreffend die GmbH, Stenographische Berichte des Reichstages, 8. Legislaturperiode – I. Session 1890/1892, 5. Anlageband, Aktenstück Nr. 660, S. 3715 (3730); aus der Rspr. RGZ 82, S. 116 (122f); RGZ 92, S. 305 (367); RGZ 132, S. 392 (397f.); BGHZ 31, S. 258 (265); ferner *K.Schmidt,* BB 1985, S. 154 (154); Ulmer/Habersack/Löbbe/*Müller,* GmbHG, § 24 Rn. 1.

781 Vgl. *Wiedemann,* Gesellschaftsrecht I, § 10 IV 1b.

782 Vgl. zur ganz h.M. nur Baumbach/Hueck/*Fastrich,* GmbHG, § 24 Rn. 3.

783 Entwurf eines Gesetzes betreffend die GmbH, Stenographische Berichte des Reichstages, 8. Legislaturperiode – I. Session 1890/1892, 5. Anlageband, Aktenstück Nr. 660, S. 3715 (3745); MünchKommGmbHG/*Ekkenga,* § 31 Rn. 52; Scholz/*Verse,* GmbHG, § 31 Rn. 47; ferner *Reemann,* ZIP 1990, S. 1309 (1311ff.), der aus diesem Grund in § 31 Abs. 3 GmbHG sogar nur eine Haftung für vermutetes Verschulden erblickt.

784 In diesem Sinne wohl auch *Gubitz/Nikoleyczik,* NZG 2013, S. 727 (730), indem sie auf mangelnde „Kontroll- und Einwirkungsmöglichkeiten" hinweisen.

### (3) Keine Zustimmungspflicht zum Einziehungsbeschluss bei möglicher Haftung

Die mitgliedschaftliche Treuepflicht verbietet den Gesellschaftern nicht nur rechtsmissbräuchliches oder grob eigennütziges Stimmverhalten bei Gesellschaftsbeschlüssen. Sie statuiert unter Umständen auch eine Pflicht zur Stimmabgabe in einem bestimmten Sinn.[785] Daher wird angenommen, dass die mitgliedschaftliche Treuepflicht einen Gesellschafter im Einzelfall dazu verpflichten kann, für die Zwangsamortisation eines Geschäftsanteils zu stimmen, insbesondere wenn das weitere Verbleiben des betroffenen Anteilseigners zum Schaden der Gesellschaft gereichen würde.[786] In Anbetracht des mit der Zustimmung zur Einziehung verbundenen Ausfallhaftungsrisikos stellt sich jedoch die Frage, ob die mitgliedschaftliche Treuepflicht widerstrebende Gesellschafter tatsächlich zur Mitwirkung an einem Einziehungsbeschluss verpflichten kann.

Voraussetzung einer positiven Stimmpflicht ist, dass die Stimmabgabe im Gesellschaftsinteresse zwingend erforderlich und dem betroffenen Gesellschafter unter Abwägung seiner schützenswerten Belange zumutbar ist.[787] Im Rahmen der Zwangseinziehung eines Geschäftsanteils ist folglich eine Abwägung zwischen dem Interesse der Gesellschaft, einen bestimmten Gesellschafter aus dem Mitgliederkreis zu entfernen und der Beeinträchtigung der Rechtsposition derjenigen Gesellschafter vorzunehmen, die ihre Mitwirkung an dem Ausschluss verweigern wollen. Diese Gesellschafter haben ein schützenswertes Interesse daran, keine weiteren Beitragspflichten in Form einer persönlichen Haftung zu übernehmen. Dieses Interesse ist auch vorrangig zu berücksichtigen. Denn die Statuierung einer positiven Stimmpflicht findet nach allgemeiner Auffassung dort ihre Grenze, wo ein Gesellschafterbeschluss zu einer Vermehrung der persönlichen Leistungspflichten führen würde[788,789]. Eine positive Stimmpflicht zu einem Einziehungsbeschluss kommt

785 BGHZ 88, S. 320 (329); BGHZ 98, S. 276 (279ff.); BGH, WM 1987, S. 841 (842); *Gaiser,* GmbHR 1999, S. 210 (214); *Winter,* Mitgliedschaftliche Treuebindungen im GmbH-Recht, S. 167ff.; *Hueck,* ZGR 1972, S. 237 (252f.); Scholz/*Seibt,* GmbHG, § 34 Rn. 60; Michalski/*Funke,* GmbHG, § 34 Rn. 166.

786 Scholz/*Westermann,* GmbHG, § 34 Rn. 44; Bork/Schäfer/*Thiessen,* GmbHG, § 34 Rn. 30; Lutter/Hommelhoff/*Lutter,* GmbHG, § 34 Rn. 43; aus der Rspr. BGH, DStR 2003, 745 (745f.) m. Anm. *Goette,* DStR 2003, S. 746 (747).

787 BGH, NJW 2010, S. 65 (67); BGHZ 44, S. 40 (41); BGHZ 64, S. 253 (257f.); Michalski/*Michalski/Funke,* GmbHG, § 13 Rn. 166; Scholz/*Emmerich,* GmbHG, § 13 Rn. 46 m.w.N.

788 Vgl. nur *Winter,* Mitgliedschaftliche Treuebindungen im GmbH-Recht, S. 180; ferner Scholz/*Seibt,* GmbHG, § 14 Rn. 60a; Michalski/*Michalski/Funke,* GmbHG, § 13, Rn. 168.

789 Daher wird auch eine Zustimmungspflicht zu einer Kapitalerhöhung nur für den Fall angenommen, dass das Ausfallhaftungsrisiko aus § 24 GmbHG nicht besteht, vgl. hierzu *K.Schmidt,* Gesellschaftsrecht, § 37 V 1a) bb); *Gaiser,* GmbHR 1999, S. 210 (215); *Grunewald,* FS Lutter, S. 413 (417).

damit künftig nur mehr dann in Betracht, wenn objektiv eine Inanspruchnahme aus der Ausfallhaftung nicht droht, weil die Gesellschaft selbst mit Sicherheit über ausreichend ungebundenes Kapital verfügt, um den Abfindungsanspruch des ausgeschlossenen Gesellschafters zu erfüllen.

Die mitgliedschaftliche Treuepflicht verpflichtet widerstrebende Gesellschafter folglich nicht dazu, im Interesse des Verbands an einem Einziehungsbeschluss mitzuwirken und somit das Risiko der persönlichen Haftung einzugehen.

### *f) Gesamtschuldnerische oder proratarische Haftung?*

Schließlich muss der Frage nachgegangen werden, ob es sich bei der Ausfallhaftung um eine gesamtschuldnerische,[790] oder, wie vom BGH konstatiert,[791] um eine anteilige Haftung handelt. Die proratarische Haftung überzeugt. Denn zum einen fügt sich nur eine anteilige Haftung systemkonform in das GmbH-Recht ein, das für die Ausfallhaftung aus §§ 24, 31 Abs. 3 GmbHG,[792] die Unterbilanzhaftung[793] sowie die Nachschussquote bei einer statutarisch vereinbarten Nachschusspflicht (§ 26 Abs. 2 GmbHG) ebenfalls eine proratarische Haftung vorsieht. Zum anderen tritt die Vermögensmehrung bei den verbleibenden Gesellschaftern nur anteilig ein. Als Kehrseite hiervon kann auch ihre Haftung nur eine anteilige sein.[794]

Diesem Argument steht auch nicht die hier vertretene Auffassung entgegen, wonach nur die Gesellschafter gegenüber dem ausgeschiedenen Mitglied haften, die für die Einziehung gestimmt haben. Denn nach ihrer Inanspruchnahme findet ein Wertausgleich zwischen den verbleibenden Gesellschaftergruppen statt.[795] Hierdurch ist sichergestellt, dass die Vermögensmehrung anteilig bei den haftenden Gesellschaftern eintritt.

Gegen eine nur anteilige Haftung könnte freilich vorgebracht werden, dass es dem Interesse des ausgeschiedenen Gesellschafters zuwider liefe, müsste er stets eine Vielzahl von Gesellschaftern verklagen, um den vollen Betrag seiner Abfindung zu erhalten.[796] Dieser Einwand verliert jedoch stark an Gewicht, wenn man sich vor Augen hält, dass ca. 97 % aller GmbH einen Mitgliederbestand von nicht

---

790 So etwa *Gonnella*, GmbHR 1967, S. 89 (94) de lege ferenda zum Ausschluss durch gerichtliches Urteil.

791 BGH, ZIP 2012, S. 422 (424).

792 Hierauf weisen auch *Schneider/Hoger*, NJW 2013, S. 502 (506) und *Schockenhoff*, NZG 2012, S. 449 (451) hin; *Tröger*, Gesellschaftsrecht in der Diskussion 2013, S. 23 (58) wiederum verweist auf die anteilige Gewinnpartizipation der Gesellschafter nach § 29 Abs. 3 S. 1 GmbHG.

793 Vgl. Baumbach/Hueck/*Fastrich*, GmbHG, § 11 Rn. 61; Michalski/*Michalski/Funke*, GmbHG, § 11 Rn. 143.

794 So auch *Schneider/Hoger*, NJW 2013, S. 502 (506).

795 S. hierzu oben S. 147ff.

796 So etwa die Kritik von *Gonnella*, GmbHR 1967, S. 89 (94) in seinem Reformvorschlag zum Ausschluss durch gerichtliches Urteil.

mehr als fünf Personen aufweisen[797,798] der ausgeschiedene Gesellschafter in den meisten Fällen also nur gegen bis zu vier Personen vorgehen muss. Stimmen nicht alle Gesellschafter für die Einziehung, verringert sich diese Anzahl noch weiter, da – zumindest nach hier vertretener Auffassung – nur die zustimmenden Gesellschafter im Außenverhältnis ihm gegenüber haften.[799] In den seltenen Fällen, in denen der Ausgeschlossene tatsächlich einmal gegen eine Vielzahl von Gesellschaftern vorgehen muss, hilft ihm schließlich das Zivilprozessrecht weiter. Denn er kann alle Gesellschafter an dem besonderen Gerichtsstand der Mitgliedschaft (§ 22 ZPO) verklagen. Außerdem dürfte sich in praktischer Hinsicht eine Verbindung der Prozesse anbieten (§ 147 ZPO).[800]

### g) *Sonderfall: Die Rechtslage nach einem Verstoß gegen § 34 Abs. 3 i.V.m. § 30 Abs. 1 GmbHG*

Verstößt die Gesellschaft mit der Auszahlung des Abfindungsentgelts gegen § 34 Abs. 3 i.V.m. § 30 Abs. 1 GmbHG, ist der ausgeschiedene Gesellschafter dazu verpflichtet, die empfangene Leistung der GmbH nach § 31 Abs. 1 GmbHG zurückerstatten.[801] Obwohl die Gesellschaft die Auszahlung der Abfindung also nicht unter Berufung auf die Kapitalbindung verweigert, muss auch in diesem Fall der Ausfallhaftungsanspruch entstehen.[802] Denn für die Haftung der verbleibenden Gesellschafter kann es keinen Unterschied machen, ob die Gesellschaft das Abfindungsentgelt an den Ausgeschiedenen nicht auszahlt oder, ob sie es nach einer verbotswidrigen Leistung von ihm zurückfordert.

Für die Entstehung des Ausfallhaftungsanspruchs erscheint es in diesem Fall sachgerecht auf den Zeitpunkt abzustellen, in dem die Gesellschaft den Erstattungsanspruch aus § 31 Abs. 1 GmbHG geltend macht. Inhaltlich ist die Ausfallhaftung dann auf Freistellung von dieser Verbindlichkeit gerichtet.[803] Den haftenden Gesellschaftern ist vor ihrer Inanspruchnahme wiederum Gelegenheit zu geben, durch das Auflösen stiller Reserven die Unterbilanz zu beseitigen, um ihre Haftung abzuwenden.[804]

---

797 Vgl. die rechtstatsächlichen Erhebungen von *Kornblum/Hampf/Naß*, GmbHR 2000, S. 1240 (1245, 1249f.).

798 Auf die nur selten problematischen Fälle weist auch *Tröger*, Gesellschaftsrecht in der Diskussion 2013, S. 23 (58) hin.

799 S. hierzu oben S. 143ff.

800 Vgl. *Schockenhoff*, NZG 2012, S. 449 (451).

801 BGHZ 9, S. 157 (169); MünchKommGmbHG/*Strohn*, § 34 Rn. 31; Ulmer/Habersack/Löbbe/*Ulmer/Habersack*, GmbHG, § 34 Rn. 20; Scholz/*Westermann*, GmbHG, § 34 Rn. 55.

802 Im „Normalfall" entsteht der Ausfallhaftungsanspruch dann, wenn die Gesellschaft die Auszahlung des Abfindungsentgelts unter Berufung auf den Kapitaldeckungsvorbehalt verweigert. S. hierzu oben S. 115ff.

803 Roth/Altmeppen/*Altmeppen*, GmbHG, 7. Aufl., § 34 Rn. 30.

804 S. hierzu bereits oben S. 118ff.

Wird die Unterdeckung behoben, entfällt der Ausfallhaftungsanspruch.[805] Der Erstattungsanspruch aus § 31 Abs. 1 GmbHG bleibt hingegen bestehen.[806] Gleichzeitig lebt der Abfindungsanspruch gegenüber der Gesellschaft wieder auf. Der ausgeschiedene Gesellschafter muss der Gesellschaft also die verbotswidrige Auszahlung von Stammkapital zurückerstatten und seinerseits seine Abfindungsforderung gegen sie geltend machen. Dabei kann er gegen den Erstattungsanspruch aus § 31 Abs. 1 GmbHG weder aufrechnen, noch steht ihm die dolo-agit Einrede oder das Zurückbehaltungsrecht aus § 273 Abs. 1 BGB zu.[807]

Ist die verbotswidrige Auszahlung des Abfindungsentgelts vom ausgeschiedenen Gesellschafter nicht zu erlangen, haften alle verbleibenden Gesellschafter für den Stammkapitalfehlbetrag gegenüber der Gesellschaft gem. § 31 Abs. 3 GmbHG. Nach einer Inanspruchnahme aus der Ausfallhaftung des § 31 Abs. 3 GmbHG steht den Mitgesellschafter gegenüber dem primär haftenden Leistungsempfänger zwar grundsätzlich ein Regressanspruch zu.[808] Dieser Regressanspruch steht den verbleibenden Gesellschaftern gegenüber dem ausgeschlossenen Gesellschafter hier jedoch ausnahmsweise nicht zu. Denn im Verhältnis zu seinen ehemaligen Mitgesellschaftern soll diesem die verbotswidrige Auszahlung des Abfindungsentgelts endgültig zu Gute kommen, weil ihnen der Wert seiner Mitgliedschaft zugewachsen ist.

### *h) Zwischenergebnis*

Der Ausfallhaftungsanspruch entsteht, sobald sich die Gesellschaft auf das Auszahlungsverbot des § 34 Abs. 3 i.V.m. § 30 Abs. 1 GmbHG beruft. Nach § 271 Abs. 1 BGB ist er zu diesem Zeitpunkt sofort fällig. Den haftenden Gesellschaftern steht vor ihrer Inanspruchnahme auf Grundlage der nachwirkenden mitgliedschaftlichen Treuepflicht eine dilatorische Einrede zu, deren Wirkungsdauer von den Umständen des Einzelfalles abhängig ist. Diese Zeitspanne können sie dazu nutzen,

---

805 S. hierzu bereits oben S. 122ff.

806 Allg. hierzu BGH, NZG 2000, S. 883 (883); BGH NZG 2000, S. 888 (888); bestätigt durch BGH, NJW 2003, S. 3629 (3631) sowie BGH, NZG 2012, S. 667 (670); *Benecke,* ZIP 2000, S. 1969 (1970f.); *Geißler,* GmbHR 2003, S. 394 (397); *Thümmel,* BB 2000, S. 1485 (1486); *Kort,* ZGR 2001, S. 615 (617ff.); *Servatius,* GmbHR 2000, S. 1028 (1033); MünchKommGmbHG/*Ekkenga,* § 31 Rn. 32; Lutter/Hommelhoff/*Hommelhoff,* GmbHG, § 31 Rn. 12; Ulmer/Habersack/Löbbe/*Habersack,* GmbHG, § 31 Rn. 29; Scholz/*Verse,* GmbHG, § 31 Rn. 25; Bork/Schäfer/*Thiessen,* GmbHG, § 31 Rn. 28; Roth/Altmeppen/*Altmeppen,* GmbHG, § 31 Rn. 12ff.

807 Allg. hierzu BGHZ 144, S. 336 (342); *Benecke,* ZIP 2000, S. 1969 (1973); *Kort,* ZGR 2001, S. 615 (631f.); *Servatius,* GmbHR 2000, S. 1028 (1033f.); *Schmolke,* Kapitalerhaltung in der GmbH nach dem MoMiG, § 31 Rn. 41.

808 Auch wenn die dogmatische Grundlage dieses Anspruchs umstritten ist, entspricht es allgemeiner Auffassung, dass gegen den primär Haftungsverpflichteten ein Regressanspruch besteht, vgl. *Görner/Kling,* GmbHR 2004, S. 714 (720); MünchKommGmbHG/*Ekkenga,* § 31 Rn. 66; *Schmolke,* Kapitalerhaltung in der GmbH nach dem MoMiG, § 31 Rn. 75; Michalski/*Heidinger,* GmbHG, § 31 Rn. 74.

um die Unterbilanz durch das Auflösen stiller Reserven zu beheben. Soweit die Unterdeckung beseitigt wird, entfällt der Ausfallhaftungsanspruch automatisch mit ex nunc-Wirkung.

Da sich auf andere Weise kein sachgerechter Schutz für die dissentierenden Gesellschafter verwirklichen ließe, haften im Außenverhältnis nur die Gesellschafter, die für die Einziehung gestimmt haben. Nach ihrer Inanspruchnahme steht ihnen auf Grundlage der Treuepflicht gegen die dissentierenden Gesellschafter ein Anspruch auf Abtretung eines ihrer erhöhten Beteiligungsquote entsprechenden (Teil-) Geschäftsanteils zu. Diesen Anspruch können die dissentierenden Gesellschafter auch durch Zahlung einer ihrem (eigentlichen) Haftungsanteil entsprechenden Geldsumme erfüllen, um eine Verschiebung der Herrschaftsmacht im Unternehmen zu verhindern. Die dissentierenden Gesellschafter haften auch nicht subsidiär für Haftungsfehlbeträge bei den zustimmenden Gesellschaftern. Die mitgliedschaftliche Treuepflicht kann widerstrebende Gesellschafter nicht dazu verpflichten, dem Einziehungsbeschluss im Interesse des Verbands zuzustimmen und somit das Risiko der persönlichen Haftung einzugehen.

Schließlich können die Gesellschafter nach § 774 Abs. 1 S. 1 BGB analog Regress bei der Gesellschaft nehmen, sobald diese wieder über ausreichend freies Vermögen verfügt. Hat die Gesellschaft die Abfindung unter Verstoß gegen § 30 Abs. 1 i.V.m. § 34 Abs. 3 GmbHG ausgezahlt entsteht der Ausfallhaftungsanspruch, sobald die Gesellschaft die verbotswidrige Leistung vom ausgeschlossenen Gesellschafter nach § 31 Abs. 1 GmbHG zurückfordert. Inhaltlich ist die Haftung dann auf Freistellung von dieser Verbindlichkeit gerichtet.

### 9. *Ergebnis zu VI.*

Dem Abfindungsinteresse des von einer Zwangseinziehung betroffenen Gesellschafters ist weder durch eine aufschiebende, noch durch eine auflösende Bedingungskonstruktion Rechnung zu tragen. Zur Sicherung seiner Abfindung steht diesem auch kein Anfechtung- oder Auflösungsrecht zu. Ebenso wenig ist das Innenhaftungsmodell von *Kesselmeier* dogmatisch tragfähig.

Die vom BGH am 24. 1. 2012 judizierte Ausfallhaftung überzeugt wertungsmäßig vollauf, da sie das Abfindungsinteresse des ausgeschiedenen Gesellschafters und das Fortsetzungsinteresse der Gesellschaft und der verbleibenden Gesellschafter angemessen in Einklang bringt. Dogmatisch lässt sich die Entscheidung legitimieren, indem den verbleibenden Gesellschaftern gegenüber dem ausgeschiedenen Mitglied eine eigenständige und subsidiäre Abfindungspflicht auf Grundlage der nachwirkenden mitgliedschaftlichen Treuepflicht auferlegt wird. Diese Abfindungspflicht kommt (nur) dann zum Tragen, wenn die originär im Verhältnis zur Gesellschaft angesiedelte vermögensmäßige Kompensation des ausgeschlossenen Gesellschafters durch § 738 Abs. 1 S. 2 BGB analog am Kapitaldeckungsvorbehalt (§ 34 Abs. 3 i.V.m. § 30 Abs. 1 GmbHG) scheitert. In diesem Fall kommt nämlich auch der vom Gesetz intendierte Wertausgleich zwischen dem ausgeschiedenen und den verbleibenden Gesellschaftern über den Weg des Verbandsvermögens planwidrig nicht zustande.

Daher haben Letztere den Vermögensausgleich aufgrund ihrer Rücksichtnahmepflicht selbst vorzunehmen, indem sie den ausgeschlossenen Gesellschafter persönlich entschädigen.

## VII. Die Rechtslage bei feststehendem Unvermögen der Gesellschaft

### 1. *Problemaufriss: Die Nichtigkeitsthese des II. Zivilsenats*

Nach § 241 Nr. 3 AktG ist ein Beschluss der Hauptversammlung nichtig, wenn er mit dem Wesen der Aktiengesellschaft nicht zu vereinbaren ist oder wenn er seinem Inhalt nach Vorschriften verletzt, die ausschließlich oder überwiegend zum Schutz der Gläubiger der Gesellschaft oder sonst im öffentlichen Interesse gegeben sind. Diese Vorschrift ist nach h.M. im GmbH-Recht auf Beschlüsse der Gesellschafterversammlung analog anzuwenden.[809]

Der II. Zivilsenat schließt hieraus in ständiger Rechtsprechung, dass ein Einziehungsbeschluss nichtig ist, wenn bereits zum Zeitpunkt der Beschlussfassung feststeht, dass die Gesellschaft die Abfindung ganz oder teilweise nicht aus freiem, die Stammkapitalziffer nicht beeinträchtigendem Vermögen auszahlen darf.[810] Diese Rechtsprechung hat der Bundesgerichtshof in seiner Grundsatzentscheidung zur Ausfallhaftung vom 24. 1. 2012 in einem obiter dictum bestätigt.[811] Auch im Schrifttum ist diese Auffassung herrschend.[812]

---

809 Vgl. statt aller MünchKommGmbHG/*Wertenbruch*, Anh. § 47 Rn. 16; Michalski/*Römermann*, GmbHG, Anh. § 47 Rn. 64 jew. m.w.N.

810 BGHZ 9, S. 157 (173f.); BGH, NJW 2000, S. 2819 (2820); BGH, DStR 2001, S. 1898 (1898); BGH, DStR 2006, S. 1900 (1900f.); BGH, NZG 2009, S. 221 (221f.); BGH, NZG 2011, S. 783 (784); so bereits auch das Reichsgericht, RGZ 142, S. 286 (290); aus der instanzgerichtlichen Rechtsprechung OLG Köln, NJW-RR 1997, S. 356 (356); LG Köln, ZIP 2005, S. 439 (441); lediglich das OLG Celle, NZG 1998, S. 29 (29f.) geht davon aus, dass der Beschluss nicht nichtig, sondern nur anfechtbar ist.

811 BGH ZIP 2012, S. 422 (423).

812 *Lutz*, DStR 1999, S. 1858 (1859); *Ulmer*, FS Rittner, S. 735 (742ff.); *Kesselmeier*, Ausschließungs- und Nachfolgeregelung in der GmbH-Satzung, S. 202f.; *Grunewald*, Der Ausschluß aus Gesellschaft und Verein, S. 241f.; *dies.*, GmbHR 1991, S. 185 (185f.); *Müller*, Das Austrittsrecht des GmbH-Gesellschafters, S. 123; *Westermann*, FS 100 Jahre GmbHG, S. 447 (467); *Goette*, FS Lutter, S. 399 (399); *Fietz/Fingerhut*, DB 2007, S. 1179 (1180); *Bacher/v. Blumenthal*, NZG 2008, S. 406 (407); *Kolb*, NZG 2007, S. 815 (816); *Heckschen*, NZG 2010, S. 521 (523); *Casper*, EWiR 2000, S. 943 (944); *Schult/Wahl*, EWiR 2011, S. 537 (538); *Goette*, DStR 2006, S. 1901 (1901); *Peetz*, GmbHR 2000, S. 749 (751); *Boujong*, NZG 2003, S. 497 (503); MünchKommGmbHG/*Strohn*, § 34 Rn. 72; Michalski/*Sosnitza*, GmbHG, § 34 Rn. 76; Ulmer/Habersack/Löbbe/*Ulmer/Habersack*, GmbHG, § 34 Rn. 62; *Wicke*, GmbHG, § 34 Rn. 7; *Raiser/Veil*, Recht der Kapitalgesellschaften, § 40 Rn. 68; nach der Grundsatzentscheidung des BGH vom 24.1.2012 *Trölitzsch*, KSzW 2013, S. 55 (62); *Ulmer*, FS Hoffmann-

Der betroffene Gesellschafter wäre in diesem Fall also vor der Gefahr des abfindungslosen Ausscheidens hinreichend geschützt, da der Einziehungsbeschluss keine Wirkung entfalten und er seinen Geschäftsanteil behalten würde. Nur wenn das Unvermögen der Gesellschaft bei der Beschlussfassung noch nicht feststand, wäre sein Abfindungsanspruch durch die persönliche Haftung der verbleibenden Gesellschafter gesichert.

In der Literatur mehren sich mittlerweile Stimmen, die angesichts der Ausfallhaftung ein Abrücken von dem Nichtigkeitsverdikt des § 241 Nr. 3 AktG analog fordern.[813] Das gibt Anlass zu hinterfragen, ob die Nichtigkeitsthese des II. Zivilsenats gerechtfertigt ist oder, ob die Haftungslösung nicht auch im Fall einer vorhersehbaren Unterbilanz Anwendung findet.

## 2. *Wertungsschwächen des Nichtigkeitsverdikts*

Richtet man den Blick zunächst auf die Wertungsebene, so ist festzustellen, dass es besonders misslich ist, dass der BGH trotz seiner Judikatur zur Ausfallhaftung an der Nichtigkeitsthese festhält:

Zum einen erzeugt sie künftig unnötig hohe Rechtsunsicherheit und Konfliktpotential. Während es unter der Geltung der Bedingungslehre nämlich noch keinen Unterschied machte, ob der betroffene Gesellschafter seinen Geschäftsanteil deswegen behielt, weil das Unvermögen der Gesellschaft bereits bei der Fassung des Einziehungsbeschlusses feststand oder aus dem Grund, weil sich die Unterbilanz erst zum Zahlungszeitpunkt der Abfindung herausstellte, wäre es unter Anwendung der Haftungslösung hingegen häufig unklar und umstritten, ob der betroffene Gesellschafter aufgrund der Nichtigkeit der Einziehung seine Mitgliedschaft noch inne hat oder, ob er bereits ausgeschieden ist und zur Sicherung seiner Abfindung die Ausfallhaftung eingreift. Denn eine trennscharfe Abgrenzung, ob das Unvermögen der Gesellschaft bereits zum Zeitpunkt der Beschlussfassung erkennbar war, ist in der Praxis kaum möglich. So sind oftmals nicht nur schwierige Fragen der Anteilsbewertung für die Höhe der Abfindung maßgeblich. Ist die Fälligkeit der Abfindung satzungsmäßig hinausgeschoben, müsste auch die wirtschaftliche Entwicklung der

---

Becking, S. 1261 (1263); *Gubitz/Nikoleyczik*, NZG 2013, S. 727 (731); *J. Schmidt*, GmbHR 2013, S. 953 (962); *Staake*, LMK 2012, 330924; *Klöckner*, GmbHR 2012, S. 1325 (1325f.); Scholz/*Westermann*, GmbHG, § 34 Rn. 55; Bork/Schäfer/*Thiessen*, GmbHG, § 34 Rn. 36; Baumbach/Hueck/*Fastrich*, GmbHG, § 34 Rn. 40a, 47; Ziemons/Jaeger/*Schindler*, BeckOK-GmbHG, § 34 Rn. 48f.; MünchHdbGesRIII/*Kort*, § 28 Rn. 39; Lutter/Hommelhoff/*Lutter*, GmbHG, § 34 Rn. 46.

813 *Priester*, ZIP 2012, S. 658 (659f.); *Schockenhoff*, NZG 2012, S. 449 (452); *Schneider/Hoger*, NJW 2013, S. 502 (504); *Altmeppen*, ZIP 2012, S. 1685 (1691); *Blath*, GmbHR 2012, S. 657 (662); *Stumpf/Müller*, GWR 2012, S. 143 (144); *Markowsky*, Die Einziehung von GmbH-Geschäftsanteilen, S. 211ff.; *Heckschen*, NotBZ 2012, S. 216 (217); *Tröger*, Gesellschaftsrecht in der Diskussion 2013, S. 23 (72); kritisch auch *Wicke*, MittbayNot 2014, S. 13 (13).

GmbH zum Fälligkeitszeitpunkt hin prognostiziert werden. Damit wäre ein Streit darüber, ob die Unterbilanz bereits bei Beschlussfassung erkennbar war, geradezu vorprogrammiert.[814]

Zum anderen höhlt der II. Zivilsenat durch die Nichtigkeitsthese sein überzeugendes Konzept selbst wieder aus, wonach ein störender Gesellschafter auch dann mit sofortiger Wirkung aus der Gesellschaft ausgeschlossen werden kann, wenn diese nicht über ausreichend ungebundenes Vermögen für die Abfindung verfügt. Die Gesellschaft hat bei einer voraussehbareren Unterbilanz in gleicher Weise ein legitimes Interesse daran, ihre Geschäftstätigkeit ungestört fortzusetzen. Häufig ist sogar gerade während einer wirtschaftlichen Schieflage des Unternehmens der Ausschluss eines lästigen Gesellschafters dringend notwendig, um die Gesellschaft neu zu ordnen und ihren Fortbestand zu sichern. Das gilt insbesondere für den Fall, dass mit der Zwangseinziehung gesellschaftsschädigendes Verhalten abgewehrt werden soll.[815] Dem Abfindungsinteresse des ausgeschlossenen Gesellschafters wäre hingegen auch bei einer vorhersehbaren Unterbilanz mit der persönlichen Haftung der Mitgesellschafter genüge getan.[816]

Die Nichtigkeitsthese schränkt nun aber den Anwendungsbereich der wertungsmäßig überzeugenden Haftungslösung stark ein. Nach dem gesetzlichen Regelfall ist der Abfindungsanspruch sofort mit dem Wirksamwerden der Einziehung fällig (§ 271 Abs. 1 BGB).[817] In diesem Fall wird regelmäßig feststehen, ob die Abfindung von der Gesellschaft aus ungebundenen Mitteln aufgebracht werden kann. Ist die Fälligkeit der Abfindung hingegen satzungsmäßig hinausgeschoben, müsste, wie bereits erwähnt, die Vermögenslage der Gesellschaft prognostiziert werden. Nach den Vertretern der Nichtigkeitsthese soll die Nichtigkeitssanktion nach § 241 Nr. 3 AktG analog bereits dann eingreifen, wenn sich eine Unterbilanz zum Zeitpunkt der späteren Fälligkeit der Abfindung „abzeichnet".[818] Der Einziehungsbeschluss wäre

---

814 Vgl. *J. Schmidt,* GmbHR 2013, S. 953 (961); *Schneider/Hoger,* NJW 2013, S. 502 (504); *Schockenhoff,* NZG 2012, S. 449 (452); *Stumpf/Müller,* GWR 2012, S. 143 (144); *Markowsky,* Die Einziehung von GmbH-Geschäftsanteilen, S. 212.

815 Vgl. *Schneider/Hoger,* NJW 2013, S. 502 (504); *Schockenhoff,* NZG 2012, S. 449 (452); *Markowsky,* Die Einziehung von GmbH-Geschäftsanteilen, S. 213; *J. Schmidt,* GmbHR 2013, S. 953 (961); *Priester,* ZIP 2012, S. 658 (660).

816 Vgl. *J. Schmidt,* GmbHR 2013, S. 953 (961); *Schneider/Hoger,* NJW 2013, S. 502 (504); *Schockenhoff,* NZG 2012, S. 449 (452); *Stumpf/Müller,* GWR 2012, S. 143 (144); *Altmeppen,* ZIP 2012, S. 1685 (1691f.); *Markowsky,* Die Einziehung von GmbH-Geschäftsanteilen, S. 212; *Tröger,* Gesellschaftsrecht in der Diskussion 2013, S. 23 (71f.).

817 Trotz der relativen Häufigkeit von Abfindungsklauseln, welche die Fälligkeit des Abfindungsanspruchs zeitlich hinausschieben, ist in der deutlichen Mehrzahl der Fälle vom gesetzlichen Regelfall auszugehen, vgl. hierzu die rechtstatsächliche Darstellung bei Ulmer/Habersack/Löbbe/*Ulmer/Habersack,* GmbHG, § 34 Rn. 81 mit Fn. 285 sowie bei *Balz,* Die Beendigung der Mitgliedschaft in der GmbH, S. 159.

818 *Kesselmeier,* Ausschließungs- und Nachfolgeregelung in der GmbH-Satzung, S. 203; *Grunewald,* Der Ausschluß aus Gesellschaft und Verein, S. 241f.; *Lutz,* DStR 1999, S. 1858 (1859); *Ulmer,* FS Rittner, S. 735 (743f.).

demzufolge nichtig, wenn die Gesellschaft bei der Beschlussfassung rechnerisch nicht über ausreichend ungebundenes Vermögen für die Abfindung verfügt und für die spätere Auszahlung auf nicht mit Sicherheit zu erwartende Erträge abgestellt wird.[819] Wirksam soll der Beschluss nur dann sein, wenn die Gesellschaft zum Zeitpunkt der Beschlussfassung über ausreichend freies Vermögen verfügt und eine Verschlechterung ihrer Vermögenslage nicht zu erwarten ist.[820]

Unter strenger Anwendung dieser Maßstäbe würde die Haftungslösung im Ergebnis nur dann eingreifen, wenn die Fälligkeit des Abfindungsanspruchs satzungsmäßig hinausgeschoben wurde und sich die finanzielle Lage der Gesellschaft nach der Fassung des Einziehungsbeschlusses unvorhersehbar verschlechtert oder, wenn bei einer bereits bestehenden Unterbilanz die mit Sicherheit zu erwartenden Erträge überraschend ausbleiben. Eine derart starke Einengung des Anwendungsbereichs der Haftungslösung vermag angesichts ihrer Wertungsstärke nicht zu überzeugen.

Ein in sich stimmiges und rechtssicheres Konzept ergibt sich nur dann, wenn die Gesellschaft den „Störenfried" auch bei einer absehbaren Unterbilanz mit sofortiger Wirkung ausschließen kann. Die verbleibenden Gesellschafter könnten dann selbst darüber befinden, ob sie im Interesse des Verbands eine zusätzliche Belastung ihres Privatvermögens in Kauf nehmen.[821] An dem Nichtigkeitsverdikt sollte also nur dann festgehalten werden, wenn es dogmatisch wirklich unumgänglich ist.

### 3. *Keine Nichtigkeit des Einziehungsbeschlusses nach § 241 Nr. 3 AktG analog*

Die Nichtigkeitsthese des II. Zivilsenats lässt sich jedenfalls nicht auf § 241 Nr. 3 Alt. 1 AktG analog stützen. Denn der Einziehungsbeschluss ist trotz feststehender Unterbilanz nicht mit dem „Wesen" der GmbH unvereinbar[822,823]. Das Nichtigkeitsverdikt ließe sich folglich nur mit einer Analogie zu § 241 Nr. 3 Alt. 2 AktG rechtfertigen. Dazu müsste der Einziehungsbeschluss seinem Inhalt nach gegen eine gläubigerschützende Norm verstoßen.

---

819 *Lutz,* DStR 1999, S. 1858 (1859); ausführlich *Ulmer,* FS Rittner, S. 735 (744).

820 *Lutz,* DStR 1999, S. 1858 (1859); ausführlich *Ulmer,* FS Rittner, S. 735 (744).

821 So auch *Priester,* ZIP 2012, S. 658 (660); *Schneider/Hoger,* NJW 2013, S. 502 (504).

822 Vgl. *Schockenhoff,* NZG 2012, S. 449 (452); *Markowsky,* Die Einziehung von GmbH-Geschäftsanteilen, S. 212.

823 Nach Baumbach/Hueck/*Zöllner,* GmbHG, Anh. § 47 Rn. 50 ist ein Beschluss nach § 241 Nr. 3 Alt. 1 AktG analog nichtig, wenn er mit grundlegenden Strukturprinzipen der GmbH unvereinbar ist. Ein inhaltlicher Verstoß des Einziehungsbeschlusses gegen § 738 Abs. 1 S. 2 BGB analog lässt sich hierunter jedenfalls nicht subsumieren.

### a) *Keine Nichtigkeit zugunsten des ausgeschlossenen Gesellschafters*

Die Tatsache, dass bereits bei Beschlussfassung feststeht, dass die Realisation des Abfindungsanspruchs am Kapitaldeckungsvorbehalt des § 34 Abs. 3 i.V.m. § 30 Abs. 1 GmbHG scheitern wird, stellt indes ebenfalls keine taugliche Grundlage für die Nichtigkeit der Einziehung dar. Denn eine Verletzung des § 738 Abs. 1 S. 2 BGB analog ist vom Schutzbereich des § 241 Nr. 3 Alt. 2 AktG analog nicht umfasst.[824] Diese Norm gewährt dem ausgeschlossenen Gesellschafter einen Anspruch auf angemessene Abfindung, sie hat jedoch keinen gläubigerschützenden Charakter i.S.d. § 241 Nr. 3 Alt. 2 AktG analog. Eine Beeinträchtigung des Abfindungsinteresses des ausgeschlossenen Gesellschafters kann also nicht zur Nichtigkeit des Einziehungsbeschlusses führen.

Daher vermag auch die Ansicht von *Fastrich* nicht zu überzeugen, der angesichts der Ausfallhaftung der verbleibenden Gesellschafter künftig nur mehr dann von der Nichtigkeit des Einziehungsbeschlusses ausgehen will, wenn nicht nur die Unterbilanz, sondern auch die fehlende Leistungsfähigkeit der haftenden Gesellschafter bei Beschlussfassung feststeht.[825] Denn damit entwickelt er die Nichtigkeit der Einziehung wiederum aus einer Beeinträchtigung des Abfindungsinteresses des ausgeschlossenen Gesellschafters, das vom Schutzbereich des § 241 Nr. 3 Alt. 2 AktG analog gerade nicht umfasst ist.[826]

Außerdem ist es selbst in diesem Fall zum Schutz des ausgeschlossenen Gesellschafters auch gar nicht erforderlich, den Einziehungsbeschluss mit einer Nichtigkeitssanktion zu belegen. Denn sollte tatsächlich einmal bereits bei Beschlussfassung sowohl das Unvermögen der Gesellschaft, als auch die fehlende Leistungsfähigkeit der verbleibenden Gesellschafter feststehen, wäre der Einziehungsbeschluss treuwidrig, weil die beschließenden Gesellschafter das Abfindungsinteresse des Betroffenen bewusst missachten. Der ausgeschlossene Gesellschafter könnte dann gegen den treuwidrigen Beschluss mit einer Anfechtungsklage nach § 243 Abs. 1, Abs. 2 AktG analog vorgehen.[827] Auf die Nichtigkeitssanktion des § 241 Nr. 3 Alt. 2 AktG analog ist er folglich – anders, als ein Drittgläubiger der Gesellschaft – wegen seines Klagerechts nicht angewiesen.

### b) *Keine Verletzung des § 30 Abs. 1 GmbHG*

Die Nichtigkeit des Einziehungsbeschlusses kann sich demnach nur aus einer Verletzung des Auszahlungsverbots des § 30 Abs. 1 GmbHG ergeben. Diese Norm ist

824 In diesem Sinne auch *J. Schmidt,* GmbHR 2013, S. 953 (961); *Priester,* ZIP 2012, S. 658 (659); *Schockenhoff,* NZG 2012, S. 449 (452); *Markowsky,* Die Einziehung von GmbH-Geschäftsanteilen, S. 211.

825 Baumbach/Hueck/*Fastrich,* GmbHG, § 34 Rn. 47.

826 Zutreffend insofern *J. Schmidt,* GmbHR 2013, S. 953 (961).

827 Ein treuwidriger Beschluss kann mit der Anfechtungsklage angegriffen werden, vgl. BGHZ 76, S. 352 (357); BGHZ 103, S. 185 (189); Ulmer/Habersack/Löbbe/*Raiser,* GmbHG, § 14 Rn. 99; Baumbach/Hueck/*Fastrich,* GmbHG, § 13 Rn. 30.

ohne Zweifel als gläubigerschützende Vorschrift i.S.d. § 241 Nr. 3 AktG analog einzustufen.[828] Die Gegner der Nichtigkeitsthese führen nun an, dass § 30 Abs. 1 GmbHG mit der bloßen Fassung des Einziehungsbeschlusses noch nicht verletzt werde.[829] Dies geschehe erst durch die tatsächliche Auszahlung des Einziehungsentgelts.[830]

Dieser Ansicht ist jüngst *J. Schmidt* vehement entgegengetreten. Das Auszahlungsverbot werde bereits mit der Begründung des Abfindungsanspruchs infolge der Einziehung verletzt, da im Allgemeinen schon die Begründung einer Verbindlichkeit, durch die eine Unterbilanz entsteht, als Verstoß gegen § 30 Abs. 1 GmbHG zu werten sei.[831] Aus diesem Grund sei der Einziehungsbeschluss nach § 241 Nr. 3 AktG analog nichtig, wenn das Unvermögen der Gesellschaft bereits bei der Beschlussfassung feststeht, weil die Gesellschafter in diesem Fall ganz bewusst gegen das Auszahlungsverbot verstoßen.[832]

Diese Rechtsauffassung scheint auch der Nichtigkeitsthese des II. Zivilsenats zugrunde zu liegen. Überzeugend ist sie jedoch nicht: Die Abfindungsverpflichtung ist in der Bilanz zu passivieren[833,834]. Dadurch mindert sich zwar rechnerisch das zur Deckung des Stammkapitals zur Verfügung stehende Reinvermögen der Gesellschaft. Trotz einer dadurch entstehenden Unterbilanz ist dieser Vorgang aber nicht als verbotswidrige „Auszahlung“ i.S.d. § 30 Abs. 1 GmbHG zu qualifizieren[835,836]. Der Anwendungsbereich

---

828 Vgl. zur h.M. nur RGZ 142, S. 286 (290); Michalski/*Römermann*, GmbHG, Anh. § 47 Rn. 138; Roth/Altmeppen/*Roth*, GmbHG, § 47 Rn. 97; Baumbach/Hueck/*Zöllner*, GmbHG, Anh. § 47 Rn. 53; Rowedder/Schmidt-Leithoff/*Koppensteiner/Gruber*, GmbHG, § 47 Rn. 101.

829 *Löwe/Thoß*, NZG 2003, S. 1005 (1007); *Priester*, ZIP 2012, S. 658 (659); *Markowsky*, Die Einziehung von GmbH-Geschäftsanteilen, S. 211; *Schockenhoff*, NZG 2012, S. 449 (452); wohl auch *Tröger*, Gesellschaftsrecht in der Diskussion 2013, S. 23 (70).

830 *Löwe/Thoß*, NZG 2003, S. 1005 (1007); *Priester*, ZIP 2012, S. 658 (659); *Markowsky*, Die Einziehung von GmbH-Geschäftsanteilen, S. 211.

831 *J. Schmidt*, GmbHR 2013, S. 953 (962); so auch *Fietz/Fingerhuth*, DB 2007, S. 1179 (1180); allg. in diesem Sinne OLG Rostock, NZG 1998, S. 325 (325); Bork/Schäfer/*Thiessen*, GmbHG, § 30 Rn. 35f.; Ziemons/Jaeger/*Heidinger*, BeckOK-GmbHG, § 30 Rn. 68.1; Lutter/Hommelhoff/*Hommelhoff*, GmbHG, § 30 Rn. 8; *Wicke*, GmbHG, § 30 Rn. 8.

832 *J. Schmidt*, GmbHR 2013, S. 953 (962).

833 MünchKommGmbHG/*Strohn*, § 34 Rn. 207; Ulmer/Habersack/Löbbe/*Ulmer/Habersack*, GmbHG, § 34 Rn. 75.

834 Handelsbilanziell ist aufgrund des § 30 Abs. 1 GmbHG eine Rückstellung zu bilden, vgl. MünchKommGmbHG/*Ekkenga*, § 30 Rn. 131.

835 Allg. in diesem Sinne BGH, WM 1977, S. 1377 (1379); *Schmolke*, Kapitalerhaltung in der GmbH nach dem MoMiG, § 30 Rn. 140; *Meister*, WM 1980, S. 390 (392f.); *Mülbert*, ZGR 1995, S. 578 (587ff.); *Joost*, ZHR 148 (1984), S. 27 (31f.); Ulmer/Habersack/Löbbe/*Habersack*, GmbHG, § 30 Rn. 52; MünchKommGmbHG/*Ekkenga*, § 30 Rn. 131.

836 Grundlegend anders ist die Rechtslage im Aktienrecht. Wie aus § 57 Abs. 2 Alt. 1 AktG deutlich hervorgeht, verletzt bereits die Begründung einer Verpflichtung

des § 30 Abs. 1 GmbHG erfordert insofern nämlich eine teleologische Restriktion.[837] Die Gesellschaftsgläubiger haben Zugriff auf das Aktivvermögen der Gesellschaft. Solange ihnen dieses ungeschmälert zu ihrer Befriedigung zur Verfügung steht, sind ihre Interessen nicht beeinträchtigt.[838] Sie werden erst durch eine tatsächliche Minderung des Aktivvermögens berührt, also erst dann, wenn das Abfindungsentgelt von der Gesellschaft tatsächlich ausgezahlt wird. Demnach verletzt der Einziehungsbeschluss inhaltlich nicht das Auszahlungsverbot des § 30 Abs. 1 GmbHG, auch wenn durch die Passivierung der Abfindungsverpflichtung in der Bilanz das Nettovermögen der Gesellschaft rechnerisch unter die Stammkapitalziffer absinkt.

*Fastrich* ist wiederum der Auffassung, dass der Einziehungsbeschluss, auch, wenn er seinem Inhalt nach § 30 Abs. 1 GmbH nicht unmittelbar verletzt, dennoch keinen Bestand haben könne. Seine Durchführung stehe von vornherein und auf Dauer im offenen Widerspruch zum Kapitalerhaltungsgebot.[839]

Auch diese Argumentation überzeugt nicht. § 241 Nr. 3 Alt. 2 AktG analog erfordert seinem Wortlaut nach, dass der Beschluss der Gesellschafterversammlung inhaltlich eine gläubigerschützende Vorschrift „verletzt“. Warum von dieser klaren gesetzgeberischen Anordnung beim Einziehungsbeschluss eine Ausnahme gemacht werden sollte, ist nicht ersichtlich. Sie könnte auch nicht etwa mit der Gefahr einer prospektiven Erfüllung der Abfindungsverpflichtung begründet werden. Denn die Gesellschaftsgläubiger sind ausreichend geschützt, indem § 30 Abs. 1 GmbHG der Gesellschaft die Auszahlung des Abfindungsentgelts verbietet. Speziell bei der Zwangseinziehung ist die Gefahr eines Verstoßes gegen § 30 Abs. 1 GmbHG aufgrund der persönlichen Haftung der verbleibenden Gesellschafter sogar noch zusätzlich verringert. Denn der Abfindungsgläubiger wird nicht auf eine verbotswidrige Leistung aus dem Stammkapital drängen, wenn er natürliche Personen als Schuldner hat, an die er sich halten kann.

Lediglich dann, wenn der Einziehungsbeschluss seinem Wortlaut nach auf einen Verstoß gegen das Auszahlungsverbot gerichtet ist, er also die ausdrückliche Weisung enthält, die Abfindung entgegen § 30 Abs. 1 GmbHG auszuzahlen, ist der Beschluss nach § 241 Nr. 3 Alt. 2 AktG analog nichtig.[840] Nur in diesem Fall

---

zu einer verbotenen Leistung die Ausschüttungssperre des § 57 Abs. 1 S. 1 AktG. S. zur ganz h.M. nur MünchKommAktG/*Bayer*, § 57 Rn. 11 m.w.N.

837 Allg. in diesem Sinne *Joost*, ZHR 148 (1984), S. 27 (31f.); *Schmolke*, Kapitalerhaltung in der GmbH nach dem MoMiG, § 30 Rn. 140.

838 *Mülbert*, ZGR 1995, S. 578 (588); *Joost*, ZHR 148 (1984), S. 27 (31f.); *Schmolke*, Kapitalerhaltung in der GmbH nach dem MoMiG, § 30 Rn. 140.

839 Baumbach/Hueck/*Fastrich*, GmbHG, § 34 Rn. 40a; in diesem Sinne auch MünchHdbGesRIII/*Kort*, § 28 Rn. 39; *Küperkoch*, Das zwangsweise Ausscheiden eines GmbH-Gesellschafters mittels Einziehung, S. 68.

840 Allg. für eine Beschlussnichtigkeit nur in derartigen Fällen Ulmer/Habersack/Löbbe/*Habersack*, GmbHG, § 30 Rn. 118; MünchKommGmbHG/*Ekkenga*, § 30 Rn. 281; so wie hier wohl auch *Markowsky*, Die Einziehung von GmbH-Geschäftsanteilen, S. 211.

besteht ein echtes Bedürfnis danach, die Gesellschaftsgläubiger vor dem Einziehungsbeschluss über die Nichtigkeitssanktion des § 241 Nr. 3 Alt. 2 AktG analog zu schützen. Wollte man dies anders sehen, so würde man letztendlich nicht die Gesellschaftsgläubiger, sondern alleine den auszuschließenden Gesellschafter vor dem Verlust seiner Mitgliedschaft schützen.

### *4. Ergebnis*

Die Nichtigkeitsthese des BGH ist nicht nur deshalb abzulehnen, weil sie zu unnötig hoher Rechtsunsicherheit und zu Konflikten führen würde. Sie würde auch den Anwendungsbereich der wertungsmäßig überzeugenden Haftungslösung stark einschränken. Außerdem ist sie dogmatisch nicht begründbar. Denn ein Analogieschluss zu § 241 Nr. 3 AktG lässt sich weder mit einer Beeinträchtigung des Abfindungsinteresses des ausgeschiedenen Gesellschafters rechtfertigen, noch verletzt die Passivierung der Abfindungsverpflichtung in der Bilanz das Auszahlungsverbot des § 30 Abs. 1 GmbHG.

Demzufolge ist die Einziehung auch dann wirksam, wenn bereits zum Zeitpunkt der Beschlussfassung feststeht, dass die Gesellschaft die Abfindung nicht aus freiem, die Stammkapitalziffer übersteigendem Vermögen leisten kann. Daraus folgt wiederum, dass die hier entwickelte Haftungslösung auch im Fall einer absehbaren Unterbilanz Anwendung findet.

## C) Ausschluss aus wichtigem Grund durch gerichtliches Urteil

In dem mittlerweile eher selteneren Fall, dass die Satzung keine Amortisationsregelung enthält, kann ein Gesellschafter nur aus wichtigem Grund durch gerichtliches Urteil ausgeschlossen werden. Probleme wirft hierbei die Frage auf, wie der betroffene Gesellschafter davor geschützt werden kann, dass er aufgrund des Auszahlungsverbots aus § 30 Abs. 1 GmbHG seinen Geschäftsanteil kompensationslos verliert.

Seitdem sich der BGH in seiner Grundsatzentscheidung vom 24. 1. 2012 bei der Zwangseinziehung für die Haftungslösung ausgesprochen hat, ist noch völlig unklar, ob der Abfindungsanspruch beim Ausschluss durch gerichtliches Urteil (bzw. rechtsgestaltenden Gesellschafterbeschluss) ebenfalls mit der Ausfallhaftung der verbleibenden Gesellschafter zu sichern ist oder, ob seine Judikatur hier zu keiner Änderung der Rechtslage führt. In einem obiter dictum tendiert der II. Zivilsenat in dieser Entscheidung stark dazu, die Haftungslösung auf die Ausschließung im Klagewege nicht anwenden zu wollen.[841] Ganz eindeutig hat er sich insofern jedoch nicht geäußert.[842]

---

841 Dazu sogleich S. 169.
842 BGH, ZIP 2012, S. 422 (424).

Umso dringlicher ist es, die Rechtslage beim Ausschluss zu erforschen. Hierfür wird im Folgenden zunächst betrachtet, wie der BGH und die h.L. den Abfindungsanspruch eines durch gerichtliches Urteil ausgeschlossenen Gesellschafters bislang sichern (I.). Danach wird beleuchtet, welche alternativen Lösungsvorschläge im Schrifttum hierzu unterbreitet werden (II.). Im Anschluss wird ein Blick auf den Meinungsstand zum Ausschluss durch rechtsgestaltenden Gesellschafterbeschluss geworfen (III.) und daran anknüpfend dargelegt, warum die h.M. speziell beim Ausschluss im Klagewege die Haftungslösung ablehnt (IV.). Abschließend wird überprüft, ob die Haftungslösung nicht auch hier den Vorzug verdient (V.).

## I. Lösung der h.M.: Aufschiebend bedingtes Gestaltungsurteil

Die h.M. sichert die Abfindung eines im Klagewege ausgeschlossenen Gesellschafters ähnlich wie früher bei der Zwangseinziehung durch eine Bedingungskonstruktion ab. Seit seiner Leitentscheidung vom 1. 4. 1953 gehen der BGH[843] und mit ihm die h.L.[844] davon aus, dass die Gestaltungswirkung des Ausschließungsurteils nicht sofort mit der Rechtskraft eintritt, sondern aufgrund einer im Urteilstenor auszusprechenden Suspensivbedingung erst dann, wenn die Gesellschaft die Abfindung innerhalb einer bestimmten Frist vollständig aus ungebundenem Vermögen ausgezahlt hat. Das Gericht müsse in seinem Urteil also nicht nur die Ausschließung des betroffenen Gesellschafters aussprechen. Es habe hierin zugleich von Amts wegen

843 BGH, NJW 1953, S. 780 (783); ihm in der Rspr. folgend OLG Hamm, GmbHR 1992, S. 757 (757f.); OLG Düsseldorf, GmbHR 1999, S. 543 (547); neuerdings wohl auch BGH, ZIP 2012, S. 422 (424).

844 *Schwab,* DStR 2012, S. 707 (710); *Münnich,* GmbHR 2012, S. 390 (391); *Heidinger/Blath,* GmbHR 2007, S. 1184 (1186f.); *Blath,* GmbHR 2012, S. 657 (662); *Battke,* GmbHR 2008, S. 850 (854); *Klöckner,* GmbHR 2012, S. 1325 (1327f.); *Trölitzsch,* KSzW 2013, S. 55 (57); *Wicke,* MittBayNot 2014, S. 13 (14); Ziemons/Jaeger/*Schindler,* BeckOK-GmbHG, § 34 Rn. 145.3; Scholz/*Seibt,* GmbHG, Anh. § 34 Rn. 46, 48; MünchHdbGesRIII/*Kort,* § 29 Rn. 45; Römermann/*Römermann/Passarge,* Münchener Anwaltshandbuch GmbH-Recht, § 14 Rn. 99; *Balz,* Die Beendigung der Mitgliedschaft in der GmbH, S. 57ff., 67f.; *Cöster,* Der Ausschluss lästiger Gesellschafter, S. 72f.; *Tschering,* GmbHR 1999, S. 691 (697); *Lorenz,* DStR 1996, S. 1774 (1776); *Hommelhoff/Freytag,* DStR 1996, S. 1367 (1372); *Schneider,* GmbHR 1953, S. 74 (74); *Hartmann,* GmbHR 1962, S. 5 (9); *Seydel,* GmbHR 1953, S. 149 (151), der zumindest bei der Verwertung durch eine Einziehung die Bedingungskonstruktion befürwortet; jedenfalls bei fehlender Abfindungsregelung im Statut auch Roth/Altmeppen/*Altmeppen,* GmbHG, 7. Aufl., § 60 Rn. 98; ganz ähnlich koppelt auch *Grunewald,* Der Ausschluß aus Gesellschaft und Verein, S. 112ff. die Ausschließungswirkung an die Abfindungszahlung. Allerdings weicht sie hierbei in der Konstruktion vom BGH deutlich ab. Im Anschluss an *Scholz,* GmbHR 1952, S. 17 (19) befürwortet sie anstelle eines aufschiebend bedingten Gestaltungsurteils eine Leistungsklage der Gesellschaft auf Übertragung des Anteils auf sich oder einen Dritten Zug um Zug gegen Zahlung der geschuldeten Abfindung.

die (endgültige) Höhe der Abfindungssumme zu bestimmen und der Gesellschaft hierfür eine angemessene Zahlungsfrist zu setzen.

Die Rechtskraft des Urteils beschränke sich zunächst auf die Feststellung, dass ein wichtiger Grund für den Ausschluss vorliegt. Erst wenn die Bedingung eingetreten ist, verliere der auszuschließende Gesellschafter seine Gesellschafterrechte.[845] Zahlt die Gesellschaft die Abfindung innerhalb der im Urteil vorgegebenen Frist nicht oder verstößt sie dabei gegen § 30 Abs. 1 GmbHG, behalte der Auszuschließende seine Gesellschafterstellung und die Ausschließung ist gescheitert.[846] Nur in dem Ausnahmefall, dass der beklagte Gesellschafter im Prozess die Ermittlung der Abfindungshöhe und somit den Erlass des Ausschließungsurteils mutwillig verzögert, brauche das Gericht die Abfindungssumme im Urteil nicht festzulegen und auch die Wirkung des Ausschließungsurteils nicht von der Zahlung der Abfindung abhängig zu machen.[847]

## II. Weitere Lösungsvorschläge im Schrifttum

### *1. Modifizierte Bedingungslösung in Anlehnung an den Regierungsentwurf von 1973*

Bis heute wird in der Literatur schließlich auch eine modifizierte Bedingungskonstruktion vertreten. Diese lehnt sich an eine Regelung an, welche für die Ausschließung durch gerichtliches Urteil in §§ 208, 209 des Regierungsentwurfs zur gescheiterten Reform des GmbH-Gesetzes aus dem Jahr 1973[848] vorgesehen war.[849]

§ 208 Abs. 1 RegE GmbHG bestimmte, dass das Gericht in seinem Urteil auf Antrag des beklagten Gesellschafters eine im Schätzwege (§ 287 Abs. 2 ZPO) leicht zu beziffernde vorläufige Abfindung festzusetzen hat. Außerdem musste es die Ausschlusswirkung davon abhängig machen, dass die Gesellschaft die vorläufige Abfindungssumme binnen sechs Monaten nach der Rechtskraft des Urteils an den

---

845 BGH, NJW 1953, S. 780 (783); Ziemons/Jaeger/*Schindler,* BeckOK-GmbHG, § 34 Rn. 145.3; *Battke,* GmbHR 2008, S. 850 (855); für eine Suspendierung der nichtvermögensrechtlichen Mitgliedschaftsrechte ab der Rechtskraft des Ausschließungsurteils *Balz,* Die Beendigung der Mitgliedschaft in der GmbH, S. 67; Scholz/*Seibt,* GmbHG, Anh. § 34 Rn. 49, 51.

846 BGH, NJW 1953, S. 780 (783).

847 BGH, NJW 1955, S. 667 (668); zust. OLG Hamm, DB 1992, S. 2181 (2182); Scholz/*Seibt,* GmbHG, Anh. § 34 Rn. 43; *Balz,* Die Beendigung der Mitgliedschaft in der GmbH, S. 66.

848 Bundestag-Drs. VI/3088, S. 57f.; die §§ 208, 209 RegE GmbHG finden sich vollständig abgedruckt auch bei MünchKommGmbHG/*Strohn,* § 34 Rn 107.

849 Mit Divergenzen im Detail favorisieren diese Lösung *Soufleros,* Ausschließung und Abfindung eines GmbH-Gesellschafters, S. 91ff.; Michalski/*Sosnitza,* GmbHG, Anh. § 34 Rn. 31f.; *Raiser/Veil,* Recht der Kapitalgesellschaften, 5. Aufl., § 30 Rn. 85; *Immenga,* Die personalistische Kapitalgesellschaft, S. 310f.; Gehrlein/Simon/Ekkenga/*Sandhaus,* GmbHG, § 34 Rn. 88.

auszuschließenden Gesellschafter ohne Verstoß gegen § 30 Abs. 1 GmbHG auszahlt. Während dieser Zeitspanne sollte der Auszuschließende zwar Inhaber seines Geschäftsanteils bleiben, jedoch sollten seine Gesellschafterrechte vollständig ruhen (§ 208 Abs. 1 S. 3 RegE GmbHG). Für den Fall, dass die Gesellschaft die vorläufige Abfindung innerhalb der im Urteil festgesetzten Frist nicht oder unter Verstoß gegen § 30 Abs. 1 GmbHG leistet, war vorgesehen, dass die Gesellschafterrechte aus dem Geschäftsanteil wieder aufleben (§ 208 V RegE GmbHG).

Zahlt die Gesellschaft die vorläufige Abfindung hingegen fristgemäß aus freiem Vermögen, sollte der Ausschluss unbedingt und endgültig wirksam werden (§ 208 Abs. IV RegE GmbHG). Die deutlich zeitintensivere Feststellung der endgültigen Abfindungssumme sollte dann in einem getrennten Verfahren erfolgen. Stellte sich dort jedoch heraus, dass der endgültige Abfindungsbetrag höher war als die vorläufig zugesprochene Abfindungssumme, so hatte die Gesellschaft nach § 209 Abs. 1, 2 RegE GmbHG den sich hieraus ergebenden Differenzbetrag an den ausgeschlossenen Gesellschafter nachzuzahlen. Für den Fall, dass sie diese Nachzahlung nicht ohne Verstoß gegen § 30 Abs. 1 GmbHG leisten kann, war vorgesehen, dass dem ausgeschlossenen Gesellschafter das Recht zusteht, die Gesellschaft ungeachtet der Voraussetzungen des § 61 Abs. 2 GmbHG aufzulösen. In Höhe des Abfindungsrestbetrages sollte er sich dann aus dem Liquidationsüberschuss befriedigen können (§ 209 Abs. 4, Abs. 5 RegE GmbHG).

## 2. *Auflösend bedingtes Gestaltungsurteil*

*Ulmer* favorisiert bei der Ausschließung durch gerichtliches Urteil eine ähnliche Lösung wie bei der Zwangseinziehung. Er stellt darauf ab, ob der Gesellschaft im Ausschließungsprozess der Nachweis gelingt, dass sie eine im Urteil durch Schätzung (§ 287 Abs. 2 ZPO) leicht zu ermittelnde vorläufige Abfindung innerhalb einer angemessenen Frist aus ungebundenem Vermögen leisten kann. Gelingt ihr dieser Nachweis, so ergehe anstelle eines aufschiebend bedingten ein auflösend bedingtes Gestaltungsurteil.[850] Der betroffene Gesellschafter verliere dann bereits mit der Rechtskraft des Urteils seinen Geschäftsanteil. Leistet die Gesellschaft die im Urteil festgesetzte vorläufige Abfindung innerhalb der vorgegebenen Frist nicht oder unter Verstoß gegen § 30 Abs. 1 GmbHG, so trete die auflösende Bedingung ein und beseitige zum Schutz des ausgeschlossenen Gesellschafters die Wirkung des Ausschließungsurteils. Der ursprüngliche Rechtszustand trete dann automatisch mit ex nunc-Wirkung wieder ein, wodurch der Ausgeschlossene seine Gesellschafterrechte zurückerhalte.[851]

Hat die Gesellschaft die vorläufige Abfindungssumme hingegen urteilsgemäß geleistet und stellt sich in einem späteren Abfindungsprozess heraus, dass der endgül-

---

850 *Ulmer,* FS Rittner, S. 735 (752ff.); Ulmer/Habersack/Löbbe/*Ulmer/Habersack*, GmbHG, Anh. § 34 Rn. 37f.

851 *Ulmer,* FS Rittner, S. 735 (752ff.); Ulmer/Habersack/Löbbe/*Ulmer/Habersack*, GmbHG, Anh. § 34 Rn. 37f.

ige Abfindungsbetrag höher ist, als der vorläufig zugesprochene, ändere dies nichts an der Bestandskraft des Urteils, wenn die Gesellschaft den Abfindungsrestbetrag nicht aus ungebundenem Vermögen leisten kann. Zur Sicherung der Restabfindung gesteht stattdessen auch *Ulmer* dem ausgeschlossenen Gesellschafter das Recht zu, die Gesellschaft aufzulösen.[852]

### 3. *Auflösungsrecht*

Eine weitere Meinungsgruppe, die von *A. Hueck* angeführt wird, geht wiederum davon aus, dass der auszuschließende Gesellschafter seine Gesellschafterrechte unabhängig von der Abfindungsfrage sofort und endgültig mit der Rechtskraft des Ausschließungsurteils verliert. Sein Geschäftsanteil bleibe ihm aber zunächst als Vermögenswert erhalten. Diesen habe er der Gesellschaft Zug um Zug gegen Zahlung der Abfindung aus freiem Vermögen zur Einziehung oder sonstigen Verwertung zur Verfügung zu stellen. Leistet die Gesellschaft sein in einem getrennten Verfahren zu bezifferndes Abfindungsguthaben nicht innerhalb einer angemessenen Frist, so stehe dem ausgeschlossenen Gesellschafter das Recht zu, den Schwebezustand durch Erhebung einer Auflösungsklage zu beenden.[853]

## III. Die Rechtslage beim Ausschluss durch rechtsgestaltenden Gesellschafterbeschluss

Ist in der Satzung vereinbart, dass der Ausschluss nicht durch die Erhebung einer Ausschließungsklage, sondern durch einen rechtsgestaltenden Gesellschafterbeschluss erfolgen kann, so soll der auszuschließende Gesellschafter ungeachtet

---

852 *Ulmer,* FS Rittner, S. 735 (754f.); Ulmer/Habersack/Löbbe/*Ulmer/Habersack*, GmbHG, Anh. § 34 Rn. 44, der zur Begründung dieses Auflösungsrechts auf eine Analogie zu § 135 HGB abstellt.

853 *A. Hueck,* DB 1953, S. 776 (777f.); *Lindemann/Imschweiler,* GmbHR 2009, S. 423 (425); Baumbach/Hueck/*Fastrich,* GmbHG, Anh. § 34 Rn. 12; *Drygala/Staake/Szalai,* Kapitalgesellschaftsrecht, § 12 Rn. 90; vorsichtig unterstützt wird dieser Lösungsvorschlag auch von Bork/Schäfer/*Thiessen,* GmbHG, § 34 Rn. 62 sowie *Canaris,* Die Feststellung von Lücken im Gesetz, S. 168 mit Fn. 92; eine ähnliche Konstruktion befürwortet auch *Spitze,* Der Ausschluß eines GmbH-Gesellschafters aus wichtigem Grund bei Schweigen der Satzung, S. 95ff.: Er gewährt der Gesellschaft ohne Rücksicht auf die Abfindungsleistung sofort mit der Rechtskraft des Ausschließungsurteils ein befristetes Verfügungsrecht über den Geschäftsanteil des Auszuschließenden. Kraft dieser Verfügungsbefugnis soll die Gesellschaft dazu berechtigt sein, den Anteil binnen sechs Monaten durch eine Einziehung oder eine Übertragung auf sich oder einen Dritten zu verwerten. Erst mit dieser Anteilsverwertung verliere der betroffene Gesellschafter seine Mitgliedschaftsrechte. Kann dieser dann sein in einem getrennten Verfahren zu bezifferndes Abfindungsentgelt aufgrund des Kapitaldeckungsvorbehalts gegenüber der Gesellschaft nicht realisieren, so stehe ihm das Recht zu, die Gesellschaft aufzulösen.

der Abfindungszahlung sofort mit der Mitteilung des Ausschlussbeschlusses seine Gesellschafterrechte verlieren. Hierüber sind sich Rechtsprechung und Literatur überraschenderweise einig.[854]

In seinem Judikat vom 25. 1. 1960 stellte der II. Zivilsenat des BGH ausdrücklich klar, dass die Gesellschafterrechte in diesem Fall auch dann nicht wieder aufleben, wenn die Gesellschaft den Geschäftsanteil anschließend nicht verwertet und sie aufgrund des Kapitaldeckungsvorbehalts auch das Abfindungsguthaben nicht auszahlen darf.[855] Dieses Ergebnis wird damit begründet, dass es gerade dem Sinn und Zweck einer solchen Ausschließungsklausel entspreche, die Gesellschafterstellung des Auszuschließenden mit sofortiger Wirkung zu beenden.[856] Zur Sicherung der Abfindung deutete der II. Zivilsenat in der Entscheidung vom 25. 1. 1960 an, dass dem ausgeschlossenen Gesellschafter in diesem Fall ein Auflösungsrecht zusteht.[857]

## IV. Bedenken gegen die Anwendung der Haftungslösung auf die Ausschlussklage

Vor dem Hintergrund der Rechtsauffassung zum Ausschluss durch rechtsgestaltenden Gesellschafterbeschluss ist es nicht weiter verwunderlich, dass sich der BGH und ein großer Teil des Schrifttums gerade beim Ausschluss durch gerichtliches Urteil gegen eine Entkoppelung der Ausschließungswirkung von der Abfindungsleistung und somit gegen die Haftungslösung aussprechen. Dabei wird im Wesentlichen auf die Unterschiede zur Zwangseinziehung rekurriert:

### *1. Keine Satzungsgrundlage*

Zunächst wird angeführt, dass der Zwangseinziehung – im Gegensatz zur Ausschließung durch Urteil – eine Bestimmung im Gesellschaftsvertrag zugrunde liegt. Jeder Gesellschafter habe sich der Einziehungsregelung im Statut freiwillig unterworfen und somit dem Verlust seines Anteils antizipiert zugestimmt. Durch die satzungsmäßige Festlegung der Einziehungsgründe werde jedem Gesellschafter von

---

854 BGH, NJW 1960, S. 866 (867); BGHZ 88, S. 320 (324); BGH, WM 1983, S. 74 (75); BGH, DStR 2003, S. 1717 (1718); OLG Düsseldorf, DB 2007, S. 848 (851); MünchKommGmbHG/*Strohn*, § 34 Rn. 176f.; Scholz/*Seibt*, GmbHG, Anh. § 34 Rn. 58; Baumbach/Hueck/*Fastrich*, GmbHG, Anh. § 34 Rn. 16; *Heidinger/Blath*, GmbHR 2007, S. 1184 (1187); *Tschering*, GmbHR 1999, S. 691 (696); *Goette*, DStR 2001, S. 533 (540); Römermann/*Römermann/Passarge*, Münchener Anwaltshandbuch GmbH-Recht, § 14 Rn. 99.

855 BGH, NJW 1960, S. 866 (867).

856 BGH, GmbHR 1983, S. 74 (75); OLG Düsseldorf, DB 2007, S. 848 (851); *Tschering*, GmbHR 1999, S. 691 (696); Scholz/*Seibt*, Anh. § 34 Rn. 58.

857 BGH, NJW 1960, S. 866 (867).

Augen geführt, in welchen Fällen die Einziehung zulässig ist. Damit sei der Verlust der Mitgliedschaft anhand des Statuts vorhersehbar.[858]

Aus diesem Grund sei ein Gesellschafter, der ohne satzungsrechtliche Grundlage ausgeschlossen wird, schutzwürdiger. Denn dort fehle es an dieser „statutarischen Vorhersehbarkeit" und der Verlust des Geschäftsanteils komme für den Betroffenen nicht selten „überraschend".[859] Adäquaten Schutz biete in diesem Fall nur die Bedingungslösung.[860] Außerdem sei zu berücksichtigen, dass von den Parteien bei der Vereinbarung einer Amortisantionsregelung die sofortige Wirksamkeit des Ausschlusses im Interesse des Verbands gerade übereinstimmend gewollt war.[861]

Auch der II. Zivilsenat teilt diese Rechtsauffassung. So lautet eine Passage aus der Leitentscheidungen des BGH vom 1. 4. 1953, in der er die Rechtsfigur des aufschiebend bedingten Gestaltungsurteils entwarf wörtlich:

> „Da die Ausschließung aus wichtigem Grund anders als die Einziehung nach § 34 GmbHG wider den Willen des Betroffenen *und ohne freiwillige Unterwerfung unter die Einziehungsvoraussetzungen und -bedingungen* vorgenommen und vollzogen wird, kann der Auszuschließende unmöglich dem ausgesetzt werden, den Gegenwert seines Geschäftsanteils nicht sofort zu erlangen."[862]

Den gleichen Rechtsgedanken hat der II. Zivilsenat auch in seiner aktuellen Grundsatzentscheidung vom 24. 1. 2012 zur Ausfallhaftung wieder angeführt:

> „[...] *Wegen seiner antizipierten Zustimmung zur Einziehung in der Satzung ist er [= der Störenfried] weniger schutzwürdig*, als ein Gesellschafter, der ohne eine solche Bestimmung im Gesellschaftsvertrag ausgeschlossen wird. *Insofern unterscheidet sich die Einziehung des Geschäftsanteils mittels Beschluss von der Ausschließung eines Gesellschafters durch eine Klage*, die ohne seine Zustimmung möglich ist und bei der nach bisheriger Rechtsprechung des BGH die Wirkung des Ausschließungsurteil von der Zahlung des Abfindungsentgelts abhängt (BGHZ 9, 157, 174)."[863]

---

858 Vgl. *Heidinger/Blath*, GmbHR 2007, S. 1184 (1186f.); *Battke*, GmbHR 2008, S. 850 (854); *Blath*, GmbHR 2012, S. 657 (662); *Bartholomäus*, Der GmbH-Gesellschafter in der Insolvenz, S. 171f.; *Trölitzsch*, KSzW 2013, S. 55 (57); *Klöckner*, GmbHR 2012, S. 1325 (1327f.); *Heckschen*, NZG 2010, S. 521 (523); *Löwe/Thoß*, NZG 2003, S. 1005 (1006); Gehrlein/Ekkenga/Simon/*Sandhaus*, GmbHG, § 34 Rn. 87.

859 *Heidinger/Blath*, GmbHR 2007, S. 1184 (1186f.); *Battke*, GmbHR 2008, S. 850 (854); *Blath*, GmbHR 2012, S. 657 (662); *Bartholomäus*, Der GmbH-Gesellschafter in der Insolvenz, S. 171f.; *Trölitzsch*, KSzW 2013, S. 55 (57); *Heckschen*, NZG 2010, S. 521 (523); *Löwe/Thoß*, NZG 2003, S. 1005 (1006); Gehrlein/Ekkenga/Simon/*Sandhaus*, GmbHG, § 34 Rn. 87; s. dazu auch *Goette*, FS Lutter, S. 399 (401ff.).

860 *Heidinger/Blath*, GmbHR 2007, S. 1184 (1186f.); *Battke*, GmbHR 2008, S. 850 (854); *Blath*, GmbHR 2012, S. 657 (662).

861 *Bartholomäus*, Der GmbH-Gesellschafter in der Insolvenz, S. 171f.

862 BGH, NJW 1953, S. 780 (782), Hervorh. d. d. Verf.

863 BGH, ZIP 2012, S. 422 (424), Hervorh. d. d. Verf.

### 2. *Notwendigkeit einer gesonderten Disposition über den Geschäftsanteil*

Zum anderen werden in der Literatur Bedenken gegen die Haftungslösung geäußert, weil die Ausschließung alleine gegen die Person des betroffenen Gesellschafters gerichtet ist und es damit nach dem Verlust seiner Gesellschafterstellung erst noch einer gesonderten Verwertung des Geschäftsanteils durch die Gesellschaft bedarf.[864] Entscheide sich die Gesellschaft hierbei nicht für eine Einziehung sondern für eine Übertragung des Anteils auf einen Dritten, so würden die verbleibenden Gesellschafter für ihre persönliche Inanspruchnahme keinen Gegenwert erhalten, während der Geschäftsanteil des Ausgeschlossenen bei der Zwangseinziehung ihrem Vermögen unmittelbar zuwächst.[865]

## V. Plädoyer für eine Übertragung der Haftungslösung auf die Ausschließung

Seit der Grundsatzentscheidung des BGH vom 24. 1. 2012 mehren sich im Schrifttum Stimmen, welche die Haftungslösung nun auch auf die Ausschlussklage anwenden wollen.[866] Dies verdient Zustimmung. Jedoch ist bisweilen noch keine eingehende Auseinandersetzung mit der Frage erfolgt, ob sich die Haftungslösung angesichts der Unterschiede zur Zwangseinziehung auf die Ausschließung durch gerichtliches Urteil auch wirklich übertragen lässt.[867]

Im Folgenden soll daher aufgezeigt werden, dass es tatsächlich sachgerechter ist, die Gestaltungswirkung des Ausschließungsurteils sofort eintreten zu lassen und den Abfindungsanspruch wie bei der Zwangseinziehung durch die Ausfallhaftung der verbleibenden Gesellschafter zu sichern. Denn zum einen sind die Schwächen der alternativ hierzu unterbreiteten Lösungsvorschläge beim Ausschluss aus wichtigem Grund noch gravierender als bei der Einziehung (1.). Zum anderen halten die soeben vorgetragenen dogmatischen Bedenken gegen die Haftungslösung einer näheren Überprüfung nicht stand (2. und 3.).

---

864 Vgl. *Goette,* FS Lutter, S. 399 (402f.); s. auch Scholz/*Westermann,* GmbHG, § 34 Rn. 56; *Kolb,* Der Ausschluss eines Gesellschafters aus der GmbH, S. 167f.; *Löwe/Thoß,* NZG 2003, S. 1005 (1007).

865 *Kolb,* Der Ausschluss eines Gesellschafters aus der GmbH, S. 167f.; *Löwe/Thoß,* NZG 2003, S. 1005 (1007).

866 Lutter/Hommelhoff/*Lutter,* GmbHG, § 34 Rn. 64; *Altmeppen,* ZIP 2012, S. 1685 (1692); *Schneider/Hoger,* NJW 2013, S. 502 (505); *Markowsky,* Die Einziehung von GmbH-Geschäftsanteilen, S. 221; *Tröger,* Gesellschaftsrecht in der Diskussion 2013, S. 23 (69); vor der Grundsatzentscheidung des BGH vom 24.1.2012 bereits MünchKommGmbHG/*Strohn,* 1. Aufl., § 34 Rn. 174.

867 S. aber die Überlegungen bei *Altmeppen,* ZIP 2012, S. 1685 (1692), *Schneider/Hoger,* NJW 2013, S. 502 (505) und *Tröger,* Gesellschaftsrecht in der Diskussion 2013, S. 23 (65ff.).

### 1. *Schwächen der übrigen Lösungsansätze*

#### a) *Keine interessengerechte Lösung durch ein aufschiebend bedingtes Gestaltungsurteil*

Mit der Konstruktion eines aufschiebend bedingten Gestaltungsurteils lässt sich keine interessengerechte Lösung erzielen. Wenn das Gericht im Ausschließungsprozess nämlich nicht nur zu prüfen hat, ob ein wichtiger Grund für den Ausschluss vorliegt, sondern in seinem Urteil zugleich die (endgültige) Abfindungssumme festlegen muss, wird der Ausschließungsprozess zwangsläufig mit komplizierten und langwierigen Fragen der Anteilsbewertung belastet. Aufgrund ihrer elementaren Bedeutung für die Parteien wird die Höhe der Abfindung in der Regel einen Hauptstreitpunkt darstellen. Daher wird der Ausschließungsprozess nicht selten durch alle Instanzen hinweg geführt werden. Der Erlass des endgültigen Ausschließungsurteils kann sich dadurch leicht um mehrere Jahre verzögern.[868]

Auf diese Weise entsteht ähnlich wie bei der Zwangseinziehung eine Schwebephase, während der der auszuschließende Gesellschafter über seine Mitverwaltungsrechte[869] weiter für Unruhe in der Gesellschaft sorgen kann.[870] Wie bereits im Rahmen der Zwangseinziehung darlegt, kann eine solche Schwebelage die weitere Geschäftstätigkeit der Gesellschaft stark belasten. Nicht selten wirkt sie sich für den Verband existenzbedrohend aus.[871]

Beim Ausschluss aus wichtigem Grund durch gerichtliches Urteil ist es sogar noch dringlicher, als bei der Zwangseinziehung diese Schwebephase im Interesse der Gesellschaft zu verhindern. Denn die Einziehung kann auch wegen eines sachlichen Grundes beschlossen werden. Dort sind daher zumindest theoretisch noch Fallkonstellationen denkbar, in denen die weitere Mitgliedschaft des auszuschließenden Gesellschafters die Gesellschaft wenig stark belasten würde. Demgegenüber liegt beim Ausschluss ohne satzungsrechtliche Grundlage *immer* ein wichtiger Grund in der Person des betroffenen Gesellschafters vor. Das bedeutet, dass dieser Gesellschafter

---

868 Vgl. MünchHdbGesRIII/*Kort,* § 29 Rn. 45; Baumbach/Hueck/*Fastrich,* GmbHG, Anh. § 34 Rn. 12; Ulmer/Habersack/Löbbe/*Ulmer/Habersack*, GmbHG, Anh. § 34 Rn. 37; *Vogel,* BB 1953, S. 460 (461); *A.Hueck,* DB 1953, S. 777 (777); *Mangold/Mangold,* BB 1953, S. 398 (399); krit. auch *Goette,* DStR 2001, S. 533 (539); *Soufleros,* Ausschließung und Abfindung eines GmbH-Gesellschafters, S. 79.

869 Zumindest bis zur Rechtskraft des Ausschließungsurteils stehen dem beklagten Gesellschafter seine Mitgliedschaftsrechte unstreitig vollumfänglich zu, vgl. Rowedder/Schmidt-Leithoff/*Görner,* GmbHG, § 34 Rn. 96f.; Michalski/*Sosnitza,* GmbHG, Anh. § 34 Rn. 37; streitig ist unter den Vertretern der Bedingungslösung nur, ob die Mitgliedschaftsrechte ab der Rechtskraft des Urteils bis zur Zahlung der Abfindung aus ungebundenem Vermögen einzuschränken sind.

870 Vgl. MünchKommGmbHG/*Strohn,* § 34 Rn. 173; *Spitze,* Der Ausschluß eines GmbH-Gesellschafters bei Schweigen der Satzung, S. 58f.; *Kolb,* Der Ausschluss eines Gesellschafters aus der GmbH, S. 157ff.

871 S. hierzu ausführlich oben S. 40ff.

*stets* den Fortbestand der Gesellschaft unmöglich macht oder ihn zumindest ernstlich gefährdet und deshalb sein weiterer Verbleib in der Gesellschaft geradezu unzumutbar ist.[872] Haben die Nachteile der Schwebelage die Aufgabe der Bedingungslösung im Rahmen der Zwangseinziehung gerechtfertigt,[873] so rechtfertigen sie demnach ihre Aufgabe bei der Ausschlussklage im Sinne eines *argumentum a fortiori* erst Recht.[874]

### *b) Die Problematik der res iudicata*

Schließlich würde mit der Konstruktion eines aufschiebend bedingten Gestaltungsurteils ein unerträgliches Ergebnis eintreten, wenn die Gesellschaft die Abfindung innerhalb der im Urteil festgesetzten Frist nicht oder (womöglich unbewusst) unter Verstoß gegen § 30 Abs. 1 GmbHG geleistet hat. Denn dann wurde vom Gericht zwar rechtskräftig darüber entschieden, dass der auszuschließende Gesellschafter für die Gesellschaft untragbar ist. Die Gesellschaft hätte jedoch keine Möglichkeit mehr, sich von ihm tatsächlich zu trennen. Denn bei einer Verbesserung ihrer finanziellen Lage nach Ablauf der Zahlungsfrist könnte sie einerseits die Abfindungsleistung nicht mehr urteilgemäß erbringen, um den Bedingungseintritt (= die Ausschließungswirkung) doch noch herbeizuführen. Andererseits könnte sie auch keinen erneuten Ausschließungsprozess gegen den Störenfried anstrengen, solange kein neuer wichtiger Grund vorliegt, der seinen Ausschluss rechtfertigt. Denn der Erhebung einer erneuten Ausschließungsklage stünde die materielle Rechtskraft des ersten Ausschließungsurteils entgegen (Einwand der res iudicata). Der störenden Gesellschafter verbliebe also endgültig in der Gesellschaft.[875]

Nach der Führung eines unter Umständen sehr konfliktreichen Ausschließungsprozesses wird eine Kooperation mit ihm in der Regel noch weniger möglich sein, als zuvor. Die Auflösung der Gesellschaft und damit einhergehend die Vernichtung von Arbeitsplätzen, des Betriebs und der Firma wird dann zumeist unumgänglich sein.[876] Dieses Ergebnis stünde wiederum in offenem Widerspruch zum Sinn und Zweck des ungeschriebenen Ausschlussklagerechts, der darin besteht, der Gesellschaft einen Weg zu ebnen, sich von einem untragbaren Gesellschafter zu entledigen und somit ihren Fortbestand zu sichern, auch wenn die Satzung keine Ausschließungsregelung enthält.[877]

---

872 BGH, NJW 1953, S. 780 (781); BGH, NJW 1960, S. 866 (868); BGH, NJW 1977, S. 2316 (2316); Michalski/*Sosnitza*, GmbHG, Anh. § 34 Rn. 8 m.w.N.

873 S. hierzu oben S. 40ff.

874 In diesem Sinne auch *Tröger*, Gesellschaftsrecht in der Diskussion 2013, S. 23 (68).

875 Vgl. *Soufleros*, Ausschließung und Abfindung eines GmbH-Gesellschafters, S. 80; *Seydel*, GmbHR 1953, S. 149 (151); *Kolb*, Der Ausschluss eines Gesellschafters aus der GmbH, S. 156f.

876 So auch *Kolb*, Der Ausschluss eines Gesellschafters aus der GmbH, S. 156f.

877 Allg. hierzu BGH, NJW 1953, S. 780 (780); *Soufleros*, Ausschließung und Abfindung eines GmbH-Gesellschafters, S. 24f.; *Kolb*, Der Ausschluss eines Gesellschafters aus der GmbH, S. 38f.

### c) *Die Probleme der modifizierten Bedingungstheorien und des Auflösungsmodells*

Nimmt man hingegen mit der modifizierten Bedingungslösung in Anlehnung an §§ 208, 209 RegE GmbHG und *Ulmers* Theorie eines auflösend bedingten Gestaltungsurteils an, dass das Gericht auf Antrag des beklagten Gesellschafters im Urteil nur eine im Schätzwege (§ 287 Abs. 2 ZPO) leicht zu ermittelnde vorläufige Abfindung festsetzen muss, wird der Ausschließungsprozess zwar nicht mit langwierigen Fragen der Unternehmensbewertung belastet. Das Problem der entgegenstehenden Rechtskraft des ersten Ausschließungsurteils stellt sich jedoch gleichermaßen, wenn die Gesellschaft die vorläufige Abfindungssumme nicht fristgemäß aus ungebundenem Vermögen leistet.

Zudem tritt ein neues Problem auf, wenn die Gesellschaft zwar die vorläufige Abfindung urteilsgemäß ausgezahlt hat, sie jedoch später einen möglichen Abfindungsrestbetrag nicht aus freien Mitteln aufbringen kann. Denn mit der Leistung der vorläufigen Abfindung wäre die Gestaltungswirkung des Ausschließungsurteils bereits endgültig eingetreten. Zur Sicherung der Restabfindung operieren hier beide Theorien gleichsam als Notbehelf – genau wie die Vertreter des Auflösungsmodells – mit einem ungeschriebenen Auflösungsklagrecht. Ein solches Recht lässt sich jedoch, wie bereits im Rahmen der Zwangseinziehung ausführlich dargelegt, dogmatisch zugunsten eines bereits ausgeschiedenen Gesellschafters nicht begründen. Denn weder § 61 GmbHG noch § 135 HGB eigenen sich diesbezüglich für einen Analogieschluss[878,879].

### d) *Prozessrechtliche Unzulässigkeit eines bedingten Gestaltungsurteils*

Nicht zuletzt ergeben sich Bedenken gegen die prozessrechtliche Zulässigkeit eines – wie auch immer gearteten – bedingten Gestaltungsurteils ohne gesetzliche Regelung.[880]

---

878 S. zur Parallelproblematik bei der Zwangseinziehung oben S. 53ff.

879 Darüber hinaus führt *Ulmers* Theorie eines auflösend bedingten Gestaltungsurteils bei Bedingungseintritt zu noch gravierenden Rückabwicklungsschwierigkeiten, als seine Theorie eines auflösend bedingten Einziehungsbeschlusses. Denn wenn die Gesellschaft den Anteil des ausgeschlossenen Gesellschafters vor Bedingungseintritt durch eine Abtretung an einen Dritten verwertet hat, besteht keine rechtliche Handhabe, diesen bei Bedingungseintritt zur Rückübertragung des Anteils an den Ausgeschlossenen zu verpflichten.

880 *Kolb,* Der Ausschluss eines Gesellschafters aus der GmbH, S. 155; *Mangold/Mangold,* BB 1953, S. 398 (399): „verwickelte Konstruktion"; *Scholz,* GmbHR 1953, S. 75 (75): „künstliche Konstruktion"; Ulmer/Habersack/Löbbe/*Ulmer/Habersack*, GmbHG, Anh. § 34 Rn. 35: „verfahrensrechtlich problematische Figur"; krit. auch *Fischer,* Die zwangsweise Ausschließung eines GmbH-Gesellschafters aus wichtigem Grund, S. 62ff.; der BGH hat in seinem Grundsatzurteil vom 1.4.1953 die

Zwar sieht die Zivilprozessordnung für einige wenige Ausnahmefälle durchaus bedingte Urteile vor (vgl. etwa §§ 510b, 302, 599 ZPO).[881] Bedingte Gestaltungsurteile sind dem Zivilprozessrecht jedoch fremd. Der Rechtsgedanke von einer Bedingung in einem Urteil lässt sich auch keineswegs einfach auf ungeschriebene Konstellationen übertragen. Ein Urteil soll Rechtsklarheit und Rechtssicherheit schaffen. Mit diesem Gebot verträgt sich eine Bedingung nicht. Für Gestaltungsurteile, die zu einer unmittelbaren Änderung der Rechtslage führen, gilt dieses Gebot in noch gesteigertem Maße. Denn Gestaltungsklagen liegt ein materielles Gestaltungsrecht zugrunde.[882] Gestaltungsrechte sind aber grundsätzlich bedingungsfeindlich. Die Rechtslage muss durch den Gestaltungsakt eindeutig geklärt werden, damit für die Betroffenen keine unzumutbare Ungewissheit über den neuen Rechtszustand entsteht.[883] Gestaltungsurteile verfolgen wiederum gerade den Zweck, durch eine gerichtliche Entscheidung Rechtsgewissheit über die Wirksamkeit eines Gestaltungsaktes und somit die künftige Rechtslage zu schaffen.[884] Der Grundsatz der Bedingungsfeindlichkeit muss bei ihnen also erst Recht gelten. Ein bedingtes Gestaltungsurteil ist somit aus prozessrechtlicher Sicht als unzulässig einzustufen.

#### *e) Fazit*

Sämtliche der alternativ zur Haftungslösung vorgeschlagenen Lösungsansätze überzeugen weder dogmatisch noch wertungsmäßig. Alle Probleme dieser Theorien ließen sich interessengerecht vermeiden, wenn man den Ausschluss sofort mit der Rechtskraft des Ausschließungsurteils wirksam werden lässt und die Judikatur zur Ausfallhaftung auf die Ausschließung im Klagewege überträgt. Diese Erkenntnis leitet zu der Frage über, ob die Unterschiede zwischen der Ausschließung und der Zwangseinziehung tatsächlich so gravierend sind, wie teilweise behauptet wird und ob diese Unterschiede daher eine Ablehnung der Haftungslösung rechtfertigen.

### *2. Keine Ablehnung der Haftungslösung aufgrund des Fehlens einer Satzungsregelung*

Die Tatsache, dass das ungeschriebene Ausschlussklagerecht nicht auf einer Satzungsgrundlage basiert, rechtfertigt es jedenfalls nicht, bei ihm von der Haftungslösung Abstand zu nehmen und an der Bedingungstheorie festzuhalten. Denn die Entkoppelung der Ausschließungswirkung von der Abfindungsleistung ist

---

Konstruktion eines bedingten Gestaltungsurteils sogar selbst als „ungewöhnlich" bezeichnet, vgl. BGH, NJW 1953, S. 780 (783).

881 S. hierzu sowie zu weiteren Konstellationen bedingter Urteile Musielak/Voit/*Musielak*, ZPO, § 300 Rn. 3; *Lüke*, Zivilprozessrecht, § 28 V Rn. 327.

882 Stein/Jonas/*Roth*, ZPO, vor. § 253 Rn. 103.

883 Allg. zur Bedingunsfeindlichkeit von Gestaltungsakten Bamberger/Roth/*Rövekamp*, BGB, § 158 Rn. 17; Staudinger/*Bork*, BGB, vor. §§ 158–163 Rn. 38.

884 Vgl. Stein/Jonas/*Roth*, ZPO, vor. § 253 Rn. 88, 103.

keineswegs, wie vom II. Zivilsenat und weiten Teilen des Schrifttums konstatiert,[885] ein Spezifikum einer statutarisch vereinbarten Ausschlussmöglichkeit:

### a) *Dogmatische Grundlage des Ausschlussklagerechts*

Bereits die dogmatische Grundlage des Ausschlussklagerechts spricht entschieden dafür, dass der auszuschließende Gesellschafter sofort (und endgültig) mit der Rechtskraft des Ausschließungsurteils seine Mitgliedschaft verliert.

Der BGH[886] und die h.L.[887] sehen seine Rechtsgrundlage in dem allgemeinen, das gesamte Privatrecht beherrschenden Rechtsprinzip, wonach Dauerrechtsverhältnisse, die stark in die Lebensbetätigung der Beteiligten eingreifen, beim Vorliegen eines wichtigen Grundes vorzeitig lösbar sind. Ein allgemeines Rechtsprinzip wird zumeist im Wege einer Gesamtanalogie gewonnen. Bei diesem Verfahren wird mehreren gesetzlichen Vorschriften ein gemeinsamer Rechtsgedanke entnommen und verallgemeinert. Im Anschluss wird das auf diese Weise zu Tage geförderte Prinzip in einem gesetzlich nicht geregelten Fall zur Geltung gebracht, auf den das Prinzip ebenfalls zutrifft.[888]

In seiner Leitentscheidung vom 1. 4. 1953 hat der II. Zivilsenat das soeben benannte Rechtsprinzip den §§ 626, 712, 723, 737 BGB; §§ 117, 127, 133, 140, 161, 339 (= § 239 n.F.) HGB; §§ 38 Abs. 2, 61 GmbHG sowie § 75 Abs. 3 AktG (= § 84 Abs. 3 AktG n.F.) entnommen.[889] Betrachtet man diese Vorschriften näher, so fällt auf, dass sie alle nicht nur auf dem gemeinsamen Grundgedanken basieren, dass Dauerschuldverhältnisse beim Vorliegen eines wichtigen Grundes vorzeitig lösbar sind. Vielmehr enthalten sie alle auch den Rechtsgedanken, dass Dauerrechtsverhältnisse aus wichtigem Grund mit *sofortiger Wirkung* beendbar sind.

So endet ein Dienstvertrag beim Vorliegen eines wichtigen Grundes sofort mit dem Zugang der Kündigungserklärung (§ 626 BGB);[890] die Geschäftsführungsbefugnis sowie die Vertretungsmacht werden einem OHG-Gesellschafter beim Vorliegen eines wichtigen Grundes sofort mit der Rechtskraft des Gestaltungsurteils entzogen (§§ 117, 127 HGB);[891] einem GbR-Gesellschafter kann wiederum seine

---

885 S. oben S. 168f.

886 BGH, NJW 1953, S. 780 (781).

887 *Soufleros,* Ausschließung und Abfindung eines GmbH-Gesellschafters, S. 23f.; *Balz,* Die Beendigung der Mitgliedschaft in der GmbH, S. 28ff.; Scholz/*Seibt,* GmbHG, Anh. § 34 Rn. 25; Michalski/*Sosnitza,* GmbHG, Anh. § 34 Rn. 6; MünchKommGmbHG/*Strohn,* § 34 Rn. 103; *Wicke,* GmbHG, Anh. § 34 Rn. 1; *Goette,* DStR 2001, S. 533 (534); *Battke,* GmbHR 2008, S. 850 (852).

888 *Canaris,* Die Feststellung von Lücken im Gesetz, S. 97ff.; *Larenz,* Methodenlehre der Rechtswissenschaft, S. 383ff.

889 BGHZ 9, S. 157 (161ff.); der II. Zivilsenat rekurrierte in dieser Entscheidung außerdem noch auf die §§ 70, 92 Abs. 2 HGB, 124a, 133 GewO, 68 GenG. Diese Normen sind mittlerweile jedoch aufgehoben oder stark abgeändert worden.

890 Staudinger/*Preis,* BGB, § 626, Rn. 250; MünchKommBGB/*Henssler,* § 626, Rn. 331.

891 Oetker/*Weitemeyer,* HGB, § 117 Rn. 27; MünchKommHGB/*K. Schmidt,* § 127 Rn. 24.

Geschäftsführungsbefugnis aus wichtigem Grund sofort mit der Bekanntgabe des Gesellschafterbeschlusses entzogen werden (§ 712 BGB);[892] ein Geschäftsführer einer GmbH verliert mit sofortiger Wirkung sein Amt, wenn ihn die Gesellschafterversammlung aus wichtigem Grund abberuft (§ 38 Abs. 2 GmbHG);[893] ebenso verliert der Vorstand einer AG sofort seine Organstellung, wenn der Aufsichtsrat seine Bestellung aus wichtigem Grund widerruft (§ 84 Abs. 3 AktG);[894] die GbR und die stille Gesellschaft sind aus wichtigem Grund mit sofortiger Wirkung kündbar (§§ 723 Abs. 1 S. 2 BGB, 234 Abs. 1 S. 2 HGB);[895] die OHG, die KG und die GmbH werden beim Vorliegen eines wichtigen Grundes sofort mit der Rechtskraft des Gestaltungsurteils aufgelöst (§§ 133, 161 HGB, 61 GmbHG);[896] schließlich verliert ein Gesellschafter einer Personengesellschaft sofort mit der Mitteilung des Gesellschafterbeschlusses (§ 737 BGB für GbR)[897] bzw. der Rechtskraft des Gestaltungsurteils (§ 140 HGB für die OHG und i.V.m. § 161 Abs. 2 HGB für die KG)[898] seinen Gesellschaftsanteil, wenn er aus wichtigem Grund ausgeschlossen wird.[899]

Das unser gesamtes Privatrecht beherrschende Rechtsprinzip, wonach Dauerrechtsverhältnisse, die stark in die Lebensbetätigung der Beteiligten eingreifen, beim Vorliegen eines wichtigen Grundes vorzeitig lösbar sind, ist also genau besehen dahingehend zu präzisieren, dass diese Dauerschuldverhältnisse *mit sofortiger Wirkung* beendbar sind. Begründet man das ungeschriebene Recht, einen GmbH-Gesellschafter beim Vorliegen eines wichtigen Grundes auszuschließen, dogmatisch mit einem Rückgang auf dieses Prinzip, so muss der Rechtsgedanke der *sofortigen* Lösbarkeit konsequent auch hier seinen Niederschlag finden. Anders gewendet muss ein Gesellschafter, der aus wichtigem Grund aus einer GmbH ausgeschlossen wird, sofort mit der Rechtskraft des Ausschließungsurteils seine Gesellschafterstellung

892 Bamberger/Roth/*Schöne*, BGB, § 712 Rn. 17; Henssler/Strohn/*Servatius*, GesR, § 712 BGB Rn. 9.

893 Lutter/Hommelhoff/*Kleindiek*, GmbHG, § 38 Rn. 26ff.; Ulmer/Habersack/Löbbe/*Paefgen*, GmbHG, § 38 Rn. 208ff.

894 MünchKommAktG/*Spindler*, § 84 Rn. 124; Spindler/Stilz/*Fleischer*, AktG, § 84 Rn. 128.

895 Bamberger/Roth/*Schöne*, BGB, § 723 Rn. 16; Soergel/*Hadding/Kießling*, BGB, § 723 Rn. 28.

896 Ebenroth/Boujong/Joost/Strohn/*Lorz*, HGB, § 133 Rn. 40; Henssler/Strohn/*Klöhn*, GesR, § 133 HGB Rn. 39.

897 Soergel/*Hadding/Kießling*, BGB, § 737 Rn. 12; Staudinger/*Habermeier*, BGB, § 737 Rn. 14.

898 Oetker/*Kamanabrou*, HGB, § 140 Rn. 36; Röhricht/Graf v. Westphalen/Haas/*Haas*, HGB, § 140 Rn. 20.

899 Durch das Schuldrechtsmodernisierungsgesetz vom 26. 11. 2001 hat der Grundsatz der Beendbarkeit von Dauerrechtsverhältnissen aus wichtigem Grund in der *lex generalis* des § 314 BGB erstmals eine allgemeine Ausformung gefunden. Diese Norm geht indes ebenfalls davon aus, dass Dauerschuldverhältnisse beim Vorliegen eines wichtigen Grundes mit sofortiger Wirkung beendbar sind, vgl. Palandt/*Grüneberg*, BGB, § 314 Rn. 10.

verlieren. Auf eine Satzungsregelung kommt es insofern also nicht an. Eine Bedingung, wonach das Urteil seine Wirkung erst mit der Zahlung des Abfindungsentgelts, bzw. bei ihrem Ausbleiben gar keine Wirkung entfalten soll, würde sich mit dem Rechtsgedanken der sofortigen Lösbarkeit von Dauerrechtsverhältnissen hingegen nicht vertragen.

### *b) Keine erhöhte Schutzwürdigkeit mangels antizipierter Zustimmung im Statut*

Schließlich lässt sich die Bedingungslösung beim Ausschluss ohne satzungsrechtliche Grundlage auch nicht mit der Begründung rechtfertigen, dass der betroffene Gesellschafter mangels antizipierter Zustimmung im Statut schutzwürdiger ist, als bei der Zwangseinziehung.

Die These, wonach sich die erhöhte Schutzwürdigkeit daraus ergeben soll, dass der Verlust des Geschäftsanteils anhand des Statuts nicht vorhersehbar ist und daher für den Betroffenen oftmals „überraschend“ kommt,[900] überzeugt nicht. Für die Zwangseinziehung ist in § 34 Abs. 2 GmbHG bestimmt, dass sie nur dann erfolgen darf, wenn ihre Voraussetzungen (= die Einziehungsgründe) in der Satzung hinreichend präzise festgelegt sind. Diese Regelung bezweckt den Schutz der betroffenen Gesellschafter. Jedem Gesellschafter soll anhand der Satzung vor Augen geführt werden, welche einzelnen Gründe die Einziehung seines Anteils rechtfertigen. Er soll damit rechnen können, in welchen Situationen ihm die Mitgliedschaft gegen seinen Willen entzogen werden kann.[901] Dieser Schutz wird einem Gesellschafter, der ohne Satzungsgrundlage ausgeschlossen wird, zwar in der Tat nicht zuteil. Dennoch wäre es verfehlt, aus diesem Grund einen graduellen Unterschied hinsichtlich der Schutzwürdigkeit der auszuschließenden Gesellschafter zu machen.

Zum einen wird der Schutz dieser „statutarischen Vorhersehbarkeit“ überbewertet. Es sei in Erinnerung gerufen, dass auch Amortisationsklauseln zulässig sind, die mit unbestimmten Rechtsbegriffen operieren.[902] Daher enthalten die GmbH-Satzungen in der Praxis häufig Klauseln, welche das Einziehungsrecht der Gesellschaft etwa vom „Vorliegen eines wichtigen Grundes“[903] oder einer „groben Vertragsverletzung“[904] abhängig machen. Insbesondere für juristische Laien dürfte dann aus dem Statut kaum ersichtlich sein, welcher konkrete Sachverhalt nun die Zwangseinziehung ihres Geschäftsanteils rechtfertigt. Anders gewendet wird für

---

900 S. die Nachw. in Fn. 859.

901 BGH, NJW 1977, S. 2316 (2317); OLG Düsseldorf, BeckRS 2007, 09356; *Paulick*, GmbHR 1978, S. 121 (125); Ziemons/Jaeger/*Schindler*, BeckOK-GmbHG, § 34 Rn. 24f.; Baumbach/Hueck/*Fastrich*, GmbHG, § 34 Rn. 7; MünchKommGmbHG/*Strohn*, § 34 Rn. 41; Michalski/*Sosnitza*, GmbHG, § 34 Rn. 6, 35.

902 Vgl. statt aller Michalski/*Sosnitza*, GmbHG, § 34 Rn. 37; MünchKommGmbHG/*Strohn*, § 34 Rn. 42 jew. m.w.N.

903 BGH, NJW 1977, S. 2316 (2316f.); BGH, GmbHR 2003, S. 583 (583).

904 *Paulick*, GmbHR 1978, S. 121 (124).

die Gesellschafter in diesen Fällen der Verlust ihrer Mitgliedschaft kaum weniger „überraschend" kommen, als beim Ausschluss aus wichtigem Grund ohne satzungsrechtliche Grundlage.

Zum anderen ist das ungeschriebene Ausschließungsklagerecht nunmehr seit über 60 (!) Jahren richterrechtlich gesetztes Recht. Es basiert auf einer gefestigten Spruchpraxis und gehört heute zu den wohletablierten Instrumenten des GmbH-Rechts. Dieses Recht dürfte daher (insbesondere den Beratern von Gesellschaftern) mittlerweile hinreichend bekannt sein. Insofern ist anzunehmen, dass sich ihm jeder Gesellschafter mit der Übernahme eines Geschäftsanteils automatisch freiwillig unterwirft.[905]

Schließlich steht den betroffenen Gesellschaftern sowohl beim Ausschluss ohne satzungsrechtliche Grundlage, als auch beim Ausschluss aufgrund einer Satzungsregel gem. § 738 Abs. 1 S. 2 BGB analog ein Abfindungsanspruch zum vollen wirtschaftlichen Wert ihres Geschäftsanteils zu. Hinsichtlich des Erhalts dieser vollwertigen Abfindung sind alle ausgeschlossenen Gesellschafter genau gleich schutzwürdig.[906] Denn die Vereinbarung einer statutarischen Ausschließungsmöglichkeit erschöpft sich in der Ermächtigung der Gesellschaft, den Gesellschaftern in bestimmten Fällen das Mitgliedschaftsrecht zu entziehen.[907] Ohne weitergehende Anhaltspunkte im Statut kann diese Regelung nicht dahingehend interpretiert werden, dass sich die Gesellschafter über ihren Ausschluss hinaus zugleich dazu bereit erklärt haben, im Hinblick auf § 30 Abs. 1 GmbHG Abstriche bei ihrer Abfindung in Kauf zu nehmen.[908] Eine derartige Auslegung der Ausschlussklauseln würde über ihren objektiven Bedeutungsgehalt weit hinausgehen.

Ganz in diesem Sinne ist bei der Vereinbarung von abfindungsbeschränkenden Klauseln anerkannt, dass die abfindungsbeschränkende Wirkung für die Beteiligten hinreichend klar erkennbar sein muss. Das Risiko eines Ausschlusses unter gleichzeitigem Verlust des Vermögenswertes des Geschäftsanteils oder zumindest eines Teils davon, muss kalkulierbar und vorhersehbar sein. Andernfalls ist die entsprechende Regelung unwirksam.[909] Die abstrakte Vereinbarung einer Ausschließungsklausel wird diesem Transparenzgebot jedenfalls nicht gerecht. Auch aus dieser Überlegung folgt, dass der betroffene Gesellschafter bei der Ausschließung

---

905 Treffend insofern *Goette,* DStR 2001, S. 533 (539); ihm zustimmend *Tröger,* Gesellschaftsrecht in der Diskussion 2013, S. 23 (68); *Schneider/Hoger,* NJW 2013, S. 502 (505).

906 Es sei denn im Statut wurde explizit eine wirksame Abfindungsbeschränkung vereinbart oder der Gesellschafter wird nach § 21 GmbHG kaduziert.

907 Ähnlich *Tröger,* Gesellschaftsrecht in der Diskussion 2013, S. 23 (33).

908 So aber *Löwe/Thoß,* NZG 2003, S. 1005 (1006); Bork/Schäfer/*Thiessen,* GmbHG, § 34 Rn. 37.

909 Vgl. nur BGH, NJW 1977, S. 2316 (2317); BGH, GmbHR 1978, S. 131 (132); *Bacher/Spieth,* GmbHR 2003, S. 517 (518); Roth/Altmeppen/*Altmeppen,* GmbHG, § 34 Rn. 50; Ziemons/Jaeger/*Schindler,* BeckOK-GmbHG, § 34 Rn. 88; *Kesselmeier,* Ausschließungs- und Nachfolgeregelung in der GmbH-Satzung, S. 136.

durch gerichtliches Urteil mangels antizipierter Zustimmung im Statut nicht schutzwürdiger ist.

### c) *Kein höherer Schutz durch eine Bedingungskonstruktion*

Selbst wenn man entgegen sämtlicher hier vorgetragener Bedenken mit den Vertretern der Bedingungslösung eine erhöhte Schutzwürdigkeit der Gesellschafter anerkennen wollte, die ohne satzungsrechtliche Grundlage ausgeschlossen werden, so stellt sich doch die Frage, wieso die Bedingungslösung ihnen eigentlich einen höheren Schutz bieten sollte.

Ein Gesellschafter, in dessen Person ein wichtiger Grund für den Ausschluss vorliegt, ist unstreitbar nicht hinsichtlich seiner weiteren Mitgliedschaft in der Gesellschaft schutzwürdig, sondern nur im Hinblick auf eine adäquate Sicherung seiner Abfindung. In dieser Hinsicht aber gewährt gerade die Haftungslösung einen höheren Schutz. Beim Ausschluss aus wichtigem Grund macht in der Mehrzahl der Fälle ein querulantisches, gesellschaftsschädigendes oder gar strafbares Verhalten die weitere Mitgliedschaft des betroffenen Gesellschafters für die Gesellschaft unzumutbar. Regelmäßig wird ein Konflikt unter den Gesellschaftern ausgetragen. Dass solche Konflikte oft mit großer Verbissenheit und unter Ausnutzung sämtlicher gesellschaftsrechtlicher und prozessualer Möglichkeiten geführt werden, wurde bereits im Rahmen der Zwangseinziehung veranschaulicht.[910] Durch die Schwebephase, welche die Bedingungslösung erzeugt, wird diese Konfliktsituation vorerst aufrechterhalten. Dadurch wird die interne Funktionsfähigkeit der Gesellschaft empfindlich gestört.

Verschlechtert sich aus diesem Grund die Vermögenslage der GmbH, würde das wiederum nicht nur zum Schaden des Verbands und der Mitgesellschafter gereichen. Es würde gleichzeitig die Wahrscheinlichkeit sinken, dass die Gesellschaft den Abfindungsanspruch aus ungebundenem Vermögen erfüllen kann. Wenn die Abfindungszahlung aus diesem Grund ausbleibt und die Bedingung für die Ausschließungswirkung des Gestaltungsurteils nicht eintritt, verbleibt der Auszuschließende in der Gesellschaft. Dann aber hätte er nicht nur seine Abfindung von der GmbH nicht erhalten, auch sein ihm zur Sicherheit verbliebener Geschäftsanteil wäre entwertet.[911]

Dieses Problem stellt sich bei der Haftungslösung nicht. Im Gegenteil, durch die sofort wirksame Ausschließung des lästigen Gesellschafters erhöht sich dort die Wahrscheinlichkeit, dass sich die wirtschaftliche Lage des Unternehmens positiv entwickelt und die Gesellschaft das Abfindungsentgelt ohne Verstoß gegen § 30 Abs. 1 GmbHG leisten kann. Sollte der Kapitaldeckungsvorbehalt der Abfindungszahlung dennoch entgegenstehen, hat der ausgeschlossene Gesellschafter in voller

910 So plakativ zur Zwangseinziehung KG Berlin, NZG 2006, S. 437 (438); s. dazu bereits oben S. 40ff.

911 Auf dieses Problem weist der BGH sogar selbst hin, vgl. BGH, ZIP 2012, S. 422 (424).

Höhe des ihm zustehenden Abfindungsbetrages Zugriff auf das Privatvermögen der haftenden Gesellschafter. Im Notfall kann er zu seiner Befriedigung deren (aufgrund des abfindungslosen Ausscheidens nun werthaltigeren) Geschäftsanteile pfänden und versteigern lassen.

Im Gegensatz zur Bedingungstheorie löst sich also mit der sofortigen Ausschließungswirkung der Wert seiner Mitgliedschaft aus dem unternehmerischen Risiko. Wollte man eine erhöhte Schutzwürdigkeit der vom Ausschluss durch gerichtliches Urteil betroffenen Gesellschafter tatsächlich anerkennen, so müsste man demzufolge geradewegs hier die Haftungslösung anwenden, weil sie die Abfindung besser sichert.

### *d) Vergleich mit der Rechtslage im Personengesellschaftsrecht*

Eine Differenzierung danach, ob dem Ausschluss eine Satzungsregel zugrunde liegt, ist nicht angezeigt. Dies bestätigt nicht zuletzt ein Vergleich mit der Rechtslage im Personengesellschaftsrecht. In der OHG (§ 140 HGB) und der KG (§ 140 HGB i.V.m. § 161 Abs. 2 HGB) kann ein Gesellschafter, in dessen Person ein wichtiger Grund vorliegt, durch gerichtliches Gestaltungsurteil ausgeschlossen werden. Eine Regelung im Gesellschaftsvertrag ist dafür nicht erforderlich.[912] Andererseits kann der Gesellschaftsvertrag auf das Klageerfordernis aber auch verzichten und einen Ausschlussbeschluss der Gesellschafter für ausreichend erklären.[913] In beiden Fällen verliert der betroffene Gesellschafter unstreitig mit sofortiger Wirkung seinen Gesellschaftsanteil[914] und ist auf einen schuldrechtlichen Abfindungsanspruch gegenüber der Gesellschaft beschränkt. Diesen kann er nach § 128 HGB auch gegenüber seinen ehemaligen Mitgesellschaftern geltend machen.[915] Im Personengesellschaftsrecht wird zum Schutz des betroffenen Gesellschafters also nicht etwa angenommen, dass beim Fehlen einer gesellschaftsvertraglichen Ausschließungsklausel der Verlust der Gesellschaftsbeteiligung erst mit der Auszahlung des Abfindungsguthabens eintritt.

Sichert man den Abfindungsanspruch des ausgeschlossenen GmbH-Gesellschafters durch eine Ausfallhaftung der verbleibenden Gesellschafter ab, ähnelt die Rechtslage stark der im Personengesellschaftsrecht: Dem Gesellschafter steht ein schuldrechtlicher Abfindungsanspruch gegenüber der Gesellschaft zu und er kann seine ehemaligen Mitgesellschafter persönlich in Anspruch nehmen, wenn die GmbH das Abfindungsguthaben aufgrund der Kapitalbindung nicht auszahlen

---

912 Anders bei der GbR, da hier für den Ausschluss eines Gesellschafters aus wichtigem Grund nach § 737 BGB im Gesellschaftsvertrag eine sog. Fortsetzungklausel vereinbart worden sein muss. S. hierzu MünchKommBGB/*Schäfer*, § 737 Rn. 2.

913 Vgl. BGHZ 31, S. 295 (300); BGHZ 47, S. 293 (302); BGHZ 68, S. 212 (214); BGHZ 107, S. 351 (356); *K.Schmidt*, Gesellschaftsrecht, § 50 III 2a m.w.N.

914 Oetker/*Kamanabrou*, HGB, § 140 Rn. 36; Röhricht/Graf v. Westphalen/Haas/*Haas*, HGB, § 140 Rn. 20; BGH, NZG 2011, S. 901 (901).

915 S. zur Rechtslage im Personengesellschaftsrecht bereits oben S. 22f.

darf. Angesichts dieser strukturellen Parallelität sowie der auch sonst vorherrschenden Verwandtschaft des Innenverhältnisses einer GmbH mit demjenigen der Personenhandelsgesellschaften,[916] wäre es kaum zu rechtfertigen, warum gerade im GmbH-Recht nach dem Vorliegen einer statutarischen Ausschließungsmöglichkeit differenziert und beim Ausschluss durch gerichtliches Urteil an der Bedingungslösung festgehalten werden sollte.

### *3. Wertzuwachs bei den verbleibenden Gesellschaftern*

Die Ausfallhaftung ist eine Ausprägung der mitgliedschaftlichen Treuepflicht. Die verbleibenden Gesellschafter haben den Ausgeschlossenen persönlich abzufinden, weil ihnen der Wert seiner Mitgliedschaft persönlich zukommt, wenn dieser aufgrund des Kapitaldeckungsvorbehalts abfindungslos ausscheidet.[917] Die Zwangseinziehung eines Geschäftsanteils führt unproblematisch zu diesem Wertzuwachs, da das vernichtete Mitgliedschaftsrecht den verbleibenden Gesellschaftern ipso iure anwächst. Beim Ausschluss liegen die Dinge hingegen komplizierter. Da er sich alleine gegen die Person des betroffenen Gesellschafters und nicht gegen dessen Geschäftsanteil richtet, bleibt der Anteil nach dem wirksamen Entzug der Gesellschafterrechte bestehen. Die Gesellschaft ist nun dazu berechtigt, ihn zu verwerten.

Damit stellt sich die Frage, ob der Ausschluss ebenso wie die Zwangseinziehung stets mit der für die Ausfallhaftung erforderlichen Vermögensmehrung bei den verbleibenden Gesellschaftern verbunden ist, ob die Haftungslösung hier mangels Wertzuwachs abzulehnen ist, oder ob ihre Anwendbarkeit zumindest davon abhängt, wie die Gesellschaft den Anteil verwertet. Zur Beantwortung dieser Frage ist es erforderlich, der höchst umstrittenen Vorfrage nachzugehen, was mit dem Geschäftsanteil und somit der Vermögensposition des ausgeschlossenen Gesellschafters nach dem Wirksamwerden des Ausschließungsurteils eigentlich genau geschieht.

In der Literatur wird größtenteils angenommen, dass der ausgeschlossene Gesellschafter trotz des Verlustes seiner Mitgliedschaftsrechte zunächst Inhaber seines Geschäftsanteils bleibt.[918] Vielfach wird auch vertreten, dass der Anteil vorübergehend

---

916 Vgl. hierzu Ulmer/Habersack/Löbbe/*Ulmer*, GmbHG, Einl. A 21, 27; Michalski/*Michalski*, GmbHG, Syst. Darst. 1 Rn. 27; ausführlich auch *Fleischer*, GmbHR 2008, S. 1121 (1221ff.).

917 S. zu den dogmatischen Grundlagen der Ausfallhaftung oben S. 92ff.

918 Ziemons/Jaeger/*Schindler*, BeckOK-GmbHG, § 34 Rn. 146; Michalski/*Sosnitza*, GmbHG, Anh. § 34 Rn. 39; MünchHdbGesRIII/*Kort*,§ 29 Rn. 50; *Battke*, GmbHR 2008, S. 850 (855); *Spitze*, Der Ausschluß eines GmbH-Gesellschafters aus wichtigem Grund bei Schweigen der Satzung, S. 94; *Blath*, GmbHR 2012, S. 657 (658); *Tschering*, GmbHR 1999, S. 691 (697); *Goette*, DStR 2001, S. 533 (539); *Bacher/v. Blumenthal*, NZG 2008, S. 406 (406); *K.Schmidt*, Gesellschaftsrecht, § 35 IV 2c.

als trägerloses Recht fortbesteht.[919] Jedenfalls gehe auf die Gesellschaft nicht das Vollrecht, sondern nur die Verfügungsbefugnis über den Geschäftsanteil über. Kraft dieses Verfügungsrechts könne sie den Anteil wahlweise einziehen oder ihn an sich, einen bestimmten Gesellschafter oder einen Dritten abtreten. Die Einziehung und der Eigenerwerb setzen dabei voraus, dass die Stammeinlage voll eingezahlt ist (§§ 19 Abs. 2, 33 Abs. 1 GmbHG). Ist die Einlage noch offen, komme nur eine Übertragung des Anteils auf einen Mitgesellschafter oder einen Dritten in Betracht.[920]

Gegen diesen Lösungsansatz spricht, dass der ausgeschlossene Gesellschafter nach dem Wirksamwerden des Ausschließungsurteils nicht mehr Inhaber seines Geschäftsanteils sein kann. Denn sobald er seine Mitgliedschaftsrechte verliert, muss er auch den Anteil mit dinglicher Wirkung verlieren, da dieser die mitgliedschaftlichen Rechte und Pflichten inkorporiert.[921] Auf der anderen Seite kann der Anteil aber auch nicht als trägerloses Recht fortexistieren. Denn ein Recht muss immer einem Rechtsträger zugeordnet sein. Herrenlose Rechte sind unserer Zivilrechtsordnung fremd. Ein subjektloses Recht wäre ein Widerspruch in sich.[922]

*Fastrich* hat daher vorgeschlagen, den Geschäftsanteil nach der Rechtskraft des Ausschlussurteils den verbleibenden Gesellschaftern anteilig zuzuordnen. Denn wenn man die Judikatur zur Ausfallhaftung auf die Ausschließung durch gerichtliches Urteil überträgt, müssten diese schließlich auch für die unrealisierbare Abfindung pro rata aufkommen.[923] Gegen diese These spricht wiederum, dass die Ausschlussklage nicht von den Mitgesellschaftern, sondern von der Gesellschaft erhoben wird.[924] Mit der Ausschließung löst die GmbH als juristische Person ihre Rechtsbeziehungen zu dem betreffenden Gesellschafter.[925] In dieser Beziehung aber

919 *Löwe/Thoß*, NZG 2003, S. 1005 (1008); *Mezger*, GmbHR 1963, S. 64 (64f.); Henssler/Strohn/*Fleischer*, GesR, § 34 GmbHG Rn. 33; MünchKommGmbHG/*Strohn*, § 34 Rn. 118; Ulmer/Habersack/Löbbe/*Ulmer/Habersack*, Anh. § 34 Rn. 39; Rowedder/Schmidt-Leithoff/*Görner*, GmbHG, § 34 Rn. 121; Scholz/*Seibt*, Anh. § 34 Rn. 52; *Soufleros*, Ausschließung und Abfindung eines GmbH-Gesellschafters, S. 123ff.; *Kesselmeier*, Ausschließungs- und Nachfolgeregelung in der GmbH-Satzung, S. 61ff.; OLG Düsseldorf, DB 2007, S. 848 (850); offen gelassen von BGH, DStR 2003, S. 1717 (1718).

920 *Battke*, GmbHR 2008, S. 850 (852f.); *Tschering*, GmbHR 1999, S. 691 (695); MünchKommGmbHG/*Strohn*, § 34 Rn. 117f.; Ziemons/Jaeger/*Schindler*, BeckOK-GmbHG, § 34 Rn. 147; Ulmer/Habersack/Löbbe/*Ulmer/Habersack*, Anh. § 34 Rn. 39; Michalski/*Sosnitza*, GmbHG, Anh. § 34 Rn. 40; Scholz/*Seibt*, Anh. § 34 Rn. 52.

921 In diesem Sinne auch Scholz/*Seibt*, Anh. § 34 Rn. 52.

922 *Kolb*, Der Ausschluss eines Gesellschafters aus der GmbH, S. 26; MünchKomm-AktG/*Bayer*, § 64 Rn. 70.

923 Baumbach/Hueck/*Fastrich*, GmbHG, Anh. § 34 Rn. 10, 15.

924 S. die Nachw. in Fn. 55.

925 MünchKommGmbHG/*Strohn*, § 34 Rn. 158.

liegt es näher, dass nicht die Mitgesellschafter, sondern die Gesellschaft den Geschäftsanteil des Ausgeschlossenen erwirbt.[926]

Gegen diesen Lösungsansatz wird im Schrifttum vorgebracht, dass ein Vollrechtserwerb durch die GmbH mit § 33 GmbHG nicht zu vereinbaren sei.[927] Dieser Einwand überzeugt nicht. § 33 Abs. 1 GmbHG bestimmt, dass die Gesellschaft einen eigenen Anteil nicht erwerben darf, wenn auf ihn die Einlage nicht vollständig geleistet ist. Ist die Stammeinlage noch offen, ist die Ausschlussklage jedoch ohnehin als unbegründet abzuweisen.[928] In diesem Fall ist die Kaduzierung (§ 21 GmbHG) der speziellere Rechtsbehelf, um den betroffenen Gesellschafter auszuschließen.[929]

Ferner darf die Gesellschaft nach § 33 Abs. 2 S. 1 GmbHG einen eigenen Anteil nur dann erwerben, wenn sie eine Rücklage in Höhe der Aufwendungen für den Erwerb bilden könnte ohne das Stammkapital oder eine nach dem Gesellschaftsvertrag zu bildende Rücklage zu mindern, die nicht zur Zahlung an die Gesellschafter verwendet werden darf. Auch diese Vorgabe steht der Annahme eines automatischen Vollrechtserwerbs durch die GmbH nicht entgegen, selbst wenn diese nicht über ausreichend freie Mittel verfügt. Denn § 33 Abs. 2 GmbHG dient der Erhaltung des Stammkapitals.[930] Aus diesem Grund erfasst diese Norm nur den *entgeltlichen* Erwerb eines Geschäftsanteils.[931] Nach dem Wirksamwerden des Ausschließungsurteils erwirbt die Gesellschaft den Geschäftsanteil vom ausgeschlossenen Gesellschafter jedoch nicht entgeltlich. Die Verpflichtung zur Zahlung der Abfindung kann nämlich nicht als Gegenleistung für seinen Geschäftsanteil angesehen werden. Der Abfindungsanspruch soll den ausgeschlossenen Gesellschafter für den Verlust seiner Gesellschaftsbeteiligung entschädigen und zwar unabhängig davon, ob sein Anteil untergeht, oder ob er den Rechtsträger wechselt. Folglich steht die Zuordnung des Geschäftsanteils zum Verbandsvermögen in keinem inneren rechtlichen

---

926 Für einen automatischen Vollrechtserwerb durch die Gesellschaft auch *Balz,* Die Beendigung der Mitgliedschaft in der GmbH, S. 81; *Kolb,* Der Ausschluss eines Gesellschafters aus der GmbH, S. 181; *Hartmann,* GmbHR 1962, S. 5 (9); unklar insofern BGH, NJW 1953, S. 780 (784) indem er ohne nähere Erläuterung davon spricht, dass der Anteil mit Zahlung der Abfindung an die Gesellschaft „fällt".

927 So etwa *Blath,* GmbHR 2012, S. 657 (658); Ziemons/Jaeger/*Schindler,* BeckOK-GmbHG, § 34 Rn. 146; Baumbach/Hueck/*Fastrich,* GmbHG, Anh. § 34 Rn. 10; Michalski/*Funke,* GmbHG, Anh. § 34 Rn. 39.

928 Lutter/Hommelhoff/*Lutter,* GmbHG, § 34 Rn. 58.

929 *Kolb,* Der Ausschluss eines Gesellschafters aus der GmbH, S. 179, 59.

930 Lutter/Hommelhoff/*Lutter,* GmbHG, § 33 Rn. 2; Baumbach/Hueck/*Fastrich,* § 33 Rn. 1, 9; Michalski/*Sosnitza,* GmbHG, § 33 Rn. 21; Ulmer/Habersack/Löbbe/*Paura,* GmbHG, § 33 Rn. 43.

931 OLG Hamm, GmbHR 1994, S. 179 (180); Michalski/*Sosnitza,* GmbHG, § 33 Rn. 26; Lutter/Hommelhoff/*Lutter,* GmbHG, § 33 Rn. 15; Ulmer/Habersack/Löbbe/*Paura,* GmbHG, § 33 Rn. 54.

Zusammenhang oder wechselseitigen Abhängigkeitsverhältnis mit der Abfindungsverpflichtung.[932]

Somit erwirbt die Gesellschaft mit der Rechtskraft des Ausschlussurteils automatisch das Vollrecht an dem Geschäftsanteil des ausgeschlossenen Gesellschafters. Dadurch erhöht sich zwar ihr Vermögen nicht, weil der Anteil für sie selbst keinen Wert darstellt (sie erwirbt eine Beteiligung an Vermögen, das ihr ohnehin gehört).[933] Gleichwohl ist dieser Vorgang für die verbleibenden Gesellschafter mit einem Vermögenszuwachs verbunden. Denn nach dem Ausschluss des störenden Gesellschafters sind weniger Personen am Verbandsvermögen beteiligt, als zuvor.[934]

Dieser Vermögensvorteil kommt den verbleibenden Gesellschaftern nun unabhängig davon zugute, ob die Gesellschaft den Geschäftsanteil in der Folgezeit als eigenen behält, oder ob sie ihn durch eine Einziehung oder Abtretung weiter verwertet. Zieht sie den Anteil ein, wächst er dem Vermögen der verbleibenden Gesellschafter unmittelbar zu. Veräußert sie ihn an einen Dritten, sind zwar wieder mehr Personen am Gesellschaftsvermögen beteiligt, dafür ist dieses jedoch um den Verkaufserlös für den Geschäftsanteil entsprechend erhöht.[935]

Damit ist festzuhalten, dass auch die Ausschließung stets mit dem für die Ausfallhaftung erforderlichen Wertzuwachs bei den verbleibenden Gesellschaftern verbunden ist, wenn der ausgeschlossene Gesellschafter aufgrund der Kapitalerhaltungsvorschriften abfindungslos ausscheidet.

## VI. Ergebnis und weitere Konsequenzen für die Ausschließung

Weder die Tatsache, dass der Ausschließung im Klagewege keine Satzungsregelung zugrunde liegt, noch der Umstand, dass der Geschäftsanteil nach dem Ausschluss fortbesteht und von der Gesellschaft verwertet werden kann, stehen einer Anwendung der Haftungslösung entgegen. Vielmehr ist die persönliche Haftung der verbleibenden Gesellschafter auch bei der Ausschließung durch gerichtliches Urteil das adäquate Mittel, um die Abfindung zu sichern.

Aus dieser Erkenntnis folgt, dass der Richter im Ausschließungsprozess künftig nur zu prüfen hat, ob ein wichtiger Grund für den Ausschluss des betreffenden Gesellschafters vorliegt. Kommt er zu diesem Schluss, hat er die Ausschließung im Urteil unbedingt auszusprechen. Mit langwierigen und komplizierten Fragen der

---

932 So auch *Kolb,* Der Ausschluss eines Gesellschafters aus der GmbH, S. 180.

933 Vgl. *Drygala/Staake/Szalai,* Kapitalgesellschaftsrecht, § 8 Rn. 61.

934 Vgl. MünchKommGmbHG/*Strohn,* § 34 Rn. 174.

935 Dem ausgeschlossenen Gesellschafter steht aus dem Kaufvertrag kein eigener Anspruch auf Kaufpreiszahlung gegen den Anteilskäufer zu. Denn der Kaufvertrag kommt alleine zwischen dem Erwerber des Anteils und der Gesellschaft als Vollrechtsinhaberin zustande. Der Ausgeschlossene ist auf seinen Abfindungsanspruch gegenüber der Gesellschaft beschränkt. Vgl. hierzu *Kolb,* Der Ausschluss eines Gesellschafters aus der GmbH, S. 187f.; *Kesselmeier,* Ausschließungs- und Nachfolgeregelung in der GmbH-Satzung, S. 121f.

Abfindungsberechnung braucht er sich also nicht zu beschäftigen. Die Ausschlussklage ist von ihm auch nicht etwa als unbegründet abzuweisen, wenn bei Schluss der mündlichen Verhandlung schon feststeht, dass die Gesellschaft die Abfindung nicht ohne Verstoß gegen § 30 Abs. 1 GmbHG leisten kann.[936] Denn dadurch würden wiederum nicht die Gesellschaftsgläubiger, sondern systemwidrig alleine der störende Gesellschafter vor dem Verlust seiner Mitgliedschaft geschützt werden.[937]

Sobald das Ausschließungsurteil rechtskräftig wird, tritt seine Gestaltungswirkung ein und der störende Gesellschafter verliert seine Mitgliedschaftsrechte endgültig. Sein Geschäftsanteil geht dann ipso iure in das Verbandsvermögen über. Bis zur Rechtskraft des Ausschlussurteils stehen dem beklagten Gesellschafter seine Gesellschafterrechte allerdings vollumfänglich zu.[938] Ist der Gesellschaft eine Zusammenarbeit mit dem auszuschließenden Gesellschafter bis zu diesem Zeitpunkt nicht zumutbar, kann sie versuchen im Wege einer einstweiligen Verfügung ein Ruhen seiner Mitgliedschaftsrechte zu erreichen.[939]

Seine Abfindungsforderung muss der ausgeschlossene Gesellschafter in einem getrennten Verfahren einklagen. Sobald die Gesellschaft die Auszahlung des Abfindungsguthabens unter Berufung auf § 30 Abs. 1 GmbHG verweigert, haben ihn die Gesellschafter, die in der Gesellschafterversammlung für die Erhebung der Ausschlussklage gestimmt haben, auf Grundlage der nachwirkenden mitgliedschaftlichen Treuepflicht persönlich abzufinden.

Vor ihrer Inanspruchnahme steht ihnen eine dilatorische Einrede zu, während deren Wirkungsdauer sie die Möglichkeit haben die Unterbilanz zu beheben, um ihre Haftung abzuwenden. Im Unterschied zur Zwangseinziehung kommt hierfür aber nicht nur die Realisation stiller Reserven in Betracht. Da der Geschäftsanteil des ausgeschlossenen Gesellschafters nicht untergegangen, sondern in das Gesellschaftsvermögen übergegangen ist, können die verbleibenden Gesellschafter insbesondere auch versuchen die Unterdeckung zu beseitigen, indem sie den Anteil an einen bestimmten Gesellschafter oder einen Dritten verkaufen.

Sobald die zustimmenden Gesellschafter aus der Ausfallhaftung in Anspruch genommen wurden, steht ihnen wie bei der Zwangseinziehung gegen die dissentierenden Gesellschafter als Ausgleich für den von ihnen im Außenverhältnis übernommen Haftungsbetrag ein Anspruch auf Abtretung eines (Teil-)Geschäftsanteils in Höhe ihres Beteiligungszuwachses zu. Dieser interne Ausgleichsanspruch ist

---

936 So aber BGHZ 9, S. 157 (175); MünchKommGmbHG/*Strohn,* § 34 Rn. 175; Scholz/*Seibt,* GmbHG, Anh. § 34 Rn. 36; Baumbach/Hueck/*Fastrich,* GmbHG, Anh. § 34 Rn. 7; Lutter/Hommelhoff/*Lutter,* GmbHG, § 34 Rn. 58; MünchHdbGesRIII/*Kort,* § 39 Rn. 46.

937 Vgl. *Markowsky,* Die Einziehung von GmbH-Geschäftsanteilen, S. 222.

938 Vgl. Ziemons/Jaeger/*Schindler,* BeckOK-GmbHG, § 34 Rn. 152; Baumbach/Hueck/*Fastrich,* GmbHG, Anh. § 34 Rn. 15; Michalski/*Sosnitza,* GmbHG, Anh. § 34 Rn. 37.

939 Ulmer/Habersack/Löbbe/*Ulmer/Habersack,* GmbHG, Anh. § 34 Rn. 31; Michalski/*Sosnitza,* GmbHG, Anh. § 34 Rn. 37; Ziemons/Jaeger/*Schindler,* BeckOK-GmbHG, § 34 Rn. 152; Baumbach/Hueck/*Fastrich,* GmbHG, Anh. § 34 Rn. 15.

sachgerecht, selbst wenn die Gesellschaft den Anteil, den sie vom ausgeschlossenen Gesellschafter erwirbt, nicht durch eine Einziehung verwertet. Denn solange sie den Anteil des Ausgeschlossenen als eigenen hält, ruhen aus ihm die mitgliedschaftlichen Rechte und Pflichten.[940] Das hat zur Folge, dass sich die Mitgliedschaftsrechte aller verbleibenden Gesellschafter anteilig vermehren, wodurch sich – im wirtschaftlichen Ergebnis wie bei der Einziehung – ihre Beteiligung an der Gesellschaft faktisch erhöht.[941] Im Übrigen ergeben sich im Hinblick auf die Einzelheiten der Haftungsausgestaltung keine nennenswerten Unterschiede zu den zur Zwangseinziehung entwickelten Grundsätzen.[942]

Die vorstehenden Überlegungen gelten entsprechend, wenn die Satzung vorsieht, dass ein Gesellschafter durch einen rechtsgestaltenden Gesellschafterbeschluss ausgeschlossen werden kann. Denn in diesem Fall tritt der Ausschlussbeschluss der Gesellschafterversammlung lediglich an die Stelle des rechtskräftigen Ausschließungsurteils.

## D) Austritt aus wichtigem Grund

Abschließend bleibt noch zu klären, wie es sich sicherstellen lässt, dass ein Gesellschafter, der aus der GmbH austritt, seinen Geschäftsanteil aufgrund des Kapitaldeckungsvorbehalts (§ 30 Abs. 1 GmbHG) nicht entschädigungslos verliert.

Ob die Grundsatzentscheidung des BGH vom 24. 1. 2012 auch Auswirkungen auf die Rechtslage beim Austritt hat, bzw. welche Änderungen sich künftig hier ergeben, ist bislang kaum erforscht und soll daher im Folgenden untersucht werden. Zu diesem Zweck wird zunächst beleuchtet, wie die h.M. einen austretenden Gesellschafter bisweilen vor der Gefahr eines kompensationslosen Verlustes der Mitgliedschaft schützt (I). Im Anschluss wird ein Blick auf den aktuellen Diskussionsstand geworfen (II). Danach werden die Auswirkungen der Judikatur zur Ausfallhaftung auf die Rechtslage beim Austritt aufgezeigt (III).

## I. Bisherige Praxis

Der Austritt eines Gesellschafters vollzieht sich nach ganz h.M. in zwei Akten. Der Austrittswillige muss seinen Austritt der Gesellschaft gegenüber erklären und erwirbt dadurch gegen diese einen Anspruch auf Zahlung der Abfindung (§ 738 Abs. 1 S. 2 BGB analog) sowie einen Anspruch auf Abnahme seines Geschäftsanteils.[943]

---

940 S. nur Ulmer/Habersack/Löbbe/*Paura*, GmbHG, § 33 Rn. 76ff.; Lutter/Hommelhoff/*Lutter*, GmbHG, § 33 Rn. 39; Michalski/*Sosnitza*, GmbHG, § 33 Rn. 55.

941 Vgl. Ulmer/Habersack/Löbbe/*Paura*, GmbHG, § 33 Rn. 90; *Kolb*, Der Ausschluss eines Gesellschafters aus der GmbH, S. 177.

942 S. hierzu oben S. 115ff.

943 BGH, NJW 1984, S. 489 (489f.); BayObLG, BB 1975, S. 249 (250); OLG Köln, NZG 1998, S. 779 (781); OLG Köln, NZG 1999, S. 268 (268); OLG Köln, NZG 1999, S. 1222 (1223); MünchHdbGesRIII/*Kort*, § 29 Rn. 22; Bork/Schäfer/*Thiessen*, GmbHG, § 34

Dieser Abnahmepflicht kann die Gesellschaft auf verschiedene Art und Weise nachkommen. Ihr steht ein Wahlrecht zu (§ 262 BGB)[944] den Anteil einzuziehen (auch ohne Satzungsregelung), die Übertragung auf sich als eigenen Anteil zu verlangen oder einen Mitgesellschafter oder einen Dritten zu benennen, an den der Austretende verpflichtet ist, seinen Anteil abzutreten.[945] Bis zu dieser Verwertung bleibt der austrittswillige Gesellschafter Inhaber seines Geschäftsanteils.[946]

Um ihn vor dem entschädigungslosen Verlust seiner Mitgliedschaft zu bewahren, wendet die h.M. die Bedingungslösung auch auf den Austritt an. Demzufolge soll die Wirksamkeit der anteilsverwertenden Einziehung unter der aufschiebenden Bedingung stehen, dass die Gesellschaft die Abfindung vollständig aus ungebundenem Vermögen auszahlt[947,948]. Die Übertragung des Anteils auf sich könne die Gesellschaft wiederum nur Zug um Zug gegen Leistung der Abfindung aus freiem Vermögen verlangen.[949]

---

Rn. 74; Scholz/*Seibt,* GmbHG, Anh. § 34 Rn. 17; Ulmer/Habersack/Löbbe/*Ulmer/Habersack,* GmbHG, Anh. § 34 Rn. 59; MünchKommGmbHG/*Strohn,* § 34 Rn. 198; *Schwab,* DStR 2012, S. 707 (708); *Grunewald,* GmbHR 1991, S. 185 (185).

944 Die Entscheidung über die Wahl der Anteilsverwertung fällt gem. § 46 Nr. 4 GmbHG analog in die Kompetenz der Gesellschafterversammlung, vgl. *Becker,* Der Austritt aus der GmbH, S. 182.

945 OLG Köln, NZG 1999, S. 1222 (1223); OLG Köln, NZG 1998, S. 779 (781); *Grunewald,* GmbHR 1991, S. 185 (185); *Müller,* Das Austrittsrecht des GmbH-Gesellschafters, S. 99ff.

946 Vgl. nur Ulmer/Habersack/Löbbe/*Ulmer/Habersack,* GmbHG, Anh. § 34 Rn. 59; Baumbach/Hueck/*Fastrich,* GmbHG, Anh. § 34 Rn. 26.

947 Vgl. OLG Frankfurt a.M., NJW-RR 1997, S. 612 (613); OLG Köln, NZG 1999, S. 1222 (1222f.); OLG München, NZG 2008, S. 199 (200); OLG Zweibrücken, GmbHR 1997, S. 939 (942); OLG Köln, NJW-RR 1997, S. 356 (357); Scholz/*Seibt,* GmbHG, Anh. § 34 Rn. 22; Ulmer/Habersack/Löbbe/*Ulmer/Habersack,* GmbHG, Anh. § 34 Rn. 62; *Schwab,* DStR 2012, S. 707 (708).

948 Der Einziehungsbeschluss steht zwar nicht unter der gesetzlichen Bedingung, dass das Abfindungsentgelt vollständig aus ungebundenem Vermögen gezahlt wird, da § 34 Abs. 3 i.V.m. § 30 Abs. 1 GmbHG keine gesetzliche Wirksamkeitsvoraussetzung für die Einziehung darstellt (s. oben S. 36ff.). Beim Austritt ließe sich ein „Bedingungszusammenhang“ zwischen der Einziehung und der Abfindungsleistung jedoch zwanglos herstellen, indem man für die Wirksamkeit der Einziehung die Zustimmung des Austretenden verlangt (§ 34 Abs. 2 GmbHG), die dieser Zug um Zug gegen Zahlung der Abfindung aus freiem Vermögen zu erteilen hat; in diesem Sinne etwa *Müller,* Das Austrittsrecht des GmbH-Gesellschafters, S. 99f.

949 OLG Köln, NZG 1999, S. 1222 (1223); OLG Köln, NZG 1998, S. 779 (781); *Grunewald,* GmbHR 1991, S. 185 (186); *Hülsmann,* GmbHR 2003, S. 198 (203); *Müller,* Das Austrittsrecht des GmbH-Gesellschafters, S. 100; Ulmer/Habersack/Löbbe/*Ulmer/Habersack,* GmbHG, Anh. § 34 Rn. 59; Rowedder/Schmidt-Leithoff/*Görner,* GmbHG, § 34 Rn. 109, 114; Gehrlein/Ekkenga/Simon/*Sandhaus,* GmbHG, § 34 Rn. 100; noch weitergehend für eine Abtretung unter der „aufschiebenden Bedingung“ der Abfindungszahlung *Bacher/v. Blumenthal,* NZG 2008, S. 406 (407);

Nimmt sie den Anteil gegen Zahlung der Abfindung während einer Unterdeckung dennoch ab, so sei dies keine ordnungsgemäße Erfüllung der Abnahmepflicht, weil der austretende Gesellschafter wegen eines Verstoßes gegen § 34 Abs. 3 i.V.m. § 30 Abs. 1 GmbHG bzw. § 33 Abs. 2 S. 1 GmbHG dem Rückerstattungsanspruch aus § 31 Abs. 1 GmbHG ausgesetzt ist.[950] Der Austretende sei dann aufgrund der Unwirksamkeit der Einziehung weiterhin Gesellschafter bzw. könne er seinen Geschäftsanteil nach einem Eigenerwerb durch die GmbH kondizieren (§ 812 Abs. 1 S. 1 Alt. 1 BGB i.V.m. § 33 Abs. 2 S. 3 GmbHG).[951] Der Einwand aus § 30 Abs. 1 GmbHG bestehe dabei nicht nur gegenüber dem Abfindungsanspruch, sondern auch gegenüber dem Abnahmeanspruch. Denn die Gesellschaft könne nicht zu einem verbotswidrigen Verhalten (Verstoß gegen § 34 Abs. 3 bzw. § 33 Abs. 2 GmbHG) verpflichtet sein.[952]

Verfügt die Gesellschaft nicht über ausreichend freie Mittel, sei ihr eine ordnungsgemäße Erfüllung der Abnahmepflicht nur möglich, indem sie dem Austrittswilligen einen erwerbsbereiten Gesellschafter oder Dritten benennt. Denn deren Zahlungen kollidieren nicht mit § 30 Abs. 1 GmbHG. Der Austretende sei dann dazu verpflichtet, seinen Anteil Zug um Zug gegen Zahlung der Abfindung in Form eines Kaufpreises auf die benannte Person zu übertragen[953,954].

Nach dem Zugang der Austrittserklärung bei der Gesellschaft entsteht nach der h.M. folglich eine Schwebephase, bis der austretende Gesellschafter seine Abfindung vollständig ohne Verstoß gegen § 30 Abs. 1 GmbHG erhalten hat. Kann die Gesellschaft die Abfindung aus ungebundenem Vermögen nicht leisten und findet sie für den Anteil keinen Erwerber, soll dem Austretenden zur Sicherung seiner Abfindung schließlich das Recht zustehen, die Gesellschaft ungeachtet der Voraussetzungen des § 61 GmbHG aufzulösen.[955]

---

Scholz/*Seibt*, Anh. § 34 Rn. 22 und *Balz*, Die Beendigung der Mitgliedschaft in der GmbH, S. 121.

950 BayObLG, BB 1975, S. 249 (250); *Grunewald*, GmbHR 1991, S. 185 (186f.); *Hülsmann*, GmbHR 2003, S. 198 (204).

951 *Grunewald*, GmbHR 1991, S. 185 (186).

952 *Müller*, Das Austrittsrecht des GmbH-Gesellschafters, S. 119.

953 *Grunewald*, GmbHR 1991, S. 185 (187); Scholz/*Seibt*, GmbHG, Anh. § 34 Rn. 19f.; MünchHdbGesRIII/*Kort*, § 29 Rn. 20.

954 Neben dem Dritterwerber bleibt die Gesellschaft aber stets als Gesamtschuldnerin (§ 421 BGB) zur Zahlung der Abfindung verpflichtet. Von ihrer Abfindungspflicht wird sie durch die Benennung eines erwerbsbereiten Dritten also nicht frei, vgl. *Grunewald*, GmbHR 1991, S. 185 (187); *Müller*, Das Austrittsrecht des GmbH-Gesellschafters, S. 119; *Hülsmann*, GmbHR 2003, S. 198 (203f.).

955 RGZ 125, S. 114 (122); BGH, NJW 1984, S. 489 (490) – obiter dictum; OLG Celle, GmbHR 2002, S. 1063 (1064); BayObLG, BB 1975, S. 249 (250); Michalski/*Sosnitza*, GmbHG, Anh. § 34 Rn. 60; Lutter/Hommelhoff/*Lutter*, GmbHG, § 34 Rn. 77; Ulmer/Habersack/Löbbe/*Ulmer/Habersack*, GmbHG, Anh. § 34 Rn. 59; *Grunewald*, GmbHR 1991, S. 185 (187); *Müller*, Das Austrittsrecht des GmbH-Gesellschafters,

## II. Änderung der Rechtslage durch die Grundsatzentscheidung des BGH vom 24. 1. 2012? – Aktueller Diskussionsstand

Der II. Zivilsenat hat sich in seiner Leitentscheidung vom 24. 1. 2012 nicht dazu geäußert, ob seine Judikatur zur Ausfallhaftung bei der Zwangseinziehung auch Auswirkungen auf die Rechtlage beim Austritt hat. Auch im Schrifttum finden sich zu dieser Frage nur wenige Stellungnahmen. So befürwortet *Altmeppen* die sofortige Wirksamkeit der Anteilsabnahme sowie die Haftung der verbleibenden Gesellschafter für die Abfindung, da der Austretende nur mehr am Erhalt des Abfindungsentgelts interessiert sei.[956] *Blath* wiederum hält diese Rechtsfolgen dem austretenden Gesellschafter für zumutbar, da sie aufgrund der Freiwilligkeit des Austritts für ihn vorhersehbar seien.[957] *Seibt* ist hingegen der Auffassung, dass sich die Judikatur zur Ausfallhaftung auf den Austritt nicht übertragen lässt. Denn das Ausscheiden werde beim Austritt einseitig durch den Austretenden herbeigeführt. Daher könnte dieser die Haftung der verbleibenden Gesellschafter einseitig begründen, was bei illiquiden Gesellschaften zu einer unzulässigen Kollision mit dem Belastungsverbot aus § 53 Abs. 3 GmbHG führen würde.[958] Auch *Trölitzsch* lehnt eine Anwendung der Haftungslösung auf den Austritt ab. Er ist der Meinung, dass ihr maßgebliches Wertungsargument, wonach ein untragbarer Gesellschafter die Gesellschaft im Interesse des Verbands mit sofortiger Wirkung verlassen muss, auf den Austritt nicht zutrifft.[959]

---

S. 120f.; *Balz,* Die Beendigung der Mitgliedschaft in der GmbH, S. 121ff.; *Becker,* Der Austritt aus der GmbH, S. 178.

956 *Altmeppen,* ZIP 2012, S. 1685 (1693); ferner Roth/Altmeppen/*Altmeppen,* GmbHG, § 60 Rn. 118f., wobei er die Haftung der verbleibenden Gesellschafter nur annimmt, wenn diese den Austrittsgrund zu vertreten haben; ferner *Klöckner,* GmbHR 2012, S. 1325 (1328); ähnlich auch *Markowsky,* Die Einziehung von GmbH-Geschäftsanteilen, S. 223; jedenfalls bei einer anteilsverwertenden Einziehung auch Lutter/Hommelhoff/*Lutter,* GmbHG, § 34 Rn. 75.

957 *Blath,* GmbHR 2012, S. 657 (662); ihm in dieser Begründung folgend *Markowsky,* Die Einziehung von GmbH-Geschäftsanteilen, S. 223.

958 Scholz/*Seibt,* GmbHG, Anh. § 34 Rn. 33; ihm folgend Ulmer/Habersack/Löbbe/*Ulmer/Habersack,* GmbHG, Anh. § 34 Rn. 49.

959 *Trölitzsch,* KSzW 2013, S. 55 (57, 62); völlig unklar Baumbach/Hueck/*Fastrich,* GmbHG, Anh. § 34, der sich in Rn. 24 beim Austritt gegen die Ausfallhaftung ausspricht, in Rn. 25 wiederum die Ausfallhaftung nach einer anteilsverwertenden Einziehung befürwortet, gleichzeitig aber in Rn. 26 davon ausgeht, dass die anteilsverwertende Einziehung unter der aufschiebenden Bedingung der Abfindungszahlung steht.

## III. Künftige Rechtslage beim Austritt

Beim Austritt eines Gesellschafters sind für eine Beendigung der Mitgliedschaft vor Erhalt der Abfindung aus ungebundenem Kapital zwei Anknüpfungspunkte denkbar: Zum einen der Zugang der Austrittserklärung bei der Gesellschaft (1.) und zum anderen der Vollzug des Austritts durch die Abnahme des Geschäftsanteils (2.).

### *1. Erklärung des Austritts*

In zwei jüngeren Entscheidungen vom 30. 6. 2003[960] und vom 30. 11. 2009[961] hat der BGH Satzungsregelungen für zulässig erachtet, in denen vorgesehen war, dass ein austretender Gesellschafter seine Gesellschafterstellung sofort mit der Austrittserklärung verliert. In erstgenannter Entscheidung warf er sogar die Frage auf, ob die Mitgesellschafter in diesem Fall zur Sicherung der Abfindung subsidiär haften, ließ sie dann jedoch offen.[962]

Überlegenswert erscheint es daher, diese Rechtsfolgen künftig ohne entsprechende Satzungsregelung eintreten zu lassen.[963] Für den austrittswilligen Gesellschafter hätte das zwar den Vorteil, dass er seine untragbare Mitgliedschaft in der GmbH mit nur einer einseitigen Erklärung beenden könnte. Diese Rechtsfortbildung wäre jedoch mit dem geltenden Recht nicht vereinbar.

So entspricht es zu Recht einhelliger Auffassung, dass die Mitgesellschafter im Rahmen des Austrittsvorgangs nicht dazu verpflichtet sind, den Geschäftsanteil des austretenden Gesellschafters auf sein Verlangen hin gegen Zahlung des Abfindungsentgelts zu erwerben.[964] Faktisch wäre aber gerade das die Konsequenz dieser Lösung. Denn der austretende Gesellschafter könnte, insbesondere wenn sein Austritt auf persönlichen Gründen beruht oder ihm statutarisch ein ordentliches Kündigungsrecht eingeräumt wurde, während einer Unterbilanz nach seinem Ermessen unmittelbar die Haftung der verbleibenden Gesellschafter begründen. Dass diesen hierbei der Wert seines Geschäftsanteils zukommen würde, ist irrelevant. Der Schutzzweck des Belastungsverbots aus § 53 Abs. 3 GmbHG steht insofern klar entgegen.[965] Wenn diese Norm für die Übernahme zusätzlicher Leistungspflichten durch die Gesellschafter prinzipiell eine einstimmige Satzungsänderung vorschreibt, so ist im Rahmen des Austritts zumindest ein Gesellschafterbeschluss über die Abnahme des Anteils zu fordern. Bei diesem können die zustimmenden Gesellschafter dann

960 BGH, DStR 2003, S. 1717 (1718).

961 BGH, NZG 2010, S. 270 (271).

962 Vgl. BGH, DStR 2003, S. 1717 (1719).

963 Der Geschäftsanteil des austretenden Gesellschafters würde dann wie bei der Ausschließung automatisch in das Gesellschaftsvermögen übergehen.

964 BayObLG, BB 1975, S. 249 (250); MünchHdbGesRIII/*Kort,* § 29 Rn. 21; Baumbach/Hueck/*Fastrich,* GmbHG, Anh. § 34 Rn. 23; Scholz/*Seibt,* GmbHG, Anh. § 34 Rn. 20; Ulmer/Habersack/Löbbe/*Ulmer/Habersack,* GmbHG, Anh. § 34 Rn. 49.

965 S. zum Schutzzweck des Belastungsverbots bereits oben S. 132.

nämlich kalkulieren, ob ihr Privatvermögen eine Zusatzbelastung im Interesse des Verbands zulässt.

Damit ist festzuhalten, dass ein austretender Gesellschafter auch künftig nicht schon mit dem Zugang der Austrittserklärung bei der Gesellschaft seine Mitgliedschaft verliert. Das geschieht erst dann, wenn ihm der Verband seinen Geschäftsanteil abnimmt.

### 2. *Abnahme des Geschäftsanteils*

Diese Erkenntnis leitet zu der Frage über, ob zumindest die Anteilsabnahme sofort wirksam wird und die verbleibenden Gesellschafter subsidiär haften, wenn § 30 Abs. 1 GmbHG der Abfindungszahlung durch die GmbH entgegensteht.

#### a) *Sofortige Wirksamkeit der Anteilsabnahme*

Richtet man den Blick auf die Wertungsebene, so ist *Trölitzsch* beizupflichten. Die zur Zwangseinziehung entwickelten Grundsätze lassen sich auf die Anteilsverwertung zum Vollzug eines Austritts nicht ungezwungen übertragen.[966]

Der maßgebliche Wertungsaspekt für die sofortige Wirksamkeit der Zwangseinziehung liegt darin, dass die weitere Fortsetzung des Gesellschaftsverhältnisses mit einem untragbaren Gesellschafter für die Gesellschaft und die verbleibenden Gesellschafter geradezu unzumutbar ist. Die Ausfallhaftung basiert wiederum auf dem Gedanken, dass sich die Gesellschafter mit ihrem Entschluss, die Gesellschaft ohne den lästigen Gesellschafter fortzusetzen, unter Berufung auf die Kapitalerhaltungsvorschriften nicht den Wert seiner Mitgliedschaft aneignen dürfen.[967] Auf den Austritt aus wichtigem Grund treffen diese Wertungen prima facie nicht zu. Denn der austrittswillige Gesellschafter befindet frei darüber, das alleine für ihn untragbar gewordene Gesellschaftsverhältnis zu beenden und beansprucht daher die Abnahme seines Anteils.

Bei näherer Betrachtung ergibt sich beim Austritt jedoch eine ähnliche Situation wie bei der Zwangseinziehung, welche die Anwendung der Haftungslösung auch auf die Anteilsabnahme zum Vollzug des Austritts rechtfertigt. Denn wenn die Gesellschaft nicht über ausreichend freies Kapital für die Abfindung verfügt, müsste dem austrittswilligen Gesellschafter notgedrungen das Recht zugestanden werden, die Gesellschaft aufzulösen. In diesem Fall gäbe es für ihn nämlich keine andere Möglichkeit, seine untragbare Mitgliedschaft in der GmbH unter Erhalt des Gegenwertes seines Geschäftsanteils zu beenden. Insofern wird auch ein austretender Gesellschafter – ähnlich wie ein Gesellschafter, der aus wichtigem Grund ausgeschlossen werden soll – zu einem Bestandsrisiko für das Unternehmen. Zur Sicherung des Fortbestandes der Gesellschaft muss den verbleibenden Gesellschaftern auch beim Austritt die Entscheidung überlassen werden, den Anteil mit sofortiger

966 Vgl. *Trölitzsch,* KSzW 2013, S. 55 (57).
967 Vgl. BGH, ZIP 2012, S. 422 (424f.).

Wirkung abzunehmen und den Austretenden notfalls persönlich zu entschädigen Diese Überlegung ergibt sich schon aus dem Verhältnismäßigkeitsgrundsatz. Danach ist der Austritt aus wichtigem Grund gegenüber der Auflösungsklage (§ 61 GmbHG) das mildere und vorrangig zu ergreifende Mittel, weil er im Interesse der übrigen Gesellschafter den Fortbestand des Verbands wahrt. Der Austritt eines Gesellschafters darf daher nur dann zur Zerschlagung des Unternehmens führen wenn dies unter jedem denkbaren Gesichtspunkt unumgänglich ist.[968]

Daneben spricht schließlich auch das Interesse des Austrittswilligen für eine sofortige Wirksamkeit der Anteilsabnahme. Denn hierdurch wird die für ihn untragbar gewordene Mitgliedschaft in der GmbH möglichst rasch beendet.[969] Durch die persönliche Haftung der verbleibenden Gesellschafter ist er in seinem Abfindungsinteresse wiederum ausreichend geschützt.[970]

Demzufolge ist die Anteilsabnahme sofort wirksam. Die Bedingungslösung ist auch beim Austritt aufzugeben. Die verbleibenden Gesellschafter haben den Ausgetretenen auf Grundlage der Treuepflicht persönlich abzufinden, wenn die GmbH seine Abfindung aufgrund der Kapitalerhaltungsvorschriften nicht leisten darf.

Diese Erkenntnis wirft nun die Frage auf, welche Auswirkungen auf den Austrittsvorgang mit ihr genau verbunden sind.

### *b) Auswirkungen auf die Abnahmepflicht der Gesellschaft*

Im konkreten Zugriff folgt aus der Anwendung der Haftungslösung auf den Austritt, dass die Gesellschaft den Abnahmeanspruch des Austrittswilligen jederzeit ordnungsgemäß erfüllen kann. Dies gilt unabhängig davon, ob sie über ausreichend freies Vermögen für die Abfindung verfügt.

#### aa) Erfüllung der Abnahmepflicht durch Einziehung des Anteils

Denn für die Einziehung stellt das Auszahlungsverbot aus § 34 Abs. 3 i.V.m. § 30 Abs. 1 GmbHG weder eine gesetzliche Wirksamkeitsvoraussetzung dar,[971] noch bedarf es zum Schutz des Austretenden einer gesonderten Zustimmung hierzu. Die Anteilsverwertung durch eine Einziehung ist auch während einer Unterbilanz möglich. Mangels Verstoß gegen § 34 Abs. 3 i.V.m. § 30 Abs. 1 GmbHG ist die Einziehung nämlich nicht nach § 241 Nr. 3 AktG analog nichtig, wenn bereits zum Zeitpunkt der Beschlussfassung das Unvermögen der Gesellschaft feststeht.[972] Bezüglich der

---

968 Ausführlich hierzu *Müller*, Das Austrittsrecht des GmbH-Gesellschafters, S. 82ff.

969 Wirtschaftlich ist die zügige Beendigung der Mitgliedschaft für ihn insbesondere im Hinblick auf die Haftungsrisiken aus §§ 24, 31 Abs. 3 GmbHG sowie drückende Nebenleistungspflichten relevant.

970 So auch *Markowsky*, Die Einziehung von GmbH-Geschäftsanteilen, S. 223.

971 S. hierzu oben S. 36ff.

972 S. hierzu oben S. 160ff.

Einzelheiten der Ausfallhaftung sei bei dieser Verwertungsart auf die zur Zwangseinziehung entwickelten Grundsätze verwiesen.[973]

### bb) Erfüllung der Abnahmepflicht durch Eigenerwerb des Anteils

Kommt die Gesellschaft ihrer Abnahmepflicht nach, indem sie die Abtretung des Geschäftsanteils an sich verlangt, ist es wiederum nicht erforderlich, dass sie Zug um Zug die Abfindung aus ungebundenem Vermögen leistet. Denn mit diesem Zug um Zug-Erfordernis wurde bislang nur deswegen eine Verknüpfung zwischen der Abfindungszahlung und der Übertragung des Anteils auf die GmbH hergestellt, um den Austretenden vor der Gefahr des entschädigungslosen Verlusts seiner Mitgliedschaft zu schützen.[974] Mit der Erkenntnis, dass die Mitgesellschafter zur Sicherung der Abfindung persönlich haften, bedarf es dieser Verknüpfung nicht mehr.

Ähnlich wie bei der Ausschließung steht aus diesem Grund bei einer Unterbilanz auch die Vorschrift des § 33 Abs. 2 S. 1 GmbHG der Annahme einer ordnungsgemäßen Erfüllung der Abnahmepflicht durch die Gesellschaft nicht entgegen. Denn wie bereits erwähnt, erfasst § 33 Abs. 2 GmbHG nur den entgeltlichen Erwerb eines Geschäftsanteils.[975] Der Erwerb eines Anteils zum Vollzug eines Austritts erfolgt für die Gesellschaft jedoch unentgeltlich. Denn die Verpflichtung zur Zahlung der Abfindung ist ebenso wenig wie bei der Ausschließung eine Gegenleistung für den Geschäftsanteil des austretenden Gesellschafters. Der Abfindungsanspruch des Austretenden entsteht kraft Gesetzes mit dem Zugang der Austrittserklärung[976] und steht unter dem Vorbehalt des § 30 Abs. 1 GmbHG. Eine quasi-synallagmatische Verknüpfung zwischen dem Abfindungsanspruch und der Abnahmepflicht wurde, wie soeben schon erwähnt, früher nur zum Schutz des austretenden Gesellschafters hergestellt. Unter Anwendung der Haftungslösung stehen die Abnahme- und die Abfindungsverpflichtung demgegenüber völlig getrennt nebeneinander. Die Übertragung des Anteils auf die Gesellschaft betrifft alleine die dingliche Ebene zur Befreiung des austrittswilligen Gesellschafters von seinem untragbaren Mitgliedschaftsrecht. Insofern hat die Gesellschaft keine „Aufwendungen für den Erwerb" des Anteils i.S.d. § 33 Abs. 2 S. 1 GmbHG.

Bezüglich der Einzelheiten der Ausfallhaftung sei bei dieser Verwertungsart auf die zur Zwangseinziehung entwickelten Grundsätze[977] und ergänzend auf die Ausführungen zur Ausschließung verwiesen.[978]

---

973 S. hierzu oben S. 115ff.

974 Vgl. *Bösert,* GmbHR 1994, S. 293 (297); *Bacher/v. Blumenthal,* NZG 2008, S. 406 (407); *Hülsmann,* GmbHR 2003, S. 198 (203).

975 OLG Hamm, GmbHR 1994, S. 179 (180); Michalski/*Sosnitza,* GmbHG, § 33 Rn. 26; Lutter/Hommelhoff/*Lutter,* GmbHG, § 33 Rn. 15; Ulmer/Habersack/Löbbe/*Paura,* GmbHG, § 33 Rn. 54.

976 MünchKommGmbHG/*Strohn,* § 34 Rn. 206.

977 S. hierzu oben S. 115ff.

978 S. hierzu oben S. 185f.

### cc) Erfüllung der Abnahmepflicht durch Benennung einer erwerbsbereiten Person

Nur wenn die Gesellschaft zur Erfüllung ihrer Abnahmepflicht einen bestimmten Gesellschafter oder einen Dritten benennt, der den Geschäftsanteil übernehmen soll, kann der austretende Gesellschafter die Übertragung seines Anteils vom Erhalt des Gegenwertes abhängig machen. In diesem Fall schließt er mit dem genannten Erwerber nämlich eine Vereinbarung, wonach die Übertragung des Geschäftsanteils Zug um Zug gegen Zahlung der Abfindung in Form eines Kaufpreises geschuldet ist.[979] Dieses Leistungsverweigerungsrecht (§ 320 Abs. 1 BGB) ist insoweit sachgerecht. Denn bei einer Abtretung des Anteils an einen bestimmten Gesellschafter oder einen Dritten ist sein Abfindungsanspruch mangels Wertzuwachs bei den verbleibenden Gesellschaftern nicht noch zusätzlich durch deren Ausfallhaftung gesichert.[980]

### *c) Vereinbarkeit mit dem Schutzzweck des Belastungsverbotes aus § 53 Abs. 3 GmbHG*

Wie gezeigt, verstößt die Gesellschaft mit der Erfüllung ihrer Abnahmepflicht trotz einer bestehenden Unterdeckung nicht gegen §§ 34 Abs. 3, 33 Abs. 2, 30 Abs. 1 GmbHG. Daraus folgt, dass dem austretenden Gesellschafter jederzeit (auch während einer Unterbilanz) ein Anspruch auf Abnahme seines Anteils zusteht. Denn die GmbH wird hierdurch nicht zu einem verbotswidrigen Verhalten verpflichtet. Entgegen der Befürchtung von *Seibt*[981] droht eine unzulässige Kollision mit dem Schutzzweck des Belastungsverbots aus § 53 Abs. 3 GmbHG dennoch nicht. Denn der Austretende hat keine Möglichkeit, über diesen Anspruch die persönliche Haftung seiner Mitgesellschafter einseitig zu begründen.

Die h.M. hält den Abnahmeanspruch nämlich zu Recht für prozessual nicht durchsetzbar. Sowohl die Einziehung (§ 46 Nr. 4 GmbHG) als auch der Eigenerwerb eines Anteils[982] erfordern einen Beschluss der Gesellschafterversammlung. Aus diesem Grund lässt sich ein auf Einziehung oder Eigenerwerb lautendes Urteil gegenüber der Gesellschaft nicht vollstrecken. Andernfalls würde ein unzulässiger Eingriff in ihren innerkörperschaftlichen Willensbildungsprozess stattfinden.[983]

Aber selbst wenn man der Gegenauffassung folgt und in dem Abnahmeanspruch ein eigenständig einklagbares und über § 894 ZPO vollstreckungsrechtlich durch-

---

979 Vgl. *Grunewald,* GmbHR 1991, S. 185 (187); Lutter/Hommelhoff/*Lutter,* GmbHG, § 34 Rn. 75.

980 A.A. *Klöckner,* GmbHR 2012, S. 1325 (1330).

981 Scholz/*Seibt,* GmbHG, Anh. § 34 Rn. 22.

982 Ulmer/Habersack/Löbbe/*Paura,* GmbHG, § 33 Rn. 45 m.w.N. auch zur Gegenauffassung.

983 Vgl. RGZ 112, S. 273 (279); RGZ 119, S. 386 (389); RGZ 125, S. 114 (118); RGZ 133, S. 90 (95); RGZ 160, S. 257 (262); RGZ 165, S. 68 (78); BGHZ 88, S. 320 (326); *Grunewald,* GmbHR 1991, S. 185 (185).

setzbares Recht erblickt,[984] könnte der austretende Gesellschafter hierüber die persönliche Haftung der verbleibenden Gesellschafter nicht einseitig auslösen. Denn die Ausfallhaftung ist eine Ausprägung der gesellschafterlichen Treuepflicht.[985] Man könnte von den verbleibenden Gesellschaftern kaum die erforderliche Rücksichtnahme auf das Abfindungsinteresse des Austretenden verlangen, ihn im Fall eines Auszahlungsverbots nach § 30 Abs. 1 GmbHG persönlich zu entschädigen, wenn sie zuvor die Beendigung seiner Mitgliedschaft und somit die Fortsetzung der Gesellschaft ohne ihn nicht selbst beschlossen haben.

### 3. *Subsidiäres Auflösungsklagerecht*

Trotz der hier befürworteten Anwendung der Haftungslösung auf den Austritt, besteht im Einklang mit der h.M.[986] auch weiterhin das Bedürfnis, einem austrittswilligen Gesellschafter zur Durchsetzung seiner Abfindungsforderung als Notbehelf das Recht zuzugestehen, die Gesellschaft aufzulösen. Denn wenn die GmbH die Abfindung aufgrund des Kapitalerhaltungsgebotes nicht leisten darf und die Mitgesellschafter auch die Abnahme seines Anteils unter ihrer persönlichen Haftung nicht beschließen, hat er keine andere Möglichkeit, seine mitgliedschaftliche Bindung unter Erhalt des Gegenwertes seines Geschäftsanteils zu lösen.

Fraglich ist jedoch, wie sich diese Auflösungsbefugnis dogmatisch begründen lässt. Dies gilt insbesondere vor dem Hintergrund, dass hier ein Auflösungsklagerecht zur Sicherung der Abfindung eines ausgeschlossenen Gesellschafters dezidiert abgelehnt wurde.[987] Der maßgebliche Unterschied zwischen einem austretenden und einem ausgeschlossenen Gesellschafter ist dabei, dass Letzterer seine Mitgliedschaftsrechte durch den sofort wirksamen Ausschluss bereits vollständig verloren hat. Daher kann er auch von dem Auflösungsklagerecht aus § 61 GmbHG keinen Gebrauch mehr machen, weil dieses Recht an die Mitgliedschaft anknüpft. Ein Gesellschafter, der seinen Austritt erklärt hat, behält hingegen bis zur Abnahme seines Anteils seine Mitgliedschaftsbefugnisse.[988] Aus diesem Grund steht ihm grundsätzlich auch das Auflösungsklagerecht aus § 61 GmbHG zu.

Dieses Recht erfordert jedoch neben der Mitgliedschaft, dass der klagende Gesellschafter über einen 10 %-Mindestkapitalanteil verfügt und ein wichtiger Grund zur Auflösung in den Verhältnissen der Gesellschaft vorliegt. Erreicht der austretende Gesellschafter dieses Mindestquorum und beruht sein Austritt auf Gründen, die aus der Sphäre des Verbands herrühren, so ist § 61 GmbHG unmittelbar anwendbar. Stützt er seinen Austritt jedoch auf persönliche Gründe und/oder erreicht er das Mindestquorum nicht, so ist ihm bei unmittelbarer Gesetzesanswendung die Auf-

---

984 OLG Koblenz, NZG 2006, S. 66 (67); *Müller,* Das Austrittsrecht des GmbH-Gesellschafters, S. 101ff.; *Becker,* Der Austritt aus der GmbH, S. 184ff.

985 S. hierzu bereits oben S. 108ff.

986 S. die Nachw. in Fn. 955.

987 S. hierzu oben S. 53ff.

988 S. hierzu noch sogleich S. 196f.

lösung der Gesellschaft zur Durchsetzung seiner Abfindungsforderung verwehrt. Auch in diesem Fall muss der Austretende aber die Möglichkeit haben, den Verband aufzulösen. Denn wenn ein wichtiger Grund vorliegt, der ihm unter Abwägung sämtlicher Einzelfallumstände die Fortsetzung des Gesellschaftsverhältnisses unzumutbar macht und sich gleichzeitig die Mitgesellschafter bei einer Unterdeckung nicht dafür entscheiden, seinen Anteil unter ihrer persönlichen Haftung abzunehmen, dann überwiegt sein Liquidationsinteresse deren Interesse das Unternehmen fortzuführen. Durch ihre Untätigkeit signalisieren die verbleibenden Gesellschafter nämlich selbst, dass sie an der Fortsetzung der Gesellschaft ohne den Austrittswilligen kein Interesse haben.[989]

Rechtstechnisch bietet sich zur Begründung dieses Auflösungsrechts ein Analogieschluss zu § 61 GmbHG an. Dem Zerschlagungsinteresse eines Gesellschafters, der erfolglos einen Austrittsversuch unternommen hat, ist nämlich, wie gezeigt, wertungsmäßig ein genauso starkes Gewicht beizumessen, wie einer Gesellschafterminderheit, die mit 10 % am Stammkapital legitimiert ist und die Auflösungsklage auf einen wichtigen Grund in den Verhältnissen der Gesellschaft stützt.

### *4. Gesellschafterrechte des Austretenden während der Schwebephase*

Wie nachgewiesen, kann ein austretender Gesellschafter nicht schon mit dem Zugang der Austrittserklärung bei der Gesellschaft, sondern erst mit der Verwertung seines Geschäftsanteils aus der GmbH ausscheiden. Anders als beim Ausschluss entsteht daher nach der Äußerung seines Austrittswunsches eine Schwebelage, die es in einem letzten Schritt erforderlich macht, die Mitgliedschaftsrechte, die dem Austretenden währenddessen zustehen, interessengerecht zu präzisieren.

Im Grundsatz ist davon auszugehen, dass der austrittswillige Gesellschafter seine Mitgliedschaftsbefugnisse vollumfänglich ausüben kann.[990] Insofern stehen ihm also sein Informations- und Einsichtsrecht, sein Recht zur Teilnahme an der Gesellschafterversammlung sowie sein Klagerecht weiterhin zu. Andererseits muss er seinen mitgliedschaftlichen Pflichten, insbesondere der Einlagepflicht und den

---

989 In diesem Sinne bereits *Müller,* Das Austrittsrecht des GmbH-Gesellschafters, S. 121.

990 BGH, NZG 2010, S. 270 (271); BGH, NJW 1984, S. 489 (490); BGH, WM 1983, S. 1354 (1355); OLG Celle, GmbHR 1983, S. 273 (274); Michalski/*Sosnitza,* GmbHG, Anh. § 34 Rn. 64; MünchKommGmbHG/*Strohn,* § 34 Rn. 198; Roth/Altmeppen/*Altmeppen,* GmbHG, § 60 Rn. 114; MünchHdBGesRIII/*Kort,* § 29 Rn. 26; Baumbach/Hueck/*Fastrich,* GmbHG, Anh. § 34 Rn. 26; Lutter/Hommelhoff/*Lutter,* GmbHG, § 34 Rn. 75; Scholz/*Seibt,* Anh. § 34 Rn. 17; Rowedder/Schmidt-Leithoff/*Görner,* GmbHG, § 34 Rn. 111; *Balz,* Die Beendigung der Mitgliedschaft in der GmbH, S. 117f.; *Müller,* Das Austrittsrecht des GmbH-Gesellschafters, S. 94f.; a.A. lediglich Ulmer/Habersack/Löbbe/*Ulmer/Habersack,* GmbHG, Anh. § 34 Rn. 60ff., die von einem auflösend bedingten Ruhen der Gesellschafterrechte ausgehen.

Haftungspflichten aus §§ 24, 31 Abs. 3 GmbHG weiterhin nachkommen.[991] Als Risikoäquivalent sollte er daher auch weiterhin an den ausgeschütteten Gewinnen partizipieren.[992]

Problematisch ist alleine, ob sein Stimmrecht im Interesse der Gesellschaft einzuschränken ist. Der BGH hat in seinen beiden Urteilen vom 17. 10. 1983[993] und 26. 10. 1983[994] entschieden, dass ein austrittswilliger Gesellschafter bei der Ausübung seines Stimmrechts aufgrund der mitgliedschaftlichen Treuepflicht zu besonderer Zurückhaltung verpflichtet ist. Er dürfe nur noch dann gegen sachlich vertretbare Maßnahmen stimmen, die sein Abfindungsinteresse weder unmittelbar noch mittelbar beeinträchtigen können, wenn er hierfür einen „triftigen Grund“ hat. Denn sein Interesse an einer Mitsprache in den Angelegenheiten der Gesellschaft sei aufgrund des von ihm geäußerten Trennungswillens erheblich reduziert.[995] In seinem Judikat vom 30. 11. 2009 schränkte der BGH das Stimmrecht schließlich noch weiter ein: Da der austretende Gesellschafter mit seiner Austrittserklärung zu erkennen gebe, sich in der Gesellschaft nicht mehr unternehmerisch betätigen zu wollen, dürfe er sein Stimmrecht nicht mehr grundsätzlich, sondern nur mehr dann ausüben, wenn sein wirtschaftliches Interesse an der Durchsetzung des Abfindungsanspruchs betroffen ist.[996]

Letztgenannte Beschränkung sollte der II. Zivilsenat wieder aufgegeben. Denn der austretende Gesellschafter bleibt bis zum Erhalt seines Abfindungsentgelts vermögensrechtlich mit der Gesellschaft verbunden. Daher hat er auch nach seiner Austrittserklärung ein legitimes Interesse an der wirtschaftlichen Entwicklung des Unternehmens und somit an einer Mitsprache in den Geschäftsführungsangelegenheiten.[997] Aus Sicht der Gesellschaft sprechen keine Gründe dafür, das Stimmrecht derart weitgehend zu beschränken. Denn anders, als es beim Ausschluss eines untragbaren Gesellschafters zu befürchten ist, besteht bei einem austretenden Gesellschafter nur eine geringe Gefahr, dass er sein Stimmrecht während der Schwebephase zum Schaden der Gesellschaft missbraucht.[998]

---

991 Vgl. nur BGH, NJW 1984, S. 489 (490); BGH, WM 1983, S. 1354 (1355); Scholz/*Seibt*, GmbHG, Anh. § 34 Rn. 17.

992 A.A.: Roth/Altmeppen/*Altmeppen*, GmbHG, § 60 Rn. 115 und Ulmer/Habersack/Löbbe/*Ulmer/Habersack*, GmbHG, Anh. § 34 Rn. 61, die stattdessen für eine angemessene Verzinsung des Abfindungsanspruchs plädieren.

993 BGH, WM 1983, S. 1354 (1355).

994 BGH, NJW 1984, S. 489 (490).

995 dem BGH folgen OLG Düsseldorf, GmbHR 2001, S. 301 (301) sowie die in Fn. 990 Genannten.

996 BGH, NZG 2010, S. 270 (271); ihm folgend OLG München, DStR 2011, S. 1673 (1675) sowie Baumbach/Hueck/*Fastrich*, GmbHG, Anh. § 34 Rn. 26; zum Ganzen auch *Blath*, GmbHR 2012, S. 657 (662f.).

997 Überzeugend insofern BGH, NJW 1984, S. 489 (490); MünchKommGmbHG/*Strohn*, § 34 Rn. 198.

998 So *Lutz*, DStR 1999, S. 1858 (1862).

Sollte er dennoch zu einem Störfaktor für die Geschäftstätigkeit des Unternehmens werden, besteht angesichts der hier vertretenen Aufgabe der Bedingungslösung kein Bedürfnis (mehr) dafür, sein Störpotential durch eine Einschränkung seines Stimmrechts zu unterbinden. Denn die Gesellschaft hat jederzeit (auch während einer Unterbilanz) die Möglichkeit, seinen Anteil ungeachtet der Abfindungsfrage mit sofortiger Wirkung abzunehmen und dadurch seine Mitgliedschaft zu beenden. Im Einklang mit den beiden BGH-Entscheidungen aus dem Jahr 1983 sollte es daher genügen, den austretenden Gesellschafter während der Schwebephase bei der Ausübung seines Stimmrechts in besonderem Maße an die gesellschafterliche Treuepflicht zu binden.

## IV. Ergebnis

Die Bedingungstheorie ist auch beim Austritt aufzugeben. Auch hier ist die Außenhaftungslösung das wertungsmäßig überzeugendere Mittel, um die Abfindung des ausscheidenden Gesellschafters gegen das Eingreifen der Kapitalerhaltungsschranke (§ 30 Abs. 1 GmbHG) zu sichern.

Daraus folgt aber nicht, dass der austrittwillige Gesellschafter schon mit dem Zugang der Austrittserklärung aus der Gesellschaft ausscheidet. Denn einer persönlichen Haftung der verbleibenden Gesellschafter stünde insofern das Belastungsverbot aus § 53 Abs. 3 GmbHG entgegenstehen, weil die Initiative des Ausscheidens alleine vom Austretenden ausginge. Daher müssen die übrigen Gesellschafter die Abnahme seines Anteils beschließen, wobei sie zwischen einer Einziehung, einem Eigenerwerb durch die GmbH oder der Benennung eines erwerbsbereiten Dritten wählen können.

Entscheiden sie sich für eine Einziehung oder einen Eigenerwerb durch die Gesellschaft, scheidet der austrittswillige Gesellschafter ungeachtet der Abfindungsfrage sofort und endgültig aus der GmbH aus. Die Gesellschafter, die für die Abnahme des Anteils gestimmt haben, haben ihn dann auf Grundlage der nachwirkenden Treuepflicht persönlich abzufinden, wenn die Gesellschaft seine Abfindung aufgrund des Kapitalerhaltungsgebotes nicht leisten darf. Kommt die GmbH ihrer Abnahmepflicht nach, indem sie dem Austrittswilligen einen übernahmebereiten Dritten benennt, trifft der austretende Gesellschafter mit dieser Person eine Vereinbarung, wonach er seinen Anteil auf sie Zug um Zug gegen Zahlung der Abfindung in Form eines Kaufpreises zu übertragen hat. Dieses Leistungsverweigerungsrecht ist sachgerecht, da seine Abfindung bei dieser Abnahmeart mangels Wertzuwachs bei den verbleibenden Gesellschaftern nicht noch zusätzlich durch deren Ausfallhaftung gesichert ist.

Kann die Gesellschaft die Abfindung des Austretenden nicht ohne Verstoß gegen § 30 Abs. 1 GmbHG leisten und beschließen die Mitgesellschafter auch die Abnahme seines Anteil nicht, so steht ihm gem. § 61 GmbHG analog das Recht zu, die Gesellschaft aufzulösen. In der Schwebephase zwischen dem Zugang der Austrittserklärung bei der Gesellschaft und der Anteilsabnahme stehen dem austrittwilligen Gesellschafter seine Mitgliedschaftsbefugnisse vollumfänglich zu. Lediglich bei der Ausübung seines Stimmrechts ist er aufgrund der Treuepflicht zur Zurückhaltung verpflichtet.

# Teil 3: Gestaltungsoptionen

## A) Überblick

Aus kautelarjuristischer Perspektive stellt sich nun die Frage, welche Gestaltungsspielräume die bestehende Rechtslage eröffnet und welche Empfehlungen der Praxis dabei zu geben sind. Insofern ist zunächst von Interesse, ob es einen Weg gibt, der vom BGH postulierten Nichtigkeitsfolge bei feststehendem Unvermögen der Gesellschaft zu entgehen (B)). Zum anderen ist zu untersuchen, ob bzw. wie es der Gestaltungspraxis möglich ist, im Statut vom Konzept der persönlichen Ausfallhaftung abzuweichen (C)). Ferner ist zu eruieren, welche Klauseln die Satzung enthalten sollte, um bestehende Rechtsunsicherheiten bei der Haftungslösung zu beseitigen und somit dem Potential für Konflikte Vorschub zu leisten (D)).

## B) Vermeidung der Nichtigkeitsfolge

Der II. Zivilsenat belegt Einziehungsbeschlüsse mit einer Nichtigkeitssanktion,[999] wenn schon bei Beschlussfassung feststeht, dass die Gesellschaft das Abfindungsentgelt nicht ohne Verstoß gegen § 34 Abs. 3 i.V.m. § 30 Abs. 1 GmbHG leisten kann. Wie bereits dargelegt, ist dies weder dogmatisch, noch wertungsmäßig zu rechtfertigen. Dem Abfindungsinteresse des ausgeschiedenen Gesellschafters ist auch bei einer vorhersehbaren Unterdeckung mit der persönlichen Haftung der verbleibenden Gesellschafter genüge getan.[1000]

Da jedoch davon auszugehen ist, dass der BGH an dieser Judikatur festhalten wird,[1001] empfiehlt es sich im Einziehungsbeschluss ausdrücklich klarzustellen, dass die Abfindung von der Gesellschaft nur bei Vorhandensein ungebundenen Vermögens gezahlt werden darf.[1002] Denn diese Klarstellung hat der II. Senat in seinem Urteil vom 19. 6. 2000 für ausreichend erachtet, um die Nichtigkeitsfolge bei der Zwangseinziehung abzuwenden.[1003] Damit hat der BGH der Praxis einen einfachen und kostengünstigen Weg gewiesen, um dem unerwünschten Nichtigkeitsverdikt bei der Einziehung zu entgehen.

Da das Problem des Kapitalschutzes bei der Ausschließung und beim Austritt gleich liegt, dürfte sich mit dieser Klarstellung auch hier die Nichtigkeitsfolge abwenden lassen. Um die Unwirksamkeit der jeweiligen Maßnahme zu verhindern,

---

999 S. die Nachw. in Fn. 810.

1000 S. hierzu oben S. 1156ff.

1001 So die Ankündigung von *Bergmann,* Gesellschaftsrecht in der Diskussion 2013, S. 81, dem amtierenden Vorsitzenden des II. Zivilsenats des BGH auf der 16. VGR-Jahrestagung.

1002 So auch *Markowsky,* Die Einziehung von GmbH-Geschäftsanteilen, S. 215.

1003 BGH, NJW 2000, S. 2819 (2819).

sollten daher vorsorglich auch alle Beschlüsse über die Ausschließung eines Gesellschafters bzw. die Erhebung einer Ausschlussklage sowie die Einziehung und den Eigenerwerb eines Anteils zum Vollzug eines Austritts den ausdrücklichen Hinweis enthalten, dass die Gesellschaft die Abfindung nicht aus dem Stammkapital leisten wird.

# C) Vermeidung der Ausfallhaftung

## I. Abdingbarkeit

Um in der Praxis der persönlichen Haftung zu entgehen, ließe sich zunächst daran denken, die Ausfallhaftung in der Satzung auszuschließen. Ob eine solche Vereinbarung wirksam ist, ist derzeit äußerst umstritten.

### *1. Kein genereller Dispens zulässig*

Die überwiegende Auffassung im Schrifttum lehnt eine völlige Abdingbarkeit der Haftungslösung ab.[1004] Als Begründung finden sich hierbei allerdings sehr unterschiedliche Argumente:

Nach *Rieder* und *Strohn* ist der Ausschluss der Haftung unter dem Gesichtspunkt der Treuepflicht als dogmatischer Grundlage problematisch.[1005] *J. Schmidt* ist hingegen der Ansicht, dass eine Dispositivität der Haftungslösung in Widerspruch zum Konzept und der Ratio der Ausfallhaftung stünde, mit der ein Interessenausgleich zwischen dem ausgeschiedenen und den verbleibenden Gesellschaftern hergestellt werden soll.[1006] Zudem sei die Ausfallhaftung konzeptionell an den Haftungstatbeständen aus §§ 24 S. 2, 31 Abs. 3 GmbHG orientiert, bei denen ein Dispens anerkanntermaßen unzulässig ist.[1007] *Fastrich* wiederum verweist auf das mit einer Abdingbarkeit verbundene Missbrauchspotential und die damit einhergehende Gefahr eines weitgehenden Leerlaufens der Haftungslösung in der Praxis.[1008]

Schließlich gibt es auch Stimmen in der Literatur, die eine Dispensierung der Ausfallhaftung zwar für zulässig erachten, jedoch nur unter der Prämisse, dass die Rechtsstellung des Abfindungsgläubigers dafür durch die Vereinbarung der

---

1004 *J. Schmidt,* GmbHR 2013, S. 953 (960); *Rieder,* GWR 2012, S. 106 (106); Baumbach/Hueck/*Fastrich,* GmbHG, § 34 Rn. 48; Ulmer/Habersack/Löbbe/*Ulmer/Habersack,* GmbHG, § 34 Rn. 64a; Gehrlein/Ekkenga/Simon/*Sandhaus,* GmbHG, § 34 Rn. 29.

1005 *Rieder,* GWR 2012, S. 106 (106); MünchKommGmbHG/*Strohn,* § 34 Rn. 77; zweifelnd insofern auch *Stumpf/Müller,* GWR 2012, S. 143 (145).

1006 *J. Schmidt,* GmbHR 2013, S. 953 (960).

1007 *J. Schmidt,* GmbHR 2013, S. 953 (960).

1008 Baumbach/Hueck/*Fastrich,* GmbHG, § 34 Rn. 48; ihm folgend *J. Schmidt,* GmbHR 2013, S. 953 (960); *Markowsky,* Die Einziehung von GmbH-Geschäftsanteilen, S. 217.

Bedingungslösung oder eines Auflösungsrechts abgesichert wird.[1009] Andernfalls liege ein Verstoß gegen § 138 Abs. 1 BGB vor.[1010] Denn der Ausschluss der persönlichen Haftung im Fall einer Auszahlungssperre nach § 30 Abs. 1 GmbHG führe im Ergebnis zu einem vollständigen Ausschluss der Abfindung, der bekanntlich sittenwidrig ist, sofern ihn nicht ausnahmsweise besondere sachliche Gründe rechtfertigen.[1011]

## 2. *Volle Satzungsdispositivität*

Einige Autoren halten es demgegenüber für möglich, die Haftungslösung im Statut vollständig abzubedingen, ohne den Abfindungsanspruch anderweitig zu besichern.[1012] Dabei wird im Wesentlichen darauf rekurriert, dass sich der ausscheidende Gesellschafter ganz bewusst damit einverstanden erklärt hat, ohne Absicherung seines Abfindungsanspruchs auszuscheiden.[1013] In diesem Fall fehle es an einem materiellen Sicherungsbedürfnis, das paternalistisch durchgesetzt werden müsste.[1014] Den Grenzen der Gestaltbarkeit des gegen die Gesellschaft gerichteten Abfindungsanspruchs unterliege der Ausfallhaftungsanspruch gerade nicht, da der Verzicht auf die persönliche Haftung nur einen zusätzlichen Schutz des Abfindungsinteresses betreffe.[1015]

Für diese Auffassung spreche auch, dass der II. Zivilsenat bereits vor seiner Judikatur zur Ausfallhaftung Satzungsregelungen für wirksam hielt, die ein sofortiges Ausscheiden des Gesellschafters anordneten, ohne dass er dies von einer persönlichen

1009 *Grunewald,* GmbHR 2012, S. 769 (771); *Markowsky,* Die Einziehung von GmbH-Geschäftsanteilen, S. 217f.; in diese Richtung auch *Trölitzsch,* KSzW 2013, S. 55 (58, 63), der die Haftungslösung zwar für abdingbar hält, im Fall einer Unterdeckung dann aber eine Pflicht der verbleibenden Gesellschafter befürwortet, die Gesellschaft entweder in die Lage zu versetzen, die Abfindung zu zahlen, diese „freiwillig" aus eigenem Vermögen zu leisten, oder die Gesellschaft aufzulösen; in diesem Sinne auch Ziemons/Jaeger/*Schindler,* BeckOK-GmbHG, § 34 Rn. 56.3, der annimmt, dass bei einem vollständigen Haftungsausschluss die Bedingungslösung kraft Gesetzes eingreift.

1010 *Grunewald,* GmbHR 2012, S. 769 (771); *Markowsky,* Die Einziehung von GmbH-Geschäftsanteilen, S. 217.

1011 *Markowsky,* Die Einziehung von GmbH-Geschäftsanteilen, S. 217; in diesem Sinne auch *J. Schmidt,* GmbHR 2013, S. 953 (960).

1012 Rowedder/Schmidt-Leithoff/*Görner,* GmbHG, § 34 Rn. 68; *Tröger,* Gesellschaftsrecht in der Diskussion 2013, S. 23 (75); *Müller,* WuB II C. § 34 GmbHG 1.12; *Stumpf/Müller,* GWR 2012, S. 143 (145f.), die eine solche Regelung wegen der erheblichen Risiken einer gerichtlichen Auseinandersetzung gleichwohl nicht empfehlen.

1013 Rowedder/Schmidt-Leithoff/*Görner,* GmbHG, § 34 Rn. 68; *Stumpf/Müller,* GWR 2012, S. 143 (145); *Tröger,* Gesellschaftsrecht in der Diskussion 2013, S. 23 (74f.).

1014 *Tröger,* Gesellschaftsrecht in der Diskussion 2013, S. 23 (74f.).

1015 *Tröger,* Gesellschaftsrecht in der Diskussion 2013, S. 23 (74f.).

Haftung der Gesellschafter abhängig gemacht hätte[1016,1017]. Schließlich lasse sich auch der aktuellen BGH-Entscheidung vom 24. 1. 2012 nicht entnehmen, dass die Haftungslösung satzungsfest sein soll.[1018]

### 3. *Stellungnahme*

Die Ausfallhaftung ist zwar eine Ausprägung der (nachwirkenden) mitgliedschaftlichen Treuepflicht,[1019] gleichwohl folgt hieraus entgegen den Bedenken von *Rieder* und *Strohn* nicht zugleich auch ihre Indisponibilität. Unwirksam ist nämlich nur eine generelle Abbedingung der Treuepflicht als allgemeines Ordnungsprinzip.[1020] Die einzelnen Ausprägungen der Treubindung sind dagegen einem Dispens durchaus zugänglich.[1021]

Auch aus den Tatbeständen der §§ 24 S. 2, 31 Abs. 3 GmbHG lässt sich die Unabdingbarkeit der Ausfallhaftung nicht ableiten. Denn zum einen basiert die persönliche Haftung dogmatisch nicht auf diesen Normen.[1022] Zum anderen folgt der zwingende Charakter dieser Vorschriften aus dem Schutz der (Dritt-)Gläubiger der Gesellschaft,[1023] während hier das Abfindungsinteresse des ausscheidenden Gesellschafters betroffen ist. Die Regelung des § 738 Abs. 1 S. 2 BGB analog, wonach dem ausscheidenden Gesellschafter eine Abfindung zum vollen wirtschaftlichen Wert seiner Beteiligung zusteht, ist wiederum gerade nicht zwingend. Es ist allgemein anerkannt, dass der Abfindungsanspruch gesellschaftsvertraglich beschränkt werden kann.[1024] Andererseits unterliegen statutarische Abfindungsbeschränkungen

1016 Vgl. BGH, NZG 2011, S. 783 (785) zum Ausschluss; BGH, NZG 2009, S. 221 (221) zum Ausschluss; BGH, NZG 2003, S. 871 (872) zum Austritt; BGH, NJW 1960, S. 866 (867) zum Ausschluss.

1017 Rowedder/Schmidt-Leithoff/*Görner*, GmbHG, § 34 Rn. 68; ferner *Trölitzsch*, KSzW 2013, S. 55 (58).

1018 *Müller*, WuB II C. § 34 GmbHG 1.12.

1019 S. oben S. 108ff.

1020 Vgl. *Dembski*, Gesellschaftsrechtliche Treubindungen von Nichtmitgliedern, insbesondere nachmitgliedschaftliche Treupflichten, S. 232.

1021 So auch *Tröger*, Gesellschaftsrecht in der Diskussion 2013, S. 23 (75); *Markowsky*, Die Einziehung von GmbH-Geschäftsanteilen, S. 216; allg. dazu *Dembski*, Gesellschaftsrechtliche Treubindungen von Nichtmitgliedern, insbesondere nachmitgliedschaftliche Treupflichten, S. 232f.

1022 Zur dogmatischen Grundlage der Ausfallhaftung oben S. 107ff.

1023 Vgl. zu § 24 S. 2 GmbHG Ziemons/Jaeger/*Jaeger*, BeckOK-GmbHG, § 25 Rn. 1; Michalski/*Ebbing*, GmbHG, § 25 Rn. 1; zu § 31 Abs. 3 GmbHG etwa MünchKommGmbHG/*Ekkenga*, § 31 Rn. 69; Michalski/*Heidinger*, GmbHG, § 31 Rn. 80.

1024 Vgl. BGH, NJW 1992, S. 892 (894); BGH, NJW 1993, S. 2101 (2101); BGH, NZG 2002, S. 176 (176); *Goette*, DStR 1997, S. 337 (337); *Hülsmann*, NJW 2002, S. 1673 (1673); MünchKommGmbHG/*Strohn*, § 34 Rn. 221; Ziemons/Jaeger/*Schindler*, BeckOK-GmbHG, § 34 Rn. 87; Baumbach/Hueck/*Fastrich*, GmbHG, § 34 Rn. 25.

ihrerseits strengen Wirksamkeitsschranken.[1025] Da die Ausfallhaftung alleine das Abfindungsinteresse schützt, kann sich ihre Unabdingbarkeit nur aus den inhaltlichen Schranken für Abfindungsklauseln ergeben.

Wie eingangs bereits angesprochen, sind Satzungsklauseln, die einen gänzlichen oder weitgehenden Abfindungsausschluss vorsehen, wegen ihrer knebelnden Wirkung sittenwidrig und somit nach § 138 Abs. 1 BGB nichtig.[1026] Insofern könnte auch der Ausschluss des Ausfallhaftungsanspruchs sittenwidrig sein. Gegen diesen Befund spricht zunächst der Unterschied, dass die Abbedingung der Ausfallhaftung die gegen die Gesellschaft gerichtete Abfindungsforderung als solche in der Satzung gerade nicht unmittelbar verkürzt. Der Verzicht auf die persönliche Haftung betrifft nur eine zusätzliche Absicherung der Abfindung im Hinblick auf das Eingreifen der Kapitalerhaltungsschranke. Daneben ließe sich auch anführen, dass Abfindungsklauseln aufgrund der Satzungsautonomie grundsätzlich zulässig sind. Nicht ihre Wirksamkeit, sondern ihre Unwirksamkeit bedarf also stets einer besonderen Begründung.[1027]

Bei näherer Betrachtung ist jedoch festzustellen, dass auch der Ausschluss der Haftungslösung zu einer sittenwidrigen Knebelung führt. Eine solche liegt im Allgemeinen dann vor, wenn die wirtschaftliche Entfaltungsfreiheit einer Vertragspartei so stark beeinträchtigt wird, dass sie ihre wirtschaftliche Selbständigkeit und Entschließungsfreiheit ganz oder zu einem erheblichen Teil einbüßt.[1028] Speziell bei abfindungsbeschränkenden Klauseln stellt die Rechtsprechung darauf ab, ob die mit ihnen verbundene Einschränkung des Abflusses von Gesellschaftskapital vollkommen außer Verhältnis zu der Beschränkung steht, die erforderlich ist, um im Interesse der verbleibenden Gesellschafter den Fortbestand der Gesellschaft zu sichern.[1029] Es ist also das Vermögensinteresse des ausscheidenden Gesellschafters gegen das Bestandsinteresse der verbleibenden Gesellschafter abzuwägen.[1030]

---

1025 Vgl. zur ganz h.M. nur BGH, NJW 1992, S. 892 (894); BGH, NJW 1989, S. 2685 (2686); OLG Hamm, NZG 2003, S. 440 (440); OLG Dresden, NZG 2000, S. 1042 (1043); *Goette,* DStR 1997, S. 337 (337); *Bacher/Spieth,* GmbHR 2003, S. 517 (519ff.); Ziemons/Jaeger/*Schindler,* BeckOK-GmbHG, § 34 Rn. 87; Baumbach/Hueck/*Fastrich,* GmbHG, § 34 Rn. 26ff.; MünchKommGmbHG/*Strohn,* § 34 Rn. 227ff.

1026 S. oben S. 21f.

1027 Allg. dazu *K.Schmidt,* Gesellschaftsrecht, § 50 IV 2c) cc); Michalski/*Sosnitza,* GmbHG, § 34 Rn. 57; Baumbach/Hueck/*Fastrich,* § 34 Rn. 26; zum Personengesellschaftsrecht auch *Oppenheim,* Abfindungsklauseln in Personengesellschaftsverträgen, S. 51.

1028 Vgl. MünchKommBGB/*Armbrüster,* § 138 Rn. 71; Palandt/*Ellenberger,* BGB, § 138 Rn. 39; *Oppenheim,* Abfindungsklauseln in Personengesellschaftsverträgen, S. 53f.

1029 BGH, NJW 1992, S. 892 (896); BGH, NJW 2005, S. 3644 (3646); OLG Hamm, NZG 2003, S. 440 (440); OLG Dresden, NZG 2000, S. 1042 (1043).

1030 Vgl. *Hülsmann,* NJW 2002, S. 1673 (1673); *Bacher/Spieth,* GmbHR 2003, S. 517 (520); MünchHdbGesRIII/*Kort,* § 28 Rn. 24; Rowedder/Schmidt-Leithoff/*Görner,* GmbHG, § 34 Rn. 46; Baumbach/Hueck/*Fastrich,* GmbHG, § 34 Rn. 27; Michalski/*Sosnitza,* GmbHG, § 34 Rn. 59; Ziemons/Jaeger/*Schindler,* BeckOK-GmbHG, § 34 Rn. 91;

Nach diesem Beurteilungsmaßstab entfalten zum einen solche Abfindungsklauseln eine knebelnde Wirkung, bei denen schon im Zeitpunkt ihrer Vereinbarung ein grobes Missverhältnis zwischen dem realen Anteilswert und dem statutarisch geschuldeten Abfindungsbetrag besteht. Zum anderen sind Auszahlungsbedingungsklauseln sittenwidrig, die entgegen § 271 Abs. 1 BGB eine Ratenzahlungs- oder Stundungsvereinbarung vorsehen, sofern sie das Abfindungsinteresse des ausscheidenden Gesellschafters nicht ausreichend berücksichtigen.[1031] Denn solche Regelungen wirken sich für den ausscheidenden Gesellschafter ähnlich nachteilig aus wie eine unangemessene Reduktion der Abfindungshöhe selbst.[1032] So kann der Ausgeschiedene bei einer sehr weit in die Zukunft verschobenen Abfindung über sein Kapital zunächst nicht verfügen und ist zugleich dem Risiko ausgesetzt, dass die Gesellschaft im Fälligkeitszeitpunkt der Abfindung nicht mehr solvent ist.[1033] Für das Verdikt der Sittenwidrigkeit kommt es folglich nicht darauf an, ob der Abfindungsanspruch aus § 738 Abs. 1 S. 2 BGB analog im Statut als solcher unangemessen verkürzt wird. Entscheidend ist vielmehr, ob er in seinem wirtschaftlichen Gehalt untragbar geschmälert wird.

Eine Beschränkung der Ausfallhaftung dient dem Schutz der verbleibenden Gesellschafter vor einer Belastung ihres Privatvermögens. Mittelbar wird dadurch auch der Fortbestand des Unternehmens gesichert, da die übrigen Gesellschafter umso eher geneigt sein werden, die Gesellschaft aufzulösen, wenn ihnen durch das Ausscheiden eines Gesellschafters eine hohe persönliche Haftung droht. Diese legitimen Interessen sind nach vorstehenden Grundsätzen gegen das Abfindungsinteresse des ausscheidenden Gesellschafters abzuwägen und mit ihm in Einklang zu bringen.

---

zum Personengesellschaftsrecht *Oppenheim,* Abfindungsklauseln in Personengesellschaftsverträgen, S. 54.

1031 BGH, NJW 1989, S. 2685 (2686); OLG Dresden, NZG 2000, S. 1042 (1043); *Bacher/Spieth,* GmbHR 2003, S. 517 (520); MünchKommGmbHG/*Strohn,* § 34 Rn. 229; Baumbach/Hueck/*Fastrich,* GmbHG, § 34 Rn. 38; Michalski/*Sosnitza,* GmbHG, § 34 Rn. 74.

1032 Vgl. BGH, NJW 1989, S. 2685 (2686), der eine Regelung für unwirksam hält, wonach die Abfindung in 15 gleichen Jahresraten auszuzahlen ist; OLG Dresden, NZG 2000, S. 1042 (1043f.), das eine Abfindungsklausel für sittenwidrig erachtet, wonach die Abfindung in drei Raten nach fünf, acht und zehn Jahren zu leisten ist; dazu *Hülsmann,* NJW 2002, S. 1673 (1677); die Vereinbarung einer Auszahlungsdauer von fünf Jahren, die mit einer angemessenen Verzinsung verbunden ist, wird hingegen grundsätzlich nicht beanstandet. Bei einer Auszahlungsdauer zwischen fünf und zehn Jahren sollen die Umstände des Einzelfalles entscheidend sein, vgl. MünchKommGmbHG/*Strohn,* § 34 Rn. 229; Michalski/*Sosnitza,* § 34 Rn. 74; *K. Schmidt,* Gesellschaftsrecht, § 50 IV 2c jew. m.w.N; zum Ganzen auch *Oppenheim,* Abfindungsklauseln in Personengesellschaftsverträgen, S. 127f.

1033 OLG Dresden, NZG 2003, S. 1042 (1043f.); *Hülsmann,* NJW 2002, S. 1673 (1677); MünchKommGmbHG/*Strohn,* § 34 Rn. 229; *Oppenheim,* Abfindungsklauseln in Personengesellschaftsverträgen, S. 127.

Eine Regelung, welche die Gesellschafterhaftung vollständig ausschließt, würde den Interessenkonflikt hingegen einseitig zu Lasten des Abfindungsgläubigers lösen. Der ausgeschiedene Gesellschafter würde im Verhältnis zu den verbleibenden Gesellschaftern unangemessen benachteiligt, müsste er die wirtschaftlichen Folgen einer Unterdeckung alleine tragen. Denn auf diese Weise würde ihm ein untragbares Risiko aufgebürdet, aufgrund einer Unterbilanz seine Abfindung nicht oder nur zu einem geringen Teil zu erhalten. Ob und in welchem Umfang er etwas von seinem Abfindungsguthaben erhält, würde sich nämlich ausschließlich nach den wirtschaftlichen Verhältnissen der Gesellschaft zum Zeitpunkt seines Ausscheidens, bzw. der Fälligkeit der Abfindung bestimmen. Auch wenn die gegen die Gesellschaft gerichtete Abfindungsforderung (§ 738 Abs. 1 S. 2 BGB analog) als solche in der Satzung nicht unmittelbar verkürzt wird, beeinträchtigt demzufolge auch die Abbedingung der persönlichen Haftung den wirtschaftlichen Gehalt der Abfindung in einer unverhältnismäßigen Weise. Eine derartig starke Einengung der Rechte des ausscheidenden Gesellschafters ist nicht erforderlich, um dem Fortführungsinteresse der verbleibenden Gesellschafter Rechnung zu tragen.

Damit ist festzuhalten, dass ein völliger Ausschluss der persönlichen Haftung ohne anderweitige Absicherung des Abfindungsgläubigers wegen Knebelung sittenwidrig ist (§ 138 Abs. 1 BGB). Speziell beim Austritt aus wichtigem Grund ergibt sich die Unwirksamkeit des Ausschlusses der Ausfallhaftung schließlich auch noch aus der Überlegung, dass dieses unverzichtbare Mitgliedschaftsrecht hierdurch in unzulässiger Weise entwertet würde. Denn ein austrittswilliger Gesellschafter wird sich genau überlegen, ob er die Gesellschaft verlässt, wenn er darum fürchten muss, aufgrund einer Unterdeckung sein Abfindungsguthaben nicht zu erhalten.

Nicht zuletzt spricht für die Unabdingbarkeit der Haftungslösung auch die hier entwickelte Dogmatik der Ausfallhaftung. Es handelt sich bei ihr um eine eigenständige, treupflichtbasierte Abfindungspflicht der verbleibenden Gesellschafter.[1034] Daher ist es nur konsequent, wenn eine Satzungsklausel, welche diesen Abfindungsanspruch ausschließt, in gleicher Weise unwirksam ist, wie ein Ausschluss des gegen die Gesellschaft gerichteten Abfindungsanspruchs aus § 738 Abs. 1 S. 2 BGB analog.

Aus diesen Überlegungen folgt, dass die Ausfallhaftung statutarisch nur dann abbedungen werden kann, wenn die Rechtsstellung des Abfindungsgläubigers in der Satzung stattdessen durch die Vereinbarung der Bedingungslösung oder eines Auflösungsrechts abgesichert wird. Derartige Klauseln sind der Praxis jedoch nicht zu empfehlen. Denn sie würden den Fortbestand der Gesellschaft in einem hohen Maße gefährden.[1035]

---

1034 S. zu den dogmatischen Grundlagen der Ausfallhaftung oben S. 107ff.

1035 S. zu den Nachteilen der Bedingungstheorie und des Auflösungsmodells oben S. 40ff., 52.

### 4. *Beschränkbarkeit der Ausfallhaftung*

Soweit das Schrifttum die Gesellschafterhaftung teilweise für unabdingbar hält, sehen sie einige Autoren jedenfalls in dem Umfang als beschränkbar, in dem der Abfindungsanspruch gegen die Gesellschaft (§ 738 Abs. 1 S. 2 BGB analog) in zulässiger Weise beschränkt werden kann[1036,1037]. Dieser Auffassung ist zuzustimmen. Sie setzt jedoch voraus, dass die gegen die Gesellschaft gerichtete Abfindungsforderung in der Satzung nicht eingeschränkt wird. Soweit hingegen bereits dieser Anspruch der Höhe nach und/oder durch nachteilige Auszahlungsmodalitäten (Fälligkeit, Ratenzahlungen, Verzinsung etc.) beschränkt wird, lässt sich nur im Rahmen einer Gesamtbewertung der Abfindungsklausel beurteilen, ob bzw. in welchem Umfang zusätzlich noch die Höhe der Ausfallhaftung verkürzt werden kann.[1038] In jedem Fall ist darauf Bedacht zu nehmen, dass die Abfindungsregelung insgesamt das Abfindungsinteresse des ausscheidenden Gesellschafters ausreichend berücksichtigt. Andernfalls ist sie dem Vorwurf der Sittenwidrigkeit (§ 138 Abs. 1 BGB) ausgesetzt.

## II. Erwerbsrechte von Mitgesellschaftern und Dritten

Da die Ausfallhaftung nicht vollständig ausgeschlossen werden kann, empfiehlt es sich in der Praxis, in der Satzung Erwerbsrechte durch Mitgesellschafter oder Dritte für den Anteil des Ausscheidenden anzuordnen.[1039] Hierunter sind Rechtsbehelfe zu verstehen, die es der Mehrheit gestatten einen Gesellschafter auszuschließen oder seine Austrittserklärung zu vollziehen, indem beschlossen wird, dass ein Mitgesellschafter oder ein Dritter seinen Geschäftsanteil erwirbt.[1040]

Mit ihnen kann vom Konzept der Ausfallhaftung abgewichen werden, weil sich der Entgeltanspruch des Betroffenen bei entsprechender Gestaltung nicht gegen

---

1036 S. zur statutarischen Beschränkbarkeit des Abfindungsanspruchs nur Ziemons/Jaeger/*Schindler*, BeckOK-GmbHG, § 34 Rn. 91ff.; Baumbach/Hueck/*Fastrich*, GmbHG, § 34 Rn. 26ff.; Michalski/*Sosnitza*, GmbHG, § 34 Rn. 58ff. jew. m.w.N.

1037 *J. Schmidt*, GmbHR 2013, S. 953 (961); Baumbach/Hueck/*Fastrich*, GmbHG, § 34 Rn. 48; Ulmer/Habersack/Löbbe*Ulmer/Habersack*, GmbHG, § 34 Rn. 64a.

1038 Allg. zur notwendigen Gesamtbetrachtung einer Abfindungsregelung für die Beurteilung ihrer Sittenwidrigkeit BGH, NJW 1989, S. 2685 (2686); OLG Hamm, NZG 2003, S. 440 (441); OLG Dresden, NZG 2000, S. 1042 (1043); *Bacher/Spieth*, GmbHR 2003, S. 517 (520); *Hülsmann*, NJW 2002, S. 1673 (1677); Michalski/*Sosnitza*, GmbHG, § 34 Rn. 59, 74; Baumbach/Hueck/*Fastrich*, GmbHG, § 34 Rn. 27; Ulmer/Habersack/Löbbe/*Ulmer/Habersack*, GmbHG, § 34 Rn. 88, 92; MünchKommGmbHG/*Strohn*, § 34 Rn. 229; *Soufleros*, Ausschließung und Abfindung eines GmbH-Gesellschafters, S. 298ff.

1039 Vgl. auch *Schneider/Hoger*, NJW 2013, S. 502 (507).

1040 Vgl. *Ulmer*, FS Priester, S. 775 (797); *Blath*, GmbHR 2012, S. 657 (660f.); *Bacher/v. Blumenthal*, NZG 2008, S. 406 (408); Ulmer/Habersack/Löbbe/*Ulmer/Habersack*, GmbHG, § 34 Rn. 119; MünchKommGmbHG/*Strohn*, § 34 Rn. 99f.

die GmbH, sondern direkt gegen den Anteilserwerber richtet.[1041] Dem Zahlungsanspruch des Ausscheidenden steht dann die Sperrwirkung der Kapitalerhaltungsvorschriften nicht entgegen. Deswegen fehlt es von vornherein an einem materiellen Sicherungsbedürfnis, welches durch die Ausfallhaftung der verbleibenden Gesellschafter bedient werden müsste. Außerdem kommt der Geschäftsanteil des Betroffenen nur dem Vermögen des jeweiligen Anteilserwerbers zugute, sodass bei den verbleibenden Gesellschaftern auch kein Vermögenszuwachs eintritt, welcher wiederum die dogmatische Basis für die Haftungslösung darstellt[1042,1043].

Erwerbsrechte sollten in der Satzung unbedingt neben einer Zwangseinziehungsklausel vereinbart werden. Dadurch erhält die Gesellschafterversammlung alternativ zur Einziehung die Möglichkeit, einen Gesellschafter auszuschließen, ohne dass den verbleibenden Gesellschaftern eine persönliche Haftung droht. Zum Schutz der Betroffenen muss die Satzung dabei allerdings die Erwerbsvoraussetzungen hinreichend bestimmt festsetzen (§ 34 Abs. 2 GmbHG analog).[1044] Insofern genügt es aber auch, wenn im Gesellschaftsvertrag auf die Einziehungsvoraussetzungen Bezug genommen wird.[1045]

Beim Austritt kommt der Vereinbarung von Erwerbsrechten hingegen eine nur untergeordnete Bedeutung zu. Denn die Gesellschaft kann den Austritt eines Gesellschafters ohnehin von Gesetzes wegen dadurch vollziehen, dass sie ihm einen Mitgesellschafter oder Dritten benennt, der zum Erwerb seines Geschäftsanteils bereit ist.[1046] Aus Gründen der Rechtssicherheit und Vollzugsvereinfachung empfiehlt sich jedoch auch hier die Anordnung eines der folgenden Erwerbsrechte:

---

1041 Vgl. BGH, GmbHR 1983, S. 74 (75); Ulmer/Habersack/Löbbe/*Ulmer/Habersack*, GmbHG, § 34 Rn. 119, 124; *Ulmer*, FS Priester, S. 775 (797); *Leuering/Rubner*, NJW-Spezial 2014, S. 335 (335); *Baumann*, MittRhNotK 1991, S. 271 (275f.); *K.Schmidt*, Gesellschaftsrecht, § 35 IV 2d; eine subsidiäre Haftung der Gesellschaft für die Abfindung befürwortet hingegen *Kesselmeier*, Ausschließungs- und Nachfolgeregelung in der GmbH-Satzung, S. 123ff.

1042 S. zu den dogmatischen Grundlagen der Ausfallhaftung oben S. 92ff.

1043 So auch *Schneider/Hoger*, NJW 2013, S. 502 (507); a.A.: *Klöckner*, GmbHR 2012, S. 1325 (1327), der die Ausfallhaftung der verbleibenden Gesellschafter befürwortet, wenn der im Gesellschafterbeschluss benannte Erwerber kein Interesse an der Anteilsübernahme hat. Dabei übersieht er jedoch, dass der betroffene Gesellschafter in diesem Fall seinen Geschäftsanteil auch nicht verliert. Daher besteht gar kein Bedürfnis danach, seine Vermögensposition abzusichern.

1044 Ulmer/Habersack/Löbbe/*Ulmer/Habersack*, GmbHG, § 34 Rn. 123; MünchKommGmbHG/*Strohn*, § 34 Rn. 100; *Bacher/v. Blumenthal*, NZG 2008, S. 406 (408); *Baumann*, MittRhNotK 1991, S. 271 (275).

1045 *Baumann*, MittRhNotK 1991, S. 271 (275).

1046 S. oben S. 194.

### 1. Obligatorisches Erwerbsrecht

Ein obligatorisches Erwerbsrecht (Abtretungspflicht) verpflichtet den Anteilsinhaber gegenüber der Gesellschaft, seinen Geschäftsanteil beim Eintritt der Erwerbsvoraussetzungen auf die im Statut festgelegte oder im Gesellschafterbeschluss bestimmte Person zu übertragen.[1047] Der betroffene Gesellschafter hat dann mit dem Erwerbsberechtigten einen Kaufvertrag über seinen Anteil abzuschließen und ihn an diesen Zug um Zug gegen Zahlung des Entgelts abzutreten (§§ 389, 413 BGB).[1048] Die Erfüllung des Entgeltanspruchs durch den Erwerber kann er dabei auch dem Abtretungsverlangen der Gesellschaft entgegensetzen (§ 273 BGB).[1049] Folglich endet die Mitgliedschaft des Betroffenen in der GmbH erst dann, wenn er den Gegenwert seines Geschäftsanteils erhalten hat. Sofern der ausscheidende Gesellschafter seine Mitwirkung an der Anteilsübertragung verweigert, muss die Gesellschaft ihren Abtretungsanspruch schließlich durch eine Leistungsklage und Vollstreckung nach § 894 ZPO durchsetzen.[1050]

### 2. Dingliches Erwerbsrecht

Wegen der vorstehend aufgezeigten Unzulänglichkeiten im Vollzug empfiehlt es sich, im Gesellschaftsvertrag ein dinglich wirkendes Erwerbsrecht zu verankern. Statt die Abtretung des Anteils verlangen zu müssen, kann die Gesellschaft statutarisch auch dazu ermächtigt werden (§ 185 BGB), beim Vorliegen der Voraussetzungen im eigenen Namen über den Geschäftsanteil des betroffenen Gesellschafters zu verfügen (Zwangsabtretung). Dadurch wird dessen Mitwirkung an der Anteilsübertragung entbehrlich.[1051] Damit der Ausscheidende in jedem Fall einen eigenen Zahlungsanspruch gegen den Erwerber erhält, sollte die Gesellschaft hierbei aber

---

1047 Ulmer/Habersack/Löbbe/*Ulmer/Habersack*, GmbHG, § 34 Rn. 120; MünchKommGmbHG/*Strohn*, § 34 Rn. 99; *Leuering/Rubner*, NJW-Spezial 2014, S. 335 (335); *Blath*, GmbHR 2012, S. 657 (660); *Bacher/v. Blumenthal*, NZG 2008, S. 406 (408); *Baumann*, MittRhNotK 1991, S. 271 (275); *Kesselmeier*, Ausschließungs- und Nachfolgeregelung in der GmbH-Satzung, S. 44.

1048 *Kesselmeier*, Ausschließungs- und Nachfolgeregelung in der GmbH-Satzung, S. 121; *Baumann*, MittRhNotK 1991, S. 271 (275f.).

1049 Ulmer/Habersack/Löbbe/*Ulmer/Habersack*, GmbHG, § 34 Rn. 124; *Kesselmeier*, Ausschließungs- und Nachfolgeregelung in der GmbH-Satzung, S. 44.

1050 *Leuering/Rubner*, NJW-Spezial 2014, S. 335 (335); *Blath*, GmbHR 2012, S. 657 (660); *Bacher/v. Blumenthal*, NZG 2008, S. 406 (408); *Baumann*, MittRhNotK 1991, S. 271 (275); *Küperkoch*, Das zwangsweise Ausscheiden eines GmbH-Gesellschafters mittels Einziehung, S. 122.

1051 BGH, GmbHR 1983, S. 74 (74); Ulmer/Habersack/Löbbe/*Ulmer/Habersack*, GmbHG, § 34 Rn. 121; MünchKommGmbHG/*Strohn*, § 34 Rn. 99; *Leuering/Rubner*, NJW-Spezial 2014, S. 335 (335); *Blath*, GmbHR 2012, S. 657 (660); *Baumann*, MittRhNotK 1991, S. 271 (276); *Küperkoch*, Das zwangsweise Ausscheiden eines GmbH-Gesellschafters mittels Einziehung, S. 122.

dazu bevollmächtigt und verpflichtet werden vor der Abtretung des Anteils einen Kaufvertrag im Namen des Betroffenen abzuschließen.[1052]

Noch weitergehend ist es sogar zulässig, den dinglichen Übergang des Geschäftsanteils auf den oder die Erwerbsberechtigten in der Satzung aufschiebend bedingt anzuordnen (statutarische Abtretung).[1053] Der Anteil des betroffenen Gesellschafters geht dann bei Bedingungseintritt (z.B. dem Gesellschafterbeschluss oder der Austrittserklärung) automatisch auf den oder die gesellschaftsvertraglich festgelegten Erwerber über.[1054] Da Verfügungen zugunsten Dritter unzulässig sind, kommen in diesem Fall jedoch nur Mitgesellschafter als Erwerbsberechtigte in Betracht.[1055] In der Satzung sollte dann zugleich geregelt werden, dass der oder die begünstigten Gesellschafter dem Ausgeschiedenen gegenüber zur Zahlung des Abtretungsentgelts verpflichtet sind.

## D) Checkliste: Satzungsklauseln zum Konzept der Ausfallhaftung

Um Streitigkeiten zwischen den Gesellschaftern vorzubeugen, ist es der Gestaltungspraxis nicht zuletzt dringend anzuraten, genaue Regelungen zu den Einzelheiten der Ausfallhaftung in die Satzung aufzunehmen. Denn nur mit einer möglichst präzisen Vertragsgestaltung lassen sich in der Praxis die zahlreichen Unklarheiten bei der Haftungslösung beseitigen, welche die Untersuchung zutage gefördert hat. In den GmbH-Mustersatzungen der gängigen Formularbücher wird dieser Aspekt leider nur unzureichend berücksichtigt.[1056] Im Einzelnen sollte daher darauf geachtet werden, dass der Gesellschaftsvertrag folgende Punkte regelt:

---

1052 So der Vorschlag von *Bacher/v. Blumenthal,* NZG 2008, S. 406 (409f.).

1053 BGH, DStR 2003, S. 1717 (1718f.); *Leuering/Rubner,* NJW-Spezial 2014, S. 335 (335); *Blath,* GmbHR 2012, S. 657 (661); Ulmer/Habersack/Löbbe/*Ulmer/Habersack*, GmbHG, § 34 Rn. 121.

1054 *Leuering/Rubner,* NJW-Spezial 2014, S. 335 (335); MünchKommGmbHG/*Strohn,* § 34 Rn. 99.

1055 *Leuering/Rubner,* NJW-Spezial 2014, S. 335 (335); Ulmer/Habersack/Löbbe/*Ulmer/Habersack*, GmbHG, § 34 Rn. 121.

1056 Vgl. Hopt/*Weiland/Hoger,* Vertrags- und Formularbuch zum Handels-, Gesellschafts- und Bankrecht, II.D.1.3, § 6; Hoffmann-Becking/Rawert/*Stephan,* Beck´sches Formularbuch Bürgerliches, Handels- und Wirtschaftsrecht, IX.9., § 8; *Walz,* Beck´sches Formularbuch Zivil-, Wirtschafts- und Unternehmensrecht, J.II.2., § 11; Alvermann/*Schwedhelm/Wollweber,* Formularbuch Recht und Steuern, A.6.00, § 16.

| | ✓ |
|---|---|
| **Aufnahme einer Zwangseinziehungsklausel**<br>Dringend zu empfehlen, da nicht sicher vorhergesagt werden kann, ob der BGH bei der Ausschlussklage an der Bedingungstheorie festhalten wird.[1057] | ☐ |
| **Anordnung der sofortigen Wirksamkeit des Einziehungsbeschlusses unabhängig von der Abfindungszahlung**<br>Empfehlenswert aus Gründen der Rechtsklarheit.[1058] | ☐ |
| **Anordnung der persönlichen Haftung der verbleibenden Gesellschafter für die Abfindung bei Unvermögen der Gesellschaft**<br>Empfehlenswert aus Gründen der Rechtsklarheit.[1059] | ☐ |
| **Festlegung eines exakten Zeitpunktes, ab dem die verbleibenden Gesellschafter in Anspruch genommen werden können**[1060]<br>Empfehlenswert ist ein Jahr, nachdem sich die Gesellschaft auf das Auszahlungsverbot des § 30 Abs. 1 GmbHG berufen hat.[1061] Dann haben die verbleibenden Gesellschafter noch Zeit, um ihre Haftung durch eine Kapitalherabsetzung abzuwenden. | ☐ |
| **Klarstellung, ob die Haftung durch eine Liquidation der Gesellschaft entfällt**<br>Bejahendenfalls ist zu regeln, ob der ausgeschiedene Gesellschafter in Höhe der noch ausstehenden Abfindungssumme oder seiner ehemaligen Beteiligungsquote am Liquidationserlös teilnimmt. | ☐ |
| **Klarstellung, ob die Haftung durch eine Behebung der Unterbilanz entfällt** | ☐ |

1057 So auch *Stumpf/Müller*, GWR 2012, S. 143 (145).

1058 Vgl. auch *Stumpf/Müller*, GWR 2012, S. 143 (145); *Rieder, GWR 2012, S. 106 (106); Schneider/Hoger*, NJW 2013, S. 502 (504).

1059 Vgl. auch MünchKommGmbHG/*Strohn*, § 34 *Rn. 78; Stumpf/Müller, GWR 2012*, S. 143 (145).

1060 Vgl. auch *Stumpf/Müller*, GWR 2012, S. 143 (145)*; Schneider/Hoger, NJW 2013, S. 502 (507); J. Schmidt,* GmbHR 2013, S. 953 (961); *Markowsky,* Die Einziehung von GmbH-Geschäftsanteilen, S. 218.

1061 A.A.: *Stumpf/Müller*, GWR 2012, S. 143 (145): ein Jahr nach Wirksamwerden der Einziehung; Hopt/Weiland/Hoger, Vertrags- und Formularbuch zum Handels-, Gesellschafts- und Bankrecht, II.D.1.3, § 6: drei Monate ab Fälligkeit der Abfindung.

| | |
|---|---|
| **Bestimmung des Adressatenkreises der Ausfallhaftung**[1062]<br>▪ Wenn alle Gesellschafter haften sollen ist zu regeln, ob den dissentierenden Gesellschaftern gegenüber den zustimmenden Gesellschafter ein Freistellungsanspruch Zug um Zug gegen Abtretung eines (Teil-) Geschäftsanteils in Höhe ihres Beteiligungszuwachses, ein Austrittsrecht oder gar ein Auflösungsrecht zur Abwendung ihrer Haftung zusteht.<br>▪ Wenn nur die zustimmenden Gesellschafter haften sollen, ist zu regeln, ob diese als Ausgleich von den dissentierenden Gesellschaftern die Abtretung ihres Beteiligungszuwachses verlangen können. Zudem ist klarzustellen, ob die überstimmten Gesellschafter für Haftungsfehlbeträge bei den zustimmenden Gesellschaftern haften sollen. | ☐ |
| **Festlegung, ob es sich um eine proratarische oder eine gesamtschuldnerische Haftung handelt**<br>Bei einer anteiligen Haftung ist klarzustellen, ob sich die Haftungsquote erhöht, wenn ein mithaftender Gesellschafter ausfällt. In diesem Fall sind spezielle Regressansprüche zu statuieren. | ☐ |
| **Klarstellung, ob Gesellschafter haften, die erst nach dem Einziehungsbeschluss in die Gesellschaft eingetreten sind** | ☐ |
| **Klarstellung, ob die Haftungsgrundsätze auch bei der Einziehung und beim Eigenerwerb eines Anteils zum Vollzug eines Austritts Anwendung finden**<br>Bis zur Anteilsabnahme empfiehlt es sich, ein Ruhen des Stimmrechts des Austretenden anzuordnen. | ☐ |

1062 Vgl. auch Stumpf/Müller, GWR 2012, *S. 143 (145); Schneider/Hoger, NJW 2013, S. 502 (507); Markowsky, Die Einziehung von GmbH-Geschäftsanteilen, S. 220.*

# Zusammenfassung der wichtigsten Ergebnisse

Anliegen der Arbeit war es, zu erforschen, wie es sich sicherstellen lässt, dass ein GmbH-Gesellschafter aufgrund des Kapitalerhaltungsgebotes nicht abfindungslos aus der Gesellschaft ausscheidet. Dabei ist die Untersuchung zu folgenden Ergebnissen gelangt:

1. a) Bei der Einziehung (§ 34 GmbHG), bei der Ausschließung durch gerichtliches Urteil und beim Austritt aus wichtigem Grund steht dem ausscheidenden Gesellschafter als Entschädigung für den Verlust seines Geschäftsanteils nach § 738 Abs. 1 S. 2 BGB analog ein Abfindungsanspruch in Höhe des Verkehrswerts seiner Beteiligung zu. Dieser Anspruch richtet sich gegen die Gesellschaft.

b) Bei der freiwilligen Einziehung ist der ausscheidende Gesellschafter durch sein Zustimmungserfordernis zur Einziehung hinreichend geschützt. Bei der Zwangseinziehung, beim Ausschluss und beim Austritt ist es hingegen erforderlich, seinen Abfindungsanspruch gegen das Eingreifen der Kapitalerhaltungsschranke (§ 30 Abs. 1 GmbHG) zu sichern. Andernfalls bestünde die Gefahr, dass er sein Mitgliedschaftsrecht kompensationslos verliert. Die rechtliche Notwendigkeit einer Abfindungssicherung ergibt sich aus einem Umkehrschluss zur Kaduzierung (§ 21 Abs. 2 GmbHG), der Wertung des § 33 Abs. 2 S. 3 GmbHG, dem Charakter der Abfindung als unentziehbares Mitgliedschaftsrecht, der Eigentumsgarantie aus Art. 14 Abs. 1 GG sowie einem Seitenblick auf die Rechtslage im Personen- und Aktiengesellschaftsrecht.

2. a) Entgegen der früher h.M. steht die Zwangseinziehung zur Sicherung der Abfindung nicht unter der aufschiebenden Bedingung, dass das Abfindungsentgelt an den auszuschließenden Gesellschafter ohne Verstoß gegen § 30 Abs. 1 GmbHG ausgezahlt wird („klassische" Bedingungslehre). Ein entsprechender Bedingungszusammenhang lässt sich weder den Gesetzgebungsmaterialien zu § 34 Abs. 3 GmbHG entnehmen, noch gibt der Wortlaut oder der Schutzzweck dieser Norm hierfür etwas her. Zudem führt diese Lösung zu einer langwierigen Schwebephase, während der der auszuschließende Gesellschafter den Gesellschaftsfrieden empfindlich stören kann.

b) Auch der Vorschlag von *Ulmer*, den Einziehungsbeschluss an eine auflösende Bedingung zu knüpfen, überzeugt nicht. Das automatische Wiederaufleben eines bereits vernichteten Geschäftsanteils würde zu unüberwindbaren Rückabwicklungsschwierigkeiten führen.

c) Die Rechtsposition des Abfindungsgläubigers lässt sich auch nicht durch ein Anfechtungsklagerecht (§ 243 AktG analog) absichern. Stellt sich das Auszahlungsverbot des § 30 Abs. 1 GmbHG erst nach Ablauf der einmonatigen Klagefrist (§ 246 AktG analog) heraus, könnte der Gesellschafter gegen den Einziehungsbeschluss nicht mehr vorgehen und wäre kompensationslos ausgeschieden.

d) Dem Abfindungsgläubiger steht auch nicht das Recht zu, die Gesellschaft bei einer Unterbilanz aufzulösen. Ein Analogieschluss zu § 61 GmbHG bietet sich zur

Begründung der Auflösungsbefugnis nicht an, da dieser Norm eine bestehende Mitgliedschaft voraussetzt. Eine Analogie zu § 135 HGB i.V.m. § 61 GmbHG muss spätestens seit dem Handelsrechtsreformgesetz aus dem Jahr 1998 ausscheiden. Denn seither führt das Kündigungsrecht aus § 135 HGB nicht mehr zur Auflösung der Gesellschaft (§ 131 Abs. 3 Nr. 4 HGB).

e) Die These von *Kesselmeier*, es bedürfe bei der Einziehung keiner besonderen Abfindungssicherung, weil der Kapitaldeckungsvorbehalt für die Abfindungsverpflichtung nicht gelte, ist unhaltbar. Ausweislich der Amtlichen Begründung zu § 34 Abs. 3 GmbHG wollte der Gesetzgeber mit dieser Norm sicherstellen, dass kein Stammkapital für Abfindungszahlungen herangezogen wird.

4. a) Der BGH hat in seinem Grundsatzurteil vom 24. 1. 2012 entschieden, dass die Zwangseinziehung sofort und unbedingt wirksam wird. Zur Sicherung des Abfindungsanspruchs sollen die verbleibenden Gesellschafter persönlich für die Abfindung haften, wenn die Gesellschaft nicht über ausreichend freies Vermögen verfügt. Diese Lösung überzeugt wertungsmäßig, da sie das Abfindungsinteresse des Ausgeschiedenen und das Fortsetzungsinteresse der verbleibenden Gesellschafter angemessen in Einklang bringt. Unklar ist jedoch die dogmatische Einordnung dieser Judikatur. Denn der BGH lässt in dem Urteil offen, auf welcher Rechtsgrundlage die Gesellschafterhaftung basieren soll.

b) Eine Nichtleistungskondiktion nach § 812 Abs. 1 S. 1 Alt. 2 BGB kommt als Haftungsgrundlage nicht in Frage. Die verbleibenden Gesellschafter erlangen durch die faktische Anwachsung ihrer Beteiligungsquote i.V.m. §§ 34 Abs. 3, 30 Abs. 1 GmbHG zwar einen Vermögensvorteil auf Kosten des ausgeschiedenen Gesellschafters. Hierfür besteht jedoch ein rechtlicher Behaltensgrund i.S.d. § 812 Abs. 1 S. 1 Alt. 2 BGB. Andernfalls würde die Nichtleistungskondiktion nach § 818 Abs. 1 BGB die erhöhten Anteilsquoten der verbleibenden Gesellschafter in natura abschöpfen und die Ausschließung des betreffenden Gesellschafters wäre gescheitert.

c) Auch eine Schadensersatzhaftung nach §§ 280, 249 ff. BGB wegen einer Verletzung der mitgliedschaftlichen Treuepflicht kommt als Grundlage für die Ausfallhaftung nicht in Betracht. So ist die Fassung des Einziehungsbeschlusses nicht generell treuwidrig. Ein Unterlassen von Maßnahmen zur Schaffung von ausreichend ungebundenem Kapital eignet sich ebenfalls nicht als Anknüpfungspunkt für einen Treuepflichtverstoß durch die verbleibenden Gesellschafter. Denn hierbei würden sich zahlreiche Probleme mit der Zurechenbarkeit des Schadens ergeben. Außerdem eröffnet § 280 Abs. 1 S. 2 BGB eine Exkulpationsmöglichkeit. Die Haftung würde folglich häufig entfallen.

d) Die These von *Altmeppen,* dass sich der Abfindungsanspruch sowohl im Personengesellschafts-, als auch im GmbH-Recht in Wirklichkeit nicht gegen die Gesellschaft, sondern auf Grundlage des Anwachsungsprinzips originär gegen die verbleibenden Gesellschafter richtet, ist unzutreffend. Das Anwachsungsprinzip besagt nicht mehr, als dass sich die rechnerische Beteiligung der verbleibenden Gesellschafter an der Gesellschaft durch das Ausscheidens eines Gesellschafters erhöht. Entgegen *Altmeppens* Auffassung bestätigt die Gesetzeshistorie die Schuldnerstellung der Gesellschaft für die Abfindung.

e) Die Ausfallhaftung basiert auf einem rechtsfortbildend geschaffenen Haftungstatbestand. Mit den anerkannten Haftungstatbeständen zur Aufbringung und Erhaltung des Stammkapitals (z.B. §§ 24, 31 Abs. 3 GmbHG) lässt sich die Rechtsfortbildung jedoch nicht legitimieren. Denn die Ausfallhaftung ist nicht Teil des Kapitalschutzsystems. Auch der Begründungsansatz von *Tröger*, es handele sich bei der Haftung um eine treupflichtbasierte Leistungspflicht zur Absicherung gegen ex post-Opportunismusgefahren, überzeugt nicht durchgängig. Dieser Ansatz kann die Haftung nicht plausibel für die Fälle erklären, in denen die Unterbilanz gar nicht auf opportunistischem Gesellschafterverhalten basiert oder die Abfindung mit dem Ausscheiden sofort fällig ist.

f) Das Fehlen einer Regelung, welche im Fall eines Auszahlungsverbots nach § 30 Abs. 1 GmbHG eine persönliche Haftung der verbleibenden Gesellschafter für die Abfindung anordnet, stellt eine Lücke im GmbH-Gesetz dar. Das Gesetz ist insofern ergänzungsbedürftig, da die (dritt)gläubigerschützende Norm des § 34 Abs. 3 i.V.m. § 30 Abs. 1 GmbHG den verbleibenden Gesellschaftern andernfalls systemwidrig und entgegen dem zwingenden Mindestrecht auf Erhalt einer angemessenen Abfindung einen Vermögensvorteil auf Kosten des ausgeschiedenen Gesellschafters verschaffen würde. Das Haftungsprivileg aus § 13 Abs. 2 GmbHG steht der Annahme einer Gesetzeslücke nicht entgegen.

g) Die Lücke ist mit der (nachwirkenden) mitgliedschaftlichen Treuepflicht zu schließen. Sie verpflichtet die verbleibenden Gesellschafter dazu, den ausgeschiedenen Gesellschafter als Ausgleich für die vom Gesetz unbeabsichtigte Wertverlagerung im Binnenverhältnis persönlich zu entschädigen. Hierbei handelt es sich um einen eigenständigen und subsidiären Abfindungsanspruch. Dieser Hilfsanspruch existiert neben dem gegen die Gesellschaft gerichteten Abfindungsanspruch aus § 738 Abs. 1 S. 2 BGB analog und entsteht nur bei einer Unterbilanz. Die Ausfallhaftung stellt somit keine „echte" Durchbrechung des Trennungsprinzips (§ 13 Abs. 2 GmbHG) dar.

5. a) Der Ausfallhaftungsanspruch entsteht, sobald sich die Gesellschaft auf das Auszahlungsverbot des § 34 Abs. 3 i.V.m. § 30 Abs. 1 GmbHG beruft und ist sofort fällig (§ 271 Abs. 1 BGB). Den verbleibenden Gesellschaftern steht vor ihrer Inanspruchnahme auf Grundlage der (nachwirkenden) mitgliedschaftlichen Treuepflicht eine dilatorische Einrede zu. Die Wirkungsdauer der Einrede ist von den Umständen des Einzelfalles abhängig. Während dieser Zeitspanne können die verbleibenden Gesellschafter stille Reserven auflösen, um die Unterdeckung zu beheben und ihre Haftung abzuwenden. Mit einer Kapitalherabsetzung oder einer Liquidation der Gesellschaft können sie ihrer Haftung hingegen nicht entgehen. Denn diese Verfahren sind sehr zeitintensiv.

b) Der Ausfallhaftungsanspruch entfällt mit ex nunc-Wirkung, sobald und soweit das Nettoaktivvermögen der Gesellschaft die Stammkapitalziffer wieder deckt.

c) Die persönliche Gesellschafterhaftung macht eine effektive Schutzvorkehrung zugunsten der Gesellschafter erforderlich, die nicht für die Einziehung gestimmt haben. Zum Schutz dieser Gesellschafter eignet sich weder ein Auflösungsrecht noch ein Austrittsrecht oder ein Anfechtungsrecht oder ein interner Freistellungsanspruch.

Die Wertentscheidung, die der Gesetzgeber in §§ 27 Abs. 1, 53 Abs. 3 GmbHG unc §§ 197, 245 UmwG getroffen hat, steht einem rechtsfortbildend geschaffenen Haf tungstatbestand entgegen, der die dissentierenden Gesellschafter in die Haftung einbezieht. Die Ausfallhaftung ist daher so zu modifizieren, dass die Gesellschafter die für die Einziehung gestimmt haben, im Außenverhältnis gegenüber dem Aus geschiedenen zunächst für den gesamten Wertzuwachs aufkommen, also auch den der bei den dissentierenden Gesellschaftern eingetreten ist (1. Stufe). Im Anschlus daran wird die daraufhin entstehende Wertdivergenz zwischen den verbleibenden Gesellschaftergruppen im Innenverhältnis unter Verschonung des Privatvermögens der dissentierenden Gesellschafter ausgeglichen (2. Stufe). Hierzu steht den zustim menden Gesellschaftern nach ihrer Inanspruchnahme auf Grundlage der mitglied schaftlichen Treuepflicht gegen die dissentierenden Gesellschafter ein Anspruch au Abtretung eines ihrer erhöhten Anteilsquote entsprechenden (Teil-)Geschäftsanteils zu. Diesen Anspruch können die dissentierenden Gesellschafter auch durch Zahlung einer ihrem (eigentlichen) Haftungsanteil entsprechenden Geldsumme erfüllen, um eine Verschiebung der Herrschaftsmacht im Unternehmen zu verhindern.

d) Die dissentierenden Gesellschafter haften nicht subsidiär für Haftungsfehlbe träge bei den zustimmenden Gesellschaftern nach §§ 24, 31 Abs. 3 GmbHG analog Die mitgliedschaftliche Treuepflicht kann widerstrebende Gesellschafter nicht dazu verpflichten, dem Einziehungsbeschluss im Interesse des Verbands zuzustimmen und somit das Risiko der persönlichen Haftung einzugehen.

e) Bei der Ausfallhaftung handelt es sich nicht um eine gesamtschuldnerische sondern um eine anteilige Haftung.

6. Die Haftungslösung findet auch dann Anwendung, wenn bereits zum Zeit punkt der Fassung des Einziehungsbeschlusses feststeht, dass die Gesellschaft das Abfindungsentgelt nicht ohne Verstoß gegen § 34 Abs. 3 i.V.m. § 30 Abs. 1 GmbHG leisten kann. Denn der Einziehungsbeschluss ist in diesem Fall nicht nach § 241 Nr 3 AktG analog nichtig. Ein Analogieschluss zu § 241 Nr. 3 AktG ist dogmatisch nicht tragfähig, da die bloße Fassung des Einziehungsbeschlusses das Auszahlungsverbot des § 30 Abs. 1 GmbHG nicht verletzt.

7. a) Am 1. 4. 1953 hat der BGH zum Ausschluss aus wichtigem Grund ent schieden, dass die Gestaltungswirkung des Ausschließungsurteils nicht sofort mit der Rechtskraft eintritt, sondern aufgrund einer im Urteilstenor auszusprechenden Suspensivbedingung erst dann, wenn die Gesellschaft die Abfindung innerhalb einer bestimmten Frist vollständig aus ungebundenem Vermögen ausgezahlt hat. In seinem Grundsatzurteil vom 24. 1. 2012 zur Ausfallhaftung bei der Einziehung tendiert der BGH dazu, an dieser Rechtsprechung festhalten zu wollen.

b) Entgegen der Rechtsprechung des BGH ist es sachgerechter, die Gestaltungswirkung des Ausschließungsurteils sofort eintreten zu lassen und den Abfindungsanspruch wie bei der Zwangseinziehung durch die Ausfallhaftung der verbleibenden Gesellschafter zu sichern. Die Bedingungslösung ist beim Ausschluss durch gerichtliches Urteil mit noch größeren Nachteilen für die Gesellschaft verbunden, als bei der Einziehung. Entgegen der Auffassung des BGH und der h.L ist die Haftungslösung auf die Ausschließung im Klagewege übertragbar. Nur weil dem

Ausschluss durch gerichtliches Urteil keine Satzungsregelung zugrunde liegt, ist der betroffene Gesellschafter nicht schutzwürdiger, als bei der Einziehung. Überdies sichert die Haftungslösung den Abfindungsanspruch besser ab, als die Bedingungstheorie. Ferner ist auch der Ausschluss stets mit dem für die Ausfallhaftung erforderlichen Wertzuwachs bei den verbleibenden Gesellschaftern verbunden, wenn der betroffenen Gesellschafter aufgrund der Kapitalerhaltungsvorschriften abfindungslos ausscheidet. Für die Übertragbarkeit der Haftungslösung spricht nicht zuletzt die vergleichbare Rechtslage im Personenhandelsgesellschaftsrecht.

8. a) Die Ausfallhaftung ist auch beim Austritt das wertungsmäßig überzeugende Mittel, um den Abfindungsanspruch des ausscheidenden Gesellschafters zu sichern. Aus dieser Erkenntnis folgt aber nicht, dass der austretende Gesellschafter bereits mit dem Zugang der Austrittserklärung bei der Gesellschaft seinen Geschäftsanteil verliert. Denn der persönlichen Haftung der verbleibenden Gesellschafter stünde insofern das Belastungsverbot aus § 53 Abs. 3 GmbHG entgegen.

b) Daher müssen die verbleibenden Gesellschafter die Abnahme des Geschäftsanteils beschließen. Entscheiden sie sich hierbei für eine Einziehung oder einen Eigenerwerb durch die GmbH, scheidet der austretende Gesellschafter sofort und endgültig aus der Gesellschaft aus. Im Fall eines Auszahlungsverbots nach § 30 Abs. 1 GmbHG haben ihn dann die verbleibenden Gesellschafter auf Grundlage der Treuepflicht persönlich zu entschädigen. Wenn die Mitgesellschafter die Abnahme des Anteils nicht beschließen und die Gesellschaft die Abfindung des Austretenden nicht ohne Verstoß gegen § 30 Abs. 1 GmbHG leisten kann, steht dem austrittswilligen Gesellschafter nach § 61 GmbHG analog das Recht zu, die Gesellschaft aufzulösen.

9. a) Ohne eine anderweitige Absicherung des Abfindungsgläubigers ist der gesellschaftsvertragliche Ausschluss der Ausfallhaftung wegen Knebelung sittenwidrig und somit nach § 138 Abs. 1 BGB nichtig. In den Grenzen des § 138 Abs. 1 BGB lässt sich die Gesellschafterhaftung in der Satzung jedoch der Höhe nach einschränken.

b) Mit einer statutarischen Anordnung von Erwerbsrechten durch Mitgesellschafter oder Dritte für den Geschäftsanteil des ausscheidenden Gesellschafters (Abtretungspflicht, Zwangsabtretung oder statutarische Abtretung) kann vom Konzept der Ausfallhaftung abgewichen werden. Denn bei entsprechender Gestaltung richtet sich der Entgeltanspruch des Betroffenen nicht gegen die GmbH, sondern direkt gegen den Anteilserwerber. Dem Zahlungsanspruch des ausscheidenden Gesellschafters steht dann die Sperrwirkung der Kapitalerhaltungsvorschriften nicht entgegen. Deswegen fehlt es von vornherein an einem materiellen Sicherungsbedürfnis, das mit der Ausfallhaftung der verbleibenden Gesellschafter bedient werden müsste.

**Schriftenreihe zum deutschen und europäischen Gesellschafts- und Wirtschaftsrecht**

Herausgegeben von Christoph Teichmann
Begründet von Günter Christian Schwarz †

Band 1 Matthias Scheifele: Die Gründung der Europäischen Aktiengesellschaft (SE). 2004.

Band 2 Julia Zwiener: Die Auswirkungen der Verordnung Nr. 1/2003 auf das europäische und deutsche Kartellverfahren. 2005.

Band 3 Cornelius Koke: Die Finanzverfassung der Europäischen Aktiengesellschaft (SE) mit Sitz in Deutschland. 2005.

Band 4 Martin Weger: Haftungsgrundlagen bei kompetenzwidriger Geschäftsführung im Personen- und Kapitalgesellschaftsrecht. Ein Beitrag zur Transformation des bürgerlich-rechtlichen Rechtsinstituts der Geschäftsführung ohne Auftrag in das Gesellschaftsrecht. 2005.

Band 5 Axel Zang: Sitz und Verlegung des Sitzes einer Europäischen Aktiengesellschaft mit Sitz in Deutschland. 2005.

Band 6 Björn Holland: Das amerikanische „board of directors“ und die Führungsorganisation einer monistischen SE in Deutschland. Amerikanische Erfahrungen in Fragen der Corporate Governance als Beitrag zur Ausgestaltung der Unternehmensführung und Unternehmenskontrolle in einer Deutschen SE. 2006.

Band 7 Nils K. Roitsch: Auflösung, Liquidation und Insolvenz der Europäischen Aktiengesellschaft (SE) mit Sitz in Deutschland. Art. 63–65 SE-VO. 2006.

Band 8 Timo Wanner: Die GmbH in der Krise. Geschäftsführerverantwortlichkeit im Vorfeld der Insolvenz. 2015.

Band 9 Wolf-Amelung Böhm: Die Sicherung der Abfindung beim Ausscheiden aus der GmbH. Haftung der Mitgesellschafter beim Eingreifen der Kapitalerhaltungsschranke. 2016.

www.peterlang.com

www.ingramcontent.com/pod-product-compliance
Ingram Content Group UK Ltd.
Pitfield, Milton Keynes, MK11 3LW, UK
UKHW021846290926
8980IPUK00005B/670

9 783631 67337